遣唐使から巡礼僧へ

石井正敏著作集2

村井章介・榎本 渉・河内春人［編］

勉誠出版

序言

『石井正敏著作集』第二巻は、「遣唐使から巡礼僧へ」と題して、第一巻が扱う時代の後半から第三巻が扱う時代の前半にかけて、主として日中関係に関わる二つの個別テーマ、すなわち遣唐使と入宋僧（一部に入唐僧を含む）に取り組んだ文章二二本からなる。両テーマの間には、国家間の外交を主軸とする時代から僧が個人として渡航する時代へ、という日中関係の変化が横たわっており、そこにおける連続性と差異性が、古代・中世の対外関係を貫く大きな研究課題であることはいうまでもない。そこで本巻では大きく二部構成とし、Ⅰを「遣唐使」、Ⅱを「巡礼僧と成尋」と題した。

論文の執筆時期を見ると、遣唐使研究は一九八〇年の「遣唐使節・青年僧の役割」（以下、著作集で割愛した文章の書誌は第一巻付載の著作目録を参照）を皮切りに、一九八〇年代に多く書かれており、一九九〇年の「いわゆる遣唐使の停止について」（本巻6）で一つの頂点に達する。これに対して入宋僧研究は、一九九二年の「十世紀の国際変動と日宋貿易」（第三巻1）の末尾を発端として、二〇〇〇年代にかけて、主として成尋にかかわる力作が輩出することになる。石井氏の入宋僧研究は、遣唐使を念頭におきつつそれとの連続と差異を見出そうとする一貫した姿勢を持っており、遣唐使研究の延長として位置づけることもできる（手嶋崇裕「「入宋巡礼僧」をめぐって」『前近代の日本と東アジア　石井正敏の歴史学』勉誠出版、二〇一七年九月、六二頁)。

本巻に収録した文章の選定にあたっては、ⅠとⅡとでその方針を異にしている。

遣唐使研究については、古代の対外関係史でもっとも人気の高いテーマの一つなので、石井氏も一般読者むけの概説的な文章を依頼されることが多かったようである。氏の研究の主軸は日本と渤海・高麗の関係史、ついで成尋と『参天台五臺山記』にあり、遣唐使は中核的な研究テーマとは言いがたい(河内春人「遣唐使研究のなかの石井正敏」前掲『前近代の日本と東アジア』一八三頁)。そこで、遣唐使を扱った文章約二〇本から、研究課題にきりこんだ論文を中心に一一本を選んで収載することとした。

未収載のものとしては、前出「遣唐使節・青年僧の役割」のほか、「討論 遣唐使の船と航海術」(座談会記録、一九八二年)、「遣唐使」(一九八六年)、「最後の遣唐使」(一九八七年)、「遣隋使・遣唐使と文化交流」(一九八九年)、「遣唐使の見た大陸と人々」(一九九六年)、「遣唐使の歴史と意義」(二〇一五年)がある。また、茂在寅男・田中健夫・西嶋定生氏との共著『遣唐使研究と史料』(一九八七年)で、石井氏は田中氏とともに六〇〇年から七三九年までの日中関係史料を『大日本史料』の体裁で編年している。本著作集の性格にはなじまないので収録しなかったが、石井氏らしい篤実な仕事である。

これに対して入宋僧については、関説した文章のすべてを収載した。後述するいきさつにより、石井氏は奝然と成尋の伝記を公刊する予定で、成尋を先行させて基礎作業を積み重ねていたが、道なかばになってしまった。Ⅱに収めた諸文章はその過程で生まれたものだ。そこで、「一見するための百聞」(15の副題参照)を怠らなかった石井氏の足跡をできるかぎりたどってみたいと考えたのである。

一九九三年の「13 入宋巡礼僧」はこのテーマの総論として必読の文献となっており、また最後の論文となった二〇一五年の「12 遣唐使以後の中国渡海者とその出国手続きについて」は、二つのテーマの架け橋となるユニークな内容を持つ。その他の個別論考は、残念ながら「14 入宋僧奝然のこと」を除いて、成尋と『参天台五臺山記』に関するものばかりになってしまったが、石井氏が奝然伝の準備も進めていたことは、「奝然」と大書した段ボール箱に史料や文献が納められていたことが語っている。

第一部は遣唐使に関係する論文一一本を集めた。1〜3が遣唐使の全体的な理解に関わる内容のもの、4・5が七五二年の席次争長事件に関わる論考、6〜8が石井氏の遣唐使研究の真骨頂ともいえる遣唐使停止問題に関するもの、9〜11がそれ以外の個別の考察に属する論文である。

「1 外交関係」は、石井氏の遣唐使に対する理解の全体像が示されているものであり、第一部の劈頭に置いた。遣唐使の論点を簡潔かつバランスよく解説する。遣唐使の任務が国際状況に左右されながらも唐文化をもたらすことを基調としていたことが論じられている。また、唐から日本に到来した外交使節にも多くの紙数を割いており、日唐外交を双方向的に捉えようとする姿勢が見て取れる。なお、石井氏の遣唐使に対する包括的理解を示す論考としては、遺稿でもある前出「遣唐使の歴史と意義」がある。1と重なるところが多く本書収載は見送ったが、関心のある向きは参照されたい。

「2 遣唐使の貿易活動」は、政治・外交に注目が集まりがちな遣唐使の活動について、その貿易活動を公私に分けて考察する。今でこそ遣唐使を含めて交易の研究は進められているが、本論文は原載の書籍が入手しにくかったこともあり、本著作集への収録によって広く読まれることが望まれる。初出にない節番号を加えた。

「3 遣唐使と新羅・渤海」は、遣唐使の交通における朝鮮半島の重要性について見渡した論考である。

交通事情は対外方針にも影響を及ぼすものであったと論じる。また、倭国・日本側の事情だけではなく新羅側の政治的事情にも目を配っており、多角的な視点によって交通をめぐる東アジアの国際関係を浮き彫りにする。タイトルの新羅・渤海のみならず、高麗まで見通すのは石井氏ならではの視点である。

「4 唐の「将軍呉懐實」について」は、唐の元日朝賀で起きた席次争長事件について分析する。事件に対応した唐の将軍について、それまで呉懐宝と誤られることもあった名前を確定し、地位も天宝年間に宦官が就任した監門衛と推定する。『続日本紀』に記された事件を、『旧唐書』のみならず『安禄山事迹』など日本史の立場では見落としがちな史料を活用して考証を進める。石井氏の、史料に日本史も東洋史もないという見識をよく示す論考である。なお、近年呉懐実墓誌が発見され、石井氏の論証の確かさが明らかとなっている。

「5 大伴古麻呂奏言について」は、4に続いて席次争長事件を追究する。虚構として疑問視されることが多かった大伴古麻呂の奏言について、それまで『続日本紀』の記事から議論がなされていたが、『延暦僧録』を取り上げて比較し、事件が史実であったことを論証する。なお、石井氏は残された課題として唐における外国の序列の問題を指摘しているが、これについては石見清裕「蕃望について」(『唐の北方問題と国際秩序』汲古書院、一九九八年)、山内晋次「唐朝の国際秩序と日本」(『奈良平安期の日本とアジア』吉川弘文館、二〇〇三年)によって研究が進められている。

「6 いわゆる遣唐使の停止について」は、八九四年に遣唐使は「廃止」されたとする日本史の通説的理解を改めさせた記念碑的論文である。『日本紀略』の「其日」の用例を博捜して「停遣唐使」という記述の年代を疑い、記事は『菅家文草』所収の道真上奏を誤読して作文したものであることを論じる。

徹底した史料に対する読解を旨とする石井歴史学の本領が発揮された論文といえよう。本論文は『日本紀略』の史料批判が重要なファクターであり、第四巻所収の「『日本紀略』」もあわせて読んでいただきたい。

「7 寛平六年の遣唐使計画について」は、6の続編である。八九四年の遣唐使の基礎史料である『菅家文草』所収の官牒と奏状について、これまでの研究を丁寧に検討しその問題点を洗い出す。そのうえで改めてその史料解釈を提示する。また、6公表後も散見される遣唐使廃止という旧説、あるいは八九四年の遣唐使は早々に取りやめになったのちに唐が滅亡して遣唐使は途絶したとする理解を批判する。石井氏がこの問題に対して背負っていた学問的責任と自負が見て取れる。

「8 寛平六年の遣唐使計画と新羅の海賊」は、道真の建議における賊の危険性という問題を取り上げる。これを当時横行していた新羅海賊と見なす見解を駁し、過去の遣唐使における南方漂着時のトラブルを指すとする理解を支持する。新羅海賊について、新羅王の指示による襲撃という解釈を史料の誤読として批判する。

「9『古語拾遺』の識語について」は、卜部本系『古語拾遺』の一本に記される鎌倉期の識語の内容について検討する。その分析からこれまで遣唐使として理解されてきた斎部浜成について、奉使先を新羅とすべきこと、さらに『天書』の著者として有力視されることを論じる。

「10 宇佐八幡黄金説話と遣唐使」は、『東大寺要録』所収弘仁十二年官符が言及する黄金獲得を目的とする遣唐使を取り上げ、それまで虚構と考えられてきたことに対して、東野治之・鈴木靖民両氏によって明らかにされた天平十八年の遣唐使派遣計画に注目し、一定の事実を反映しているものとして位置づける。

「11 遣唐使と語学」は、唐に赴いた遣唐使（留学生を含む）と唐人の対話を主題として、通訳・筆談・言語習得などの観点から多角的に取り上げる。特に空海が橘逸勢の帰国願いを代作した問題に焦点を当て、その帰国事情について言及する。

第二部は古代の入唐・入宋僧に関係する論文一一本を集めた。その中で12・13は遣唐使以後の入唐・入宋僧一般に関わり、14は入宋僧奝然と寂照に関わるものである。15以下の八本はすべて成尋とその旅行記『参天台五臺山記』に関わる論考で、15〜19に成尋伝のための基礎作業を、20〜22に『参天台五臺山記』の史料論的考察を、それぞれまとめた。

「12 遣唐使以後の中国渡航者とその出国手続きについて」は、遣唐使が派遣されなくなった八四〇年代以後、貿易船の往来を利用して入唐・入宋を行なった僧侶について、一〇八〇年代までの事例を網羅的に取り上げ、海外渡航経路および出国申請・許可の手続きについて検討したものである。古代国家の対外交通管理の問題を考える上での基礎的な研究であるとともに、僧侶が利用した貿易船の航路を確認するためにも裨益する論考である。

「13 入宋巡礼僧」は、北宋期に入宋した奝然・寂照・成尋・戒覚を取り上げ、彼らの入宋をめぐる宋側・日本側の思惑を検討したものである。僧侶や商人を利用して交流の拡大を図る宋は、日本に朝貢をうながす目的から入宋僧を都に招いて謁見した。だが入宋僧の目的は聖地巡礼であり、また日本の貴族社会の宗教的贖罪代表者としての役割も期待されていたとし、後援者の人脈を具体的に検討する。入宋僧の活動の背後にある日宋の政権や権門の思惑については近年研究が盛んだが、その一つの基礎となる、研究史上重要な論文である。

「14 入宋僧奝然のこと」は、『続本朝往生伝』の大江定基（寂照）伝に見える逸話において、奝然が低く評価されていることについて、編者の大江匡房によって祖先顕彰のために創作されたものである可能性を指摘した。

「15 成尋」は、成尋の生涯を略述したもので、執筆予定だった『人物叢書』の成尋伝の基になるはずだったものだろう。「入宋巡礼僧」「成尋生没年考」など石井氏が他の論文で論じたところも反映した内容となっており、石井氏の成尋伝として第一に見るべきものである。

「16 成尋生没年考」は、成尋の生年が従来寛弘八年とされていたことに対して、その最大の論拠である『成尋阿闍梨母集』の記述の解釈に再検討の余地があることを示した上で、成尋自身による年齢表記を根拠として、通説よりも二年遅い長和二年とするべきことを主張したものである。また没年については永保元年とされているが、その説は鎌倉末期になって現れるものであり、他の史料も参照して考察する必要を説いている。

「17 入宋僧成尋の夢と備中国新山寺」は、成尋が入宋の前に行なった新山山籠について述べたエッセイである。本論では併せて成尋の夢記のことや、石井氏自らが行なった現地踏査のことについても記している。

「18『成尋阿闍梨母集』にみえる成尋ならびに従僧の書状について」は、もっぱら国文学者によって検討されてきた書状三通の内容や執筆時期について考察したものである。さらに成尋・従僧の書状を日本に送った宋人として通事施十郎に注目し、その計画的な行動から日宋間航路の整備も指摘する。本論文と次の19は成尋関係の文書史料を『参天台五臺山記』と併せ見て検討を行なったもので、ほぼ同時に発表された。『参天台五臺山記』研究の可能性をさらに広げた論文と評価できるだろう。

「19 源隆国宛成尋書状について」は、成尋が弟子の帰国に託して源隆国に送った書状およびこれに対して隆国が送った返書を扱ったものである。特に前者については全文ではなく抜粋が知られるだけだが、その内容はおおむね『参天台五臺山記』に依拠している上、成尋以外の者が行なったとは思われない情報の追加・改変が行なわれていることを指摘し、確かに成尋の手になる書状と考えられることを述べている。また『元亨釈書』の成尋伝が『参天台五臺山記』ではなく成尋書状を主要な典拠としていることも推測している。

なお本論文以前に発表された16の第二節「成尋の没年」では、本論文で扱った成尋書状・隆国返書の他に、『天台霞標』所引の隆覚宛成尋書状も取り上げ、これら書状の検討の必要性を説いているが、隆覚宛成尋書状については本論文では取り上げられていない。注7で指摘されている通り、石井氏が本書状について偽作の疑いがあると判断したためである。本論集では16も原文のまま収録したが、隆覚宛成尋書状の問題については、読者におかれても注意されたい。

「20 入宋僧成尋のことなど」は、『参天台五臺山記』をはじめとする入唐・入宋僧の旅行記について論じたコラムである。十世紀に呉越国に渡った日延が帰国後に提出した「在唐之間日記」について真偽の諮問が行なわれたことに注目し、朝廷では帰国した人物の報告を鵜呑みにせず、真偽を確認することが行なわれていたことを述べている。短文ではあるが、重要な指摘だろう。

「21『参天台五臺山記』研究所感」は、難解な『参天台五臺山記』の読解に当たり、既存の翻刻や訳注に引きずられて誤った解釈をしてしまう恐れがあることを、具体例として三か条取り上げて述べたものである。『参天台五臺山記』記事の解釈を見るだけでなく、石井氏の丁寧な史料解釈のやり方を垣間見ることもできるエッセイとなっている。

「22『参天台五臺山記』にみえる「問官」について」は、「問官」を「門官」として県丞と解釈する説を否定し、『参天台五臺山記』の記事を改めて検討した上で、市舶司や監門官など関税徴収に当たる機関の官人とすべきことを主張したものである。問官の解釈については、18の考証にも関わっている。

本巻に収めた二つのテーマは、いずれも石井氏の恩師森克己氏が手がけたものであり、石井氏にとっては、師の学問的成果の継承とその超克という課題意識を抱かずにはいられなかったことだろう。そうしたなかから、遣唐使の概念規定（その結果が回数の数え方に現れる）やその「停止」に関する独自の見解が生み出され、学界に大きな影響を及ぼしていった。また入宋僧については、吉川弘文館の「人物叢書」シリーズで奝然と成尋の執筆を引き受けていた森氏から、石井氏はその仕事を「相続」していた（16の「附記」参照）。本著作集の版元勉誠出版からは、『新編森克己著作集』全五巻も刊行されている。両著作集を読みくらべて、戦後歴史学の展開をかいまみるのも、意義深い作業となるのではないだろうか。

村井章介
榎本　渉
河内春人

第二巻　遣唐使から巡礼僧へ　目次

凡　例

・本書の編集は、村井章介・榎本渉・河内春人があたった。
・著者所蔵原本に著者本人による訂正指示が記載されていたものは、編者の判断に基づき、これを訂正した。
・編者の判断により、明らかな誤植等については訂正を施した。

Ⅰ
遣唐使

1　外交関係
――遣唐使を中心に――

一　日唐交渉のはじまり

遣隋使から遣唐使へ

六二三年（推古三十一）、隋のときに留学して、六一八年の隋から唐への交替を体験し、新興の唐の勢いを目のあたりにして帰国した留学僧恵斉《えさい》・留学生薬師恵日《くすしえにち》らは、朝廷に二つのことを進言した。一は現在唐に留学中の者はすでに十分学業を修得したので帰国させるべきこと、二は唐は法律の整備した優れた国家であるから、使者を派遣して交流すべきこと、この二点である。そして後者を受けてはじめての遣唐使犬上《いぬがみの》御田鍬《みたすき》・薬師恵日らが出発したのが六三〇年（舒明二）のことであった。日本がつねにその動静に関心をもつ朝鮮の三国――高句麗・百済・新羅――はすでに唐に通交し、六二四年にはそろって冊封を受けていた（山尾幸久『古代の日朝関係』）。

犬上御田鍬ら一行は翌年（貞観五年）唐の朝廷にいたり、唐第二代皇帝太宗に謁見した。『旧唐書』倭国伝には、「太宗、その道の遠きを矜《あわ》れみ、所司に勅して、歳貢なからしむ」とある。歳貢とは毎年の朝貢をいい、「本来ならばこれ以後毎年朝貢すべきであるが、遠方に位置することを配慮して、必ずしも毎年朝貢しなくともよい」という意味で、冊封を前提とした措置とみなければならない。皇帝が遠方からの入貢を、みずからの徳が高いことを証明するものとして歓迎したことは当然であるが、たとえば吐蕃《とばん》西方の大羊同国の使を迎えて「太宗、其の遠来を嘉《よ》みして、礼を以て答慰す」（『唐会要』巻九十九）とあり、中天竺南方の烏萇《うじょう》国使に対して「帝、其の遠く至るを嘉みして、璽書《じしょ》を降し、以って答慰す」（『冊府元亀』巻九百七十）といった例をみると、御田鍬らもおおいに歓待されたことであろう。

そして太宗は、御田鍬の帰国に勅使新州刺史《しし》高表仁《こうひょうじん》を同行させた。高表仁は、隋朝の元勲で唐の高祖にも重用された高熲《こうけい》の子で、尚書右丞《しょうしょうじょう》（正四品下）鴻臚卿《こうろけい》（従三品）という中央の重職を歴任した後、何かの罪を得たのであろうか、当時は辺境の新州刺史（今日の広東省新興県付近）の任にあった。しかしその出身・経歴からして中央貴族の一員であり、このころの朝鮮諸国に派遣された使者と比較しても、より地位の高い人物で、太宗が新来の日本に対する関心の高さを示している（池田温「裴世清と高表仁」『日本歴史』二八〇）。

高表仁らは御田鍬一行とともに、新羅をへて六三二年（舒明四）十月に難波に到着し、歓迎のなか、同地にある客館（迎賓館）にはいった。しかしその後の行動はあきらかでなく、翌年正月二十六日に帰途についている（『日本書紀』）。入京したかどうかも定かでない。隋使裴世清《はいせいせい》の場合には都に招かれたときの状況がくわしく記述されているのにくらべて、大きな相違がある。この間の事情を『旧唐書』倭国伝は、「表仁、綏遠《すいえん》の才なく、王子と礼を争い、朝命を宣《の》べずして還る」と記している。表仁は、遠方をてなずける外交的な手腕に欠如し、日本の王子（王とする史料もある）と「礼」を争って使命をはたさずに帰国してしまったというのである。王子と争った「礼」の内容については、太宗は日本の王を新羅王などと同様に冊封を加える目的で高表仁を遣わしたのであるが、日本が受けることを拒否したものと考えられている。日本は冊封を受けることによって朝鮮諸国と同等の立場にたつことを忌避したものとみられる（西嶋定生『日本歴史の国際環境』）。おそらく難波での事前の折衝において紛争を生じ、結局表仁は入京することなく帰途に着いたのであろう。

太宗の対外方針

この日本の対応は、外交上の無礼として唐から咎められても不思議ではない。それにもかかわらず唐の史料ではもっぱら高表仁の外交手腕の不足が指摘されて、日本の無礼については論及された形跡がない。その背景には、このころの太宗の対外和平方針があずかっていると思われる。すなわち太宗は六二六年に皇帝位につくと、懸案の北方の有力部族突厥《とっけつ》の経略にのりだし、ついに六三〇年頡利可汗《きつりかがん》をとらえ、突厥を崩壊させることに成功した。そして四夷の君長から天可汗の称号をおくられており、「四夷を統制すること、此より始まる」（『唐会要』巻百）と評されている。御田鍬らの到着する前年のことである。そしてその一方では、四夷に対する懐柔政策を進め、それが効果をあらわした時期でもあった。六三七年に西域の罽賓《けいひん》国が朝貢してきたとき、太宗は側近の長孫《ちょうそん》無忌《むき》に対して、

朕《ちん》、即位の初め、上書する者あり。或いは言う、（中略）或いは兵を耀《かがや》かせ、武を振るい、四夷を慴服《しょうふく》せんと欲すと。惟《た》だ魏徴《ぎちょう》のみ、朕に、武を偃《や》め文を興し、徳を布《し》き恵みを施せば、中国すでに安んじ、遠人おのずから服さんと勧む。朕、その語に従うや、天下大いに寧《やす》んじ、絶域の君長、皆な来りて朝貢し、九夷訳を重ね、道に相望《あいのぞ》む。此れ皆な魏徴の力なり。（『唐会要』巻九十九）

と、諫臣魏徴の言にしたがって懐柔策をとったところ、四方の諸国の朝貢使の往来がたえない状況になった、と

述懐している。日本の遣唐使はまさに貞観の治と呼ばれて模範的な時代とされる、その幕開けの時期に到着したことになる。このような方針にあって、もっぱら高表仁の責任が問われ、日本の行為もそれほど大きな問題にされなかったのであろう。

二　遣唐使の概要

遣唐使による日唐外交

こうしてはじまった日本の対唐外交は、遣唐使を仲介として継続された。派遣の状況は、表1のようになる。一口に遣唐使といっても、このように長い期間にわたるので、はじめから終わりまでには、さまざまな面で変化がある。一貫してその目的に唐の先進文物の輸入があることはかわりないが、それに加えてそのときどきの日本のおかれた国際的な環境・国内情勢に応じていろいろな問題をかかえながら派遣されたとみなければならない。そこで表にもとづいて遣唐使について概観してみよう（木宮泰彦『日華文化交流史』、森克己『遣唐使』、山尾幸久「遣唐使」『東アジア世界における日本古代史講座』六、東野治之「遣唐使と唐・西域文化」『図説検証　原像日本』四）。

計画・派遣の回数

まず遣唐使の派遣回数について、これまでの研究ではかぞえ方に諸説あり、第何次といっても、論者によって異なる場合がある。現在の研究の成果では、この表のように全部で二〇回計画されたとみられる。このうち、第一四次は、前年日本の遣唐使を送って来日した唐使を送りとどけることを主たる目的に任命されたが、安芸で建造された四隻の遣唐船が難波に回航された際、一隻が座礁して破損してしまった。そこで遣唐使の規模を縮小し、

表1　遣唐使一覧表

次(間隔)	任命・出発年次	使節名	人数・船数	帰国	備考
1 (21年)	六三〇(舒明二)発	犬上御田鍬 薬師恵日		六三二(舒明四)	唐使高表仁をともなって帰国
2 (0)	六五三(白雉四)発	(大使)吉士長丹 (副使)吉士　駒 (大使)高田根麻呂 (副使)掃守小麻呂	一二一人　二隻 一二〇人　二隻	六五四(白雉五) 途中遭難	留学生・留学僧計二十一人同行 高田根麻呂の船、往路薩摩竹島付近で遭難
3 (4)	六五四(白雉五)発	(押使)高向玄理 (大使)河辺麻呂 (副使)薬師恵日	二隻	六五五(斉明元)	
4 (4)	六五九(斉明五)発	(大使)坂合部石布 (副使)津守吉祥	二隻	第二船 六六一(斉明七)	第一船往路南海漂着
5 (0)	六六五(天智四)発	守　大石 坂合部石積		六六七(天智六)	唐使劉徳高を旧百済領に駐留の唐軍に送るか
6 (1)	六六七(天智六)発	伊吉博徳 笠　諸石		六六八(天智七)	唐使司馬法聡を旧百済領に駐留の唐軍に送る
7 (31)	六六九(天智八) 唐にいたる	河内　鯨		六七〇(天智九)?	高句麗平定を賀す
8 (12)	七〇一(大宝元)任 七〇二(大宝二)発	(執節使)粟田真人 (大使)(高橋笠間) (大使)坂合部大分 (副使)巨勢邑治		七〇四(慶雲元)	副使は七〇七年帰国 大使は第九次の遣唐使と帰国
9 (14)	七一六(霊亀二)任 七一七(養老元)発	(押使)多治比県守 (大使)(阿倍安麻呂) (大使)大伴山守 (副使)藤原馬養	五五七人　四隻	七一八(養老二)	留学生阿倍仲麻呂・吉備真備・僧玄昉ら随行

10	七三二(天平四)任 七三三(天平五)発	(大使)多治比広成 (副使)中臣名代	五九四人　四隻	第一船 七三四(天平六)	第二船七三六年帰国 第三船崑崙に漂着。判官平群広成ら渤海をへて七三九年帰国。第四船消息不明
(12)					
11	七四六(天平十八)任 中　止	(大使)(石上乙麻呂)			
(4)					
12	七五〇(天平勝宝二)任 七五二(天平勝宝四)発	(大使)藤原清河 (副使)大伴古麻呂 (副使)吉備真備	第二・三船合計 二三〇余人 四隻	第二船 七五三(天平勝宝五)	帰途、大使・阿倍仲麻呂らの乗る第一船安南に漂着。二人ともに唐の官人となり帰国せず
(6)					
13	七五九(天平宝字五)任 同　年　発	(大使)高　元度	九九人　一隻	七六一(天平宝字五)	藤原清河をむかえるため渤海使の帰国に同行し、渤海をへて入唐。唐使沈惟岳らに送られて帰国
(0)					
14	七六一(天平宝字五)任 中　止	(大使)(仲　石伴) (副使)(石上宅嗣) (副使)(藤原田麻呂)			船破損のため中止
(1)					
15	七六二(天平宝字六)任 中　止	(大使)(中臣鷹主) (副使)(藤原田麻呂)			便風を得ず中止
(13)					
16	七七五(宝亀六)任 七七七(宝亀八)発	(大使)(佐伯今毛人) (副使)(大伴益立) (副使)(藤原鷹取) (副使)小野石根 (副使)大神末足	四隻	七七八(宝亀九)	帰途四船ともに遭難。小野石根・唐大使趙宝英ら没
(0)					
17	七七八(宝亀九)任 七七九(宝亀十)発	(大使)布勢清直	二隻	七八一(天応元)	唐使孫興進らを明州まで送る
(20)					
18	八〇一(延暦二十)任 八〇四(延暦二十三)発	(大使)藤原葛野麻呂 (副使)石川道益	四隻	八〇五(延暦二十四)	第三船往路肥前松浦郡庇良島沖で遭難。第四船消息不明。空海・最澄ら随行
(29)					
19	八三四(承和元)任 八三八(承和五)発	(大使)藤原常嗣 (副使)(小野　篁)	六五一人　四隻	第一・四船 八三九(承和六)	第三船筑紫を出帆後遭難。乗員一四〇人入唐せず 僧円仁・円載ら随行 第一・四船の乗員は新羅船を雇い、分乗して帰国 第二船は八四〇年帰国

20 (55)	八九四(寛平六)任 実施されず	(大使)菅原道真 (副使)紀長谷雄

(註) 使節のうち、( ) 内の人物は入唐しなかった者を示す

あらためてその判官を大使に任命したが、その一五次も便風を得ずして結局中止されてしまったという経緯をもつ。両者をあわせて一回とかぞえることもできる。

つぎに二〇回のなかには、中止（第一一次・一四・一五次）および計画のみ（第二〇次）が四回あり、実際に渡航したのは一六回ということになる。しかしそのすべてが唐本国にわたり、都の長安に赴いたわけではない。すなわち第五・六次の二回は、唐が百済を滅ぼした後、百済の旧都熊津《ゆうしん》（現在の韓国忠清南道公州）においた熊津都督府とのあいだを往復したものである。また第一七次は、来日唐使を送るもので、唐の明州にいたり、同地から方物や表文を献上して、長安には赴くことなく明州より帰国したとみられる。遣唐使を、なによりも皇帝に謁見し、国家使節としてさまざまな行事をおこなうものと限定すると――ただし唐に着いても上京できるのは、幹部ら一部の者にかぎられていた――、第一三次のように、帰国できず唐に滞在している前回の遣唐大使藤原清河《きよかわ》を迎えるために、構成も一隻九九人と小規模で、来日した渤海使《ぼっかいし》の帰国に同行して、渤海をへて唐にむかうという特殊な使節をふくめても、全二〇回におよぶなかで、わずかに一三回ということになってしまう。もちろんたとえ都に赴かずとも、出先機関をへて朝廷に連絡がいくはずであるから、まったく外交に無関係というわけではないが、本来の遣唐使とはやや性格を異にするとみるべきであろう。

このように、遣唐使ははじめから終わりまで約二六〇年間、事実上最後となった第一九次まででも約二一〇年間で一三回ということは、平均一六年に一回ということになる。唐から冊封を受けているものとそうでないものとではそもそも比較に無理があるが、それでも新羅や渤海が頻繁に使者を派遣して忠誠を示していることを思うと、著名な七五三年の唐の朝廷における朝賀の席で、出席の四ヵ国の序列で新羅が最上位、日本が最下位におか

れていたのも当然というべきであろう（拙稿「大伴古麻呂奏言について」『法政史学』三五↓本書5）。

またこれを日本と新羅・渤海との交渉に比較しても、遣唐使の派遣回数ははるかに少ない。すなわち唐の文物の受容という面からみても、量的には新羅や渤海との交渉を通じてのものや唐・新羅商人の手によって運ばれてきたものの方がはるかに多いであろう。しかしながら唐の本土、とくに当時世界一と称される華やかな国際都市長安における体験は、万巻の書にまさる貴重なものであったにちがいない。この意味では単に回数の多少によって論ずべきでないことももちろんである。

派遣の間隔

つぎに派遣の間隔をみると（遣唐使は二隻もしくは四隻に分乗して往復するのが通例で、唐到着・帰国がばらばらの場合が多いので、第一陣の帰国した時期と次回使節の任命、それが不明の場合は出発の時期との間隔を目安として示す）、派遣が集中している時期と間隔が二〇年・三〇年とあいている時期とがあることが知られる。二次・三次とあいついでいるのは大化の改新後の新政府の意気込みを示すものであり、それにつづく朝鮮半島の動乱に対処するための派遣など、また八世紀に入ってからは、ほぼ天皇一代ごとに計画が立てられ、実施されている。しかし問題となるのは長期の空白期間とその事情であろう。とくに一次と二次、七次と八次、一八次・一九次・二〇次それぞれの空白である。

七世紀の空白期間

まず、一次と二次とのあいだは、第一次交渉の決裂という衝撃的な交渉開始の後遺症であると同時に、大化の改新を準備する期間で、国内の政治情勢が大規模な使節派遣のゆとりをもたせなかったのであろう。もっとも注目される空白の期間は第七次と第八次とのあいだの三一年間である。この間、六八一年（天武十）に律令の編纂が開始され、六八九年（持統三）には浄御原令《きよみはら》が完成し、さらに改訂されて七〇一年（大宝元）に大宝律令が完成した。そしてこの前後に遣唐船の建造や使節を任命し、翌年に出発している。これは日本が律令を備えたことを内外に知らしめるためであったと考えてよいであろう。なおこのあと七一八年ごろに養老律令が編纂されるが、基本的には大宝律令とかわりはない。それにしても日本が律令国家を完成させる上でもっとも重要な時期に律令法の母国である唐に使節が派遣されていない。なぜであろうか。

これについてはいろいろな理由が考えられる。まず朝鮮半島の動乱、とくに白村江における唐軍との直接対決の後遺症によるものであり、かつて第二次の遣唐使に託された書において、高宗が、「王の国、新羅と接近す。新羅もとより高麗・百済の侵すところとなる。もし危急あらば、王、宜《よろ》しく兵を遣《や》りてこれを救うべし」（『唐会要』巻九十九）と指示しているように、これまでの対唐外交がかならずしも日本の外交方針になじまないものであったという事情に加えて、壬申の乱後の国内政治に全力をかたむけている時期で、遣唐使派遣のゆとりがなかったと解釈される。そして肝心の律令編纂に関連しては、日本が模範とした唐の永徽《えいき》律令（六五一年）などはすでにこれまでの遣唐使や留学生によってもちかえられており、基本的な資料は入手していて、とくに不自由しない状況にあったことである（池田温「唐律令の継受をめぐって」『日本思想大系月報』五五）。つまり唐律令を手本に具体的に日本の国情にみあった制度制定の作業に従事しているところで、必ずしも直接唐に学ぶ必要性がなかったと理解される。その一方では、白村江の戦後六六八年に再開された新羅との交渉が頻繁に展開されている。すなわち同じく唐の律令に学ぶ新羅から律令の具体的な運用方法を学んだのではないかと思われるのである（関晃「遣新羅使の文化史的意義」『山梨大学学芸学部研究報告』六）。さらに重要なことは、唐留学生がこの空白の期間に新羅を経由して帰国していることである。編纂開始まもなくの六八四年（天武十三）には、土師甥《はじのおい》・白猪宝然《しらいのほね》（骨）が帰国している。二人の入唐時期は不詳であるが、ともに後年の大宝律令の編者に名を連ねているので、はじまったばかりの浄御原律令の編纂にも当然関与したと思われる。そして浄御原律令完成の翌年には、入唐学問僧智《ち》宗《しゅう》・義徳《ぎとく》・浄願《じょうがん》らが、やはり新羅をへて帰国している。これら留学生・留学僧の帰国は偶然ではなく、朝廷がおそらく新羅を通じて帰国をうながしたものであろう。短期間滞在の遣唐使にくらべて、実際に学ぶうえでは留学にまさるものはない。このようにみてくると、律令編纂期にもかかわらず肝心の唐に使者を派遣していない事情もよく理解することができる。

九世紀の空白期間

これに対して、九世紀にはいってからの空白期間はまったく事情が異なるとみてよい。すなわち、八世紀以降、使節団が大規模なものになり、航路も東シナ海横断ルート（南路）をとるようになって危険が増し、毎回といってよいほど遭難があいついでいる。そのため遣唐使に入唐忌避の風潮がめだつようになった。そしてなによりもこのころになると、遣唐使がその入手を最大の目的とした唐の先進の文物が、新羅使や渤海使、さらに唐・新羅商人らの活躍によって大量に運ばれてくるようになり、危険を冒してまで派遣する必要がない、といった状況が生まれてきたことによる。八世紀後半以来の国際貿易の波が急速に日本に押しよせ、その商圏にとりこまれていった結果と考えられるのである。

なお、唐人の書状などに、日本の遣唐使の派遣が二〇年に一度であったとする記述があるところから、八世紀前半に日唐両国間で派遣の間隔に関する約定が結ばれていたとみる意見が出されている（東野治之「遣唐使の諸問題」『南都仏教』六四）。

時期区分―前期と後期

このように、遣唐使について概観してきたが、一口に遣唐使といってもさまざまな事情をもっていることが理解されたであろう。そして長期にわたる遣唐使は、組織・目的・航路などによって、七世紀と八世紀以降、つまり長い空白期間を境として、大きく時期を二分することができる。

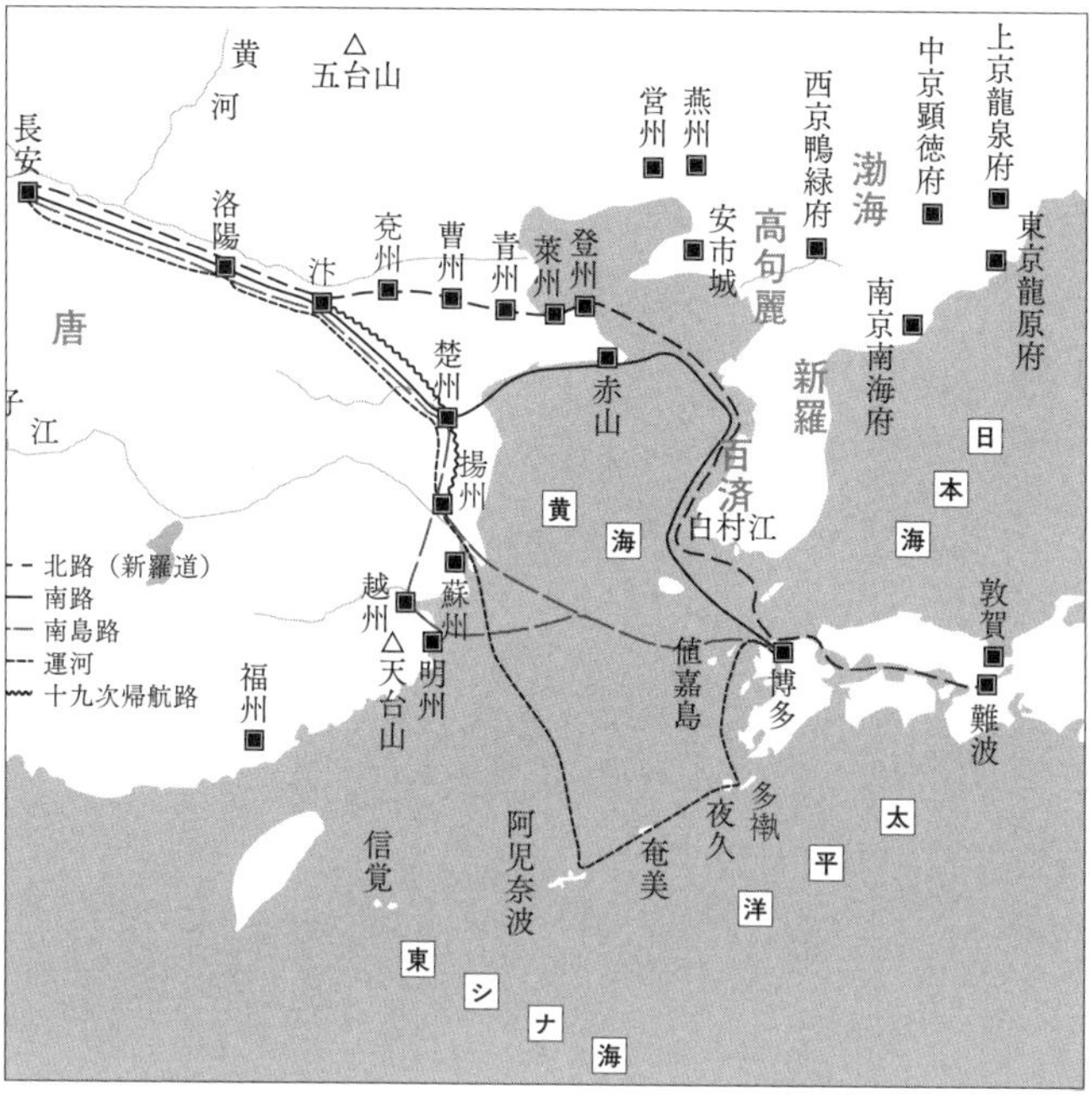

図1　遣唐使の航路図

遣唐使の組織は、大使・副使・判官・主典《さかん》の幹部に、通訳・医師・陰陽師《おんみようじ》・主神などの各種の職員、そして多数の船員から成り立っているが、前期は一隻に約一二〇人乗り組み、二隻の船団が標準であったものが、後期には、一隻に約一五〇人乗り組み、四隻の船団へと規模が拡大していった。

そして航路は、前期は、北九州から壱岐・対馬をへて朝鮮半島西海岸にそって北上し、黄海をよこぎって山東半島へ上陸する航路がとられた。この北路（新羅道）は安全ではあるが、日数がかかり、新羅や百済の援助が不可欠の要素であった。やがて新羅とのあいだが険悪になってくる後期には、この航路をすて五島列島から一気に東シナ海を横断する航路がとられるようになった。この南路は日数は短縮されたが、危険度は増し、毎回といってよいほど遭難している。このほか、特殊な例として渤海を経由するルートや、沖縄を経由するルートがとられたこともある。

組織・航路の変化に加えて、その目的においても変化がみられる。前期は主に朝鮮半島の動乱を背景に政治折衝的な意味あいが強かったのに対し、大宝律令を完成させた後は、文化使節の面が一層強まったということができる（東野治之「奈良時代遣唐使の文化的役割」『仏教芸術』一二二）。

三　来日の唐使

唐からの使者

さて、以上日本の遣唐使を中心に日唐関係をみてきたが、一方唐からは高表仁をはじめ合計八回の使節が来日している。表2のごとくである。そのなかで、第二・四・五・六次は唐の百済占領軍（熊津都督府）からの使者、第三次は唐の本国の使者と占領軍の使者の合同とみられている。これらの使者の来日の目的・事情などについては諸説あるが、ようするに、白村江戦後の処理をめぐって日唐両国間で政治折衝がつづけられたことを示している（鈴木靖民「百済救済の役後の日唐交渉」『続日本古代史論集』上、直木孝次郎「近江朝末年における日唐関係」『古代日本と朝鮮・中国』）。ここではこれまであまり注意されていない、第七次・八次の唐使についてふれてみたい。

表2　唐使一覧

次	来日	使節名	離日	備考
1	六三二（舒明四）	高表仁	六三三（舒明五）	犬上御田鍬に同行して来日。王（王子）と礼をめぐって争い使命をはたさずに帰国
2	六六四（天智三）	郭務悰	六六四（天智三）	唐の百済鎮将劉仁願の使者
3	六六五（天智四）	劉徳高　郭務悰　百済禰軍	六六五（天智四）	唐本国から派遣されたものか。一行合計二五四人

4	六六七（天智六）	司馬法聡	六六七（天智六）	唐の百済鎮将劉仁願の使者。日本使坂合部石積を送りとどける
5	六七一（天智十）	李守真	六七一（天智十）	唐の百済鎮将劉仁願の使者と自称するが、僭称か
6	六七一（天智十）	郭務悰	六七二（天武元）	百済人あるいは白村江の戦において唐軍の捕虜となったとみられる日本人をふくむ合計二〇〇〇人
7	七六一（天平宝字五）	沈惟岳ら三九人	（帰国せず）	遣唐使高元度一行を送りとどける
8	七七八（宝亀九）	（大使）趙宝英 （判官）孫興進　秦怤期　高鶴林	七七九（宝亀十）	遣唐使小野石根一行に同行。趙宝英は石根とともに水死。布勢清直らに送られる

第七次唐使―浦陽府の軍人

七六一年（天平宝字五）来日の沈惟岳《しんいがく》らは、在唐の藤原清河（河清）を迎えるために派遣された高元度らを送って来日した。唐の勅使が蘇州刺史と相談して船を用意し、その要員に選ばれたもので、一行は「押水手官越州《おうすいしゅかんえつしゅう》浦陽府折衝《ほようふせつしょう》 賞紫金魚袋《しょうしきんぎょたい》沈惟岳ら九人、水手越州《すいしゅえつしゅう》浦陽府別将《ほようふべつしょう》賜《し》緑陸張什《りょくりくちょうじゅう》ら卅人」（『続日本紀』天平宝字五年八月甲子条）から構成されていた。無事に元度らを送りとどけた彼らを、今度は唐に送るための遣唐使が任命された。ところが遣唐船一隻が破損してしまったので遣唐使を縮小した。しかしこれも七月になって「風波便なく、渡海することを得ず」、結局八月九日には沈惟岳らをひきつづき大宰府に滞在させる一方、遣唐使には帰京、水手（船員）には現地解散を命じ、中止してしまった。そののち、翌年正月に沈惟岳らがもし帰国をねがえば船と水手を用意して帰国させせよ、との勅が大宰府にあてて下されている。しかし、沈惟岳をはじめ彼らの多くは日本にそのままとどまり――確実に知られるのは一〇名――、位階・官職・姓名をもらい官人として日本の朝廷に仕えるようになった。

さて彼らの肩書をみると、まず沈惟岳について『続日本紀』に押水手官・越州浦陽府折衝・賞紫・金魚袋とある。押水手官は水手つまり船員を管理する役の意味で、今回の日本奉使に際しての官名であろう。つぎの越州浦陽府折衝とは、唐は軍府（折衝府）を各地において人民を兵士に点定して有事に備えたが、その拠点を某府と呼んだ（浜口重国「府兵制より新兵制へ」『秦漢隋唐史の研究』下。）府の主な職員として、長官に折衝都尉（府の規模により上中下のランクがあり、その相当品階は正四品上・下、正五品下の三階）、次官に左右果毅都尉《かきとい》、そのつぎに別将があり、このほかに長史・録事・兵曹参軍などがあった。沈惟岳は折衝都尉つまり長官であったことになる。賞紫は賜紫と同じで、唐の服飾の制度（日本もほぼ同じ）では、文武官三品以上は紫色、四・五品は緋色、六・七品は緑色の衣服を着用することとされたが、その資格のない者にもとくに着用を許すことがあった。これを賜紫《しし》・賜緋《しひ》・賜《し》緑《りょく》などという。そしてこのとき門鑑の金銀の魚袋をあわせて賜わる例であった（『事物紀原』衣裘帯服部魚袋《いきゅうたいふくぶぎょたい》）。また外国に派遣される使節に権威づけのために実際の身分より上の位階を仮に与えて派遣した。これを借紫《しゃくし》・借緋《しゃくひ》といい、「入蕃使の別勅にて緋紫を借りる者は使より回《かえ》れば停むべし」（『唐会要』巻三十一　開元四年二月二十三日詔）とみえているとおりで奉使中のみ認められたものである。同様のことは日本の遣唐使の場合にもおこなわれていた（加藤順一「借位の起源とその機能」『法学研究』六四―一）。沈惟岳の場合、浦陽府が上中下いずれか不明であるが、いずれにせよ折衝都尉は四品どまりで本来紫衣の着用は許されないので、日本派遣にあたってとくに認められたとみてよいであろう。また陸張什は浦陽府の別将であった。

このほかの一行の官職については、『新撰姓氏録《しんせんしょうじろく》』左京諸蕃に、たとえば「嵩山忌寸《たかやまのいみき》、唐の人、外従五位下（船典《せんてん》、賜緑）張道光《ちょうどうこう》入朝す。沈惟岳と同じき時なり」のごとく記されているので（佐伯有清『新撰姓氏録の研究　考証篇』四）、これを示すと、張道光（船典・賜緑）、晏子欽《あんしきん》（司兵・賜緑）、吾税児《ごぜいじ》（押官《おうかん》・賜緑）、徐公卿《じょこうけい》（判官・賜緑）、孟《もう》恵芝《けいし》（司倉《しそう》・賜緑）であり、このほか単に賜緑とあるのは省略する。このうち、晏子欽の司兵は折衝府の官員の兵曹参軍事のことである。司倉については折衝府の官員にはみえず、州の官員に司倉参軍事がいる。しかし各地の折衝府は中央の左右十二衛などに直属し、州や県とは統属関係にはない。また沈惟岳・陸張什らの官職からみて、一行は折衝府と州県官人の混成集団ではなく、折衝府の官人で構成されていたと思われるので、司倉も折衝府の官員と考えるべきではあるまいか。そして同様にほかの官職もみな唐における官職名、つまり浦陽府における身分をあらわしているとみてよいであろう。

浦陽府の位置と機能

さて越州浦陽府については『新唐書』巻四十一、地理志、江南道越州の項に「府、一つあり。浦陽と曰う」とあるが、その場所については不明である。折衝府＝軍府の名はその所在地の山川などの名にちなんでつけられたということを手がかりにすると、婺州《ぶしゅう》から越州をへて杭州湾に流れ込んでいる浦陽江によるものであることはまちがいない。そして南宋代には越州の東隣の明州定海県に水軍がおかれていたことを参考にすると（曾我部静雄「南宋の海軍」『羽田博士頌寿記念　東洋史論叢』）、経済の大動脈大運河の防衛・管理を主たる目的に、府は浦陽江が杭州湾に注ぎこむ付近におかれたものではあるまいか。そしてこの点において『新撰姓氏録』にみえる張道光の肩書「船典」が注意される。「船典」は唐の職名に見出すことはできず、押水手官の別称かとみる意見もある（佐伯有清前掲書）。しかし前述のように晏子欽・徐公卿らの肩書きはともに唐の職名とみられるので、張道光の場合も同様に考えるべきであろう。『大唐六典』をみると、秘書省太史局の典鐘・典鼓など典某とする職名が知られる。あるいは「船典」は「典船」の誤りかもしれない（ちなみに新羅には某典とする職名が多い）。もし「典船」であるとすると、その名称からして船舶の管理にあたるものとみられるので、浦陽府には船が常備され、当然それを操る水手も配備されていたことを示している。中国における水軍は宋代になると設置されたことがあきらかであるが、唐代については不明である。しかし朝鮮半島攻略に際しては水軍の活躍がみられたので、そうした経験から当時の経済の大動脈防衛のための水軍を擁する軍府が置かれていたとみることもできるのではなかろうか。前記の「船典（典船カ）」はこのような軍府に特有の職であったかと憶測される。いずれにせよ、沈惟岳の一行は、軍事の専門家でとくに水上交通の専門家によって構成されていたことはまちがいない。このことに唐側が無事に日本の遣唐使を送りとどけようとした配慮を感じることができるであろう。

唐使帰化の事情

ところで、彼らの多くが日本に帰化したことは、異様に映る。とくに沈惟岳の肩書きを事実とすれば、折衝府の長官が帰国しなかったのである。またたとえ送使とはいえ、大使・副使らによって構成されており、大宰府からの報告にはあきらかに「唐客」と公式使節であることを示している。それにもかかわらず、朝廷が彼らを都に招こうとした形跡はない。海外の情報収集に熱心な日本の朝廷が彼らを入京させていないことは不審である。そして、このときの遣唐使はもともと高元度が粛宗から要請された武器にするための牛角を送りとどけるという使命があったが、結局中止されてしまい、結果として粛宗の要請を無視したこととなる。さらにこのときの使節は、一度渡航できないとなるとあっさりと中止を決め、解散させている。さらに翌年の勅では、使者が帰国をねがえば「駕船《がせん》・水手《かこ》を給い、事を量りて発遣すべし」とのべていて、いわゆる遣唐使の派遣を考えていない。この前後の遣唐使がたとえ一度または二度渡航に失敗しても、なんとか出発しているのとはきわだった相違をみせている。そのほかにもたとえば七六三年（天平宝字七）の送渤海使の場合、いざ出発となって船が脆弱であるということで幹部は乗船しなかったが、下級の船員に送らせている例もある。これらとくらべて、はたして朝廷に派遣の熱意があったのか疑わしく思える。

ここで考えられることは、当時の唐では安史《あんし》の乱が吹き荒れていたので、唐使が帰国をのぞまなかったのではないかということである。日本滞在中に副使以下が大使の更迭をもとめるといった内紛も伝えられているので、意見がわかれたのかもしれない。そしておりから日本国内では新羅征討が計画され準備が進められていたので（拙稿「初期日渤交渉における一問題」『史学論集　対外関係と政治文化』一）、憶測すれば、前線基地である大宰府では具体的な行軍式にもとづいて着々と準備が進められていたことを察知されたため、帰国させようとはしなかったのではなかろうか。帰国のポーズを見せてはいるが、早々と中止を決め、また彼らを帰化させた事情には、あるいはこのような問題がからんでいるのかもしれない。入京もさせようとしなかったところに、日本側の意図を読みとることができそうである。いずれにせよ、今回の唐使一行の処遇には不可解なことが多いのである。

最後の唐使

さて、唐からの最後の使者は七七八年（宝亀九）の掖庭令《えきていれい》（従七品下）趙宝英《ちょうほうえい》一行である。帰国した遣唐使の報告によると、彼らを派遣するに際しては、遣唐使と皇帝代宗とのあいだでつぎのようなやりとりがあった。

遣唐使「日本への道乗りは遠く、風波もままならない。今勅使が同行されるというが、万一遭難でもしたら、皇帝の命に乖《そむ》くことになってしまいます。」

代　宗「朕は少しばかりの信物を日本に送りたいので、勅使趙宝英に遣唐使を送らせ、品物をとどけさせるのである。道義によるもので、心配にはおよばない。」

といって銀の盃で乾杯して帰国の無事をねがったという。また別の報告によると、趙宝英らに「国土の宝貨」をもたせて日本に派遣する代宗の意図は、「隣好を結ぶ」ことにあったという（以上『続日本紀』）。日本の遣唐使の心配は現実のものになり、大使趙宝英は途中遭難死してしまったが、判官らは耽羅島《たんらとう》（現在の済州島）をへるなどしてようやく日本に到着することができた。

唐の中央の官人が勅使として来日したのは、第一回目の高表仁以来といってよい。その後の使節は前にみたように朝鮮半島の動乱を背景に派遣されたものや送使で、今回は平和裏の使節として注目される。代宗の真意がどのあたりにあったのかわからないが、粛宗のときの牛角要請の一件などからみると、日本に対するある程度の軍事的期待があったのかもしれない。玄宗・粛宗のあとをついだ代宗は、在位のあいだ安史の乱の後遺症に悩まされた。国内では河北・山東や河南の一部などの節度使《せつどし》が力をつけ、朝廷の命にしたがわない状況にあり、一方では回紇《ウイグル》（鶻）や吐蕃《とばん》（チベット）の侵入に悩まされていた時期である。ここで「隣好を結ぶ」といい、「道義の在るところ、以って労と為さざれ」とのべて、勅使を派遣しているのは、このような対外的に多難な時期を背景に考えれば、けっして外交辞令とのみ理解することはできない。唐にとって日本はたしかに僻遠の国ではあるが、それなりに期待するところもあったとみられるのである。太宗以来の遣唐使などによって日本に対する知識がひろがり、僻遠の国という当初の認識がしだいにあらためられていった結果とみるべきであろう。これこそ遣唐使を通じての日本の努力の成果というべきかもしれない。なお、代宗が「隣好を結ぶ」ためとのべていることに、とりわけ日本は注目したにちがいない。たとえば「新羅王子来朝の日、もし朝献の志あらば渤海の例に准ぜよ。但《ただ》し隣好を修めんことを願わば、答礼を用いず、直ちに還却せしめよ」（『日本紀略』弘仁五年五月乙卯条）とあるように、日本では「隣好」の語は対等国もしくは友好国のあいだでつかわれる用語と理解されていたからである。

四　日本の対唐外交の理想と現実

対唐外交の基本方針

さてこのように遣唐使を介して継続された日本の対唐外交の基本方針は、これまでの対中国外交のそれと基本的に異ならない。すなわちすぐれた文物の入手とともに、倭の五王の交渉にみられるように、つねに朝鮮半島諸国に関心があり、その支配・領有を、卓越した力で東アジア世界に君臨する中国王朝の権威によって認めてもらおうというものであり、これは隋唐に対しても同様であった。かつて隋に対して無礼とされながらも対等をもとめる外交を展開しようとしたのは、隋に冊封されている朝鮮半島諸国よりも上位にありたいとする目的からであり、唐との第一次交渉決裂の原因も同様であった。

対唐外交の理想

それでは、いったい日本は唐をどのような存在とみていたのであろうか。まずそれを律令法のなかにもとめてみよう。律令において外国・外国人・外国使節については、蕃国・外蕃・蕃人・蕃客などと表記されているが、公式令《くしきりょう》集解《しゅうげ》詔書式条《しょうしょしきじょう》の古記《こき》（大宝令の注釈書でだいたい七三八年ごろの成立）に、

「御宇日本天皇詔旨」は、隣国及び蕃国に対して詔《の》る辞なり。問う、隣国と蕃国と何《いか》にか其れ別《わか》たん。答う、隣国とは大唐、蕃国とは新羅なり。

とあり、隣国＝唐、蕃国＝新羅とする解釈が示されている。一方、律令の条文で唐についての規定が明記されているのは、唯一賦役令外蕃還条《ぶやくりょうげばんかんじょう》である。

およそ公使を以って外蕃より還らば、一年の課役を免《ゆる》せ。其れ唐国は三年の課役を免せ。

とある。すなわちこれらによって、日本の律令においては外蕃と唐とは区別されていたと理解されている。しかし前掲外蕃還条集解の古記の注記のありかたから、「其れ唐国」云々の文は大宝令本文にはなく、養老令になって加えられた可能性が高い（森公章「古代日本における対唐観の研究」『弘前大学国史研究』八四）。そうすると、大宝律

令制定当時に唐への使節派遣、あるいは唐使・唐人の来日などを想定していなかったとは考えられないので、外蕃のなかには唐もふくまれていたとみなければならない。また外蕃還条の「其れ唐国は」の箇所も「ただし外蕃のなかでも唐の場合は」と解釈できるので、律令法理上では唐も外蕃のなかにふくめていたと考えなければならない（平野邦雄『大化前代政治過程の研究』）。そして唐人を蕃人と称している例も少なくない。元来外蕃・蕃国は、藩国（藩屏国）と同義で諸侯の国を意味するが、日本が律令を編纂し、天皇を頂点とする中華世界実現をめざすとき、いかに唐とはいえ、新羅などと同様に諸外国のなかの一つ、つまり蕃国の一つと位置づけるのは当然であったといえよう。そしてそれが日本の理想であった。

現実—朝貢国

しかしこれはあくまでも理想であって、現実にはさまざまな配慮がなされていたことはいうまでもなく、古記《こき》の解釈は現実に運用する場合を示したものであろう。そして日本の理想・希望に対して、現実の対唐外交においては対等などのぞむべくもなく、東夷の朝貢国の一つにすぎなかった。このことを示す例は数多いが、たとえば第一八次遣唐使に関連して、唐側の記録には、「日本国の朝貢使の廻るを押領す」（楊於陵「謝恩宣慰弁賜手詔表」『文苑英華』巻五百九十八）とみえ、遣唐大使藤原葛野麻呂の帰国報告でも、唐皇帝の勅を引用して、「卿等、遠く慕いて朝貢す」とか、「卿等、本国の王命を銜《ふく》みて遠く来たりて朝貢す」とのべている（『日本後紀』延暦二十四年六月乙巳条）。

また遣唐使が唐に国書を進上したことを示す史料がないことから、唐に対して対等を主張するため国書は持参しなかったというのが通説であったが、現在では否定されている（西嶋定生「遣唐使と国書」『遣唐使研究と史料』）。日本側の記録に唐皇帝の勅書の内容を伝えていないのは、当然日本を下位におく内容の勅書を記録にとどめることをはばかったものとみられている。

来日唐使の処遇

それでも遣唐使が唐にでかける場合は、唐の定めた外交形式にしたがわざるを得ないので問題にならないが、唐使が日本にやってきたときには、その使節を律令の精神のごとく蕃使とするか、それとも特例として遇するか難問がもちあがる。そのことが表面化したのが七七八年（宝亀九）の唐使来日の際であった。このときの大使趙宝英は途中水死してしまったが、日本に無事に到着した判官孫興進《そんこうしん》らは、入京に際し行列の左右に旗をたて、武具を帯び、行官が旗の前後にたつ、という形式を主張したので、大宰府に派遣されていた日本側担当官は、かつてこのような例がないことから、朝廷に判断を仰いできた。朝廷は、武具携帯は認めるが、旗をたてることは認めないと回答した。さらに都の入口で勅使が宣命をのべるときの儀式についても、新羅・渤海使などの例に準拠すべきかどうか質問してきたのに対し、進退の礼式、行列の次第についてくわしく記して担当官のところに送ったが、その内容はあきらかでない。この一連の動きをみてくると、唐使をむかえるにあたって、新羅・渤海使などと同じようなあつかいはできないという意識があることを読みとることができる。

さて、これに関連して当時の日本側の唐使応接について意見の対立があったことを伝える史料がある（田島公「日本の律令国家の『賓礼』」『史林』六八―三、森公章、前掲論文）。幕末明治の国学者栗田寛「石上宅嗣伝補《いそのかみのやかつぐ》」（『栗里先生雑著』所収）に紹介されている大沢清臣所蔵壬生《みぶ》家文書の一篇である。それは孫興進らの応接次第を定めた人物の記録で、当時の学者政治家として名高い石上宅嗣とのあいだで、唐使応接の形式をめぐって論争があったことを記している。すなわち石上宅嗣は「彼は大、此は小なり。すべからく藩国の儀を用うべし」、つまり唐は大国であるので日本は従属国としてふるまうべきである、と主張した。これに対し筆者は、孔子の活躍した昔から「賢人・君子、皆な己が君を他君の上に致さんと欲す。大小強弱を以って推謝《すいしゃ》せず。此れ忠臣・義士の志なり。（中略）（宅嗣の意見は）是れ大不忠不孝の言なり」と批判し、「時の人皆な此の言の理あるに服す（人びとは自分の意見に賛同してくれた）」が、「然るに遂に御座を降る（結局天皇は座をさけて藩国王の礼をとった）」。「嗚呼《ああ》痛なるかな。憤《ふん》鬱《うつ》の懐《おもい》に任《た》えず」、ここに記して後世に伝える、とむすんでいる。本文書の原本は今所在が不明で、『栗里先生雑著』および『古事類苑』外交部に引用されているにすぎず、『古事類苑』では肝心の「藩国之儀」「降御座」の個所が判読不能とされており、このほかにも内容などからはたして当時の文章と理解し、事実とみてよいか一抹の不安があるが、『続日本紀』の記事から、迎接の形式をめぐって論議があったことは認めてよいであろう。日本が理想と現実のあいだで処遇に苦慮した様子がうかがわれるできごとである。

唐における遣唐使の任務

そこで現実の対唐外交で日本がめざしたものは、諸蕃のなかの上位、とくに朝鮮諸国なかんずく新羅よりも上位にあることを唐に印象づけることであった。前にもふれた七五三年の席次争いにおいて、日本の遣唐使が「新羅は古くから日本に朝貢している国であるのに、日本よりも上位におかれているのは道理にあわない」と主張したことに象徴的に示されているが、このほかにも、第四次の随員の一人伊吉博徳《いきのはかとこ》の日記には、「朝するところの諸蕃のうち、倭客もっとも勝る」（『日本書紀』斉明天皇五年七月三日条）と、唐朝の冬至の会に列席した諸外国使節のうち、日本使節がもっともすぐれていたと自賛しており、くだっては第一八次遣唐使に随行して入唐留学した空海が、漂着した唐の福州において遣唐大使にかわって執筆し、官庁に提出した文書（『性霊集』巻五、「大使、福州観察使に与うるがための書」）に、

（前略）我が国の使に於てする、殊私《しゆし》曲げ成って、待つに上客を以てす。面《まのあた》り竜顔に対《むか》って自ら鸞綸《らんりん》を承る。佳問・栄寵已《すで》に望みの外に過ぎたり。夫《か》の瑣瑣《ささ》たる諸蕃と豈に同日にして論ずべけんや。

と、日本使がほかの諸国使よりも優遇されていることを主張している。

このような意識から、遣唐使の幹部には教養のある容貌・風采の立派な者を選任し、かつ出発にさいしては、「其の人どもの和み安みすべく相言え、驚ろ驚ろしき事行《わざ》なせぞ」（『続日本紀』宝亀七年四月壬申条）と、唐において起居ふるまいに十分注意すべきことを諭している。そして使節もこれに応えるべく努力したものとみられ、第八次の押使粟田真人《あわたのまひと》のように、『旧唐書』などに「真人、好んで経史（中国の古典）を読み、文を属するを解す（漢文に堪能）。容止温雅なり」と評されている。しかしその一方では、気負いからか尊大な姿勢もめだったようで、同書に、「その人の入朝する者、多自《おお》く矜大《きょうだい》、実を以って対《こた》えず」と記されている。このように遣唐使は日本の代表として重責をにない、常に遭難の危機をはらみながら往来をかさねたのである。

最後の遣唐使

こうして八世紀以降の日本は、もっぱら唐の文化受容を主目的に遣唐使を派遣したが、やがて支配層の国家使節を通じての珍奇な唐物の独占が、新羅・唐の商人の活躍によってくずれてくると、準備に莫大な費用を要し、往復に危険な遣唐使が派遣されなくなるのも必然であった。こうした状況のなか、八九四年（寛平六）八月に菅原道真を大使、紀長谷雄を副使とする遣唐使が計画された。しかし約五五年ぶりの遣唐使も、結局実施されず、そのうちに肝心の唐が滅亡（九〇七年）し、日唐関係は終わりをむかえたのである。

なお、最後の遣唐使が大使道真の意見によって中止されたというのは、日本史の常識といってよいほどよく知られている（鈴木靖民『古代対外関係史の研究』、増村宏『遣唐使の研究』）。しかし関連史料を子細に検討すると、中止が朝議によって決定されたとみることにはおおいに疑問がある。そして今回の遣唐使派遣計画は、みずから政治外交をもとめて計画されたというよりも、きわめて国内的事情によるもの、つまり藤原氏と姻戚関係がなく、即位の当初から藤原基経と確執を生じた宇多天皇が、権力集中の一つの政策としてうちだした計画ではないかと憶測されるのであり、今後当時の政界の動きと関連して検討する必要がある（拙稿「いわゆる遣唐使の停止について」『中央大学文学部紀要』史学科三五→本書6）。

2　遣唐使の貿易活動

舒明天皇二年（六三〇）に始まる遣唐使には、外交官僚としての政治的な使命とともに、文化使節として、特に唐の先進文物を持ち帰るという重要な役割があった。

例えば、白雉五年（六五四）に帰国した遣唐大使吉士長丹《きしのながに》・副使吉士駒《きしのこま》らに対し、〈唐国ノ天子ニ奉対シ多クノ文書・宝物ヲ得タルヲ褒美《ほめ》テ〉位階を上げることなど、報奨が行われている。文書つまり書物・典籍や工芸品を沢山もたらしたことが特筆され、その功績が高く評価されたのである。これは初期の例であるが、その目的に国際関係の推移による変化はあっても、唐のすぐれた文物を持ち帰ることは遣唐使に一貫して課せられていた使命であった。

そこで、このように遣唐使に期待された唐の品物はどのようにして入手されたのか考えてみたい。なお唐の文物を持ち帰ったのは一般の遣唐使だけではない。広義の遣唐使に属するが留学生・留学僧等も、唐では師について学ぶとともに、必要な書籍・経典、見本となる器物の収集に努め、日本に持ち帰ることに力を尽くした。著名な例では、入唐（養老元年・七一七）・帰国（天平六年・七三四）と行動を共にした僧玄昉《げんぼう》と学生吉備真備《きびのまきび》の場合があげられる。僧玄昉は多数の経論と仏像を持ち帰り、一方の吉備真備は、儀式書、暦書と天文観測用具、楽書と楽器、その他の工芸品や武器など実用の品々をもたらしている。この他、留学生・留学僧の蒐集に努力したようすを伝える資料は少なくなく、そのようにして日本に伝えられた文物が社会・文化など各方面に大きな影響を与えたことはいうまでもない。

しかしここでは一般の遣唐使の行動に焦点をあて、物の輸入の経路についてながめることにする。

一　遣唐使の公貿易——進貢と回賜——

さて日本は唐の冊封を受けてはいないが、新羅などと同じく朝貢国であり、遣唐使は諸外国の使と同じく朝貢使であった。すなわち遣唐使は日本から朝貢品を持ってゆき、唐の皇帝に献上（進貢）した。この品を国信という。また大使・副使ら上級使節も個人的に品物を献上した。これを別貢という。前者は天皇から皇帝にあてたもの、後者は使者の個人的なものである。そしてこれに対して皇帝から返礼の品が下賜される。これを回賜《かいし》といい、答信物といった。

日本から持っていった朝貢品は、『延喜式』にみえる。これは唐の使者が来日した時、その使に託して唐の皇帝に贈る品物であるが、唐の史料に具体的に記されている品物と一致するものがあるので、基本的には遣唐使が持っていった品とみて大過ないであろう。それらは、銀、絁《あしぎぬ》（粗い絹糸による絹織物）・糸（絹糸）・綿（きぬわた）・布（植物繊維による織物）・木綿《ゆう》（楮の樹皮の繊維から作る）・綵帛（紋様のある絹織物）等の繊維製品、出火水精（水晶）・瑪瑙《めのう》・出火鉄、海石榴油（つばき油）・甘葛汁（甘味料）・金漆（うるし）などで、要するに単純織物や原料であり、高度な工芸品などはみられない。しかし国信には日本の文化・技術の程度を唐の朝廷に披露するという意味があり、その時々の技術の粋を尽くした品が選ばれたと考えられる。そして国信に対する唐の回賜には代価の意味が含まれていたとみられるので、唐の品物を持ち帰ることと同様に、国信を無事に唐に届けることは遣唐使にとって重要な任務であった。そのことを端的に示す例に次のようなものがある。

延暦二十三年（八〇四）に四隻で出発した遣唐使のうち、判官三棟今嗣《みむねのいまつぐ》が指揮する第三船は出港後まもなく遭難し、翌年あらためて出発した。しかし肥前松浦郡庇良《ひら》島（長崎県平戸島）から西の遠値嘉《おちか》島を目指して進んだところ、逆風に遭い、孤島に流されてしまった。船は岩礁にぶつかり、たちまち船内に水が溢れてきた。三棟今嗣ら乗員はかろうじて岸に飛び移ることができたが、船内の荷物は取り出すことができなかった。やがて纜《ともづな》が切れ、航海中の護衛をつとめる射手数人を乗せたまま、いずこへとも知れず流されてしまったという。このことを大宰府からの報告で知った朝廷は、〈勅スラク、使命ハ国信ヲ以ッテ重ト為シ、船物ハ人力ヲ須《ま》ッテ乃チ全《まった》シ〉云々と命令を下し、乗員を処罰した。すなわち、「遣唐使の使命は国信を無事に届けることが第一であり、それは遣唐使の努力によって初めて実現される。ところが、三棟今嗣らはその任務を忘れ、もっぱら生きながらえることを考えて、大事な国信を失ってしまった。よって厳罰に処し、今後の戒めとする」とのことであった。

造船・操船等遠洋航海に関する技術が全て未熟であった時期の遣唐使には、往復の途中常に遭難の危険があり、多数の使者が命を失っている。しかしたとえ生きのびても、物を失えば、このように罪をこうむるのである。この挿話は、人命よりも物が優先されていることを如実に物語っている。

そのため遣唐使は遭難によって全ての品物が失われる危険を避け、遣唐使船二隻（初期）〜四隻（後期）に分載して唐に向かった。そして長安で皇帝に献上するのである。この日本からの贈り物についての唐の反応は、遣唐使の報告によれば、宝亀八年度遣唐使の場合、〈天子非分ニ喜歓シ、群臣ニ班示ス〉、つまり「皇帝は大変喜び、臣下に頒ち与えた」といい、後日、「答信物を持たせて勅使を日本まで同行させる」こととなった。また延暦度遣唐使の場合も、〈卿ラ遠ク慕ヒテ朝貢ス。奉ルトコロノ進物、極メテ是レ精好。朕殊《こと》ニ喜歓ス〉と感想を述べ

表1

出発	西暦	使人	航路	船数	帰国年	随行者	帰朝者	備考
(1)舒明二	六三〇	犬上御田鍬 薬師恵日	北路?		舒明四	旻		唐使高表仁に送られ帰国。
(2)白雉四	六五三	吉士長丹(大使) 吉士駒(副使)	北路?	1	白雉五	定恵 道昭		
〃	〃	高田根麻呂(大使) 掃守小麻呂(副使)		1				往途、薩摩竹島付近で遭難。
(3)白雉五	六五四	高向玄理(押使) 河辺麻呂(大使) 薬師恵日(副使)	北路	2	斉明元			高向玄理唐で客死。
(4)斉明五	六五九	坂合部石布(大使) 津守吉祥(副使)	北路	2	第二船・斉明七	伊吉博徳		長安で一時抑留。第一船は往途南海の島に漂着し、大使ら殺される。
(5)天智四	六六五	守大石・坂合部石積・吉士岐弥・吉士針間(送唐客使)	北路		天智六			唐使法聡来朝。
(6)天智六	六六七	伊吉博徳(送唐客使) 笠諸石(送唐客使)	北路		天智七			唐使法聡を百済に送る。唐には行かざるか?
(7)天智八	六六九	河内鯨	北路?		(不明)			唐の高句麗征討を賀す。
(8)大宝二	七〇二	粟田真人(執節使) 高橋笠間(大使) 坂合部大分(副使) 巨勢邑治(大位)	南路		粟田真人・慶雲元 巨勢邑治・慶雲四 坂合部大分・養老二	山上憶良 道慈		大宝元年任命。
(9)養老元	七一七	多治比県守(押使) 大伴山守(大使) 藤原宇合(副使)	南路?	4	養老二	吉備真備 玄昉 大和長岡	道慈 大和長岡	霊亀二年任命 阿倍仲麻呂は唐朝に仕え、帰国せず。
(10)天平五	七三三	多治比広成(大使) 中臣名代(副使)	南路?	4	第一船・天平六 第二船・天平八 第三船・天平九	栄叡 普照	吉備真備 玄昉、道璿、菩提	天平四年任命。 第四船は崑崙に漂着、天平十一年帰国。
(11)天平十八	七四六	石上乙麻呂(大使)						発遣中止。
(12)天平勝宝四	七五二	藤原清河(大使) 大伴古麻呂(副使) 吉備真備(副使)	南路	4	第二船・勝宝五 第三船 第四船 勝宝六	藤原刷雄	鑑真 思託 法進	帰途第一船安南に漂着。 清河は唐に戻り玄宗に仕える。
(13)天平宝字三	七五九	高元度(迎入唐大使) 内蔵全成(判官)	渤海路	1	天平宝字五			判官内蔵全成渤海路より帰国。 清河帰国せず。

(14)天平宝字五	七六一	仲石伴(大使) 石上宅嗣(副使) 藤原田麻呂(副使)		4				船破損のため中止。
(15)天平宝字六	七六二	中臣鷹主(送唐客使) 高麗広山(副使)		2				風浪便なく渡海できず中止。
(16)宝亀八	七七七	佐伯今毛人(大使) 大伴益立(副使) 藤原鷹取(副使) 小野石根(副使) 大神末足(副使)	南路	4	第三船・宝亀十 第二船┐ 第四船┘宝亀十一			宝亀六年任命。 大使病と称して行かず。 副使小野石根帰途遭難(第一船)して没す。 唐使孫興進来朝。
(17)宝亀十	七七九	布勢清直(送唐客使)	南路	2	延暦元			宝亀九年任命。 唐使孫興進を送る
(18)延暦二十三	八〇四	藤原葛野麻呂(大使) 石川道益(副使)	南路	4	第一船┐ 第二船┘延暦二十四 第四船・大同元	最澄 空海 橘逸勢 菅原清公	最澄 空海 橘逸勢	延暦二十年任命。 副使唐にて客死。 第三船往途肥前松浦にて遭難。
(19)承和五	八三八	藤原常嗣(大使) 小野篁(副使)	南路	4	承和六 第二船・承和七	円仁 円載		承和元年任命。小野篁病と称して行かず。 帰途新羅船九隻を雇って帰国。 第二船南海に漂着。
(20)寛平六	八九四	菅原道真(大使) 紀長谷雄(副使)						大使菅原道真の上奏により停止。

ている。前述のように工芸品の類が朝貢品に加えられていた具体的な例は知られず、また当の遣唐使の報告であるから割り引いて考えなければいけないであろうが、ともかく選りすぐった品物を持っていったことは間違いないであろう。

これに対し、唐からいわゆる回賜として下賜されたものの具体例を伝える資料はないが、新羅の例を参考にすると、工芸品・高級絹織物などが主要な品物となっており、正倉院の宝物などがまず思い浮かべられる。七三八年(開元二十六)、玄宗皇帝は諸事華美に流れる風を戒める倹約令を出したが、その中で、金玉の器物およびいろいろな彫刻や象嵌を施した工芸品は、蕃客つまり外国の公使が下賜を望むため特に作製し与えているのである。ところがそのような事情を知らずに世間ではこれを真似る者がいるが、今後禁止する、と述べている。外国の使節が唐の華麗な工芸品を望んでいることがよく知られるであろう。そしてこの蕃客の中に日本の遣唐使も含まれていることはいうまでもない。つまり遣唐使は原料や準原料を持ってゆき、それに質量ともに数倍する精巧な加工品を持ち帰ったと考えてよいであろう。

二　熱心な私貿易——地方都市での購入——

これまで述べてきたような遣唐使による進貢と回賜——信物と答信物——という品物のやりとりは、現実には一種の公貿易であり、一般に朝貢貿易と呼んでいる。もちろん第一義的には国家間の贈答儀礼に属するものであることに留意しておかなければならないが、ともかくこのような公的の方法で入手される唐物も多数にのぼったであろう。しかし日本で待つ人々の期待に応えるためには、それだけではとうてい不足し、別途に調達しなければならなかったと思われる。そして遣唐使は都の長安ではかならずしも行動が自由ではなく、東西の貨物が溢れる長安の市場への出入りも規制されていた。このため日本に持ち帰る品物を全て長安で確保することは難しかったとみられる。

例えば、養老度の遣唐使は、長安に到着して方物——国信を献上した後、孔子廟や寺院・道観（道教の道場）への参拝を願い、許された。唐の朝廷は、各州や県つまり地方の官庁及び京内警護の役所に命じて、便宜を計らせている。そして〈市買ヲ作《な》スベクバ、禁ニ違ヒテ蓄ニ入ルニ非ザレバ、亦コレヲ容《ゆる》セ〉、つまり買い物をする場合には、国外持ち出し禁止品以外は許すという命令を下している。宝亀八年度・延暦度の遣唐使が皇帝に謁見の前後に、〈請フトコロ並ビニ許サル〉とあるのも、養老度と同じような内容を要請し、許可されているとみてよいであろう。なお、国外持ち出し禁止品とは、七一四年（開元二）の勅に、「錦・綾・羅・縠《こく》・繡・織成の紬・

綿・絹・糸・布、犛牛尾《ぼうぎゅうび》、真珠・金・銀・鉄などは外国と売買したり、持ち出したりしてはならない」とあり（同趣旨の勅は七八〇年〔建中元〕にも出されている）、令にも規定された。錦以下の織物類は、主に諸外国への贈答品として使われており、外国が珍重する品を容易に入手させてはその希少価値が薄れるので、恩賞の意味を強くもたせるために制限しているのであろう。また犛牛尾はチベットやヒマラヤ原産のヤクの尾で、冠のひもや軍旗の飾りなどに用いられた。主に西域からの輸入品である。その他のものも要するに貴重品であり、また鉄などは武器の原材料とならないように配慮したものである。

そして唐では――日本も同じ――法律で外国人が勝手に貿易を行うことを禁止しており、日本の遣唐使だけでなく、外国の使者は原則として許可を受けなければならなかった。例えば八三一年（太和五）の詔に、〈宜シク、勅ニ准ズル互市《ごし》ヲ除クノ外、並ビニ輒《たやす》ク蕃客ト銭物ノ交関スルヲ得ザルベシ〉と、勅許を得た場合以外の勝手な交易を禁止しており、また八三六年（開成元）の長安を管理する役所（京兆府）の上奏に、〈令式ニ准ズルニ、中国人、私《ひそか》ニ外国人ト交通・買売・婚娶・来往スベカラズ〉と述べているように、しばしば法令の遵守をうながしている。

以上の資料から、遣唐使の行動は自由でなく、各地の市場での買物も規制されていたこと、それでも回賜以外に品物を求めているようすを知ることができる。つまり一般に公貿易と称される遣唐使の貿易活動にあっても、進貢と回賜という公的な経路のほか、自ら調達するという私的に入手をはかることも多かったのである。そのため遣唐使は入唐に際して砂金や絹など対価となる品を持っていった。例えば、『延喜式』によれば、大使らには絁・綿・布及び入京のための費用として彩帛・貲布《さよみのぬの》（織目の細い布）等が支給されている。これらは身の回りの品を揃えたり、種々の買い物の費用にあてられた。この他、承和度の遣唐大使藤原常嗣《つねつぐ》は出発に際して砂金二〇〇両を賜っている。同時に入唐した請益僧円仁《えんにん》の日記『入唐求法巡礼行記』によれば、円仁も砂金などを相当量持っていっており、市場で銭に両替して、絹などを購入したり、逆に日本から持っていった絹を売って銭に替え、それを寺に寄捨しているような例もある。

そして遣唐使が唐の市場に出かけて品物の購入にあたった具体的な例が円仁の日記にみえる。すなわち承和五年（八三八）入唐の大使藤原常嗣らは唐の皇帝文宗に謁見して使命を果たし、翌年二月帰国のため楚州に戻ってきた。唐に到着したのは楚州より南の揚《よう》州であるが、乗船が到着時の座礁などにより帰国の役に立たないため、楚州の新羅船九隻と新羅人船員を雇って帰国することにしたのである。この頃在唐新羅人の対日貿易活動は活発で、楚州はその一大根拠地であり、日本航路を熟知している者も多数いたのである。しかし常嗣一行は、そのまま帰途に就くわけにはいかなかった。都の長安では買い物を認められず、日本に持ち帰る物資が充分でなかったからである。そこで随員十余人を揚州に派遣し、その市場で必要とする香料や薬品などの物資を購入させることにした。彼等は揚州に着くとさっそく数班に分かれて市場に出かけて買い物を進めた。しかしまもなく官憲に追われ、所持金を捨てて逃亡を謀ったが、そのうちの一人は逮捕されてしまった。また別の一班は買い物をすませて帰船したが、やがて揚州都督つまり最高責任者から呼び出しを受けた。その理由は「勅断」の品を購入したことによるものであった。

逮捕された者もまもなく釈放されて、この一件は落着をみたが、彼等が咎められたのは、「勅断」の品つまり前掲の開元二年や建中元年の勅にみえる品物や貴重な香料や薬材を購入したこと、それも無許可で買い物をしたためとみてよいであろう。しばしば出されている禁止令に違反する行為として摘発されたのである。前述のように、円仁は揚州の市場で砂金を銭に両替して絹を購入したりしている。このことからみると、日用品の買い物には問題はないようなので、やはり国外持ち出し禁止品や高級品を無許可で購入して咎められたのであろう。

このように承和度の遣唐使の行動をみると、唐の品物の輸入を考える時、ふつう都の長安がその舞台として浮かべられがちであるが、実際には地方の都市で調達された例が相当あったとみなければならない。それはまた遣唐使の上京人数が制限されていて、実際に長安の地を踏むのは大使・副使・判官・録事の幹部以下全体の一～二割程度に過ぎず、他の多くの随員は到着地もしくは帰国のための拠点となる都市で上京組の戻るまでを過ごしたことからも容易に推測される。そしてその地方都市の中でも日本ともっとも縁が深かったのが揚州であった。

三　遣唐使と揚州

八世紀以降、東シナ海横断路を取るようになってからの遣唐使が往復に利用した唐の港は、揚子江の河口付近にある明州・蘇州・揚州等であった。中でも揚子江口付近から運河を利用して洛陽・長安へと向かう交通の要衝で、貨物が集積し、商業が盛んに行われていた揚州が中心となっていた。

揚州は当時の唐にあって、長安ほどではないにしろ、大変な賑わいをみせる有数の都市であった。『資治通鑑《しじつがん》』景福元年（八九二）の条に、〈揚州ノ富庶、天下ニ甲タリ。時ノ人、揚一益二ト称ス〉とあり、その繁栄について揚州が一番、益州（四川省成都）が二番と称されたというのである。繁栄をもたらした最大の事情は豊かな江南の物資や外国の輸入品を、最大の消費地である長安・洛陽へと運ぶ大運河の拠点であったことにある。遠く東南アジア以西の貨物は広州（広東）から海岸に沿って北上して集まり、異国の商人、すなわちイスラム系商人が多数居住していた。七六〇年（上元元）には、反乱平定のために揚州に入った軍隊によって、在住の外国人数千人が殺害されたと伝えられている。まさに国際都市であった。

唐代の揚州の遺跡は、発掘調査と文献資料との両面から研究が進められている。それによると、揚州は官庁街の子城と一般民の居住区である羅城とから成り、周りが城壁で囲まれていた。そしてその中を運河が通り、それに沿って商店が立ち並んでいたと推測されている。先にみた円仁の日記にも、楚州に向かう途中小舟を降りて市場に買いに行ったと書かれている。その市場の賑わいは、八世紀末から九世紀初めにかけて活躍した詩人王建が、〈夜揚州ノ市ヲ看《み》ル〉という題の作品に、

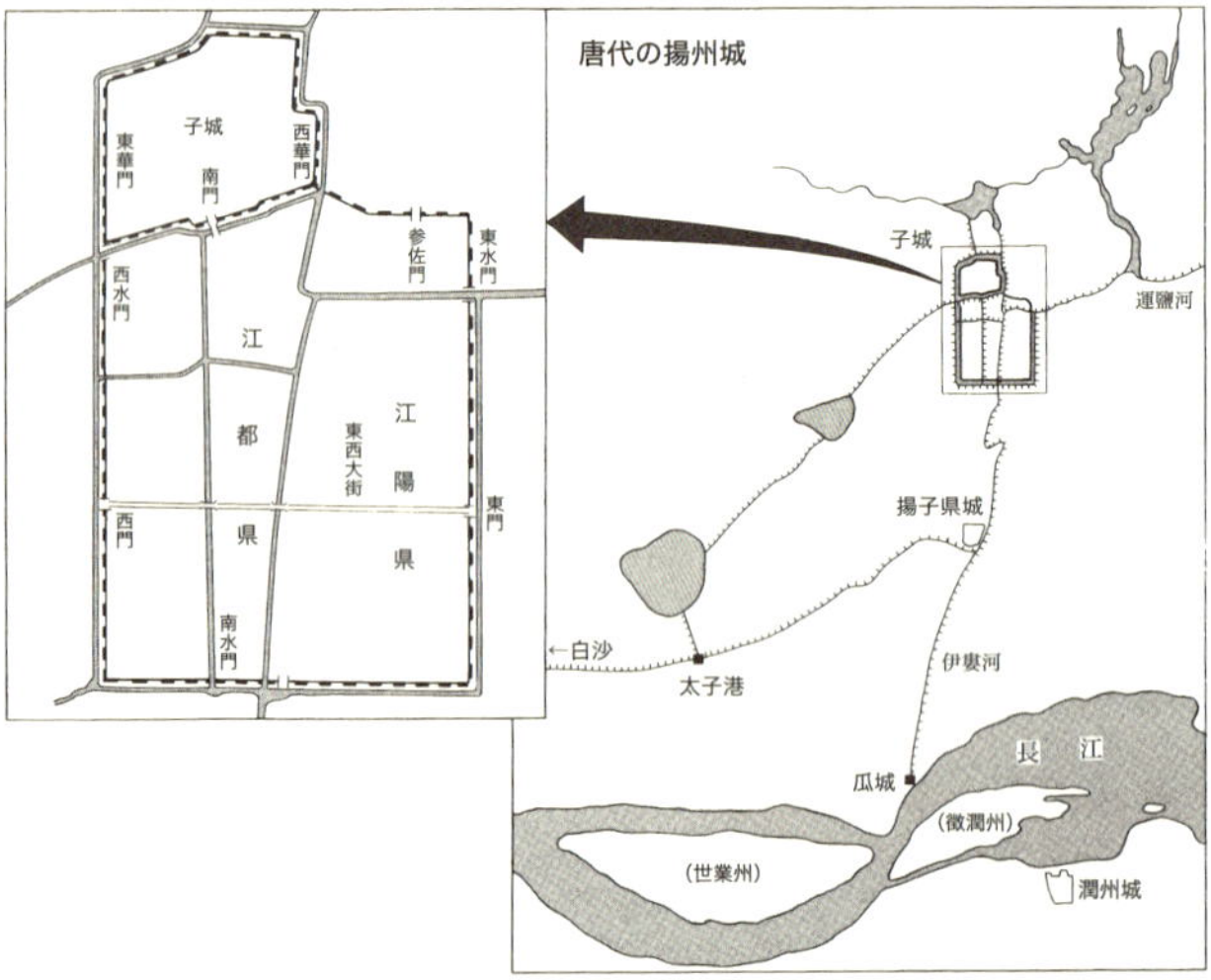

図1　唐代の揚州城

図2　揚州の大運河

夜市ノ千灯、碧雲ヲ照ラシ
高楼ノ紅袖、客紛紛
如今、時平ノ日ニ似ズ
ナホ笙歌、暁ヲ徹シテ聞コユ

と詠んでいる。夜になっても喧騒に満ち溢れているようすを生き生きと写している。八三九年（開成四）十二月には、揚州の市から出火し、数千家を焼失したという。店舗・家屋が密集しているようすを髣髴させる。

さて承和度遣唐使が香料や薬材の購入を主目的にしたように、揚州の市はその香料や薬材の豊富なことで知られていた。すなわち詩僧皎然の〈薬ヲ買フ歌　楊山人ニ送ル〉に、

江南薬少ナキモ、淮南《わいなん》ニハアリ、
（中略）揚州喧喧タリ売薬ノ市

とみえる。この時皎然は蘇州（江南）からわざわざ対岸の淮南（揚州）まで薬材購入に赴いているのであり、揚州の市場で薬品や香料が盛んに取り引きされていたようすを示している。

また揚州といえば、鑑真の生地であり、日本への渡航を企てた場所としても知られているが、渡航に際して揚州で調達したとみられる品物のリストがある。それによれば、仏像・仏具・経典の他、香料として、「麝《じゃ》香・沈《じん》香・甲香・甘松香・龍脳香・胆唐香・安息香・桟《さん》香・零陵香・青木香・薫陸《くんろく》香」等が列挙されている。これらの中には中国に産するものもあるが、外国産の輸入品も含まれている。

香料・薬材は仏事など各種の儀式に欠くことのできないもので、日本の支配層のもっとも珍重し、必要とした舶来品の一つであった。貞観十六年（八七四）には、わざわざ香料を求めるための使者を唐に派遣しているほどである。遣唐大使の藤原常嗣も恐らく香料や薬材を長安で調達できなかったため、沢山の種類が取り引きされている中心地の揚州に随員を派遣して購入にあたらせたのであろう。

この他、揚州では物資を調達しただけでなく、様々な交流が行われている。著名な例に次のようなものがある。天平神護二年（七六六）、丹波天田《あまた》郡（京都府福知山市）の山中より採掘された鉱石を、白鑞《びゃくろう》（錫）と称して献上するものがあった。当時白鑞といえば鏡などの原材料として貴重なものであった。朝廷ではさっそく同所を採掘させ、十余斤を得た。このためその発見者に恩賞を与えた。しかしこの鉱石は白鑞ではなく鉛に似ているとの疑問が出された。だが日本の職工にはその正体は確認できなかった。そこでその一〇年後の宝亀七年（七七六）、遣唐使に託して唐の職工に尋ねることにし、遣唐准判官羽栗翼《はぐりのたすく》がその任にあたった。この時の遣唐使は四隻そろって出帆し、第三船に乗り込んだ羽栗翼は揚州に到着した。このあと上京し、皇帝代宗に謁見して使命を終え、再び揚州に戻り帰国した。そして揚州滞在中、同地の職人に日本から携えてきた鉱石の鑑定を依頼した。揚州の職人は皆「それは（白鑞ではなく）鈍隠といい、唐では私鋳銭に時々用いるものがある」と答えたという。最近の研究によれば「鈍隠」とは鉛のことであるという。結局この鉱石は白鑞ではないことが分かったわけで、恩賞を受けた発見者は何らかの処置を受けたとみられるが、結果は伝えられていない。

さて羽栗翼は揚州で鑑定を依頼しているが、実は揚州は鏡製作など金属手工業の一大中心地で、青銅鏡の他、金・銀・銅器を朝廷に貢献している。発掘調査の結果、城内から一万平方メートルにも及ぶ手工業工房跡が発見され、るつぼなどが出土している。羽栗翼が揚州で鑑定を求めたことには、このような背景があったのである。

そして現在日本に伝えられている鏡には揚州出土の鏡と意匠が一致するものがあるといわれ、揚州で入手して日本に持ち帰った鏡も多数にのぼったとみられている。もちろん日本伝来の経路としてさまざまな事情を考えなければならないが――。これは鏡だけでなく、陶磁器の唐三彩の中にも揚州で調達されたものもあったと推測され、この他多種類にのぼったとみてよいであろう。

なお鑑真が揚州から日本へ渡航を企てたとき、現地の技術者も同行すべく準備が進んでいたが、結局実現しなかった。もし彼等揚州の技術者が渡来していたならば、その後の日本の文化の発展に大きな影響を与えたことであろう。

揚州に関連してもう一つ忘れることのできないエピソードがある。それは前に揚州の市場にでかけて逮捕者を出したのと同じ承和度遣唐使の准判官藤原貞敏についての逸話である。貞敏は上京人数の制限にあい、揚州に留まって留守部隊の責任者となっていた。この貞敏は琵琶の名手であった。彼は揚州に着くと、琵琶の師匠について学ぶことを願い、廉承武という博士の弟子となった。約二〇日間で修了し、その際に一冊の楽譜をもらったという。これは現在宮内庁書陵部に所蔵される『琵琶譜』の奥書にみえる貞敏の文によって知られるところである。ところが、『日本三代実録』の卒伝には、師の名が劉二郎とあり、貞敏の技量に感嘆した師匠の希望によってその娘を妻とし、日本に帰国した、と記されている。そして、貞敏は揚州で学んだ成果を帰国後さっそく宮中で披露する機会があった。演奏を聞いた群臣は皆陶酔した、と伝えられている。卒伝には、〈貞敏、他ニ才芸ナシ。能ク琵琶ヲ弾ズルヲモッテ、三代（の天皇）ニ歴仕ス〉と評されている。卒伝と奥書との相違についてはともあれ、揚州を舞台に行われた遣唐使と唐人との親密な交流のようすを知ることができる。

なおこの他、揚州では承和度請益僧の円仁が、巡礼の許可を待つ間に多数の経典を写していることも、最後に付け加えておきたい。

以上、遣唐使の貿易活動をみてきた。特に一般に公貿易と称される遣唐使の貿易活動にも、私的に調達されるものが相当量にのぼったとみられること、またふつうその舞台として都長安を思い浮かべがちであるが、実際には地方の都市を舞台とする活動が盛んであったことを知ることができたと思われる。そして地方都市における遣唐使の活動は貿易だけでなく、技術や文化などさまざまな分野で展開されていたのである。ここではその一例として唐代有数の都市揚州を取り上げ、そこで行われていた交流のようすを述べた次第である。

3　遣唐使と新羅・渤海

はじめに

今回の「井真成墓誌」の発見（編者注）は、いろいろと重要な意義をもつが、何と言っても埋もれた留学生や留学僧の存在を明らかにしてくれたことがあげられるであろう。「遣唐使と新羅・渤海」という課題について、「井真成」のような留学生・留学僧を含めた、遣唐使という日本の国家をあげての大事業に、新羅・渤海等がどのように関わっていたのか、考えてみたい。

遣唐使の主要な使命として政治と文化の二つがあるが、日本が倭と呼ばれた時代から、首長や王権にとって中国王朝への通交（朝貢）による先進の文物・技術等の入手は列島内における権威の獲得につながり、官爵叙任は国内的意義だけでなく、朝鮮半島諸国との関係を進める上で重要な意味をもっていた。しかしながら、日本（以下、倭と呼ばれた時代でも便宜的に日本の呼称を用いる）が中国王朝に使者を派遣するには、造船技術や航海術が未熟な段階では朝鮮半島を経由するルートを取らざるを得ず、そのため半島諸国の支援が不可欠であり、遣唐使も例外ではなかった。遣唐使以前の事例を考えることから始めることにしたい。

一　遣唐使以前の中国通交と半島諸国

『前漢書』地理志に列島の倭人が〈歳時を以て来たり献見す〉とあり、また『後漢書』倭伝には奴国の朝貢などが記されている。そして『魏志』倭人伝になると、〈景初二〔三カ〕年六月、倭の女王、大夫難升米らを遣はして郡に詣《いた》らしめ、天子に詣りて朝献せんことを求む。太守劉夏、吏を遣はし、将《ひき》ゐ送りて京都に詣らしむ。〉とあり、卑弥呼の使者が帯方郡を経て魏の都である洛陽にまで到っていることが知られる。これらの列島からの使者は、当然のことながら半島の諸勢力――国家形成以前の百済や新羅、加耶などの領域を通り、彼らの援助を得て郡に到り、さらに国都に赴いている。

そして日本が本格的に中国の冊封体制に参入する、倭の五王の時代を迎え、盛んに中国南朝へ使者を派遣するが、最初の朝貢は四一三年に始められる。この時期の中国通交の仲介役として、まず登場するのは高句麗である。『日本書紀』応神三十七年二月戊午朔条には、日本から呉《くれ》（中国）に派遣された使者が、高句麗に向かい、高句麗の使者の導きで呉に到ることができ、使命を果たして帰国したことが記されている。応神三十七年丙寅は干支二運を繰り下げた修正紀年では四二六年に相当する。ただしこの記事については、似た内容の記述が雄略十四年条等にもあり、「広開土王碑文」に知られる高句麗と倭の戦いが四〇七年頃まで続いていた状況からすると、高句麗を経由することはあり得ないとして、疑問視する意見もある。

倭の五王時代の仲介役として確実なのは百済である。四七八年に倭王武が宋に進めた上表文に次のような一節がある。〈道、百済を逕《へ》て、船舫を装ひ治む。而るに句驪無道にして、図りて見呑せんと欲し、辺隷（百済）を掠抄し、虔劉《けんりゆう》（殺害）して已《や》まず。毎《つね》に稽滞を致し、以て良風を失ひ、路に進むといふと雖も、あるいは通じ、あるいは不《しからず》。〉とみえる。当時の日本は百済の援助を得て宋との通交をはかっていたのであり、その生命線ともいえる朝貢ルート上の百済を高句麗が侵し、入貢が妨げられていると述べ、このあとにそのため高句麗遠征を計画していることが記されている。

倭国王の中国への朝貢はこの年をもって中断し、六〇七年の遣隋使によって再開されるが、百済に依存する状況は変わらなかった。『隋書』倭国伝には、倭国使小野妹子の帰国に裴世清《はいせいせい》を同行させた記事に、〈道、百済を度《わた》り〉云々とあり、『三国史記』百済本紀・武王九年（六〇八）条にも、〈使を遣はして隋に入り朝貢せしむ。隋の文林郎裴清、倭国に奉使す。我が国の南路を経たり。〉と記されている。あるいはこの時、隋に朝貢した百済使が隋使裴世清と妹子等を伴って百済まで同行した事実にでも基づいているのであろうか。倭国使小野妹子らの入隋に際して同行した可能性もあるであろう。帰途、小野妹子が携帯していた隋帝の書を百済人に奪われてしまったという逸話も伝えられている（『日本書紀』推古十六年六月丙辰条）。さらに六一四年入隋の遣隋使犬上御田鍬《いぬがみのみたすき》らが翌年に帰国した際、百済使が〈犬上ノ君に従ひて来朝す〉とあるが、事実は百済使に送られて帰国したとみるべきであろう。このような百済ルートについては、黄海に面した韓国全羅南道扶安郡にある、百済時代の海上交通に関する祭祀遺跡（竹幕洞遺跡）から出土した遺物の中に日本製品が含まれている可能性が指摘されており、注目される。

日本の中国朝貢ルートに関与する存在として、やがて新羅が登場するにいたる。もともと半島の東海岸に位置する新羅は、百済もしくは高句麗の協力なしに、中国への通交は困難であった。五二一年に新羅は南朝梁に遣使朝貢しているが、百済使に伴われたものであった（『梁書』新羅伝）。しかし新羅はやがて高句麗・百済と争い、五五三年前後には漢江河口付近を中心とする西海岸中央部を百済から奪い取り手中に収めるにいたる。中国との直接通交の足がかりを得るためのものであり、まさに新羅の悲願達成といえよう。推古三十一年（六二三）隋の時代に留学し、隋から唐への王朝の交替を目の当たりにして帰国し、朝廷に唐と通交すべきことを進言した学問僧恵斉らは、新羅使に送られて帰国している。

このように日本は、百済・新羅の援助を得てはじめて中国王朝への朝貢が可能であった。こうした状況は、相互の緊密な関係が前提となる。もし相手国との関係が悪化すれば、協力が得られなくなる危険性をはらんでいた。そのことは逆に言えば、ライバルの中国通交ルートを邪魔することも、重要な国策の一つであった。それは前掲の倭王武の上表文にも高句麗がルートを塞いでいることを述べるが、その他高句麗が百済の朝貢使船を拿捕《だほ》するような事件も起きている。つまりルートを他国の協力にまつ限り、不安定な要素を抱えていることになる。

二　遣唐使の始まりと新航路の開拓

さて、こうして遣唐使の時代を迎えることになる。舒明二年（六三〇）に派遣された最初の遣唐使犬上御田鍬らの往路は不明であるが、おそらく従来の半島を経由する北路であり、帰途は唐使高表仁《こうひょうじん》や留学生らを伴って新羅送使とともに帰国している（『日本書紀』舒明四年八月条）。このことは『続日本後紀』承和三年（八三六）十二月丁酉条に引用された太政官宛新羅国執事省牒に、〈況や貞観中、高表（仁）彼に到るの後、惟だ我に是れ頼る。唇歯相須《ま》つこと、其の来るや久し。〉とみえ、新羅側の記録にもとどめられていたことが知られる。

ところが、第二次にあたる白雉四年（六五三）度の遣唐使は二隻のうち、一隻が薩摩沖で遭難している。この時の遣唐使は大使が二名任命され、それぞれ別の船に乗るという、異例の組織を取っている（『日本書紀』白雉四年五月壬戌条）。これは、当初から遭難の危険を予測した構成で、一隻は安全な北路を利用し、一隻は新しいルート開拓の使命を帯びて出発したものと推測される。その新しいルートとは、博多湾から五島列島に渡り、そこから一気に東シナ海を横断する、いわゆる南路と称されるルートとみてよいであろう。

しかし結果として新ルートの開拓は失敗に終わり、その後の遣唐使は従来の北路を利用しているとみなされる(但し六六九年までの五回のうち、二回は唐が百済を滅ぼした後に朝鮮半島に置いた統治機関まで)。次に南路が試みられたのは、大宝二年(七〇二)入唐の執節使粟田《あわたの》真《ま》人《ひと》一行の遣唐使とみられる。この時は唐の楚州(今日の江蘇省)沿岸に到着しているが、到着地での遣唐使と唐人との問答をみても(『続日本紀』慶雲元年七月甲申朔条)、北路を利用しながらの漂着とは思えないので、南路をとったとみてよいであろう。

こうした新ルート開拓の事情は、新羅や百済(六六〇年滅亡)に依存することのない直行ルートを求めてのことであろう。このことを考える上で興味深い記事が『日本書紀』斉明三年(六五七)是歳条にみえる。日本は新羅に使者を派遣し、僧智達《ちたつ》・間人《はしひとの》御《み》厩《うまや》・依網稚子《よさみのわくご》らを新羅の入唐使に同行させることを願ったが、新羅側に拒絶されて帰国している。しかし翌年には智達・智通らは新羅船に乗り渡航することができた。彼らは玄奘《げんじょう》(三蔵法師)から法相を学んで帰国し、日本仏教の進展に大きな足跡を印している著名な人物であるが、その入唐は新羅の協力を得てはじめて実現したのである。最終的には入唐することができたのであるが、このことはまた他国に頼らずにすむ直行ルートの開拓の必要性を日本の朝廷に痛感させるできごとでもあったろう。

なお、ここで注意したいのは、新羅が入唐の仲介を一旦は拒絶しながら、その翌年には承諾していることである。この時期、新羅は百済・高句麗と激しく争っており、唐に使者を派遣し、援軍の派遣を求めたりしている。そしてまもなく六六〇年には唐軍による百済攻撃が実行され、百済滅亡を迎えるにいたる。まさに新羅がこうした緊張状態にある中で、日本からの要請があったことになる。この後、斉明五年(六五九)に入唐した遣唐使は、高宗に謁見したのち、洛陽に幽閉され帰国の延期を余儀なくされている。唐が〈海東の政〉つまり百済進攻計画が漏洩して本国に伝えられるのを恐れてのことである。当然日本が百済と親しいという認識が存在した。こうした状況を考慮すると、この時は新羅に〈汝の国の使に付して大唐に送到せしめん〉こと、つまり公使に同行させることを求めているので、すでに百済攻略をめぐる合議など、極めて政治性の高い新羅の遣唐使であるので、国家機密の漏洩を恐れて新羅は智達らの同行を拒絶したものかと推測される。翌年の入唐にはただ〈新羅船に乗り〉とのみ書かれていることからすると、あるいは新羅は公使ではなく、単に送り届けるための使者を派遣したのかも知れない。親百済の姿勢を見せる日本に対する警戒心を示すものであろうか。

さて、大宝度の遣唐使によって、新羅の助けを借りる必要のない直行ルートを開拓し得たかに思えた日本であるが、その後の遣唐使は遭難が相次ぎ、行方不明となるか、あるいは遥か南方諸島にまで流され、ようやく帰り着くという現状が繰り返された。養老元年（七一七）度遣唐使については遭難の記事はないが、天平五年（七三三）度、天平勝宝四年（七五二）度の遣唐使が相次いで帰途遭難している。後者の場合には阿児那波《あこなは》（沖縄）にたどりつき、鑑真一行を乗せた副使大伴古麻呂の船は奄美等の南西諸島を経て、九州に上陸している。南西諸島には、天平五年度の使者の遭難の体験に基づき、天平七年（七三五）には漂着船に備えて牌（道しるべ）が立てられていたが、大伴古麻呂らの報告によるものであろう、すでに朽ちていたとのことで、大宰府に立て替えを命じている。牌には、〈着ける嶋の名幷びに船を泊むる処、水有る処、及び去就する国の行程、遥かに見ゆる嶋の名〉が書き記されていた（『続日本紀』天平勝宝六年二月丙戌条）。この措置から、南島路として南西諸島経由ルートを遣唐使の航路の一つに加える見方もあるが、〈漂着の船をして帰向する所を知らしむ〉といった表現を参考にすると、文字どおり万一に備えたものとみてよいであろう。

こうして遭難を繰り返しながらも南路による派遣を続けるが、やはり新羅に頼らざるを得ないことを思い知らされるできごとが起こる。宝亀十年（七七九）日本の遣唐使の一隻が唐からの帰途、耽羅島（今日の済州島）に漂着し、新羅に保護され、新羅使によって日本まで送り届けられたのである。

三　新羅関係の悪化と渤海との交流の始まり

実は日本と新羅との関係は、天平年間から悪化の一途をたどっていた。白村江で戦火を交えた両国であるが、百済・高句麗滅亡後の半島領有をめぐって唐と確執を生じた新羅は、再び日本を必要とする情勢となる。六六八年、しばらく途絶えていた遣日本使を送り、唐の侵攻を恐れる日本もこれに応えて両国の交渉が再開された。両者の利害と思惑が一致した外交は、表面的には平和裡に続けられる。しかし新羅が唐との関係を修復すると、次第に日本に疎遠な姿勢を取り始める。一方、大宝律令を完成させた日本は自らを中華として華夷秩序の遵守を強く新羅に求め、それを肯じない新羅との間で、使者の来日ごとに紛糾を生じている。

こうしたまさに日本・新羅関係が悪化する時期に始まるのが渤海との交流である（七二七年）。日本がこれまで新羅等に依存していた役割を渤海に期待し、渤海もそれに応えている。渤海の日唐間における中継的役割は多岐にわたり、たとえば遣唐使そのものでは、天平宝字三年（七五九）の高元度一行が来日した渤海使の帰国に同行し、渤海を経由して入唐している。この他、留学生・留学僧の入唐・帰国の援助、在唐僧との間の連絡役などを務めてくれているが、たとえば僧戒融《かいゆう》の例がある。唐で学んだ戒融は渤海を経て帰国した。ところがどういう理由によるか、唐は勅使を渤海まで派遣して戒融の消息を訪ね、さらに渤海から新羅にまで赴き、日本に使者を派遣させて帰国の有無の確認までさせている。唐がそれほどに一人の僧の消息に執着しているのは何故であろうか。何か重要な情報でも持たせたのであろうか。何とも明らかでない。在唐僧との間の連絡役では、来日した渤海使に留学資金としての黄金を託して届けてもらったり、逆に在唐僧からの書状や仏典などをもたらしたりしてくれている。

このように、日唐間の中継役として、確かに渤海はよく日本の期待に応えてくれている。しかし地理的位置関係からいって、もっとも頼るべき存在は新羅であった。新羅との関係が悪化し、新羅使の入京を拒絶して大宰府から放還するという状況が続く中、天平勝宝四年（七五二）、新羅は王子金泰廉を派遣してきた。朝廷はすぐに入京を認め、謁見した。ここで金泰廉は、「新羅は古くから日本に朝貢している」と述べて、朝廷を狂喜させている。しかしこれは本心ではなく、あくまでも円滑な貿易を望む故の迎合的態度であった。この時大々的に貿易が行われたことは、正倉院に伝えられた「買新羅物解《ばいしらぎもつげ》」と総称される文書群によって知ることができる。翌年に新羅に派遣された小野田守を新羅王は傲慢・無礼として追い返していることに、新羅側の真意は明らかである。その後も新羅使の来日のたびに名分関係をめぐって紛糾を生じ、入京を拒否し、大宰府から放還している。一方の新羅も放還されることを承知で使者の派遣を続けている。大宰府周辺での貿易を目的としているとみてよいであろう。

こうした悪化する一方の対新羅関係の中で、宝亀十年、遣唐使海上三狩らの新羅領内漂着、保護・送還というできごとが起こったのであり、日本はあらためて新羅の存在の大きさを思い知らされることになる。この時はさすがに新羅使金蘭蓀を入京させ、賓礼をもって優待している。しかしながら、帰国する新羅使に託した国書でも、〈……軽使有りと雖も表奏無し。……今此の蘭蓀、猶口奏を陳《の》ぶ。理、例に依り境より放還すべし。但し三狩らを送りて来る、事すでに軽からず。故に賓礼を修め、以て来意に答ふ。（新羅）王、宜しく之を察すべし。〉と体面を保つことに努めているだけでなく、さらに続けて〈後使、必ず表函を齎し、礼を以て進退せしむべし。今、筑紫府及び対馬等の戍に勅して、表を将《も》たざる使は入境せしむる莫れ、と。宜しく之を知るべし。〉と述べている。あくまでも華夷秩序の遵守を求める日本の態度に、新羅ももはやこれまでと思ったことであろう。ついに公使の派遣を打ち切るにいたる。この頃にはすでに商人層も台頭しており、敢えて紛争を起こしてまで、また侮辱的な言辞を浴びせられてまで公使を派遣する必要はなかった。何よりも日本を脅威と感ずる時代でもなく、協力を必要とすることも、もはやなかったのである。

四　新羅への遣唐使保護依頼

一方、日本にとっては、遣唐使派遣にはやはり新羅の協力が不可欠であることを思い知らされたできごとであり、日本の対新羅政策に大きな転換を余儀なくさせた。これまでの尊大な姿勢を改めざるを得なくなったのである。宝亀度遣唐使に次いでは、延暦度遣唐使が計画された。延暦二十二年（八〇三）の遣唐使出発に先立って使者が新羅に派遣されて万一の際の保護を依頼し、その翌年には、出発した遣唐船四隻のうちの二隻が行方不明となったため、あらためて新羅に使者を派遣して、〈若し漂着すること有れば、宜しく事に随ひ資給し、郷に還るを得しむべし。〉と保護の依頼をしただけでなく、〈彼の堺に到らざれば、冀《ねが》はくは使を遣はして入唐せしめ、訪ね覓《もと》め具《つぶ》さに報ぜんことを。〉と述べている。つまり新羅にも漂着していない場合には、新羅から唐に使者を派遣して遣唐使の消息を調べて欲しいとまで頼んでいるのである。全面的に依存する姿勢をみせているといってよいであろう。延暦二十二年に相当する、『三国史記』哀荘王四年七月条に、〈日本国と交聘し、好《よし》みを結ぶ。〉と記されている。新羅としてはこれまでの日本の使者とは姿勢が違うことを感じ取って、記録にとどめられたものであろう。このような日本の要請に対する新羅側の具体的な対応は明らかでない。しかしそれほど積極的に日本に協力したとは思えない。そのことは次の承和度遣唐使の保護依頼に対する対応に見ることができる。承和三年（八三六）、遣唐使派遣に先立ち、保護依頼の目的で新羅に紀三津が派遣された。新羅の政府機関である執事省宛の太政官牒を持たせ、その趣旨を明確に記していたが、それにもかかわらず三津は偽使の疑いをかけられ、使命を果たせずに帰国した。この時持ち帰った太政官宛新羅執事省牒の全文が『続日本後紀』承和三年十二月丁酉条に掲載されており、新羅を「大国」、三津ならびに日本を「小人」と表現するなど、新羅が自らを大国と任ずる意識が明確に示されている。三津を偽使とすることなど、明らかに新羅側の言いがかりであり、日本の足元をみた嫌がらせとも評してよい内容である。用語をみても、これまでとっていた日本の高圧的姿勢に対する新羅のまさに逆襲とよぶにふさわしい。この牒状を受け取った日本の朝廷は憤慨したが、如何ともしがたかった。もはや独善的な華夷意識が通じる時代ではないことを悟らざるを得なかったのである。

新羅の協力を取り付けられなかった承和度の遣唐使は、さらに大使・副使の乗用船争いといった紆余曲折の上出発する。往路は無事であったが、帰国に際しては日本から乗っていった船が脆弱であるとのことで、在唐新羅人の協力を得てようやく帰国することができた。結局遣唐使の派遣はこれが最後となる。寛平六年（八九四）にも菅原道真を大使とする計画が立てられるが、実施されることはなかった。承和度の遣唐使を最後として派遣されなくなる理由については、すでに新羅・唐商人の活躍があり、日本の求める物については入手の道が開けていたこと、派遣事業の経済的な負担など、いろいろなことが考えられるが、上にみてきたように、新羅の協力を得る見込みがなくなったこと、そして何よりも独善的な対外認識が通じない時代になっていることを思い知らされたこともその要因としてあげるべきであろう。

むすび

以上、遣唐使を中心とする中国との通交という大事業には、朝鮮諸国の協力が不可欠であったことを述べてきた。そして、日本と朝鮮、特に新羅との関係を通覧するとき、「失ってはじめて気づく大切なもの」……筆者はいつもこの言葉を思う。対外方針の転換をもたらすほど、大きな影響を与えているのである。そして隣国との友好関係が必要なことをあらためて感じるが、それはもちろん筆者だけではないであろう。時代は降るが、すでに同様の感懐を藤原定家が漏らしている。すなわち、その日記『明月記』嘉禄二年（一二二六）十月十七日条に、いわゆる松浦党が高麗を侵し、資財を奪い取った事件に関連して、〈我が朝渡唐の船、西に向かふの時は、必ず彼の国（宋）に到着す。帰朝の時は、多く風に随《したが》ひ高麗に寄するは流例也。彼の国已《すで》に怨敵《おんてき》たれば、宋朝の往返、輙《たやす》くすべからず。当時唐船一艘高麗に寄り、火を付けられ、一人を残さず焼死すと云々。末世の狂乱至極、滅亡の時か。甚だ奇佐《きかい》の事也。〉と記している。日本から宋に向かう時には間違いなく宋に着けるが、宋から帰国の際には高麗に漂着することが多い。したがって高麗との友好関係に努めなければならないとの認識を示しているのである。

参考文献

赤羽目匡由「八世紀中葉における新羅と渤海との通交関係」（『古代文化』五六―五、二〇〇四年）
池田温編『古代を考える　唐と日本』（吉川弘文館、一九九二年）
石井正敏「八・九世紀の日羅関係」（田中健夫編『日本前近代の国家と対外関係』吉川弘文館、一九八七年）↓本著作集第一巻4
石井正敏『日本渤海関係史の研究』（吉川弘文館、二〇〇一年）
石井正敏『東アジア世界と古代の日本』（山川出版社、二〇〇三年）
亀田修一「百済の考古学と倭」（武田幸男編『古代を考える　日本と朝鮮』吉川弘文館、二〇〇四年）
岸俊男「呉・唐へ渡った人々」（『日本の古代3　海を越えての交流』中央公論社、一九八六年）

佐伯有清『魏志倭人伝を読む』上・下（吉川弘文館、二〇〇〇年）
篠川賢「遣隋使の派遣回数とその年代」（『日本古代の王権と王統』吉川弘文館、二〇〇一年）
坂元義種『倭の五王　空白の五世紀』（教育社、一九八一年）
杉山宏「遣唐使船の航路について」（『日本海事史の諸問題　対外関係編』文献出版、一九九五年）
鈴木靖民『古代対外関係史の研究』（吉川弘文館、一九八五年）
東野治之『遣唐使船　東アジアのなかで』（朝日新聞社、一九九九年）
西嶋定生『古代東アジア世界と日本』（岩波現代文庫、二〇〇〇年）
森克己『遣唐使』（至文堂、初版一九五五年。増補版一九六六年）
森公章『「白村江」以後』（講談社、一九九八年）
山里純一『古代日本と南島の交流』（吉川弘文館、一九九九年）
李成市『東アジアの王権と交易』（青木書店、一九九七年）

（編者注）　二〇〇四年、中国西安市の工事現場から日本人留学生「井真成」の墓誌が発見され、西北大学付属博物館に収蔵された。これを受けて原載の『東アジアの古代文化』一二三号は「遣唐使墓誌をめぐる日中交流史」という特集を組んだ。

4　唐の「将軍呉懐實」について

はじめに

天平勝宝五年（七五三）末に、唐僧鑑真らを伴って帰国した遣唐副使大伴古麻呂の帰朝報告が、『続日本紀』巻十九天平勝宝六年正月丙寅（三十日）条にみえている。いま、その記事を「新訂増補国史大系」所収本(1)（以下、国史大系本と略称する）により、同書鼇頭《ごうとう》に掲げられた校訂註および行論の都合上必要な私註をも併せて記すと、次のごとくである（校訂註の位置は算用数字、私註の位置は片仮名で示す）。

副使大伴宿㋑禰古麻呂自二唐国一至。古麻呂奏曰、①・大唐天宝十二載、歳在②二癸巳一正月朔③癸卯、百官諸蕃朝賀。天子於二蓬萊宮含元殿一受レ朝。是日、以レ我次二西畔第二吐蕃下一、以二新羅使一次二東畔第一大食国上一。古麻呂論④曰、自レ古至レ今、新羅之朝二貢[大]⑤日本国一久矣。而今列二東畔㋺上一、我反在二其下一、義不レ合レ得。時将軍呉懐實⑥見㋩二知古麻呂不レ肯色一、即引二新羅使一、次二西畔第二吐蕃下一、以二日本使一次二東畔第一大食[国]⑦上一。

①大唐、紀略此上有去年二字。②在、紀略作次。③朔、紀略在癸卯下。④曰、紀略作云。⑤大、拠紀略補。
⑥實、恐当作寶。⑦国、拠印本及紀略補。
㋑宿以下九字、紀略ナシ。㋺畔、紀略コノ下ニ之ノ字アリ。㋩見、紀略コノ字ナシ。
※コノ他、紀略、本文ヲ正月丙辰（二十日）条ニ係ケル。

これは、日本の遣唐使が、唐の朝賀に際し新羅使と席次を争ったことを伝える著名な史料で、『日本紀略』にほぼそのままの形で採録され、時代は降るが、『善隣国宝記』にも間接的に引用されており、古麻呂の硬骨、遣唐使の国威宣揚を物語る恰好な史料として、しばしば取り上げられてきた。しかし、その一方では、これを古麻呂の虚構とみなす意見があることも知られている。[2] 筆者は、虚構説には、『延暦僧録』の「復元日拝朝賀正。勅ニ命日本使可レ於ニ新羅使之上ニ」[3]という記事に全く考慮を払っていないことなど、幾つかの疑問点があり、成り立たないと考えるが、それについて論ずることは別の機会にゆずり（↓本書5）、本稿では、前掲『続日本紀』の記事にみえる、大伴古麻呂の抗議を受け容れて席次を変更したという、唐の「将軍呉懐實」について考えてみたい。なお、最も詳しく虚構説を展開されている卞麟錫氏は、「無名の将軍呉懐實」が独断で問題を処理することはあり得ないことであるとし、これを虚構説の一つの柱とされている。[4]

一

まず、呉懐實の名についてであるが、前掲のように、国史大系本の頭註には、「實、恐当作寶」と記されており、現在多くの人が、「呉懐實」と書いて〔寶カ〕と注記するか、あるいは何の断わりもなく「呉懐寶」として

いる。たとえば『日本古代人名辞典』には、

〔呉懐寶〕　唐の人。将軍。一本に宝を実につくる。勝宝六・正に帰朝した遣唐副使大伴宿禰古麻呂の奏言によれば、大唐の天宝十二年(ママ)、朝賀の儀に、日本使の席次が新羅使の下にあったのを、古麻呂が承服しなかったため、懐宝は之を改めたという（続紀）。[5]

と、「呉懐寶」で項目を立て、本文中で「宝」字の異同に言及している。このようにみてくると、「呉懐寶」を正しいとする説が一般に流布しているといってよいであろう。[6]

しかし、『続日本紀』の「諸写本中最古で最良のもの」[7]と称される金沢文庫本（現在、蓬左文庫蔵）が「實」に作っているのを始め、卜部兼右本（天理図書館蔵）・谷森本（宮内庁書陵部蔵）など、管見では、「寶」に作る写本を見出すことができず、『日本古代人名辞典』の記述には、何か誤解があるように思われる。

なお、前述のように『日本紀略』前篇十には、『続日本紀』の前掲記事が抄録（「宿禰」以下九字を節略・削除しただけで、ほぼ全文が引かれる）されている。[8] そこには、九字の削除以外にも若干の出入があるが（前掲記事参照）、本稿で問題とする「實」字については『続日本紀』と同じく「實」字に作っていて、異同はない。

さて、はじめに触れたように、大伴古麻呂の奏言は、『善隣国宝記』天平勝宝六年条にもみえる。明暦三年（一六五七）版本によって示すと、

正月遣唐使大伴宿禰古麻呂自二唐国一至。奏曰、大唐天宝十二載正月癸卯、百官諸蕃朝貢(賀)。天子於二蓬莱宮含元殿一受レ朝。是日、以レ我次二西畔第二吐蕃下一、以二新羅使一次二東畔第一大食国上一。古麻呂論曰、自レ古至

レ今、新羅之朝二貢日本国一久矣。而今列二東畔上一、我反在二其下一、義不レ合レ得。時将軍呉懐實見二知古麻呂不レ肯色一、即引二新羅（使脱）一次二西畔第二吐蕃下一、以二日本使一、次二東畔第一大食国上一。三善朝臣信貞、元永元年四月二十五日所レ勘。

さて、この『善隣国宝記』にみえる古麻呂の奏言は、『日本紀略』には削られている「宿禰」以下九字があるので、『続日本紀』から引かれたとみて、まず間違いないであろう。そして、そこにも「呉懐實」と記されているのである。(9)

ところで、『善隣国宝記』の成立は文明二年（一四七〇）であるが、(10) 前引記事は、その末に「三善朝臣信貞、元永元年四月二十五日所勘」と記されているように、元永元年（一一一八）に、宋商がもたらした宋国の牒状を審議するにあたり、諸道博士らに旧例を調べさせた時、これに応じて明法博士三善信貞が提出した勘文に引用されたものであって、著者の瑞渓周鳳が直接『続日本紀』から引用したものではない。この時の他の勘文、つまり明経博士中原広宗らによる明経道勘文、および式部大輔菅原在良の勘文等も本書の数ヵ所に引用されていて、本書の古代部分の重要な史料になっている。(11) 瑞渓周鳳は、これらの勘文を、本書執筆に際して多くの知識を得た、当時の碩学大外記清原業忠あたりから借りて、本書に収録したものではないかと推測される。(12)

いずれにせよ、『善隣国宝記』によって、十二世紀初頭に三善信貞に引用されて以来、現行の『続日本紀』本文とは別箇に伝えられた史料にも「呉懐實」とあることが知られる。このことは、もともと『続日本紀』には「呉懐實」とあった蓋然性が高いことを傍証しているといってよいであろう。

このように、『続日本紀』（および同書から抄録・引用された『日本紀略』『善隣国宝記』）の写本・刊本に「實」とあるにもかかわらず、これを敢えて「寳」に改めるべき論拠は、国史大系本にも示されていないし、引用者にもこの点に論及された方は見当たらない。

二

さて、「新訂増補国史大系」本の〈實、恐ラクハ当ニ寶ニ作ルベシ〉と同趣旨の注記は、同本の前身である「旧輯国史大系」本[13]・「国史大系六国史」本[14]に既にみえ、「新訂増補国史大系」本はこれを受けたものであろう。そしてこれらが典拠としたのは、その凡例に書名がみえる村尾元融著『続日本紀考証』（嘉永二年〈一八四九〉成る）の説と思われる。同書巻七に、

呉懐實實疑ハ寶ノ字

とある。恐らくこれに拠ったものとみられるが、ここでも論拠は明らかにされていない。

ところで、この点について、やや詳しく述べているのが、薄井鰏仲著『続日本紀微考』[15]である。本書の成立時期は不明であるが、著者の薄井鰏仲は明治五年（一八七二）に没しているから、『続日本紀考証』と大体同じ頃に著わされたものとみてよいであろう。同書には、

将軍呉懐寶刊本寶作レ實。按作レ寶為レ近レ是。論語陽貨懐二其寶一而迷二其邦一。
「（傍書）c陳琳檄二呉将校部曲一文、[16]懐二寶小恵一云々。
又文選有二壊寶之字一。[17]
」

とあり、本文を「寶」に作り、『論語』[18]を典拠にして〈寶ニ作ルヲ是ニ近シト為ス〉と記している。明確に出典を示して論じていることは評価すべきであるが、いかに『論語』に出典をもつ語句とはいえ、諸本に「懐實」とある固有名詞の人名を「懐寶」に改める論拠としては薄弱であり、直ちにこれに従うことはできないであろう。

一方、国史大系本に代表される「實字、恐当作寶」説に対し、立野春節校訂の明暦三年（一六五七）版本、および同本を底本とした佐伯有義氏校訂・標注「増補六国史」本[19]などでは、この部分に、

時ニ将軍呉懐實ニ見二知リメ古麻呂ガ不肯ムゼ色一ヲ

と送り仮名が付されている。つまり、「實」字を是とした上で、人名は「呉懐」[20]、「實」は「見知」にかかる副詞としているのである。こうした理解は、少数ではあるが現在でもみられ[21]、また『善隣国宝記』の若干の写本および明暦三年版本でも、このような読み方が示されている[22]。

このように、唐の「将軍呉懐實」の名について、論拠が不明確なままに、呉懐寶とする説が一般に流布しているというのが現状である。それでは、この名の問題を含めて、呉懐實について検討する史料を他に求めることはできないであろうか。節をあらためて考えてみたい。

三

従来見すごされてきたが、『旧唐書』巻二百上高尚伝に、つぎのような記事がある。

高尚、幽州雍奴人也。本名不危。母老、乞二食於人一。尚周遊不レ帰二侍養一、寓一レ居河朔県界一。与二令狐潮一鄰里。通二其婢一生二一女一、遂収レ之。尚頗篤学贍二文詞一。嘗嘆息謂二汝南周銑一曰、高不危寧当二挙レ事而死一、終不レ能下咬二草根一以求上レ活耳。県尉有二姓高者一、以二其宗盟一、引二置門下一、遂以レ尚入レ籍為二兄弟一。李斉物為二懐州刺史一。挙二高尚不レ仕、送二京師一、幷助二銭三万一。斉物寓二書於中官将軍呉懐實一以託レ之。懐實引一レ見高力士一。置二賓館中一、令下与二男丞相錫一為上レ学。無レ問二家事一、一以委レ之。無レ何、令二妻父呂令皓特表薦一レ之。天寶元年、拝二左領軍倉曹参軍同正員一。六載、安禄山奏為二平盧掌書記一。出一レ入禄山臥内一、禄山肥多睡、尚執レ筆在レ旁或通レ宵焉。繇レ是寖親一レ厚之一。遂与二禄山一解二図讖一、勧二其反一。〇下略

ここには、安禄山に謀反を勧めた張本人として有名な高尚が、李斉物に見出され、ついに安禄山に仕えるまでのことが記されている。そして、文中に「中官将軍呉懐實」の名がみえる。すなわち、李斉物は、才能がありながら仕官の道を得なかった高尚を呉懐實に紹介し、呉懐賢は、さらに高尚を高力士に引き合わせたというのである。高力士（六八四～七六二）は、あらためて言うまでもなく、玄宗皇帝（在位七一二～七五六）の寵愛を受けて、権勢をほしいままにした宦官である。

一方、唐の姚汝能が、安禄山の生涯を中心に、安慶緒・史思明・史朝義らの行動、いわゆる安史の乱の顚末について叙述した『安禄山事迹』巻中にも、高尚の伝が記されている。(23) 「藕香零拾《ごうこうれいしゅう》」所収本によって示すと、

〇上略（天宝十四載）十一月九日、禄山起レ兵反。以二同羅・契丹・室韋曳落河一、兼二范陽・平盧・河東・幽薊之衆一、号為二父子軍一。馬歩相兼十万。皷行而西。以レ誅二楊国忠一為レ名。〇中略

唯与二孔目官厳荘・掌書記高尚・〔将軍孫孝哲イアリ〕

〇中略 高尚、幽州雍奴人也。本名不危。多二才学一。常歎息謂二汝南周銑一曰、「不危甯当挙事不終而不能咬草根以求活」(24)。州里之間、甚得二文章之名一。後改二名尚一。天宝初、李斉物為二新平太守一。挙二尚高（ママ）蹈不レ仕、送二銭三万一、并寓二書於中官将軍呉懐寶一、以託レ之。其年、策試第四等、授二右領将軍倉曹一。後懐寶引二見高力士一。置二之門下一、令二子師レ之。無レ何、託二安禄山一、奏為二平盧軍掌書記一。禄山由レ是益親レ之。遂与二荘等一共解二図讖一、禄山疑懼、勧二其謀反一。

〇中略

蕃将阿史那承慶・慶緒一同謀。幕府僚属偏裨更無下一人知二其端倪一者上。〇下略

前掲『旧唐書』の高尚伝と、ほとんど変わらない文章であるが、『旧唐書』に「呉懐實」とあった人物が、ここでは「呉懐寶」と記されているのである。

このように、呉懐實・呉懐寶の二説が伝えられていることになるが、「實」か「寶」かの問題は後に検討することとし、叙述の便宜上「呉懐實」として、彼の活躍した時期、および官職などについて考察を加えてみたい。

四

さて、李斉物が高尚を見出した時の官職、その時期、あるいは呉懐實が高尚を高力士に紹介したのは高尚の任官より前か後か、など細かい点について『旧唐書』高尚伝と『安禄山事迹』との間に相違があるが(25)、ともかく呉懐實が天宝初年の前後には活躍していた人物であることは認めてよいであろう。

つぎに、『旧唐書』高尚伝・『安禄山事迹』ともに呉懐實の官職を「中官・将軍」と伝えている。これは中官すなわち宦官で将軍職を帯しているという意味であること、言うまでもない。そして、単に将軍といった場合には、唐の官制では多数の将軍職があって特定できないが、宦官で将軍職を帯する例については、つぎの史料が参考になる。『旧唐書』巻百八十四宦官伝序に、

〇上略　玄宗在位既久。崇㆓重宮禁㆒、中官稍称㆑旨者、即授㆓三品・左右監門将軍㆒、得㆔門施㆓棨戟㆒。〇下略

とある（『唐会要』巻六十五内侍省の項にも、同趣旨の文章がみえる）。これによれば、玄宗は意にかなった宦官を登庸して三品を授け、左右監門衛の将軍に任命して、その門に棨戟《けいげき》（儀衛に用いる飾りぼこ）を立てるのを許したというのである。これが開元・天宝期に活躍した楊思勗《いきょく》[26]・高力士らの頃からみられる現象であることは、彼らの経歴に照らして明らかである。また、これとほぼ同文の記事が、同書同巻の高力士伝にもみえる。

高力士、潘州人。本姓馮。〇中略　開元初、加㆓右監門衛将軍・知内侍省事㆒。玄宗尊㆓重宮闈㆒、中官稍称㆑旨、即授㆓三品・将軍㆒、門施㆓棨戟㆒。故楊思勗・黎敬仁・林招隠・尹鳳祥等、貴寵与㆓力士㆒等。〇中略　天宝初、加㆓力士冠軍大将軍・右監門衛大将軍㆒、進㆓封渤海郡公㆒。〇下略

ここには単に将軍とあるが、前引の宦官伝序文や楊思勗伝および高力士伝の前後、等を勘案すれば監門衛将軍を指すことは疑いない。そして、このことは宦官で単に将軍といった場合、監門衛将軍を指すと理解されていたことを示しているとみてよいであろう。とすれば、「中官・将軍」と表記されている呉懐實の帯する将軍職は、監

門衛将軍であった可能性が高いと思われる。

さて、監門衛の構成・職掌等について『大唐六典』巻二十五には、つぎのように記されている。(27)

左右監門衛大将軍。各一人。正三品。
将軍。各三人。従三品。拠二目録及旧新唐志一、三人当レ作二二人一。
○中略
左右監門衛大将軍・将軍之職、掌二諸門・禁衛門籍之法一。凡京司旧唐志、司作レ師。応三以レ籍入二宮殿門一者、皆本司具二其官爵・姓名一以移二牒其官一。
若流外官承二脚色一、并具二其年紀・顔状一、以二門司一送二于監門一、勘同然後聴レ入。凡財物器用、応レ入レ宮者、所由以二籍傍一取二左監門将軍判一、門司検以入レ之。応レ出レ宮者、所由亦以二籍傍一取二右監門将軍判一、門司検以出レ之。其籍月一換。若大駕行幸、則依二鹵簿之法一、率二其属於牙門之下一以為二監守一。

このように、鑑門衛は宮門の守護にあたり、宮門の出入を監督する重要な任務をもっていたのであり、皇帝がこの将軍に腹心を配して非常時に備えたことは、十分にうなずかれるところであろう。(28)
ところで、呉懐實について、前掲『旧唐書』『安禄山事迹』の記事以外に、その名を見ることはできない。それは「多分、この人物が、ほとんど重要性を持たなかったためであろう」(29)とみる意見がある。しかし、何衛の「将軍」にせよ、その官品は従三品であり、(30)この点のみを取り上げても、決して重要な人物でなかったとはいえないと思う。さらに、呉懐實の帯する「将軍」が、監門衛の将軍であったという推測が成り立つとすれば、前掲記事からみて、彼が「称旨者」つまり玄宗の信任を得ていた側近宦官グループの一員であったことを認めてよいように思われる。高力士伝に列記された、玄宗に寵愛された宦官の中に、呉懐實の名を見出すことはできないが、彼が有力者であったと推測される他の根拠は、彼が玄宗の寵を受けて絶大な権勢を誇った高力士と親しい関係にあったことである。これは、懐實が高尚を力士に紹介していることに端的に示されているが、この他に両者の官職の面からも推測される。つまり、高力士は天宝初年に右監門衛将軍から同大将軍に昇任している（前掲『旧唐書』高力士伝参看）。一方の呉懐實は、同じ頃監門衛の将軍に在職していたと推測される。とすれば、彼は力士と同僚もしくは部下であった可能性が高いのである。李斉物は、このような背景を考慮し、手づるを求めて、呉懐實に高尚の仕官を委託したものではあるまいか。呉懐實が有力者であったと考えて、はじめて理解することができるであろう。

以上、呉懐實は天宝初年頃には唐に実在した、宦官で将軍職（恐らくは監門衛の将軍）にあった人物であることを述べてきた。そして、この『旧唐書』高尚伝に呉懐實、『安禄山事迹』に呉懐寶とみえる人物と、『続日本紀』に、天宝十二載正月に大伴古麻呂の抗議を受け付けたと記されている「将軍呉懐實」とが同一人物であることは、時期および官職からみて間違いないであろう。

五

そこで、先に留保しておいた、呉懐實・呉懐寶のいずれを是とすべきか、という問題について考えてみたい。それには、まずそれぞれの書籍の成立・伝来について検討を加えておく必要があろう。

『旧唐書』全二〇〇巻は、後晋の高祖の命によって編纂が開始され、開運二年（九四五）に完成・奏上された。その後、南宋の紹興年間（一一三一～一一六二）に刊行されたが、明代には完本が跡を絶ち、嘉靖十七年（一五三八）

に聞人詮が宋刊残本を蒐めて重刊した。この聞人詮本が現在の流布本の祖本となっている。(31) 問題の高尚伝を含む本書巻二百上は、宋刊本が失われており、聞人詮本に拠らざるを得ないが、それには「呉懐實」となっている。近年中華人民共和国で刊行された、いわゆる標点本でも「呉懐實」に作り、その校勘記には何の注記もみられない。(32) つまり、『旧唐書』高尚伝には「呉懐實」と記されているということになる。

一方、『安禄山事迹』全三巻は、唐の姚汝能の編纂したものであるが、著者の経歴は「華陰尉」であったという以外に全く伝えられず、(33) また編纂時期も不明であるが、書かれた内容からみて、八〇五年以降、それを余り隔らぬ時期の成立とみられており、(34) 司馬光の『通鑑考異』にも一部が引用されている。したがって、成立時期からいえば、『安禄山事迹』の方が、『旧唐書』よりも約一五〇年早いことになるが、『安禄山事迹』は現在清刊本以外にみることができず、良質の伝本のないことが問題となる。(35) すなわち、現在の流布本の中で、比較的質の良いといわれている「藕香零拾」所収本に付された繆荃孫《ぼくせんそん》（「藕香零拾」の編者）の跋文には、

安禄山事迹三巻。署二華陰尉姚汝能撰一。〇中略　此本出二於知不足斎鮑氏一、訛謬満レ紙。従二友人萱〔章〕碩卿処一仮二得秦敦夫石研斎鈔本一、校二正大字一。秦本無二小字一、分巻亦不レ合。惜小字僅据二新・旧唐書、通鑑采者一校過、未レ能二一一復一レ旧也。光緒甲辰（一九〇四）十月、江陰繆荃孫跋。

とあり、本書の底本とした鮑廷博所蔵本は「訛謬満紙」という状態で、秦恩復（号敦夫）の鈔本を借りて校正に努めたが、なお十分な校正はできなかったという意味のことを記している。つまり、『安禄山事迹』は、成立が早いとはいえ、文字の異同について、直ちに『旧唐書』よりも重んじるというわけにはいかないのである。(36)

このように、中国側史料には「呉懐實」「呉懐寶」の両説が伝えられていて、そのいずれかに決定することは

難しい。そして管見に触れた呉懐實関係中国史料は以上に尽きる。

そこで、あらためて考えてみたいのが、『続日本紀』（延暦十六年〈七九七〉成立）に「呉懐實」とみえることである。前述のように、これが同一人物であることがほぼ確実であるとすれば、全く別系統の二史料である『旧唐書』と『続日本紀』とに「呉懐實」と記されていることを重視しなければならないであろう。すなわち、今のところ、中国・日本両史料に共通する「呉懐實」が正しいとすべきであろう、という意見に落ち着くのである。(37)

むすび

以上、大伴古麻呂が天宝十二載の唐朝における朝賀に際し、席次について抗議した時、これを受け容れて新羅使と日本使との席次を変更したという、唐の「将軍呉懐實」について考察を加えてきた。その結果、彼は『旧唐書』『安禄山事迹』にみえる天宝初年頃に実在した、宦官で将軍（恐らくは監門衛の将軍）の「呉懐實」と同一人物であり、また人名辞典などに載っていないという意味で、たしかに「無名の将軍」ではあるけれども、著名人でないことを以て、重要人物でなかったとすることは妥当ではなく、当時の宦官の状況から判断すると、呉懐實は玄宗皇帝の側近の一人であったとみなされること、そして、彼の名は、今のところ「呉懐實」とするのが正しいと思われること等について述べてきた。

なお、卞麟錫氏は、古麻呂奏言に不審を抱かれる一つの理由に、呉懐實が独断で処置したことを挙げておられるが、『延暦僧録』には「勅㆓命日本使可㆑於㆓新羅使之上㆒。」とあり、これに従えば、呉懐實の独断ではなく、最終的な決定は皇帝によって下されたと解される。したがって、この争長事件がどこで起り、また呉懐實がどのような立場で朝賀の式典に関与していたのか明らかでないが、彼が独断で問題を処理したのではなく、古麻呂の抗議を皇帝（もしくは所司）に取り次いだ程度のことと理解すべきではあるまいか。

　臆測の部分が少なくないが、大方の御叱正を得られれば幸甚である。

注

（1）吉川弘文館他、一九三五年。

（2）代表的な虚構説には、卞麟錫「唐代外国史争長の研究——『続日本紀』所載の所謂古麻呂抗議について——」（『亜細亜研究』二八、高麗大学亜細亜問題研究所、一九六七年）、山尾幸久「百済三書と日本書紀」（『朝鮮史研究会論文集』一五、一九七八年）等がある。

（3）『東大寺要録』巻一、本願章所引、『延暦僧録』勝宝感神聖武皇帝菩薩伝。

（4）前掲卞麟錫氏論文。

（5）竹内理三等編『日本古代人名辞典』第三巻（吉川弘文館、一九六一年）七七九頁。

（6）これについて一々の挙例は控えるが、熊谷幸次郎『続日本紀索引』人名部（早稲田書房、一九五九年）でも「呉懐寶」で採録されている（一一〇頁）（なお、同書新訂版上巻〈文献出版、一九七九年〉三〇五頁も同じ）。また、中国人研究者である余又蓀氏も「呉懐寶」とされている（『隋唐五代中日関係史』〈台湾商務印書館、一九六四年〉七二頁）。筆者もかつて、これらの説に従って「将軍呉懐宝」として本史料を引用したことがあり（「新羅・渤海との交渉はどのように進められたか」〈『海外交渉史の視点』Ⅰ〈日本書籍、一九七五年〉一四九頁〉）、また勤務先の東京大学史料編纂所で編纂に従事した『大日本史料』第三編之十九（東京大学出版会、一九七七年）に『善隣国宝記』所載大伴古麻呂奏言（後に本論で触れる）を引用した時、「呉懐實〔寶カ〕」と傍註を付した。しかし十分な論拠もないままに傍註を付したことが気がかりで、その後注意してきたが、これまでに知り得た史料にもとづいて論点を整理した結果を、ここに報告する次第である。なお、長野勲『阿倍仲麿と其時代』（建設社、一九三三年）には「呉懐芳」と記されている（二一一頁）。これも恐らくは、「呉懐寶」と訓まれていたため、同音の「芳」字をあててしまったのではあるまいか。

（7）坂本太郎『六国史』（吉川弘文館、一九七〇年）「続日本紀」諸本の項。この他、『続日本紀』の諸本およびその系統については、北川和秀「続日本紀諸本の系統について」（『続日本紀研究』一八八、一九七六年）、鎌田元一「卜部家本及び永正本『続日本紀』についての二・三の考察」（『続日本紀研究』一九三、一九七七年）、同「永正本『続日本紀』の本文復原に関する予備的考察」（『続日本紀研究』二〇〇、一九七八年）等参照。なお、『続日本紀』諸本の調査については、石上英一氏の御示教を得た。ここに御礼申し上げる。

（8）『日本紀略』諸本については、筆者は未調査で、いま、「新訂増補国史大系」所収本（吉川弘文館、一九二九年）による。なお、同本の凡例によれば、『日本紀略』孝謙天皇紀の伝本は少ないようで、同本では底本（久邇宮家旧蔵本）に欠逸したこの巻を、「故井上頼圀翁本」（現在、無窮会専門図書館神習文庫蔵）によって補っている。

（9）『善隣国宝記』の刊本には、明暦三年版本の他に、『改定史籍集覧』第二十一冊所収本（近藤活版所、一九〇一年）・『続群書類従』第三十輯上所収本（続群書類従刊行会、一九二五年）および中島竦『新訂善隣国宝記』（文求堂、一九三二年）等があるが、これらは諸本によって厳密に校訂されたわけではなく、同書の本文校訂は今後の課題である。筆者も十分な知識をもたないが、管見に触れた写本（『国書総目録』著録本のほか、中村栄孝氏所蔵本・静嘉堂文庫所蔵続群書類従本）では、すべて「實」字に作っている。なお、中島氏前掲書（底本は明暦三年版本）では、本文を「呉懐寶」に作り、頭註に「寶原本實ニ誤ル」と記している（二六頁）。後述するように、『続日本紀考証』および国史大系（旧輯・六国史）本『続日本紀』の影響を受けたものであろう。

（10）田中健夫「善隣国宝記の成立事情とその背景――室町外交における五山僧侶の立場――」（『中世海外交渉史の研究』〈東京大学出版会、一九六九年〉）参照。

（11）『大日本史料』第三編之十九、元永元年三月十五日条、および田中氏前掲論文参照。

（12）田中健夫氏は、「国宝記構成上必要な日本史の知識の主要部分は業忠との交渉により吸収したものである」ことを論証されている（前掲論文）。明経道勘文の勘申者の書き順から判断すると、これらの勘文は、瑞渓周鳳が原形に近い材料から引用したものとみられ、大外記清原業忠から借りた可能性は高いように思われる。なお、官務・局務が勘申に備えて先例を広く蒐集していたことについては、あらためて言うまでもないであろうが、その対外関係上の顕著な例は、貞治六年（正平二十二・一三六七年）の高麗国牒状審議の際にみることができる（『大日本史料』第六編之二十七、同年五月二十三日条参看）。

（13）経済雑誌社、一八九七年。同本の頭註には、「實、疑寶字之誤」とある。
（14）経済雑誌社、一九一四年。同本の頭註には、「實、疑当作寶」と記されている。
（15）東京大学史料編纂所蔵。草稿本四冊。第三冊の第三六丁裏。著者の薄井𦆅仲については、菟田俊彦「『続日本紀微考』の著者薄井𦆅仲について」（『続日本紀研究』一―七、一九五四年）参照。
（16）『文選』巻四十四所収。
（17）『文選』巻五所収、左太沖「呉都賦」に「則瓌寶溢目」とみえる。これを指しているのであろう。
（18）ちなみに『論語』陽貨篇にみえる該当部分は、『『せっかくの宝を懐中で持ち腐れにし、国が乱れ、民が困っているのに、国を迷わすような行ないをしているのは、仁といえようか。』これは孔子が美徳を抱きながら、仕えないでこの世を乱れるままにしているのを諷したのだ――』と解釈されている（吉田賢抗『論語』〈新釈漢文大系Ⅰ〉（明治書院、一九六〇年）三七三頁）。
（19）『続日本紀』巻上（朝日新聞社、一九四〇年）。
（20）同氏の『増補六国史索引』（朝日新聞社、一九四一年）には、「呉懐　新羅」と採録されている（一〇八頁）。呉懐を新羅人とされるのは誤りであろう。なお、版本に拠りながらも、同本の〈呉懐、實ニ……〉とする読み方に従わず、「呉懐實」の三字を人名とする解釈をとるものも多いようである（前掲『続日本紀考証』『続日本紀微考』の他、河村益根『続紀集解』（蓬左文庫蔵）巻十九にも、「義不合得。時将軍呉懐實。」と句点が打たれている）。
（21）佐藤武敏『長安――古代中国と日本――』（朋友書店、一九七四年）二八頁。
（22）ただし、この点については『続日本紀』の読み方に影響を受けた可能性も考慮しなければならないであろう。なお、東京都立中央図書館蔵市村文庫本では、「呉徳《（貼紙）「懐」》實ニ見ヿ知ソ……」となっているが、呉徳實の三字の上に人名を示す朱引きがあり、呉徳《〔懐〕》實の三字を人名とみなしたことを示している。
（23）『安禄山事迹』の刊本には、大別して、「学海類編」史参二所収本（一八三一年刊）と「藕香零拾」第一帙所収本（一九一〇年刊）との二種類がある。そして、「秘本唐人小説六種」所収本は組み替えてはいるが、跋文まですべて「藕香零拾」本に拠っており、また「大華文録」所収本は、「藕香零拾」本を影印したものである。この他、フランスのデ・ロトゥール（Robert Des Rotours）氏に本書の訳註『Histoire De Ngan Lou-Chan――Ngan Lou-Chan Che Thi――』（P.U.F. Paris 1962）があり（同書については、池田温先生より御教示ならびに貸与を受け、加藤栄一氏に翻訳していただいた。ここに特記して両氏に御礼申し上げる）、その解題によれば、葉徳輝（一八六四～一九二七）の「郎園先生全書」に「藕香零拾」本系統の一本が収められているが、氏自身未見で、「唐人小説」本と同じと推測される由が記されている。筆者も「郎園先生全書」本は未見である。

以上のように、『安禄山事迹』の刊本には、清刊本に二種類あるが、テキストとしては「藕香零拾」本が良質であるといわれている（『アジア歴史事典』第一巻〔平凡社、一九五九年〕「あんろくざんじせき」の項〈鈴木俊氏執筆〉。なお、デ・ロトゥール氏も同意見であるが、部分的には「学海類編」本が優れているという〔同氏前掲書解題、参照〕）。そして、問題とする「寶」字は、両者同じである。デ・ロトゥール氏も本書校訂の部分で「呉懐寶旧書作懐實」と注記されているが、文字の相違についてそれ以上の言及はない。

(24)　「　」内、「学海類編」本には、「不危寧当挙事不終而死終不守以求活」とあるが、ともに意味を通じがたい。『新唐書』巻二百二十五高尚伝に、「吾当㆓作㆑賊死㆒、不㆑能㆘齕㆓草根㆒求㆖㆑活也」と記されているのを参考にすると、この部分は、『旧唐書』に従って、「不危寧当挙事而死、終不能咬草根以求活」のごとく校訂すべきではあるまいか。

(25)　『旧唐書』高尚伝と『安禄山事迹』とに記された、高尚が李斉物に見出され、仕官するまでの経緯を表示すると、左のごとくなる。

※『旧唐書』高尚伝

①懐州刺史李斉物、高尚を見出す。②斉物、尚を呉懐實に託す。③懐實、尚を高力士に紹介。④天宝元年、高尚任官。

※『安禄山事迹』

㋑天宝初年、新平太守李斉物、高尚を見出す。㋺斉物、尚を呉懐寶に託す。㋩（其年）高尚任官。㋥懐寶、尚を高力士に紹介。

この他、『新唐書』巻二百二十五上高尚伝には、

高尚者、雍奴人。母老、丐㆑食自給。尚客㆓河朔㆒、不㆑肯㆑帰。与㆓令孤潮㆒相善。淫㆓其婢㆒生㆓一女㆒、遂留居。然篤学善㆓文辞㆒。嘗喟然謂㆓汝南周銑㆒曰、吾当㆓作㆑賊死㆒、不㆑能㆘齕㆓草根㆒求㆖㆑活也。李斉物為㆓新平太守㆒。薦㆓諸朝㆒。賫㆓銭三万㆒、介㆑之見㆓高力士㆒。力士以㆑為㆑才、置㆓門下㆒、家事一咨㆑之。諷㆓近臣㆒、表㆓其能㆒。擢㆓左

領軍倉曹参軍。力士語二禄山一、表為二平盧掌書記一。因出二入臥内一、禄山喜レ睡。尚嘗執レ筆侍、通レ宵不レ寝。繇レ是親愛。遂与二厳荘一語二図讖一、導二禄山反一。（下略）

とあり、呉懐實の名はみえないが、斉物が尚を見出した時の官職（新平太守）は『安禄山事迹』と一致し、高尚の任官時期は、『旧唐書』と同じく、高力士に紹介された後のことと記されている。

さて、『旧唐書』と『安禄山事迹』の記述における最も大きな相違は、李斉物が高尚を見出した時の官職であろう。懐州（河南省沁陽県）は唐代の河北道、新平郡（陝西省邠県）は関内道に属し、それぞれ全く別の州・郡である（天宝元年に、州が郡に、刺史が太守に改められ、また邠州は新平郡に改称された）。本論の主旨とはいささか離れるので、詳しい論証は省略するが、李斉物の官職について簡単に触れておきたい。『旧唐書』巻百十二・『新唐書』巻七十八李斉物伝、その他を参照すると、高尚を見出した時の斉物の官職を懐州刺史・新平太守とする説は、一応ともに成り立ち得るが決め手はない。しかし、顔真卿の李斉物碑（『全唐文』巻三百四十二所収「金紫光禄大夫守太子太傅兼宗正卿贈司空上柱国隴西郡開国公李公神道碑銘」。なお岑仲勉『唐史余瀋』〔中華書局上海編輯所、一九六〇年〕参照）に懐州刺史任官のことはみえるが、新平太守については記されていないこと、さらに高尚の居住地域などを考慮すると、懐州刺史であった可能性が高い。すなわち、両唐書高尚伝によれば、高尚は故郷幽州を出て「河朔」（黄河以北地方）に「寓居」し、その地方の役人に引き立てられて入籍したという。一方、この当時、在野の賢良を求める勅がしきりに下され、本州本司の長官に管内居住の有能な者を推薦するように命じている（『冊府元亀』巻六十八帝王部・求賢二、参照）。李斉物の場合も、これらの勅に応じて高尚を推薦したものではないかと推測される。ただ、高尚を呉懐實に託している点に不審があるが、いずれにせよ河北に住む文才の誉れ高い高尚を知り、これを推薦する者として、河北道の要衝に位置する懐州刺史はふさわしいが、新平太守では地理的にやや無理があるのではあるまいか。

なお、『旧唐書』の成立は後晋の開運二年（九四五）のことであるが、その「紀伝の基礎となったのは、実録・時政記・日暦などを主な材料とする唐の国史で」あり、「その拠った材料を比較的忠実に伝え、それだけに唐代のなまなましい記録をよく保存しているので、史料としては〈新唐書〉にまさ」っていることが指摘されている（『アジア歴史事典』第二巻〔平凡社、一九五九年〕「きゅうとうじょ」の項〈鈴木俊氏執筆〉、なお、内藤虎次郎『支那史学史』〔弘文堂、一九四九年〕二四一頁以下参照）。したがって、成立の時期は『安禄山事迹』

（九世期前半の成立）よりも遅いが、その史料価値においては、決して劣るわけではないこと、いうまでもない。そして、このことは高尚伝に関してもいえるのではなかろうか。つまり、『旧唐書』の記述が詳しいこと——例えば高尚の任官を、天宝元年・天宝六載と明記していること——に比べて、『安禄山事迹』の記述に疑問が抱かれる箇所がある。たとえば、「無レ何、託二安禄山一、奏為二平盧軍掌書記一。禄山、由レ是益親レ之」とあるが、これでは、安禄山が〈是ニ由リ、益々之ニ親シム〉という、その理由が記されていず、文章として不十分である。ここには本来、『旧唐書』のように、「出二入禄山臥内一。禄山肥多睡、尚執レ筆在レ旁、或通レ宵焉」といった、高尚が禄山の信頼を得た理由を示す文章がなければ通じないところであろう。これは恐らく『安禄山事迹』著述にあたり、参考にした史料を引用する際の誤脱、もしくは節略の不備によるものではないかと推測される。

　このようにみてくると、軽々に判断はできないが、高尚伝に関しては『旧唐書』の記述を、おおむね妥当とみなしてよいのではないかと思われる。

（26）『旧唐書』巻百八十四楊思勗伝には、

　楊思勗、本姓蘇。羅州石城人。為二内官楊氏所レ養、以閹。従二事内侍省一。預下討二李多祚一功上、超二拝銀青光禄大夫・行内常侍一。思勗有二膂力一、残忍好レ殺。従三臨淄王誅二韋氏一。遂従レ王為二爪士一、累二遷右監門衛将軍一。

とみえ、思勗が、神竜四年（七一〇）臨淄王（後の玄宗皇帝）の韋后・安楽公主誅殺に従い、のち玄宗の「爪士」となり、右監門衛将軍に抜擢されたことが伝えられている。

（27）広池千九郎訓点、内田智雄補訂『大唐六典』（広池学園事業部、一九七三年）による。なお、同本の底本は近衛家凞校訂本（享保九年〈一七二四〉刊）である。

（28）三田村泰助『宦官』（中公新書、一九六三年）には、「宦官は制度上、玄宗以来将軍となる資格があったため、近衛兵の指揮権はたえず宦官の掌中におさめられていた。これによって一応皇帝の安全が保たれたが、一面、宦官を強力な存在とするのに決定的な役割を果した」（一五九～一六〇頁）と指摘されている。なお、武官である監門衛将軍に宦官が任じられた場合、果してそれが実職であるか、あるいは寄禄官にすぎない（横山裕男「唐の官僚制と宦官」〈中国中世史研究会編『中国中世史研究』所収〈東海大学出版会、一九七〇年〉〉参照）ものであるかについては、一応検討すべき余地があろう。しかし、例えば楊思勗の場合〈前注（26）参看〉を参照すると、実職として任じられたと考えてよいのではあるまいか。

（29）デ・ロトゥール氏前掲書、一七六頁。

（30）『大唐六典』・『旧唐書』職官志、等参看。

（31）杉本直治郎『阿倍仲麻呂伝研究』（育芳社、一九四〇年）三三～四六頁、および『アジア歴史事典』「きゅうとうじょ」の項（前掲）等参照。

（32）『旧唐書』第十六冊（中華書局、一九七五年）。

（33）姚汝能については、『新唐書』巻五十八芸文志に、

姚汝能。安禄山事迹三巻。華陰尉。

とあり、陳振孫『直斎書録解題』（「書目續編」所収武英殿聚珍版本）巻五雑史類に、

安禄山事迹三巻

唐華陰尉姚汝龍撰。按唐書芸文志作二姚汝能一。

とみえ、「華陰尉」であったこと以外には伝えられていない。なお、本書について、『欽定四庫全書総目』巻六十四史部・伝記類存目六には、

安禄山事蹟三巻。両准塩政採進本。

唐姚汝能撰。汝能始末未レ詳。陳振孫書録解題称二其官華陰県尉一、未レ詳二里居一。則宋時已無レ可レ考矣。是書、上巻序二禄山始生一、至二元宗寵遇一。起二長安三年一。尽二天宝十二載事一。中巻序二天宝十三・四載禄山搆乱事一。下巻序二禄山僭号被殺竝安慶緒・史思明・史朝義事一、下尽二宝応元年一。記述頗詳。世所レ伝禄山桜桃詩、既出二此書一。葉夢得避暑録話常摭以為レ笑。其瑣雑可レ知矣。

とある。

（34）『アジア歴史事典』「あんろくざんじせき」の項（前掲）、およびデ・ロトゥール氏前掲書解題等参照。

（35）前注（23）参照。

（36）『旧唐書』が、成立は『安禄山事迹』よりも遅いが、その史的価値の高いことについては、注（25）前掲参看。

（37）前注（25）に、高尚伝に関しては、『旧唐書』の記述をおおむね妥当とみなしてよいであろうことを述べたが、その内容ではなく、文字の異同を考える時、『旧唐書』には明らかに誤字とみられる箇所がある。すなわち、高尚伝には、高力士の〈妻ノ父〉として「呂令皓」の名がみえる。高力士の〈妻ノ父〉の名は、『旧唐書』巻百八

十四高力士伝・『新唐書』巻二百七高力士伝・『資治通鑑』巻二百十三開元十九年正月壬戌条等には「呂玄晤」、『曲江集』巻十二唐贈慶王友東平呂府君碑銘幷序には「呂玄悟」、『元和姓纂』巻六には「呂元晤」と伝えられている（彭沢周「高力士について」〔『東方学』一八、一九五九年〕参看。なお、同氏は、「元和姓纂および曲江文集には、呂玄悟とあるが、両唐書は、呂元晤に作る」と記されているが〔一七頁、注（61）〕、混乱があるようである）。したがって、高尚伝の「呂令皓」は、玄・元および晤・悟いずれかの誤りとしなければならないであろう。この点、文字に関して現行の『旧唐書』高尚伝に全幅の信頼を置くことはできないことになり、「呉懐實」か「呉懐寶」かを考える上でも留意しておく必要があろう。しかし、呉懐實に関しては、何よりも日本史料である『続日本紀』と一致する点を高く評価すべきではないかと思われる。いずれにせよ、他に筆者の見逃している関係史料が存在する可能性もあり、今後さらに調査を進めたいと考えている。

なお、わが国における呉懐寶説が、幕末の『続日本紀考証』や『続日本紀微考』などの著作に発しているとみられることを述べたが、その背景には、「懐寶」の語が、この頃の識者の間ではなじみ深いものであったという事情もあるのではなかろうか。それは例えば小宮山楓軒の『懐寶日記』（——日札）をはじめ、「懐寶」を書名に冠した書物が数多くみられるところから推測されるのである（『国書総目録』参看）。もっとも、『懐寶暦指南』『懐寶道中鑑』などの書名をみると、はたして『論語』における本来の意味——前江（18）参看——をふまえて冠せられたものかどうか疑わしく、小本が多いところからみると、携行に便利つまり懐中の宝、といった程度の意味で名付けられたものかもしれない。

附記　本稿を成すにあたり、本文中に記した方々の他に、飯田瑞穂先生より多くの助言を得た。末筆ながら、記して謝意を表する次第である。
また、本稿の要旨は、本年七月四日の中央史学会に於て発表した。

5　大伴古麻呂奏言について
――虚構説の紹介とその問題点――

はじめに

『続日本紀』天平勝宝六年正月丙寅（三十日）条にみえる次の記事は、日本古代対外関係史上注目すべき史料の一つとして、よく知られている。

副使大伴宿禰古麻呂自唐国至。古麻呂奏曰、大唐天宝十二載、歳在癸巳正月朔癸卯、百官諸蕃朝賀。天子於蓬萊宮含元殿受朝。是日、以我次西畔第二吐蕃下、以新羅使次東畔第一大食国上。古麻呂論曰、自古至今、新羅之朝貢 大 日本国久矣。而今列東畔上、我反在其下、義不合得。時将軍呉懐実見知古麻呂不肯色、即引新羅使、次西畔第二吐蕃下、以日本使次東畔第一大食国上。(1)

すなわち、鑑真らを伴なって唐より帰国したばかりの遣唐副使大伴古麻呂の帰朝報告で、唐の天宝十二載（日本天平勝宝五年・西暦七五三年）正月元日の唐朝における朝賀に際して、日本使が新羅使の下位に置かれていることを不満とした古麻呂が、「新羅は昔から日本に朝貢している国であるのに、日本よりも上位に置かれているのは理に合わない」と主張して、席次を改めさせたというものである。

この記事は、『日本紀略』や『善隣国宝記』(2)に引用され、早くから注意を惹いていた。そして『大日本史』巻百十六大伴古麻呂伝にみえ、同書「阿倍仲麻呂伝賛」に、「大伴古麻呂争坐次、而宣国威。」と記されているのを始め、もっぱら国威の宣揚を物語る格好の史料としてしばしば引用されて今日に至っている。(3)ただし最近の東アジア史論の中では、日本の国際的地位を相対的に示す史料として、別の角度からの評価が出されている。(4)

一方、これが余りにも劇的であるためか、大伴古麻呂の奏言を疑問視する意見がある。これらを今仮に虚構説と称することにする。こうした虚構説について、従来内容に及んでまで検討されたことはなく、わずかに、近年遣唐使に関する諸問題を精力的に検討されている増村宏氏(5)が論及されているにすぎないといっても過言ではない。かねて筆者もこの問題に関心をもち、関連史料を求めていたが、その中、唐の将軍呉懐実について、玄宗の側近の宦官と推測させる史料に気付いたので、別稿を草した。(6)その時、虚構説についても触れるつもりであったが、紙幅の都合で省略したため、以下に虚構説の紹介かたがた若干の私見を述べてみたいと思う。なお、増村氏も他日詳論を展開されることと思われるが、本稿も同氏の論考から多くの教示を得ていることを、あらかじめお断わりしておきたい。

一

大伴古麻呂の奏言を虚構とする見解は、まず韓国の卞麟錫氏が述べておられる。(7)同氏の論点は多岐にわたるが、要約すると次のごとくである。

まず、これまでの研究者は、編纂物である『続日本紀』の特定史観を考慮せず、当該史料を、日本の対外関係上の優位を示す記事として無批判に引用している、と従来の研究者の姿勢について批判し、ついでこの頃の唐・新羅・日本の関係を概観し、唐・新羅関係が緊密であったことを跡付けられている。そしてこれらの検討の結果を踏まえた上で「古麻呂抗議」の疑問点を挙げている。第一に、唐代に起きた他の外国使争長事件四例(8)をみると、それらは紛争解決のために当該所司によって十分に討議され、さらに皇帝の裁許を経て円満な解決方法がとられている。ところが、この例は日本側の極端に一方的な勝利で対照的である。そして皇帝の裁許を得ることなく、将軍呉懐実個人の独断によって処置されていることは不審である。つまり、元日の朝賀式典には多くの関係者が総動員されるが、そうした中で呉懐実が独断でこの問題を処理することは不可能である。まして呉懐実は人名辞典等に見出すことができない無名の将軍にすぎず、この点もまた釈然としないところである。このように決定手続きに問題がある上、この時の遣唐使の構成からみても疑問がある。つまり、今回の遣唐使には大使藤原清河をはじめ、唐留学の経験をもつ副使吉備真備らの有識者がおり、その上、唐の官僚として要職についている日本人留学生朝衡（阿倍仲麻呂）らがいるにも拘わらず、あえて副使の古麻呂が奏請していることは、会話（言葉）の上からも、渉外事務担当の面からも疑問が抱かれる。

卞氏は以上のような理由をあげて、古麻呂の抗議には疑問があるとされたのである。

さて、古麻呂の抗議を疑問とする意見は、ついで日本の東洋史学者である鈴木俊氏にみられる。(9)同氏は古麻呂奏言を紹介した後、

……という景気のよい話がみえる。だがこれは日本側の『続日本紀』にある話で中国側の記録にはなく、こ

こに書かれているほど、唐が日本を認めていたかどうかは疑問である。また倭国と日本の関係が明瞭でなく、倭国伝のほかに日本伝をかかげたり（『旧唐書』）日本伝だけをかかげている（『新唐書』）ことからしても、唐が日本をよく知り、日本を重視していたとはとうてい考えられない。

と、主に中国側に記録がないこと、唐が（新羅よりも）日本を高く評価していたとは思われないこと、等を理由に、古麻呂奏言に疑問を抱かれている。

そして最近にいたり、山尾幸久氏があらためてこの問題をとり上げ、「人口に膾炙したこの話は、しかしたぶん事実ではないであろう。」とされた。(10)その理由は、大体次の四点に要約される。

①『冊府元亀』巻九百七十一外臣部・朝貢四、天宝十二載の条(11)には、

三月、罽賓・謝颶国・帰仁国・黒衣大食並遣使献方物。牂牁・踈勅・日本等国、渤海並遣使賀正。

六月、日本国遣使来朝。

とあり、古麻呂らの遣唐使の到着は天宝十二載三月及び六月で、席次争いがあったという「（天宝十二載）正月一日には古麻呂は入朝していない。」

②新羅の遣唐使は、七四八年（天宝七）から七五五年（天宝十四）まで一切みえない。

③七五三年に吐蕃・大食が唐に遣使した史料はなく、まして七四七・八年から七五一・二年頃までの唐と吐蕃・大食などとの戦争の経過をみるならば、一般論としてもありうることではなかろう。

④古麻呂の抗議の内容は、七五二年（天平勝宝四年）六月に日本に入朝した新羅王子金泰廉らに対する次のような朝廷の論と揆を一にしている。帰還早々にこの事実を知った古麻呂による虚言の可能性も考えうる。

新羅王子金泰廉等拝朝、幷貢調。因奏曰、新羅国王言日本照臨天皇朝庭。新羅国者、始自遠朝、世々不絶、舟檝並連、来奉国家。今欲国王親来朝貢進御調。而顧念、一日无主、国政弛乱。是以、遣王子韓阿飡泰廉、代王為首、率使下三百七十余人入朝、兼令貢種々御調。謹以申聞。詔報曰、新羅国始自遠朝、世々不絶、供奉国家。今復遣王子泰廉入朝、兼貢御調。王之勤誠、朕有嘉焉。自今長遠、当加撫存。〇下略

以上の四点を主な論拠として。山尾氏は、「古麻呂の奏上についてはかなり疑問がある」とされたのである。

二

以上、大伴古麻呂の奏言を疑問とする主要な見解を紹介してきた。(12) これらの虚構説は、古麻呂奏言を無批判に利用してきた「わが国の固定した従来の理解に対する一つの異論と評価しなければならない。(13)」であろう。しかし虚構説を子細に検討していくと、幾つかの疑問点が浮かんでくる。その最も大きなものが、日本・新羅の争長事件の史料を『続日本紀』にのみ求めて問題としていることである。すなわち、その所論の背景には、官撰史書である『続日本紀』にのみみえる記事であるから、編者ら、延いては日本の朝廷によって潤色が加えられた可能性があり、一概に信用することはできない、という心理が働いているように思われる。なお虚構説にあっては、古麻呂奏言のどの部分を疑問とされるのか、つまり奏言自体をあり得ないものとするのか、或は席次変更を疑問

とするのかといった点について、今一つ明らかにされていない感じをうける。この点、むすびにおいて再び述べることにする。

さて、この事件については、関連する史料が『東大寺要録』巻一(14)に引かれた唐僧思託撰『延暦僧録』勝宝感神聖武皇帝菩薩伝にみえることを注意しなければならないであろう。この史料も著名で、よく引用されているが、煩を厭わず関連部分を示すことにしたい(15)。

又発(イ)使入唐。使至長安。拝朝不払塵。唐主開元天地大宝聖〔文神脱〕武応道皇帝云、彼国有賢主君、観其使臣、趍揖有異。即加号日本、為有義礼儀君子之国。(ロ)後元日拝朝賀正。勅命日本使可於新羅使之上。(ハ)又勅命朝衡、領日本使於府庫一切処。遍宥、至御披三教殿。初礼君主教殿。御座如常荘飾、九経三史架別、積載厨龕。次至御披老君之教堂。閣少高顕。御座荘厳少勝、厨別龕函、盈満四子太玄。後至御披釈典殿。〔殿〕宇顕敞、厳麗殊絶。龕函皆以雑宝厠塡。檀沈異香。荘校御座、高広倍勝於前。以雑宝而為燭台。々下有巨鼇、戴以蓬莱、山上列仙宮霊宇、戴宝樹、地慧々紅、頗梨宝荘飾、樹花中一々花、各有一宝珠。地皆砌以文玉。其殿諸雑木、尽鈷沈香。御座及案経架宝荘飾、尽諸工巧。(ニ)皇帝又勅、模取有義礼儀君子使臣大使副使影於蕃蔵中、以記送遣、(ホ)大使藤原清河拝特進、副使大伴宿禰胡万拝銀青光禄大夫光禄卿、副使吉備朝臣真備拝銀青光禄大夫秘書監、及衛尉卿朝衡等致設也。(ヘ)開元皇帝御製詩、送日本使五言。日下非殊俗、天中嘉会期、尒余懇義遠、矜爾畏途遠。漲海寛秋月、帰帆駛夕飈。因聲彼君子、王化遠昭昭。(ト)特差鴻臚大卿蔣桃椀。送至揚州看取、發別牒淮南、勅処置使魏方進、如法供給送遣。

ここに、元日の朝賀に際し、勅命で日本使を新羅使の上においた、とみえ、これが『続日本紀』の古麻呂奏言と対応するものとみなされるのである。ただし、この記事をも思託の創作とする意見があるので、[16]一応この記事について検討しておきたい。

右に引いた『延暦僧録』の藤原清河ら遣唐使一行に関する記事は、大体七項目から成り立っている。


㋑玄宗皇帝が日本使節の態度に感心して、日本に〈有義礼儀君子ノ国〉と加号したこと。

㋺元日の朝賀に、勅命によって日本使を新羅使の上位においたこと。

㋩朝衡（阿倍仲麻呂）に命じて、遣唐使に府庫などを見学させたこと。

㊁遣唐大使・副使らの影像を作成させたこと。

㋭大使・副使らに官位を賜わったこと。

㋬玄宗皇帝が「送日本使」の御製詩を賜わったこと。

㋣遣唐使の帰国に際し、特に鴻臚大卿蔣桃椀を遣わして、帰国事務を監督させたこと。


等である。これらの記事は、拝朝から帰国まで時間的な経過を追って記述しているとみて不自然なところはない。そして㋺の記事は今回の遣唐使一行の動静に関する叙述の一部にすぎないのであり、一連の記事全体を虚構とするならばともかく、㋺の部分をとり上げて創作とするには問題があろう。

ところで、『延暦僧録』は現在完全な形では伝わらず、『日本高僧伝要文抄』などに引かれた逸文によって、その内容の一部分が知られるに過ぎない。[17]したがって成立時期などについて不明の点も少なくないが、鑑真に随って来日した弟子の一人である唐僧思託によって、延暦七年（七八八）頃に著わされたものとされている。とすれば、『続日本紀』撰進（延暦十六年〈七九七〉）以前の成立となり、思託は『続日本紀』によって前掲㋺を記述したものではないということになろう。

それでは、思託が㋺の他に『続日本紀』にもみえない遣唐使一行に関する詳しい行動を記録することができた理由はどこにあったのであろうか。思託には『延暦僧録』の他、師鑑真の伝記『大唐伝戒師僧名記伝』（「鑑真和上広伝」）の著作があり、さらに同書を始めとする史料を提供して、淡海三船に鑑真の伝記執筆を依頼し、三船の手によって成ったものが『唐大和上東征伝』である。これらによって、思託が鑑真に最も近い弟子の一人として、様々な記録をとっていたことは容易に理解されよう。また鑑真一行の来日に至る経過をみると、[18] 天平勝宝五年（天宝十二載）十月、鑑真は、藤原清河・大伴古麻呂らの要請に応えて六度目の渡海を決意し、弟子とともに遣唐使船三隻に分乗した。ところが鑑真ら渡航の話を聞いた唐の官憲の追及を恐れた大使清河は鑑真らを下船させてしまった。この処置に憤慨したのが大伴古麻呂で、彼は清河に内緒で鑑真一行を自分の船に収容して日本に向けて出帆した。その後、人員の割り振りが行なわれたらしいが、思託は鑑真とともに古麻呂の船に同乗したまま、天平勝宝六年正月に日本に到着したのである。なお、大使藤原清河・阿倍仲麻呂らの乗る一船は途中で遭難し、安南漂着を経て、再び唐に戻り、結局日本に帰らなかったことはよく知られている。このように、鑑真の側近にいた思託は、清河らが鑑真に面会を求め、渡日を要請する時から、日本に到るまで、常に遣唐使一行と親しく言葉を交す機会があったのであり、彼らの唐朝廷における行動をはじめ、親しく見聞したことを、こまめに記録していたものと推測される。そしてそれらの史料を利用してできたものが、『延暦僧録』以下の著書であったわけである。[19]

ところで、『延暦僧録』について、同書は「唐僧の撰述ではあるが、それは内容からいって日本史籍である。『延暦僧録』の記載の考察には、渡来僧思託の日本滞留三十余年の年月のことと共に、その日本史籍であることを考慮しておく必要があるであろう。[20]」という意見がある。渡来後三十余年を経てものされた著書であるから、うのみにはできないこと、或は日本に迎合的な記述があるかも知れないから注意せよ、ということでもあろうか。それでは、前引の遣唐使関係記事は、渡来後三〇余年を経た延暦年間の知識によって書かれたものか、それとも当時の史料が利用されているのであろうか。『延暦僧録』の当該記事の信憑性にも関わる問題であるが、検討する素材の一つとして、玄宗皇帝の称号についてとり上げてみたい。

現在見ることができる『延暦僧録』逸文の中には、玄宗の称号について、前掲記事の㋑にみえる「開元天地大宝聖武応道皇帝」及び㋬にみえる「開元皇帝」の他に、『日本高僧伝要文抄』所引『延暦僧録』思託伝に、「以玄宗至道大聖大明孝皇帝勅、預参玄。」とある。この文は、思託が玄宗の勅によって出家したことを述べている部分である。これらの称号を『唐会要』(殿本)巻一帝号上・元〔玄〕宗の条に徴してみると次のごとくである。

(天宝)八載閏六月五日、又加尊号開元天地大宝聖文神武応道皇帝。十二載十二月七日、又加尊号開元天地大宝聖文神武孝徳証道皇帝。○中略(宝応)元年建巳月五日、崩神龍殿。年七十八。応徳元年三月辛酉、葬泰陵。○中略謚曰至道大聖大明孝皇帝、廟号元〔玄〕宗。

これによれば、『延暦僧録』の「開元天地聖武応道皇帝」は正しくは「開元天地大宝聖文神武応道皇帝」で、天宝八載閏六月から同十二載十二月に至る間に用いられた尊号であり、まさに藤原清河ら遣唐使一行の在唐中にかかる尊号であった。一方の「至道大聖大明孝皇帝」は崩後の諡号であり、「玄宗」は廟号である。つまり、思託が宝応元年(七六二)に没した玄宗の諡号・廟号を知っていたことは間違いない。それにも拘わらず天宝十二載当時の尊号を記していることから、この遣唐使関係記事が、(思託の書き留めておいた)当時の記録に基づいて書かれたとみてよいのではあるまいか。わずか一例を以て即断することは危険であるが、一つの傍証とすることはできるであろう。

三

以上、これまでの虚構説では殆んど注意されていなかった『延暦僧録』の記事について検討を加えてきた。その結果、「日本使を新羅使の上位におくべきことを命じた」という記事は、同時期の史料に基づいて記されたと推測され、その内容も信頼できるものと思われる。そこで『延暦僧録』の記事を含めて虚構説について考えてみると、まず卞氏の疑問の中、古麻呂奏言の内容は『続日本紀』だけでなく、同内容の記事は『延暦僧録』にもみえること、第二に、皇帝の裁許を得ることなく将軍呉懐実個人の独断によって処置されている、という点は、『延暦僧録』に「勅命」とみえること、(21) 第三に、呉懐実は無名の将軍にすぎない、という点は、別稿で指摘したように、呉懐実は玄宗の側近の宦官とみなされること、等をもって反論することができよう。

つぎに鈴木俊氏の説については、中国側の史料にみえないことを疑問とされているが、『延暦僧録』の記事は、唐僧思託が在唐中の史料に基づいて記したとみなされる点を考慮する必要があろう。

そして山尾氏説については、四つの疑問点のうち、①については後述することにして、②③つまりこの頃新羅・吐蕃・大食の唐への入朝を示す史料はない、という問題については、たしかに基本的な指摘であるが、そのためには、外国使少なくとも前記三国使の入朝記事が全て現存の史料に記録されていること、或は全く脱漏がないことを証明した上でなければ、絶対的な理由とはなし得ない。しかしそれは不可能であろう。つまり卞氏が述べているように、その頃の唐・新羅の緊密な関係からみて、約六年間にわたって新羅の遣唐使派遣がなかったとは考えられず、中断の理由も見当らない。また大食についていえば、山尾氏が中断期間とされた頃にも「黒衣大食」[22]（アッバース朝）の入唐記事が散見しており、現に日本使の入唐を記す前引『冊府元亀』朝貢三の天宝十二載三月条にもみえている。古麻呂が彼らを単に大食と呼んだとしても不思議ではないであろう。吐蕃使について徴証はないが、やはり史料の残り方を考慮すべきではあるまいか。④では日本朝廷が「新羅国始自遠朝、世々不絶、供奉国家。」と述べていることとの類似を指摘され、それに基づく古麻呂の虚言ではないか、とされているのであるが、いささか飛躍があるように思われる。

最後に、虚構説の論拠の中で最も基本的で重要な指摘である、山尾氏説の①、つまり大伴古麻呂らは天宝十二載正月には入朝していなかった、いう点について考えてみたい。

天平勝宝二年に任命された藤原清河を大使とする遣唐使は、同四年三月三日に拝朝し、閏三月九日に節刀を授与されて（以上『続日本紀』）、間もなく難波から入唐の途についたものと思われる。[23]そして、この遣唐使に関して次にあらわれる史料が、前掲『冊府元亀』天宝十二載三月条・六月条の記事である。

さて、これまでもこの記事には注意されてきたが、ここに「三月」とあるのを、『続日本紀』の当該記事及び文中に「賀正」とあることから、「三月」は「正月」の誤りとする意見がある。[24]しかし『冊府元亀』外臣部・朝貢、褒異等の項を一覧すれば「某国遣使賀正」記事が正月以外にみえることが少なくなく、一例を示すと、同書外臣部・朝貢四に、

十四載四月、新羅・突騎施並遣使賀正。

とあり、「賀正」とあるからといって、直ちに「正月」に係けるべきものとするには問題があろう。

一方、『冊府元亀』以外の中国側史料をみると、『旧唐書』巻百九十九上東夷伝・日本国の条に、

天宝十二年、又遣使貢。

とあり、『新唐書』巻二百二十東夷伝・日本の条に、

天宝十二載、朝衡復入朝。(25)

とみえる。『新唐書』の「朝衡」は誤りであるが、ともかく両唐書ともに天宝十二載としている。また『宋史』巻四百九十一外国伝・日本国の条には、有名な奝然の「王年代紀」が引かれているが、それには、

次孝〔謙〕明天皇、聖武天皇之女也。天平勝宝四年、当天宝中、遣使及僧入唐、求内外経教及伝戒。

とある。ここで注意されるのは、他の例では、例えば、

宝亀二年、遣僧正玄昉入朝。当開元四年。

のように、日本年号に相当する唐年号が注記されている。ところが、前掲記事には単に「当天宝中」とされて、相当する年次天宝十一載は書かれていない。このことは、日本の記録では天平勝宝四年入唐となっているものが、中国側の史料ではそれに合わないため、敢えて「当天宝中」と表記したのではなかろうか。もしそうであるとすれば、中国側の所伝では両唐書のように「天宝十二載入唐」となっていたことを推測させる。

翻って、日本側の史料では、今回の遣唐使が天平勝宝四年に入唐したことを伝えているが、次のような例もある。『続日本紀』宝亀十年二月乙亥（四日）条に、

贈故入唐大使従三位藤原朝臣清河従二位。副使従五位上小野朝臣石根従四位下。清河贈太政大臣房前之第四子也。勝宝五年、為大使入唐。廻日遭逆風、漂着唐国南辺驩州。時遇土人反、(補注)合船被害。清河僅以身免、遂留唐国、不得帰朝。於後十余年、薨於唐国。石根大宰大弐従四位下老之子也。宝亀八年、任副使入唐。事畢而帰、海中船断。石根及唐送使趙宝英等六十三人、同時没死。故並有此贈也。

とある。小野石根の入唐は宝亀八年、唐より帰途についたのが翌九年のことである。(26)もし藤原清河についても同様に記述されたとするならば、清河の入唐を天平勝宝五年とする記録もあったことになる。しかしこの場合恐らくそうではなく、清河が帰国の途中遭難し、再び唐に戻ったまま遂に日本へは帰らなかったというところに重点をおいた記事と理解すべきであろう。この他、僧行賀の寂伝(27)にも入唐を天平勝宝五年と思わせる記述があるが、僧伝の年幾才、在唐何年といった類の記述には、往々にして不正確なものがあり、この例を採ることはできないであろう。

以上のように、『冊府元亀』以外の中国側史料にも天宝十二載入唐とみえること、また日本側史料にも天平勝宝五年入唐と解しうる史料があり、これらは山尾氏の指摘を支持する史料といえよう。しかし、問題とする『冊府元亀』の記事に、果たして全幅の信頼をおけるのかということになると、いささか疑問がある。同書外臣部についてみても、係年の明らかな誤り、それも後世の刊誤・写誤ではなく、編纂当初からの誤りを指摘することができ、(28)恐らく子細に検討すれば、月日の係け方においても見出すことができるであろう。また天宝十二載三月

条・六月条の記事を間違いないとする場合も、果たしてそれが何時の時点、つまり日本を含む外国使節の到着・拝朝・帰国・その他、何れの時について係けられているかを吟味しなければなるまい。(29) 例えば、同書外臣部・朝貢四・開元二十二年条に、

四月、〇中略新羅王興光遣其大臣金端竭丹来賀正。先時興光遣其姪志廉謝恩、献小馬両匹・狗三頭・金五百両・銀二千両・布六十匹・牛黄二十両・人参二百斤・頭髪一百両・海豹皮一十六張。及是授志廉鴻臚少卿員外置。

とあり、これによると、金端竭丹の入朝は四月のこととみなされるであろう。しかし、同書外臣部・褒異三・開元二十二年条には、

正月壬子、新羅王興光大臣金端竭丹来賀正。帝於内殿宴之。授衛尉少卿員外、賜緋襴袍平浸銀帯及絹六十匹、放還蕃。

とある。但し、この年の正月に壬子はなく、四月では二十日にあたる。したがって干支または係月の何れかに誤りがあるとみられる。この記事が三月乙酉条の前にあることからみて、干支の誤りである可能性が高いが、本来四月壬子とあったものを、誤って正月にかけたことも否定できないであろう。(30) また次のような例もある。『冊府元亀』巻九百七十一外臣部・朝貢四・開元十四年の条に、

正月、突厥遣其大臣臨河達干康思琮来朝。

五月、〇中略突厥遣其大臣臨河達干康思琮来朝。

と、正月と五月に同文の記事がある。そして同書巻九百七十五外臣部・褒異三・開元十四年条には、

十四年正月壬午。〔三日〕突厥遣其大臣臨河達□〔干〕康思琮来朝。授将軍放還蕃。

とみえる。これによれば、朝貢項の五月の記事は、正を五と間違えた同事重出、正月来朝・五月帰国、等々色々な推測が可能であるが、決め手はない。これらを参考にすると『冊府元亀』の問題の記事も、直ちに天宝十二載三月来朝、としてよいかどうか検討の余地が残されていることが分かるであろう。

このようにみてくると、虚構説の論拠の中で最も具体的に示された史料である『冊府元亀』の遣唐使入朝記事は、必ずしも絶対的な理由には成り得ないと思われる。翻って思うに、この席次争いの顚末を語る大伴古麻呂の奏言の中で、最も重要な論点は何であろうか。いうまでもなく、それは新羅使との席次争い、特に日本使が新羅使よりも上位に置かれたという点にあり、決して正月朔日という日時にあったわけではないであろう。つまり、古麻呂は、たとえ三月にせよ六月にせよ、実際に唐に渡った時の話として語っても一向にさしつかえないわけである。一体、古麻呂の虚言とする場合、古麻呂は単に報告者に過ぎず、古麻呂によって虚構が考案されたとは常識的にいって考えられない。この時の遣唐使――少なくとも要職者――が口裏を合わせておかなければとうてい成立し得ないし、まして到着年月に至っては使節全員が知っているわけである。このような点を含めて考えると、『冊府元亀』の記事を、日本使到着を示す絶対的な史料とみなして、古麻呂の奏言を虚言とすることには疑問が抱かれる。さらに言えば、『続日本紀』『延暦僧録』等の日本側史料から『冊府元亀』その他中国側史料の誤脱を

考えてもよいのではあるまいか。すなわち「『冊府元亀』の記録は貴重であるが、不備を想定できないほどの記録ではない。〇中略『冊府元亀』の記載の在り方は、直ちに日本史籍の記録を排除するほどに扱うことはできない[31]」であろう。なお、『冊府元亀』巻百七帝王部・朝会一・天宝十二載条には、

十二載正月癸卯朔。帝御含元殿、受朝賀。

とあり、天宝十二載正月朔日の朝賀式典は、古麻呂の奏言のごとく含元殿[32]で行なわれている。

むすび

以上、『続日本紀』天平勝宝六年正月丙寅条にみえる大伴古麻呂奏言を疑問とする説についてみてきた。それら虚構説の論拠は多岐にわたるが、結局通説と虚構説との基本的な相違は、大伴古麻呂の主張を唐が認めたか否かの問題に帰結すると思われる。すなわち、古麻呂奏言の内容は次の四点から構成されている。


㈠玄宗が含元殿において百官諸蕃の朝賀を受けたこと。

㈡当初の外国使節の席次順は、東班第一新羅・第二大食、西班第一吐蕃・第二日本であったこと。

㈢古麻呂が新羅は昔から日本に朝貢している国であるのに、上位にあるのは理に合わない、と主張したこと。

㈣唐の将軍呉懐実が、古麻呂の納得しない様子をみて、席次を、東班第一日本・第二大食、西班第一吐蕃・第二新羅、に変更したこと。

等である、そして記事の全てを認めた上、㈣は㈢の結果つまり「唐が日本の主張を正当と認めて席次を変更した」とするのが通説で、逆に「唐が㈢のような日本の主張を認めるはずはないから、㈣の席次の変更などあり得ない」としたり、古麻呂奏言の全体を疑うのが虚構説であるといえよう。筆者は上来述べてきたところによって、虚構説に従うことはできず、㈠㈡を始め、㈢のように古麻呂が主張したこと。そして㈣のごとく席次が変更されたことは史実と考える。その意味では通説に近いが、異なるのは、古麻呂の奏言の内容から、席次変更の理由を、唐が日本の主張を認めた結果、と解釈してよいか疑問に思っているところである。つまり卞氏が述べておられるように、新羅と日本の対唐関係について考えてみると八世紀を対象とした場合、新羅がほとんど毎年、年によっては数回も遣唐使を派遣しているのに比べ、日本は今回の使節を含めて、わずかに四回しか派遣しておらず、いかに地理的な条件を考慮しても、その対唐緊密度の差は歴然としている。これを敢えて無視した形の席次変更が行なわれていることには、多分誰しもが不審を抱くであろう。〈時ニ将軍呉懐実、古麻呂ガ肯ハザル色ヲ見知シテ〉云々とあるのは、唐側が容易には変更を認めなかったこと、或いは事を荒立てないためのその場しのぎの処置に過ぎなかった様子を、はからずも物語っているように思える。これまでこのような事情を考慮せず、唐が日本の主張――日本は新羅の宗主国であるという――を認めて席次を変更した、と即断していたところに、疑問説がでてくる余地があったのではあるまいか。(33) 山尾氏が前掲のような疑問点をあげられた後、「このように見てくると古麻呂の奏上についてはかなり疑問があるのであって、新羅藩屏国視が唐にも通用する客観的実体があったとする重大な論説のほとんど唯一の根拠がこの記事なのであるから、最小限度上文に示したような疑問については事実の裏付けを取る配慮が必要だと思う。(34)」と述べておられる。前述のように古麻呂奏言の存在を疑う氏説には従えないが、この指摘は重要である。すなわち、唐が席次を変更した理由については、古麻呂奏言とは別に検討すべき課題であると思う。それには、古麻呂奏言を論拠としたり、日本の認識・論理を追求するだけではなく、唐は外国（使節）の序列を何に基づいて決めたのか、といった点について明らかにする必要があろう。今後このような外交儀礼について、『大唐開元礼』などを参考に検討していきたいと考えている。

注

（1）「新訂増補国史大系」所収本による。但し、同本が、「新羅之朝貢大日本国久矣」と、『日本紀略』から「大」字を補なっているのは疑問があり、後人の補入とみて削除すべきであろう。鈴木靖民氏「奈良時代における対外意識」（『日本史籍論集』上、一九六九年）一六六頁、参照。

（2）但し、『善隣国宝記』の著者瑞渓周鳳は、この記事を直接『続日本紀』から引用したのではなく、元永元年（一一一八）に外交上の先例を調べた明法博士らの勘例に引かれたものを、さらに引載したものである。拙稿「唐の『将軍呉懐実』について」（『日本歴史』四〇二、一九八一年↓本書４）参照。

（3）もっとも本居宣長は「たとひ一の位にまれ、新羅の使などゝひとしなみにあへしらへしは、皇朝の大御使には、猶いとあかぬわざなりかし」（『馭戎概言』上巻下）といかにも宣長らしい見解を述べている。なお、増村宏氏「唐の玄宗の詩『送日本使』について――関係文献とその理解――（完結）」（『鹿児島経大論集』二二―一、一九八一年。以下増村氏A論文とする）に、古麻呂奏言についての主要な意見が紹介されている（八五～八八頁）。

（4）坂元義種氏「古代東アジアの国際関係――和親・封冊・使節よりみたる――（下）」（『ヒストリア』五〇、一九六八年、のち『古代東アジアの日本と朝鮮』（一九七八年）に収む）四七頁、鈴木靖民氏前掲論文一六五～九頁、等参照。

（5）増村氏前掲A論文、及び「旧新両唐書日本伝の検討」（『内田吟風博士頌寿記念東洋史論集』一九七八年、以下B論文とする）四九〇～二頁。特にA論文では、後述する『東大寺要録』所引『延暦僧録』について、諸写本の調査をはじめ、詳細に検討されている。しかし本稿で問題とする古麻呂奏言の虚構説については、紙幅の都合で省かれ、一部言及されるに止まっていることは残念である。

（6）前注（2）所掲拙稿。

（7）卞麟錫氏「中国唐代与新羅的関係――兼論続日本紀所載的『古麻呂抗議』」（『大陸雑誌』三二―九、一九六六年）において簡単に触れられ、ついで「唐代外国使争長의研究――「続日本紀」所載의所謂古麻呂抗議에対하여」（『亜細亜研究』一〇―四、一九六七年）で詳論を展開された。ここでは主に後者の論文によってみていく。

（8）卞氏が挙げられた四例は次のごとくである。

㈠『旧唐書』巻百九十四下突厥下・蘇禄条

(開元)十八年蘇禄使至京師。玄宗御丹鳳楼設宴。突厥先遣使入朝、是日亦来預宴、与蘇禄使争長。突厥使曰突騎施国小、本是突厥之臣、不宜居上。蘇禄使曰、今日此宴乃為我設、不合居下。於是、中書門下及寮議、遂於東西幕下両処分坐、突厥使在東、突騎(マヽ)使在西。宴訖、厚賚而遣之。

〇この他、『新唐書』巻二百十五下突厥伝・『資治通鑑』巻二百十三開元十八年条、等にもみえる。

㈡『旧唐書』巻百九十五迴紇伝

乾元元年五月壬申朔、迴紇使多亥阿波八十人・黒衣大食酋長閤之等六人並朝見。至閤門争長。通※事舎人乃分為左右、従東西門並入。

〇この他、『旧唐書』巻十粛宗本紀・『新唐書』巻二百十七上回鶻伝、『冊府元亀』巻九百七十一外臣部・朝貢四、等にもみえる。なお。※印以下の箇所は『旧唐書』本紀には「詔其使合従左右門入。」とある。増村氏A論文九九頁、参照。

㈢『新唐書』巻二百十七上回鶻伝

永泰初、懐恩反。誘回鶻・吐蕃入寇。俄而懐恩死。二虜(回鶻・吐蕃)争長。(下略)

〇但し、この例は、他の例とは若干異なり、僕固懐恩死後の「指導権を争った」といった意味であろう（佐口透氏他『騎馬民族史』2〔一九七二年〕三八九～三九一頁、参照）。

㈣『東文選』巻三十三表箋

謝不許北国居上表

臣某言、臣得当蕃宿衛院状報、去乾寧四年七月内、渤海賀正王子大封裔進状、請許渤海居新羅之上。伏奉勅旨、国名先後、比不因強弱而称、朝制等威、今豈以盛衰而改。宜仍旧貫、准此宣示者。(下略)

〇卞氏は『増補文献備考』を参照されているが、ここではその典拠となる史料を示しておく。なお、この新羅・渤海の争長事件については、濱田耕策氏「唐朝における渤海と新羅の争長事件」（『古代東アジア論集』

下巻、一九七八年）参照。
（9）鈴木俊氏「八世紀のアジア」（『八世紀　日本と世界の歴史五』一九七〇年）二四五頁。
（10）山尾幸久氏「百済三書と日本書紀」（『朝鮮史研究会論文集』一五、一九七八年）三二～三頁。
（11）以下、本稿で引用する『冊府元亀』は、外臣部については静嘉堂文庫蔵宋刊本（東京大学東洋史研究室架蔵焼付写真による）により、その他は流布本（明崇禎刊本）によった。
（12）この他、「此事については或は古麻呂が功を己れ一人に帰して奏言したのではあるまいかといふ疑を挟まれぬでもない。清河も同じくに其場にゐたのであるから、争うたとすれば、共に之を論じたと見るべきものであらう、古麻呂一人にこの功を独占せしむるは如何であらうか。」という意見もある（辻善之助氏「遣唐使と国民元気の萎縮」〔『海外交通史話』一九一七年、増訂版一九三〇年〕八五頁）。
（13）増村氏B論文、四九一頁。
（14）この点については早くから注意されており、例えば森克己氏は、古麻呂奏言を紹介した後、（続紀・東大寺要録一所引「延暦僧録」）と出典を併記されている（『遣唐使』一九五五年、八〇頁）。
（15）『東大寺要録』の刊本には、筒井英俊氏校訂本（一九四四年）があるが、引用本文については、増村氏の校訂文により、適宜醍醐寺本（焼付写真による）を参照した。なお前掲拙稿では、「復元日拝朝賀正」と引いたが、醍醐寺本を再検討した結果、増村氏説にしたがい「後元日拝朝賀正」と訂正しておきたい。なお、「可於新羅使之上」の箇所を、本文所引記事を含む『日本高僧伝要文抄』の増村氏のいわゆる「水戸藩書写系統本」では「可居於新羅使之上」に作っている。この点について増村氏は、「解釈の仕方によっては、考察に相違が生ずるであろう。『可』は許可の意味であり、この文字を『居』字の誤りとすることもできない。」と述べておられる。しかし『広韻』に「於、居也」とあり、「可於新羅使之上」とは「可居新羅使之上」と同義と解釈してよいであろう。
（16）鈴木治氏『白村江――敗戦始末記と薬師寺の謎』（一九七二年）一七二頁、参照。
（17）『延暦僧録』及び思託については、蔵中進氏『唐大和上東征伝の研究』（一九七六年）第四章第五節、飯田瑞穂氏「『上宮皇太子菩薩伝』について」（『〈中央大学文学部〉紀要』史学二七、一九八二年）等参照。
（18）鑑真の渡日の経過については、安藤更生氏『鑑真大和上伝の研究』（一九六〇年）、同『鑑真』（人物叢書、一九六七年）等、参照。

(19)　増村氏も、『延暦僧録』の遣唐使「『関係記事』は遣唐使人からの伝聞、または関係資料の採録である」と述べておられる（A論文、八二頁）。

(20)　増村氏「唐の玄宗の詩『送日本使』について――関係文献とその理解――㈠」（『鹿児島経大論集』二〇―四、一九八〇年）九六頁。また鈴木治氏も同趣旨の意見を述べておられる（前掲書、一七二頁）。

(21)　なお。注（7）に記した卞氏のあげられた唐代争長事例の第二例には、『旧唐書』に「通事舎人乃分為左右、従東西門並入」とあり、通事舎人が独断で処理したようにみえるが、『旧唐書』粛宗本紀には「詔其使合従左右門入」となっていて、最終的には皇帝の勅裁によったことが分かる。呉懐実の場合も同様に考えるべきであろう。

(22)　『旧唐書』巻百九十八大食伝に、「自阿蒲羅抜後、改為黒衣大食」とみえ、ウマイヤ朝の「白衣大食」に対して、新興のアッバース朝を「黒衣大食」と呼んだ。

(23)　『万葉集』巻十九に関連する史料がある。山崎馨氏「四つの船――古代外交裏面史の哀歓――」（『万葉集研究』九、一九八〇年）参照。

(24)　杉本直治郎氏『阿倍仲麻呂伝研究』（一九四〇年）三四九頁。

(25)　杉本直治郎氏前掲書、四三七頁以下参照。

(26)　『続日本紀』宝亀九年十一月乙卯条、参照。

(27)　『類聚国史』巻百四十七撰書・延暦二十二年三月己未条に、「大僧都伝灯大法師位行賀卒。春秋七十有五也。○中略生年十五出家也。廿受具足戒、廿五被宛入唐留学。」とみえ、享年七十五才から換算すると、入唐は天平勝宝五年となる。『本朝高僧伝』は「天平勝宝五年、承勅入唐。」としている。なお松本文三郎氏は、文中の「廿五」を法臘と解し、宝亀四年入唐説を述べておられるが（「霊仙入唐年代考」〔『仏教芸術とその人物』一九二三年〕、従い難い。

(28)　例えば、封冊二・開元二十年条に

是年、渤海桂婁郡王大武芸病死、其子大欽茂嗣立。帝降書冊且弔之曰。○下略

とあるが、武芸が死に、欽茂が嗣立したのは、『旧唐書』など諸書によって開元二十五年もしくは二十六年のことである。また、褒異三・天宝二年条に、

十二月乙巳、新羅王遣弟来賀正。授左清道率府員外長史、賜緑袍銀帯、放還蕃。

とある。しかし同年十二月は癸未朔で、同月内に乙巳はない。一方、朝貢四・天宝三年条に、

十二月、新羅王遣弟来賀正。

とみえる。本年十二月は甲申朔で、十六日が乙巳にあたる。そして『唐会要』巻九十五新羅伝に、

天宝三載、○中略是載、○中略十（マヽ）月遣使来賀正。授左清道率府員外長史、賜緑袍銀帯、放還蕃。

とあるのを参照すると、褒異三の記事は、干支に誤りがあるのではなく、朝貢四の記事に対応し、正しくは天宝三年にかかる記事とすべきであろう。なお、朝鮮史編修会編『朝鮮史』第二編（一九三二年）では、新羅景徳王三年（天宝三載）十二月のこととされている（一五八頁）。

(29) 杉本直治郎氏は六月条を、「清河等が長安を辞して帰途に着く時、恐らく暇乞のため参朝したこと」とされている（前掲書、四五七頁）。

(30) なお、金端竭丹については、『文苑英華』巻四百七十一蕃書四・新羅書「勅新羅王金興光書」第一首（『曲江集』にも収める）にみえる。末松保和氏「新羅の郡県制、特にその完成期の二三の問題」（『学習院大学文学部研究年報』二一、一九七五年）参照。

(31) 増村氏A論文、一〇五頁。

(32) 含元殿は大明宮の正殿である。大明宮は初め永安宮といい、その後次のように名称が変遷している。貞観八年・永安宮→貞観九年・大明宮→竜朔二年・蓬莱宮→咸亨元年・含元宮→神竜元年以降・大明宮。したがって天宝十二載当時は大明宮含元殿でなければならないが、古麻呂奏言には「蓬莱宮含元殿」とある。これはこの頃日本では蓬莱宮が通称となっていたためであろう。なお小野勝年氏「長安の大明宮」（『仏教芸術』五一、一九六三年）・佐藤武敏氏『長安』（一九七一年）等、参照。

(33) この点について、すでに鈴木靖民氏が、「これは人口に膾炙している事件であるが、古麻呂の論じた、新羅が日本に朝貢することの久しい国であるという点の当否については、従来ほとんど考察がなされていないようである。」として、古麻呂の主張の妥当性について検討され、「少なくとも現象面よりすれば、大伴古麻呂の強弁した日羅の関係は、あながち不条理として唐朝では排除できなかったのではあるまいか。」と述べておられる（前掲論文、一六五～一六九頁）。氏の論証方法をさらに敷えんして、唐側の論理を明らかにする必要があろう。

(34) 山尾氏前掲論文、三三頁。

（補注）この箇所を国史大系本は「時遇土人、及合船被害」とするが、引用文のように改めるべきこと、増村氏「遣唐大使藤原清河の抑留」（『鹿大史学』二八、一九八〇年）五六頁、参照。

附記　本文で山尾氏説に論及したが、同氏は近刊の『東アジア世界における日本古代史講座　6』（一九八二年）所収「遣唐使」において、自説を補強して再論されているので、是非参照されたい。筆者が同書を入手した時は、すでに本稿が印刷に付されていたため、ここに附記するに止めざるを得ない。山尾氏並に読者の御海容を乞う次第である。

6　いわゆる遣唐使の停止について

——『日本紀略』停止記事の検討——

はじめに

寛平六年（八九四）八月二十一日に菅原道真らが遣唐使に任命されたが、道真の建議によって、それから一カ月余り後の九月三十日には派遣中止が決定されたという、史上に有名な最後の遣唐使計画については、すでに多くの研究がある。そして任命から中止の決定まで余りに短期間であるため、その経緯をめぐってさまざまな推測が行われていることは周知の通りである。最近では根本史料である『菅家文草』所収の二つの文書——①「奉レ勅為三太政官報二在唐僧中瓘一牒」（巻十）、②「請レ令三諸公卿、議二定遣唐使進止一状」（巻九）——について、鈴木靖氏[1]・増村宏両氏[2]によって詳細な検討がくわえられ、理解が一層深められた。しかし、それでもなおその経緯については不明な点があるように思われる。筆者も両氏を始めとする先学の諸研究に導かれて考察をくわえたことがあるが[3]、ここであらためて停止を伝える『日本紀略』の記事について考えてみたい。

一

まず、問題となる寛平六年の遣唐使計画の経過を、通説にしたがって簡単に記すと、次のごとくである。

○七月二十二日―唐の情報を伝えてきた在唐僧中瓘への太政官牒において、遣唐使の派遣が朝議で定まったが、災害が続いているので実施はやや遅れるかも知れない、と述べる（『菅家文草』①）

○八月二十一日―遣唐大使に菅原道真、副使に紀長谷雄を任命（『日本紀略』『扶桑略記』）

○九月　十四日―遣唐大使菅原道真、航海の危険や唐到着後の治安の不安などをあげて、遣唐使の進止について公卿・博士らの審議を要請する上奏文を提出（『菅家文草』②）

○九月　三十日―遣唐使の派遣停止を決定（『日本紀略』）

以上が大筋である。使節に任命された道真が、その約二〇日後に遣唐使派遣について審議を要請し、そのわずか一六日後には中止が決定されたということは、いかにも不可解である。このことから、朝廷には当初から派遣の意思はなくジェスチャーであって、道真の停止審議要請も速やかな停止決定も予定の筋書である。そして、九月三十日の派遣停止決定以後も、道真らが遣唐大使等の職名を名乗っている（後述）ことを考慮すると、道真らが文人としての名誉を得るために企てたもの、また文化国家としての体面維持のための、机上の計画であった、といった意見が出されているほどである。(4)

この他にも諸説あるが、要するに任命から停止決定までがあまりに短期間であることを如何に理解するか、というのが、この問題の一つの焦点となっているといってよいであろう。したがって、この不可解な経緯を考える上で、『菅家文草』の二史料とともに、派遣停止を伝える唯一の史料(5)である『日本紀略』の記事もきわめて重要な意味をもっているのである。そこで『日本紀略』寛平六年九月三十日条の記事を、煩をいとわず全文引用すると次のごとくである。(6)

卅日己丑、大宰府飛駅使来、言㆘上打㆓殺新羅賊廿人㆒之由㆖。賜㆓勅符於彼国㆒令㆓警固㆒。是日、授㆓対馬嶋上県郡正五位上和多都美名神・下県郡正五位上平名神並従四位下、正四位下多久豆名神正四位上、従五位上小坂宿祢名神正五位下、正六位上石剣名神従五位下㆒。其日、停㆓遣唐使㆒。

すなわち、三十日の条は、大宰府飛駅使の到来、対馬島内の神社への叙位、そして遣唐使停止の三種の記事から成りたっている。これまで「其日」を「是日」と同義に解し、三十日に停止が決定されたとしているのであるが、果たしてそのような理解に問題はないであろうか。すでに『大日本史料』第一編之二（一九二八年刊）では、「(九月)是月、遣唐使ノ発遣ヲ停ム、」と是月条に係けて、『日本紀略』以下の関連史料が掲載されているのである。

二

さて『日本紀略』の、六国史の抄出につぐ、宇多天皇紀以後の記事をみると、一日に複数の異なる記事が列記される場合、明らかにその当日を意味する「是日」「此日」「同日」と並んで、遣唐使停止記事と同じように「其日」に始まる記事が相当あり、それらは月末に置かれている例が多い。そして写本によっては「其日」を「某日」に作り、その逆の場合も含めて、其日と某日が混用されている例が多くみられる。(7)元来、特定の日を示す

「其日」と不特定のある日を指す「某日」とでは意味が異なるが、其字にも不定の人や事物を指し示すという、某字に共通する意味がある。(8) 例えば『伊呂波字類抄』第四・その部・人倫条に、(9)

其《ソレ》　某　ム已上同。

とあって、其字と某字とが通用するとされている。(10) その実例としては、例えば養老儀制令版位条（『新訂増補国史大系』本『令義解』による。下同じ。同本の底本は塙本。）に、

凡版位、（中略）題云、其品位。

とあるが、唐令(11)では、

諸版位、（中略）題云、某品位。

と、其字を某字に作っている。其が某の意味で使われていることは言うまでもないであろう。唐令の某国・某事が日本令では其国・其事となっている例はこの他にも多くみることができる。(12) そして養老公式令計会式条の、

其年月日下レ国其符、其月日付二使人其官位姓名一。

について、紅葉山文庫本（内閣文庫蔵）を底本とする「日本思想大系」本『律令』では、底本にしたがって其字を某字に作り、「その」とふり仮名をつけている。(13) このような例をみると、「其日」と「某日」とが同じ意義で使われることは容易に推測され、意味の通用と字形の類似とから誤写・混用される例が多いこともよく理解される。そして『大日本史料』では『日本紀略』の「其日」を某日記事と同じものとみなし、おおむね是月条に係けている。つまり其日と某日とは同義で、原則としてこの月のでき事であるが日付が不明の場合の記述法という理解が一般的かと思われる。(14)

しかし一方では、例えば『日本紀略』延長八年九月二十九日条（朱雀天皇即位前紀）に、

廿九日己丑、（中略）未刻、太上天皇（醍醐）崩。天下諒陰。某日（其イ）、(15) 退二賀茂斎院韶子内親王一。

とある記事について、嘉永三年（一八五〇）に『日本紀略』醍醐天皇紀以後の校訂本(16)を完成させ、ついで出版した山崎知雄は、「某当レ作レ其。斎院記伝、韶子内親王延長八年九月二十九日廃レ之。」と注しており、『賀茂斎院記』(17)によって韶子内親王退下をこの日と解し、某日を其日と改めるべきことを述べている。つまり其日は是日と同義で、某日とは厳密に区別するという見解であり、また『大日本史料』でも其日記事をすべて是月としているわけではなく、同日に係けている例もみられる。したがって、其日・某日記事の性格についてまず考えてみる必要がある。

三

そこで『日本紀略』宇多天皇紀以後の其日・某日記事を求めると、七五例（一日に複数ある場合もそれぞれ数える）拾うことができる。[18] このうち、宇多天皇紀は諸本に欠けていてわずかに久邇宮家旧蔵本に存するが、[19] 同本では一〇例全て其日に作っている。そして国史大系本が醍醐天皇紀以後の底本とする版本（山崎知雄校訂本）及び主な写本を調べると、残りの六五例中半数以上に其と某との異同がみられる。[20] つまり少なくとも現存する写本の状況では、其日と某日とについて厳密に区別することはできず、本来いずれの文字が使われていたのか確定し難いので

表1『日本紀略』其日・某日記事所在一覧表
（日付は国史大系本による）

番号	年	月	日（備考）
1	寛平元	正	21
2	〃	9	25（月末）
3	寛平2	10	30（月末）
4	寛平3	12	29（月末）
5	寛平4	4	14
6	寛平5	正	11
7	寛平6	9	30（月末）
8	〃	10	18（月末）
9	寛平7	3	12（月末）
10	寛平9	3	19（月末）
11	〃	11	23
12	昌泰元	11	21
13	昌泰3	9	10（月末）
14	〃	10	21（月末）
15	（同		日）（月末）
16	延喜元	8	15
17	〃	8	19
18	〃	9	15
19	（同		日）
20	延喜3	8	5
21	延喜4	4	8（月末）
22	延喜5	9	11（月末）
23	（同		日）（月末）
24	（同		日）（月末）
25	延喜5	11	28（月末）
26	〃	12	21
27	延喜6	4	2（月末）
28	延喜7	9	11
29	延喜8	4	29（月末）
30	〃	6	11
31	（同		日）
32	延喜10	9	5
33	〃	9	9（月末）
34	延喜11	4	1（月末）
35	延喜17	9	9（月末）
36	延喜18	8	17
37	延長8	9	29（月末）
38	承平3	正	23（月末）
39	承平5	2	29（月末）
40	〃	11	（唯一）
41	承平6	4	14（月末）
42	〃	6	（唯一）
43	承平7	11	（唯一）
44	天徳4	5	6
45	康保元	4	29（月末）
46	天禄2	12	25（月末）
47	天禄3	12	17（月末）
48	天延元	2	29（月末）
49	天元元	3	30（月末）
50	〃	12	22（月末）
51	天元3	正	18
52	永祚元	6	1
53	正暦元	12	28（月末）
54	正暦2	10	1（唯一）
55	〃	11	1
56	長徳2	正	28（月末）
57	長徳3	4	17
58	長徳4	7	25（月末）
59	〃	9	16（月末）
60	長保元	6	29（月末）
61	寛弘元	6	17（月末）
62	寛弘7	7	27（月末）
63	寛弘8	4	27（月末）
64	長和元	3	23
65	長和4	4	8
66	寛仁3	3	25（月末）
67	〃	10	23
68	治安元	10	26（月末）
69	〃	12	23（月末）
70	治安2	8	23（月末）
71	〃	12	25（月末）
72	長元2	閏2	29（月末）
73	〃	3	23（月末）
74	長元3	9	23（月末）
75	長元7	3	26（月末）

ある。もし誤写の可能性を考えれば、其を某に誤る方が可能性としては高いと言えよう――それももともとは其と某とが通用するというところに起因するものであるが――。

　次に其日・某日記事とその係けられた日付との関係を、これまでの理解を考慮して検討してみたい。まず其日・某日が係けられた日付ではなく、他の史料から別の日とされている例をあげると、例えば、天延元年二月二十九日条（月末）に、

　　廿九日甲寅、季御読経終。其日、[21]内大臣（藤原兼通）女藤原媓子入内。

とある。媓子の入内については『親信卿記』が二月二十日とし、『大日本史料』は同記に従っている。[22]また寛仁三年三月二十五日条（月末）に、

　　廿五日壬午、皇后宮（娍子）落餝為レ尼。（中略）某（其イ）日、[23]師明親王於二仁和寺一出家。于レ時童稚也。

とあるが、師明親王の出家は前年の二年八月二十九日のことである。[24]これらはいずれも『日本紀略』の係日の誤りではなく、正確な日が不明のため、其日・某日としておいたものとみるべきであろう。特に後者は師明親王の出家を母である皇后娍子の出家の項に合叙したものとみられ、其日・某日記事の性格をよく示していると思われる。そして其と某との用字・用法に差があるとは思われない。[25]

　次に其日・某日が是日と理解されている例をあげると、天元三年正月十八日条に、

十八日癸巳、賭弓、天皇出二御弓場殿一。其日〔某イ〕[26]、前斎院韶子内親王薨。廿四日己亥、奏二韶子内親王薨由一。

とあり、山崎知雄は「其或作レ某、非レ是。今従二伴本考異及斎院記一」と注し、前掲の延長八年九月二十九日条と同じように、『賀茂斎院記』を傍証としている。しかし『賀茂斎院記』は『類聚国史』や『日本紀略』の記事をほとんどそのまま写したものであり、独自の史料的価値のないことが指摘されている。[27]『日本紀略』のこれらの記事は、前者は斎院韶子内親王退下の時期は不詳であるが、退下の原則である父（醍醐上皇）の崩御の日に便宜合叙したもの、[28]後者は薨日が不明のため、二十四日の薨奏の前に置いたものと推測される。

また昌泰元年十一月二十一日条に、

廿一日丙辰、詔免二徒罪以下一。依二朔旦冬至一也。又有二叙位一。其日〔某イ〕[29]、三品斉世親王加二元服一。紀長谷雄朝臣作二祝文一。廿三日、女叙位。

とある。ここに云う紀長谷雄作の祝文が『本朝文粋』巻十二・『朝野群載』巻二にあり、「惟朔旦冬至、吉日良辰」云々とみえるが、いずれも年月日が欠けている。朔旦冬至であるから、当然『日本紀略』本月一日条には祝賀の記事があり、また祝文の冒頭の一句も、「朔旦冬至という吉き日の良き時に」と理解されるが、[30]それでも元服記事を二十一日に係けているのは、何か確証があるのであろうか。『日本紀略』はこの記事を、『本朝文粋』等からとったものか、それとも『日本紀略』が宇多・醍醐両天皇紀の材料にしたとみられている十世紀中後期に編纂作業が進められたが結局未定稿に終わった『新国史』（後述）からとったものか明らかでない。もし後者からと知られたとすると、この記事は編纂時期と時代的に近接しており、斉世親王の元服の月日が十一月二十一日と知られていた可能性が高い。しかし『新国史』を利用したとみられる時期の記事でも、必ずしもそのようには思われない例もある。すなわち、延喜八年六月十一日条に、

　六月十一日庚戌、神今食。某日、渤海使裴璆来朝。某日、[31]掌客使・諸文士於二鴻臚館一餞二北客帰郷一。

とある。この二つの某日記事のうち、後者については、この時渤海使に送られた詩巻の序文（大江朝綱作）が『本朝文粋』巻九に収められているが、年月日は欠けている。つまりそれが某日とされていることは、たとえ近い時期の編纂にかかる『新国史』が利用されているにしても、必ずしも年月日が明らかではなかったことが理解される。前記の斉世親王の場合も同様で、本来朔日条に係けられるべき記事が、事情は不明であるが、朔旦冬至による恩赦の条に係けられたものとみることもできよう。斉世親王元服記事については以上のごとくで、必ずしも其日を是日とみなさなければならないとは思われない。

　この他の其日・某日を是日と解釈されている例をみても、他の確たる史料によって証明されるものは見当らず、日付不明のため、是月もしくは是頃という意味で置かれた記事とみることができる。[32]それはある月に其日・某日記事のみという例によって一層明らかになる。四例あるが、例えば承平七年十一月条には、

　十一月某日〔其イ〕、[33]甲斐国言、駿河国富士山神火埋二水海一。

とある。そしてこれが是月の意味であることは言うまでもないであろう。[34]

　このようにみてくると、『日本紀略』の其日・某日は、是月もしくは是頃という意味で置かれた記事と思われ

る。要するに其日は某日であり、是日ではないということである。このように理解する時、『日本紀略』の其日・某日記事が月中に係けられていることが気になるかも知れない。例えば、長徳三年四月十七日条に、

十六日己酉、賀茂祭。十七日庚戌、解陣。某日(其イ)(35)、大宰権師伊周(藤原)・出雲権守隆家(藤原)被二召返一之。十九日壬子、吉田祭。

とあるような例である。流罪に処せられていた藤原伊周・隆家に恩赦の勅書が下されたのが四月五日、隆家の入京は五月二十一日、伊周の入京は十二月のことである。(36)某日は恐らく五日に係かる記事とみられるが、ともかく月の途中にも、ある日を意味する某日に始まる記事が存在するのである。また『日本紀略』には月の途中に一字もしくは二字分の空格のままで日付のない記事が少なくない。例えば、昌泰三年正月条をみると、

正月　日、内宴。題云、香風詞。廿八日、以二大納言藤原朝臣高藤一為二内大臣一。

とある。この年の内宴の実施日は不明であるが、例によれば、内宴は正月二十一日・二十二日・二十三日に行われるので、二十八日の記事の前に置いたものであろう。また天慶三年七月条のように

五日戊辰、奉レ授二左京従三位太詔戸神正三位一。　日、左大臣(藤原仲平)贈二書状於大唐呉越王一。廿八日辛卯、今日無二相撲節一。

といった例もある。そして写本によっては空格を某字で塡めている例もある（治安二年十二月二十五日条頭注、参照）。其日・某日記事はこれらと同じ性格とみてよいであろう。不特定の「ある日」を意味する其日・某日記事が月の途中にあることは確かに不自然ではあるが、同じような例が存在するのであり、その理由は『日本紀略』の編修の不備に求められるかもしれない。つまり、宇多天皇紀以後の記事は、六国史を抄出する作業と異なり、抄出に複数の史料を利用しているため、書き直しや書き足しを繰り返したことから、このような体裁になっていったのではなかろうか。(37)『日本紀略』宇多天皇紀以降の記事の重複や日付の間違いが多いことは、すでに指摘されており、遣唐使停止記事を含む、『新国史』から主に取材したとみられる時期の記事に限っても、相当数見いだすことができるのである。(38)

四

以上、『日本紀略』における其日記事の意味についてやや詳しくみてきたが、其日は某日と同義であり、日付が不明で、是月もしくは是頃を意味すると理解してよいであろう。このようなことはここにあらためて言うまでもないことかもしれない。しかし筆者を含め、こと問題の遣唐使停止記事に関してはこれを忘れ、九月三十日のできごとと理解してきたのであり、その解釈は誤りというべきであろう。ひとりこの記事のみ例外とする理由はないのである。もし「其日」を「ある日」とする解釈が正しければ、九月三十日が遣唐使停止決定の絶対的な日付ではないこととなる。そして停止記事を九月是月とみると、道真の要請から決定までの期間は更に短縮されることになり、不可解さは一層増すことになる。それではいったい停止はいつ決められたのであろうか。本稿の主眼は「『日本紀略』における其日は某日であって是日ではなく、したがって九月三十日に遣唐使派遣停止が決定されたと理解すべきではないこと」を主張することにあるが、さらにふみこんで停止問題についてもやや憶測を述べてみたい。

五

この問題でまず考えたいのは、周知のように、この時の遣唐使が、いわゆる停止以後も大使以下その職名を公式に名乗っていることである。(39)すなわち使節が遣唐使の肩書きを称している確実な例の下限として、公文書における称号を示すと次のごとくである。

○大使菅原道真＝寛平九年五月二十六日付太政官符（『政事要略』巻六十）に、「遣唐大使中納言従三位兼行民部卿春宮権大夫侍従」とみえるが、六月二十三日付太政官符（『類聚三代格』巻二）には、遣唐大使の称号はみえない。この間、六月十九日に参議に任じられているので、これを機会に遣唐大使の任を解かれたとみられている。

○副使紀長谷雄＝延喜元年十月二十八日付太政官牒（『東南院文書』二）に、「遣唐副使従四位下守左大弁兼行式部大輔侍従文章博士紀『朝臣』」と自署がある。しかしこの後、二年十一月二十七日付太政官符には左大弁とのみあって、遣唐副使の称号はみえない。この間、二年正月二十六日に参議に任じられているので、この時、遣唐副使の任を解かれたとみられている。

○録事阿刀春正＝昌泰元年十月五日付太政官牒（『東南院文書』一）に、「遣唐録事従八位下守左大史阿刀連『春正』」と自署がある。この後、遣唐録事の称はみえず、いつ任を解かれたか明らかでない。

このように、解任の時期は必ずしも明らかでないが、停止以後も、もっとも長い長谷雄の場合は、七年余も「遣唐副使」を称している。このことから前述のように、文人の栄誉の象徴として遣唐使の称号を得るために企てられた、当初から派遣の意思の無い計画であったとの理解が生じている。たしかに道真・長谷雄のようなこの時代を代表する文人については言えることかもしれない。しかしすでに指摘されているように、阿刀春正のような人物にとってどれほどの意義があったのであろうか。[40] それよりも大きな疑問は、朝議で派遣停止が決まったのに、それでも敢えて現職のごとく称していることである。[41] 栄誉の称号であれば例えば「前遣唐大使」でも十分であろう。このことはいかにも不審である。

　これまでは停止されたことを前提に、職名継続の意味を如何に解釈すべきかという視点から論じられてきた。しかし根本的な問題として、停止されたにもかかわらず、その職を名乗ることはまず異例というべきであり、職名を継続しているのは、その任が継続されているからと考えるのが常識であろう。そこで「停二遣唐使一」が停止ではなく延期を決めたものといった解釈がある。[42] しかし任命後わずかに一カ月余で延期を決めたというのも、停止と同様、不自然であることに変わりないのではなかろうか。たとえ永久の廃止ではなく中止であって、派遣の意思は後々まで存在したと言っても、『日本紀略』の記事による限り、派遣停止と理解せざるを得ない。すなわち日付の絶対性に疑問が生じた『日本紀略』の停止記事について、さらにその内容についても検討する必要が生ずるのである。これは停止を伝える唯一の史料であることからも当然のことであろう。

六

今回の遣唐使関係記事として『日本紀略』には、まず七月二十二日条に、

太政官牒送二在唐僧中瓘一報二書《(ママ)》上表一状。

とある。これは前掲『菅家文草』所収の①太政官牒の事書「太政官牒二在唐僧中瓘一報二上表一状」とほぼ同文で、この文書にもとづくことは間違いないであろう。次に八月二十一日条に使節任命記事、そして問題の停止記事がある。しかし当然論及があって然るべきかと思われる『菅家文草』にみえる遣唐使の進止の審議を請う上奏文については何ら触れるところがない。[43]〈国ノ大事、独リ身ノ為メノミニアラズ。且《しば》ラク款誠ヲ陳べ、伏シテ処分ヲ請フ〉と述べ、この要請を受けて停止が決まったと思われるにもかかわらず、この記事はとられていない。そして遣唐使の派遣という国家的大事業の停止が決定されたにしては、「ある日」と日付があいまいであることも不審なことである。

ところで遣唐使停止記事を含む『日本紀略』の宇多・醍醐二代もしくは朱雀三代の部分は、『日本三代実録』を継ぐべく編纂に着手されたが未定稿に終わった『新国史』及び『外記日記』等を利用していることが明らかにされている。[44] しかし宇多天皇紀以後は「編者みずから数種の書から適宜に抄出編纂したので」「そのさいに、或いは年月の数字を誤り、或いは年号を混同して、かなり記事に混乱を生じさせた恐れがある」のではないかと言われ、『日本紀略』の記事の重複や日付・干支の誤りが多いことが指摘されている。[45] 現在知られている『新国史』『外記日記』等の逸文に「其日」記事は見当らず、『日本紀略』が『新国史』等の記述を踏襲したものかどうか明らかでないが、ともかく係けるべき日付が不明であることから取られた措置で、その意味で良心的な編纂態度と言えるのかも知れない。

そこで『日本紀略』の原史料抄出の態度についてみるため、平田俊春氏の研究を参考に、まず『新国史』逸文と『日本紀略』本文との共通する六条を比較すると、おおむね忠実な抄出であるが、例えば寛平元年八月五日条

を比べると、[46]

『新国史』　＝国史云、寛平元年八月五日、官符、定二光孝天皇国忌一。同廿六日、始於二西寺一修二国忌一。

（『師光年中行事』八月廿六日国忌事所引）

『日本紀略』＝五日甲子、先皇謚曰二光孝天皇一、於二西寺一修二其斎忌一。

とある。すなわち五日に先帝光孝天皇の国忌が定められ、ついで二十六日に斎忌が修されたということであるが、これを『日本紀略』では五日にまとめて叙述している。単に記事を省略しているだけでなく、作文の箇所もあり、その係日にも誤りがあるのである。もし『日本紀略』がこの『新国史』の文を抄出したものとすれば、問題のある抄出態度と言えよう。

また『外記日記』との関係も同様で、忠実な抄出の箇所もあれば、相当に改作している部分もあり、とうてい『外記日記』を直接の史料としているとは思われない記事もある。[47] 誤った抄出の仕方の例として、寛平九年七月二十二日条を挙げると、[48]『外記日記』（『扶桑略記』裡書所引）に、

廿二日乙未、有二御卜一。先レ是、陸奥国言上、安積郡所レ産女子児、額生二一角一、角有二一目一。出羽国言二上秋田城甲冑鳴一。大極殿・豊楽殿上・左近大炊屋上鷺集事等也。

と、これより以前種々の異変があり、是日それを卜したことを伝えている。これに対し『日本紀略』では、「有御卜、先是」を省略している。これは大きな誤りと言えよう。このような抄出の態度は、一般的な傾向として

「別の文を使用して要約する例は少ない」[49]とされる六国史抄出の態度と比べると相違がある。

ともかく『日本紀略』は未定稿の感が強く、宇多天皇紀以後は、完成している六国史を抄出するのと異なり、数種の史料から数次にわたって抄出したため、重複や係年月日に誤りが生じたのであろう。

七

これまで見てきたように、『日本紀略』の遣唐使停止記事が「其日」とあいまいであること、一連の遣唐使関係記事のありかた、同書の編纂の態度、そして遣唐使の称号の継続などをあわせて考えると、遣唐使派遣停止の記事には疑問が抱かれる。特に称号の継続を重視して憶測を進めると、遣唐使の派遣停止は朝議で決定されていないのではないかと考えられる。

問題とする「其日、停二遣唐使一」という記事が、果たして『日本紀略』が材料とした『新国史』等の記事を踏襲したものかどうか不明であるが、其日・某日記事が寛平元年正月十六日条から長元二年三月二十三日条まで広い範囲にわたって見られることから考えると、『日本紀略』の編者[50]によって取られた手法とみるべきであろう。そして『日本紀略』編者が七月二十二日付太政官牒をとりながら、九月十四日付の菅原道真の上奏文をとらず、停止記事を其日としているのは、『菅家文草』にみえる九月十四日付上奏文を知らなかったことを意味するのではなく、編者は「請レ令三諸公卿、議二定遣唐使進止一状」とする上奏文――内容からいえば派遣中止の要請――を素材に、その後実際に遣唐使が派遣されなかったことから、あるいは上奏文中の「終停二入唐之人一」といった語句にひかれて「停二遣唐使一」と作り、日付はあいまいなままに、九月月末に「其日、停二遣唐使一」と置いたのではあるまいか。前述のように『日本紀略』が原史料を利用する際、必ずしも原文に忠実ではなく、文飾を加えたり作文している例が多いことを考えると、このような事情によって改作した可能性も否定できないであろう。[51] いずれにせよ、菅原道真は派遣についての検討を、中止の方向で委ねたが、結論が出されることなく、次第に沙汰やみになったというのが真相ではなかろうか。

このような憶測が認められれば、寛平の遣唐使計画に関連する古くからの疑問のうち、派遣中止決定があまりにも早過ぎるということに発する問題は、ひとまず除くことができるのではあるまいか。確かに道真が任命後まもなく派遣について検討を要請していることは不可解で、その事情は別に考えなくてはならないが、朝廷もしくは宇多天皇に当初から派遣の意思がなかったので、道真の要請を受けて直ちに停止を決定したとみなすことはできないであろう。そしてこの時任命された使節が、道真以下、いわゆる停止決定後も遣唐大使などの職名を名乗っていることも、派遣中止が決まったわけではなく、準備中であるから、当然のことであったと考えて良い。そして道真らが高官にのぼるにつれて次第に遣唐使職を名乗らなくなったのも、実施のめども立たないところから、後任を任命しないまま、解任されていったのであろう。

むすび

以上、『日本紀略』寛平六年九月三十日の条に係けられた「其日、停二遣唐使一」という記事についてみてきた。これまでゆるぎない史実とされてきた九月三十日に遣唐使が停止されたということについて、まず日付についての従来の理解に疑問があることを述べ、さらにいわゆる停止以後も使節が遣唐使の称号を名乗っていることを重視して憶測を進め、停止決定の事実はなかったのではないかとの考えを述べた。あまりにも常識・定説に大きくかかわる問題であるので、やや煩雑な考証を進めてきた次第である。『日本紀略』についての写本の調査を始め書誌的研究が不十分なまま憶測を重ねてきたが、諸賢の御批正を得ることができれば幸いである。

注

(1) 鈴木靖民「菅原道真と寛平の遣唐使」（『菅原道真と太宰府天満宮』〔吉川弘文館、一九七五年〕）・「寛平の遣唐使をめぐる基礎的考察」（『国学院大学紀要』一三、一九七五年）。のち補訂して「遣唐使の停止に関する基礎的研究」として『古代対外関係史の研究』（吉川弘文館、一九八五年）に収める。

(2) 増村宏「遣唐使の停止について」（『鹿大史学』二一、一九七三年）・「菅家文草について——遣唐使の停廃について、その一——」（『鹿児島経大論集』一六—三、一九七五年）・「遣唐使停廃の諸説——早期の諸説　遣唐使の停廃について、その二——」（『鹿大史学』二三—一九七六年）・「遣唐使停廃の諸説——後期の諸説　遣唐使の停廃について、その三——」（『鹿児島経大論集』一七、一九七六年）・「遣唐使停廃の諸説——鈴木氏の論説　遣唐使の停廃について、その四——」（『地域研究』六—一、一九七六年）等。以上いずれも『遣唐使の研究』（同朋舎、一九八九年）に収める。

(3) 拙稿「最後の遣唐使」（『海外視点　日本の歴史』四巻〔ぎょうせい、一九八七年〕）。

(4) 龍粛「寛平の遣唐使」（『平安時代』〔春秋社、一九六二年〕）、坂本太郎「菅原道真と遣唐使」（『菅公と酒』〔東京大学出版会、一九六四年〕）・『菅原道真』（吉川弘文館、一九六二年）。

(5) なお、派遣停止の具体的な日付を伝える史料には、『日本紀略』の他に、『菅家御伝記』（嘉承元年〔一一〇六〕菅原陳経撰）がある。『群書類従』巻二十（続群書類従完成会版・第二輯）所収本によると、「同七年五月十五日、勅止二遣唐使進一。」とあり、寛平七年五月十五日に停止されたという。この記事に基づいて遣唐使の派遣停止をこの日に求める説もある（例えば佐伯有清『最後の遣唐使』〔講談社、一九七八年〕一九二頁）。この記事は『扶桑略記』同日条に「止二唐使入朝一。」（『大日本史料』は止字にイナシと傍注する※）とある記事もしくは共通する史料に基づいて文をなしたものであろう。『扶桑略記』の唐使を文字通りに唐の使者とする意見もあるが（増村宏前掲書）、鈴木靖民氏（前掲論文）が詳しく考証されているように、実際には前年末に来日した渤海使の入京を伝えるもので、『扶桑略記』ではこの前後の渤海使を唐使として表記しているのである。したがって『菅家御伝記』の記事を遣唐使停止問題に関連する史料とすることはできず、遣唐使の派遣停止を決めた日付を伝える史料は『日本紀略』の記事が唯一ということになる。

※ちなみに、塙史料と称される塙保己一編『宇多天皇事紀』第九冊（東京大学史料編纂所蔵、架号二〇四〇、三―八）寛平七年五月十五日条には、

「十五日、辛未、唐使入朝事
扶桑略記云、五月十五日、唐使入朝」

とみえる。

（6）『日本紀略』の引用は「新訂増補国史大系」本（前篇・後篇、一九二九年。以下、国史大系本と略す）による。但し本条は宇多天皇紀の底本の宮内庁書陵部所蔵久邇宮家旧蔵本（架号　五五三函六号、三一冊。以下、久本と略す。）の体裁にならい、国史大系本の、◎○等の記号は省いた（他も同じ）。なお宇多天皇紀が久本のみに存するものであることは、国史大系本凡例や『図書寮典籍解題』歴史編（養徳社、一九五〇年）三〇～三一頁等に述べられている。

（7）国史大系本頭注参照。なお本稿では『日本紀略』諸本の間で其字と某字とに異同がみられることを理解されればよいので、写本の網羅的な調査は行なっていない。そして異同の一般的な傾向は国史大系本頭注によってうかがうことができるので、其日・某日記事の所在一覧表を掲げる（一〇二頁）に止め、校異表の掲示は省略する。なお、本稿では、左記の諸本と異同を注記する。

〔宮内庁書陵部〕
①五五三函　六号　三十一冊　写本（久本）
②谷　函一九五号　九冊　写本（谷本）
〔内閣文庫〕
①一三七函一八一号　十冊　写本
②一三七函一八二号　五冊　写本
③一三七函一八八号　十二冊　写本

④特五六函　二号　十八冊　写本
〔尊経閣文庫〕
①二一二六　一冊　写本
②二一三外　五冊　写本

(8) 例えば、『日本国語大辞典』第12巻（小学館、一九七四年）その【其】の項には、「⑤不定の人や事物をさし示す。どういう。どんな。」「⑥わざと名をはっきり表さないで、人や事物を示す。なになにの。」という説明と、『枕草子』以下の出典が記されている。他の古語辞典類にも同様の説明がみられる。

(9) 「日本古典全集」第四冊（日本古典全集刊行会、一九三〇年）五九丁オ。

(10) 「某」字を「ソレ」と読んでいる例は、例えば、石山寺一切経蔵本『大唐西域記』巻四（長寛元年〔一一六三〕頃訓点）に、「今在某《ソレ》山、蔵於某《ソレ》嶺」とみえる（中田祝夫『古点本の国語学的研究』訳語篇〔講談社、一九五八年〕五九二〜五九三頁）。

(11) 仁井田陞『唐令拾遺』（東京大学出版会、一九三三年）儀制令復旧第十九条、参照。『大唐開元礼』『大唐六典』等から復元されている。

(12) 公式令参照。また令本文だけでなく、九世紀に付された『令義解』の文にも、例えば、軍防令申勲簿条に、「其国其団隊正姓名之部伍其人之類」とみえる。なお、日本令に其字を用いることが令制定当時からのものか、それとももともとは某字とあったものが、後に転写などを重ねるうちに其字になったものか、其字の用法を考える上で興味ある問題である。

(13) 「日本思想大系」第三巻『律令』（岩波書店、一九七六年）三八五〜三八六頁。同本の訓読文作成の方針は、「底本の訓点にできるだけ従うとともに、十一世紀〜十二世紀の漢籍訓読としての共時的統一にも留意した。」（八三八頁）とある。

(14) 例えば、延喜元年八月十九日条以下に、「十九日戊戌、被レ告二申開元之由於諸社一。其〔某イ〕日、左大臣等上二延喜格十巻一。廿三日、太上法皇於二仁和寺一、限二四箇日一、開二法華八講一。」とある（なお、久本などでは十九日条の次に十五日条があり、日付に混乱がみられる）。十九日其日の記事は延喜格の完成を考える上で重要な史料の一つであるが、月の途中で十九日の条にかけられているにもかかわらず、坂本太郎氏は八月某日と理解されている

（「延喜格撰進施行の年時について」〔『日本古代史の基礎的研究』下、東京大学出版会、一九六四年〕）。但し同氏は「某日、印本其日に作る。今宮﨑文庫本に従う」と注されており、其日と某日とでは意味が違うと解されているようにも思われる。また、寛平九年十一月条に「廿三日、天皇遷二御本宮一。其日(某イ)、典侍従三位上毛野朝臣滋子薨。廿四日乙未、仁明天皇々女三品新子内親王薨。」とみえる上毛野滋子の死去について、『群馬県史』では「寛平九年十一月其日」云々と引用されている（資料編4　原始古代4・五〇五頁〔一九八五年〕）。

(15) 久本・谷本、其日に作る。

(16) 山崎知雄校訂本の内容は醍醐天皇紀以後で、国史大系本後篇の底本に利用されている。

(17) 「群書類従」巻四十四（続群書類従完成会版・第四輯）所収。

(18) 国史大系本の寛平元年正月条に「正月十六日戊申、於二東宮一有二踏歌一。申剋、天皇御二南殿一。今日、除目。廿一日、内宴。（下略）」とあるが、頭注に「廿一日、原作二其日一、拠レ例改」とあるように、底本（久本）では「其日」とあるのを「廿一日」に改めている。しかし内宴の式日は二十一日に固定しているわけではなく（『古事類苑』歳時部内宴の項、参照）、行き過ぎた校訂といわざるを得ないであろう。この例も「其日」記事の例に数えてある。

(19) 前注（6）参照。

(20) 前注（7）に触れたように、国史大系本頭注でもある程度推測が可能であるので、校異の一覧表の掲示は省略する。

(21) 諸本全て其字に作る。

(22) 『親信卿記』同日条に、「二月廿日、夜先帝(村上)女十(選子)親王参入。内大臣同輦(女脱カ)参入、候二麗景殿一。」とあり、『大日本史料』第一編之十四（一九六五年刊）では、二十日条にかけて、「入内ノ日、日本紀略・大鏡裏書、二十九日ニ作ル、今親信卿記ニ拠リテ掲書ス、」と按文を付している。

(23) 内閣②③本等、其字に作る。

(24) 師明親王出家のことは、『小右記』寛仁三年三月二十五日条に、「皇后宮令二出家一云々、（中略）復日御出家如何、去年八月廿九日戊午、四(師明)宮出家、彼日復日、最可レ被二忌避一歟。」とみえる。『大日本史料』第二編之十四（一九六三年刊）同日条、参照。

(25) この他、其日が別の日と理解される例をあげると、

(イ)延喜元年八月十五日条

十五日、覧二童相撲一。其《〔某イ〕》日、陽勝仙人飛行。十九日戊戌、（下略）

※其字、国史大系本所引宮本、某字に作る。

『扶桑略記』は同月とする。もともと伝承であり、確たる日付ではないであろう。『大日本史料』第一編之三（一九二五年刊）延喜元年年末雑載仏寺条参照。

(ロ)延喜十年九月九日条（月末）

九日、依二諸国旱損一、止二重陽宴一。今日、烏咋二時抗一。某《〔其イ〕》日、太上《（宇多）》法皇登二天台山一、於二座主増命房一受二灌頂一。（下略）

※某字、久本・内閣②③本等、其に作る。

『扶桑略記』『日本高僧伝要文抄』所収静観僧正伝等は、九月二十五日に作り、『大日本史料』もこれに従っている。

なお、(ロ)は宇多上皇が延暦寺において天台座主から灌頂を受けたという記事であるが、宇多天皇紀にも「延喜十年九月日、法皇登二天台山一」云々と記されている。但し、国史大系本の頭注にあるように、「九」字は醍醐天皇紀から補っており、底本（久本）には「延喜十年月日」となっている。そして醍醐天皇紀の記事は、九月ではあるが延喜十年の最末の記事なのである。これを宇多天皇紀で「延喜十年月日」としていることは、すなわち『日本紀略』の編者自身がこの記事を九月の記事とみなしていず、この年のこととみていることを示していると考えてよいであろう。

(26) 諸本は某字に作る。

(27) 土田直鎮「賀茂斎院記」（『群書解題』第五〔続群書類従完成会、一九七六年再版〕所収）参照。

(28) 斎院は、その父母の死（父の場合今上・上皇を問わず）によって退下するのが原則であった（堀口悟「斎院交替制と平安朝後期文芸作品」〔『古代文化』三一—一〇、一九七九年〕）。韶子内親王の例の他に父母の喪に伴う退下記事を『日本紀略』に求めると三例ある。

(イ)恭子内親王（延喜十五年）

四月三十日条―更衣従五位上藤原朝臣鮮子卒。伊与介連永女。賀茂斎院恭子内親王之母也。
五月　四日条―賀茂斎院恭子内親王依二母喪一出二本院一、遷二坐葛井宮一。
(ロ)尊子内親王（天延三年）
四月　三日条―前女御従三位藤原懐子薨。年四十。皇太子（師貞親王）幷斎院母也。仍斎院退二出東院一。
(ハ)馨子内親王（長元九年）
四月十七日条―戌刻、天皇落餝。崩二于清涼殿一。（中略）今日、譲二位於皇太弟（敦良親王）一。（中略）賀茂斎院出二本家一、坐二近隣人宅一。

さて、三例のうち、(ロ)(ハ)はあたかも即日退下のごとき書き方である。しかし(ハ)の例では、『左経記』（『増補史料大成』本による）に詳しい記事がある。それによると、同年四月十七日条に「天皇崩二於昼御帳一」云々とあり、ついで十九日条に、葬送関係雑事が定められたことに関連して、「又此次被レ定二関白詔幷賀茂祭停止・斎宮帰京・斎院他所等一」とある。実際の斎院退下がこれより後日であることは言うまでもないであろう。したがって、恭子のように、父母の死から数日後に退下するのが通例で、(ロ)には〈仍ッテ〉とあるが、これも同様に理解すべきであろう。このようにみてくると、問題とする韶子退下記事も、退下の正確な日が不明であるため、父醍醐上皇没の記事に便宜合叙したものであることが了解されるであろう。

(29) 国史大系本所引宮本・久本・谷本・内閣②③・尊経閣①②の本等、某に作る。

(30) 柿村重松氏は「惟れ十一月朔旦冬至にあひし、めでたき此の月の吉日に」云々（『本朝文粋註釈』下冊〈内外出版、一九二二年〉七三一頁）とされるが、『日本紀略』の記事による解釈であろう。

(31) 渤海使裴璆の伯耆到着が報じられたのが正月八日、入京は五月のことである。したがって六月に「渤海使裴璆来朝」とするのは不審で、あるいは鴻臚館における餞別の宴の説明のために付された語で、後の「某日」は『日本紀略』の誤りか、衍字と考えられる。ちなみに、『日本紀略』のこの時の渤海使関係記事には混乱がみられる。

(32) この他、其日（某日）が是日と理解されている例をあげると、
(イ)延喜七年九月十一日条
十日甲申、法皇召二文人一、賦二眺望九詠之詩一。十一日乙酉、伊勢奉幣。（中略）其日、天皇幸二大堰河一。卅日甲辰、法皇賦下遊二残菊花下一詩上。

(ロ)寛弘八年四月二十七日条（月末）

廿七年庚午、任二僧綱一。（中略）其日、密宴、題云、早夏即時。

(ハ)治安二年十二月二十五日条（月末）

廿五日庚申、遣二荷前使一。某〔其イ〕日、前女御従二位藤原尊子薨。（下略）

※某字、国史大系本所引神本・内閣③本等、其字に作る。

以上の三例をみると、

(イ)は、『古今著聞集』巻十四で昌泰元年九月十一日とされている他、延長四年十月十九日説など諸説ある（『大日本史料』第一編之三　九月十日条参照）。

(ロ)は、『大日本史料』は二十七日にかけるが、詩題の早夏すなわち初夏によって、四月月末においた可能性が高い。

(ハ)について、山崎知雄は「某、伴本考異作レ其、宜レ従。尊子薨日、大鏡裡書又係二廿五日一」と注し、『大日本史料』も二十五日に係ける。つまり、『大鏡裏書』が二十五日としていることを論拠に、某日を其日に改めるべきことを述べている。『大鏡裏書』には数種の伝本があるが、流布している中では、『群書類従』巻四百四十九（続群書類従完成会版・第二十五輯）所収本が質量ともにすぐれており、山崎知雄が利用したのも同本と思われる（山崎知雄は塙保己一の弟子）。同本は現存『大鏡』の最善本と称される東松本を写したもので、東松本『大鏡』の裏書は、鎌倉時代に先行の裏書を参考に増補されたものであることが明らかにされている。そして問題の個所はその増補の部分に入っている。東松本（東京大学史料編纂所架蔵写真帳　架号六一四〇、三―一）第四冊、道兼の項裏書に、

女御尊子事　一条院女御　暗戸屋

（中略）治安二年〇十二月廿五日卒。年卅九。

とある。「十二月廿」は書き入れで、明らかに別筆であり、後筆とみられる。したがってこれはもともと脱けていたものを、後に『日本紀略』の記事に基づいて注記した可能性があり、同書をもって傍証とすることはできないであろう。なお、『大鏡裏書』については、山岸徳平・太田晶二郎「東松了枩氏蔵大鏡解説」（貴重古典籍刊行

会、一九五三年）及び保坂弘司『大鏡新考　総論及び索引篇』（学燈社、一九七四年）等、参照。
（33）久本・内閣④本等、其に作る。
（34）この他、その月に其日・某日記事のみの例には、一〇二頁一覧表の40・42・54番等がある。なお42番（久本、其日に作る）は藤原純友の乱に関する基本史料の一つで、その解釈をめぐって論議がある（下向井龍彦「『藤原純友の乱』再検討のための一史料」〔『日本歴史』四九五、一九八九年〕参照）。
（35）内閣②本、其字に作る。
（36）『大日本史料』第一編之二（一九三〇年刊）長徳三年四月五日条、参照。
（37）写本によって相違はあるが、おおむね村上天皇紀頃までは日ごとに改行され、また其日・某日も改行されている。この形式からも、『日本紀略』が複数の資料から記事を抜き出し、後に配列していった様子、そしてそのために日付が前後したりしている事情を推測することができる。
（38）坂本太郎「延喜格撰進施行の年時について」（前掲）。また同『六国史』（吉川弘文館、一九七〇年）、目崎徳衛「阿衡問題の周辺」（『新訂増補国史大系　月報』二一、一九六五年）等、参照。
（39）龍肅・鈴木靖民前掲論文参照。
（40）鈴木靖民前掲論文参照。
（41）坂本太郎氏は、この点について、陸奥・出羽に行ったこともなくて陸奥出羽按察使に、弓馬の道も知らずに近衛大将に任じられる例をあげて、当時の情勢ではありうることと説明されている（前注（4）所掲論著）。しかし明白に停止されたものと同日に論ずることはできないであろう。
（42）雨塔「菅公の遣唐使廃止の建議に就て」（『歴史地理』五―三、一九〇三年）、増村宏前掲書五一五頁、佐藤由美「遣唐使制度の廃止について」（『駒沢史学』二五、一九七八年）七〇頁。
（43）もちろん『日本紀略』の編者が『菅家文草』そのものを見たか見ないかということを問題にしているのではない。
（44）『日本紀略』と『新国史』及び『外記日記』との関係についての研究は、平田俊春『私撰国史の批判的研究』（国書刊行会、一九八二年）、木本好信「『外記日記』と『日本紀略』との関連について」正続一～三（『史聚』七～一〇、一九七七～七九年）参照。両氏ともに逸文と比較して、『日本紀略』の史料として『新国史』及び『外記日記』が利用されたことを論証されている。しかし下文にも触れたように、直接両書からとったとは考えられないほどに相違する記事が多いことも注意される。

(45) 以上、坂本太郎「延喜格撰進施行の年時について」(前掲)。この他、目崎徳衛前掲論文参照。

(46) 平田俊春前掲書、五二頁。

(47) 例えば、天慶八年八月十三日条を比べると(木本好信前掲論文(続一)三九頁、平田俊春前掲書五八頁。)、『外記日記』=今日令レ退二伊勢斎女王一、使二中臣権少副大中臣頼基一発二向太神宮一。(下略)
『日本紀略』=遣二使於伊勢大神宮一、告下斎王徽子依二母喪一退出之由上。
とあり、『外記日記』にみえない退下の理由などを記している。

(48) 平田俊春前掲書五八頁。この記事は『外記日記』『日本紀略』ともに内容はほぼ同じでありながら、『日本紀略』は最初に豊楽殿のことを記しており、順序が一致しない。両者は直接の引用関係でなく、共通の資料を利用したのかも知れないが、あるいは、『日本紀略』編者の見識により、京都のできごとをまず掲げたものかとも思われる。

(49) 柳宏吉「『日本紀略』の対外関係記事抄録について」(『史学論集　対外関係と政治文化』第一(吉川弘文館、一九七四年))。但し一方では「抄出が不完全である上に、間々国史にない字句を加えたり、字句を改めたりした場合もある」(坂本太郎『六国史』(前掲)三五三頁)ことが指摘されている。

(50) 『日本紀略』の編者については、全く不明で、一人なのか複数なのかも明らかでない(平田俊春前掲書、第一篇第一章、参照)。あるいは、特徴的な其日記事のありかたから、後編については単独の編者と推定することが可能かも知れないが、今後の検討課題としたい。

(51) 似たような例に、次のようなものがある。『日本紀略』延喜元年十一月十九日条に「十九日丁卯、依二内裏穢一、停二新嘗会一。」とある。しかし『政事要略』巻二十六　十一月中卯新嘗祭事の「内裏有レ穢、行二新嘗会一例」に、「延喜元・三・七年」とあり、また『北山抄』巻二　年中要抄下　六月十一日神今食に、「高橋・伴両氏之中、以二一人一、令レ供二奉安曇氏代一例延喜元年十一月新嘗会。」とみえる(『大日本史料』第一編之三同日条、参照)。後の二書により、内裏に穢が出来しても新嘗会を行なったものとみて間違いない。事情は明らかでないが、『日本紀略』が抄出の時に誤ったか、あるいは一部の行事が停止になったことを述べた史料を拡大解釈したものであろうか。

7 寛平六年の遣唐使計画について

はじめに

島国日本の歴史において、海外情報が内政に大きな影響を与えた例には事欠かない。最後の遣唐使計画、すなわち寛平六年（八九四）の遣唐使計画はその代表的な例である。この計画には在唐日本人留学僧や来日唐海商によってもたらされた唐情報が深く関わっており、日本の朝廷がその情報にどう対応したか、いわば情報処理といった面からも興味深い問題を有している。一方その経緯が不可解であることもよく知られている。同年八月に菅原道真らが遣唐使に任命されたが、翌九月には大使道真が派遣について再検討を要請し、同月末に「停止」が決定したという。この余りにも短期間に派遣から中止へと方針が変化したことをめぐってさまざまな見解が示されてきた。筆者はかつてこの問題における定点の一つとなっている、『日本紀略』寛平六年九月三十日条の「其日、停遣唐使」という唯一の停止記事に疑問を呈し、この記事には論拠とすべき史料価値はないことを述べた。その時は『日本紀略』の停止記事のみを問題としたため、寛平度遣唐使の他の問題について触れることはなかった。そこで本論ではいずれも菅原道真の起草になる二つの基本史料、寛平六年七月二十二日付け太政官牒（以下、官牒と称す）と道真の建議として知られている同年九月十四日付け菅原道真奏状（以下、奏状と称す）について考察を加えることにしたい。[1] なお本論において参考とする先行研究については注（1）にまとめて示した。また史料や諸氏の説を引用する際、中略は……、筆者が補足した文章は〔　〕で示した。

一　寛平六年の遣唐使に関する基本史料

まず寛平六年の遣唐使に関する基本史料を年月日順に示すと次の如くである。[2]【史料1】の官牒と【史料7】の奏状については、特に検討を要するため、便宜上私案に基づいて段落ごとに改行し、番号を付した。

【史料1】寛平六年七月二十二日付け中瓘宛太政官返牒（『菅家文草』巻十・牒状）

奉レ勅為二太政官一報二在唐僧中瓘一牒

太政官牒在唐僧中瓘　報二上表一状

①牒、奉レ勅、省二中瓘表一悉之。久阻二兵乱一、今稍安和。一書数行、先憂後喜。脳源茶等、准レ状領受。誠之為レ深、溟海如レ浅。

②来状云、温州刺史朱褒、特発二人信一、遠投二東国一。

③波浪眇焉、雖レ感二宿懐一、稽二之旧典一、奈二容納一如。不二敢固疑一。

④中瓘消息、事理所レ至、欲レ罷不レ能。

⑤如レ聞、商人説二大唐事一之次、多云、賊寇以来十有余年、朱褒独全二所部一。天子特愛二忠勤一。事之髣髴

也。雖レ得二由緒於風聞一、苟為二人君一者、孰不レ傾レ耳以悦レ之。
⑥儀制有レ限、言申志屈。迎送之中、披二陳旨趣一。
⑦又頃年頻災、資具難レ備。而朝議已定、欲レ発二使者一。弁整之間、或延二年月一。大官有レ問、得レ意叙レ之者。
⑧准レ勅牒送。宜レ知二此意一。沙金一百五十小両、以賜二中瓘一。旅庵衣鉢、適支分銖。故牒。
寛平六年七月廿二日　　左大史云々
〔校注〕①の「脳源茶」については一四〇頁を参照。

【史料2】『日本紀略』寛平六年八月二十一日条
以二参議左大弁菅原朝臣一為二遣唐使一、左少弁紀朝臣長谷雄為二副使一。

【史料3】『扶桑略記』寛平六年八月二十一日条
遣唐大使参議左大弁兼勘解由長官菅原―五十一、遣唐副使紀長谷雄四十九。

【史料4】『菅家御伝記』
同（寛平）六年八月廿一日為二遣唐大使一。副使従五位上守右少弁兼行式部少輔文章博士紀朝臣長谷雄。

【史料5】『公卿補任』寛平七年条
参議従四位下源昇卅（四十イ）七、……同（寛平）六八―兼二遣唐装束使一。

【史料6】『古今和歌集』巻十八　雑歌下

寛平御時に、もろこしのはう官にめされて侍ける時に、東宮のさふらひにて、をのこともさけたうへけるついてによみ侍ける　　藤原たゝふさ

なよ竹のよなかき上に初霜のおきゐてものをおもふ比哉。

【史料7】寛平六年九月十四日付け菅原道真奏状（『菅家文草』巻九・奏状）

請レ令三諸公卿議二定遣唐使進止一状

①右臣某、謹案下在唐僧中瓘去年三月附二商客王訥等一所レ到之録記上、大唐彫弊、載之具矣。更告二不朝之問一、終停二入唐之人一。

②中瓘雖二区々之旅〔施イ〕僧一、為二聖朝一盡二其誠一。代馬越鳥、豈非二習性一。

③臣等伏検二旧記一、度々使等、或有二渡海不レ堪レ命者一、或有二遭レ賊遂亡レ身者一。唯未レ見下至レ唐有中難阻飢寒之悲上。如三中瓘所二申報一、未然之事、推而可レ知。

④臣等伏願、以二中瓘録記之状一、遍下二公卿・博士一、詳被レ定二其可否一。

⑤国之大事、不二独為レ身。且陳二款誠一、伏請二処分一。謹言。

寛平六年九月十四日　大使参議勘解由次官従四位下兼守左大弁行式部権大輔春宮亮菅原朝臣某

〔校注〕②の「旅」を「旋」につくる写本もある。官牒⑧に「旅庵」といった語が用いられているので、「旅」でよいと考える。

【史料8】『菅家御伝記』

同〔寛平〕六年九月十四日上レ状、請レ令三諸公卿議二定遣唐使進止一。

【史料9】『日本紀略』寛平六年九月三十日条

卅日己丑、大宰府飛駅使来、言下上打二殺新羅賊廿人一之由上。賜二勅符於彼国一令二警固一。是日、授二対馬嶋上県郡正五位上和多都美名神・下県郡正五位上平名神並従四位下、正四位下多久豆名神正四位上、従五位上小坂宿禰名神正五位下、正六位上石剣名神従五位下一。其日、停二遣唐使一。

二　計画の経過と問題点

1　計画の経過

基本史料に基づき、おおまかな計画の経過を記すと次の如くである。

七月二十二日―唐の情報を伝えてきた在唐僧中瓘への太政官牒において、遣唐使の派遣は朝議で決まったが、災害が続いているので実施はやや遅れるかも知れない、と述べる。

八月二十一日―遣唐使を任命する。大使菅原道真、副使紀長谷雄、判官藤原忠房、録事阿刀春正ら。また源昇を遣唐装束使に任命する。

九月　十四日―遣唐大使菅原道真、航海の危険や唐到着後の治安に対する不安などをあげて、遣唐使の進止について公卿・博士らの審議を要請する。

九月　三十日―遣唐使の派遣を停止する。

温州刺史朱褒の日本への使者派遣情報をはじめ、唐の情勢を伝えてきた在唐日本人僧中瓘は、入唐の時期は不明であるが、元慶五年（八八一）には真如（高岳親王）が唐から天竺に向かう途中に羅越国で死去したとの情報を伝え（『日本三代実録』同年十月十三日条）、また延喜九年（九〇九）には唐滅亡後の中国情勢を伝えてきている（『扶桑略記』裡書同年二月十七日条）。帰国の有無は不明であるが、在唐中、随時日本に唐情報を送ってきたことが知られている。

2　問題点

使節に任命された道真らが、任命の約二〇日後に遣唐使派遣について審議を要請し、そのわずか一六日後に中止が決定されたというのは、いかにも不可解である。そしてそれだけでなく、停止決定以降も道真らは遣唐使の職名を名乗っているのである。大使道真は寛平九年（八九七）六月の任権大納言まで、副使長谷雄は延喜二年（九〇二）正月の任参議まで、それぞれ大使・副使の称号を有していたとみられ、録事阿刀春正は昌泰元年（八九八）の文書に遣唐録事と署名している。こういった経過から、朝廷には当初から派遣の意思はなく、道真の再検討要請も、すみやかな停止決定も予定の筋書である。さらに停止以後も道真らが遣唐大使等の職名を名乗っていることは、道真らが文人としての名誉を得るために企てたもの、また文化国家としての体面維持のための、机上の計画であった、といった意見が出されているほどである。

この他にも諸説ある。しかしながら、遣唐装束使まで任命しているのであるから、当初から実行を予定しない計画とは言えない。それでもさまざまな意見が出されているのは、要するに任命から停止決定までが短期間で、あまりにも不自然であることによる。したがって、この不可解な経緯を考える上で、『菅家文草』所収の二史料と共に、派遣停止を伝える唯一の史料である[3]【史料9】『日本紀略』の記事も極めて重要な意味をもっているはずであるが、全くと言ってよいほど注意が払われていなかった。わずかに本文は「停遣唐使」とあるだけであるので、検討のしようがなく、注意されないこともやむを得ないことであった。筆者は前稿aで、この記事の掛けられている「其日」とは「是日」ではなく「某日」の意味で、九月三十日に停止が決定されたわけではないことを指摘し、さらに奏状に対する結論は出されないままに、肝心の唐が滅亡してしまったという趣旨を述べた。これにより、再検討の要請から停止決定までがあまりにも近いとする不可解の要点の一つは解消されたと思われる。この点についての詳細はあらためて下文（一六二～一六三頁）で触れることとして、ここでは経緯を伝える官牒と奏状について検討を加えることにしたい。いずれも今回の遣唐使を考える上で重要な史料であるが、さまざまな解釈が行われている。それはたとえば、中瓘情報の内容について、鈴木靖民氏が「中瓘の報告はむしろ〔遣唐〕使派遣を停止すべき旨をのべて」いる（二九九頁）とするのに対し、森公章氏は「中瓘は遣唐使派遣に反対しているのではなく、むしろ朱褒の立場に立って日本からの遣唐使到来を実現しようとしている」（b二四六頁）としている。同じ史料に基づきながら、全く正反対の解釈がとられているところに、二つの史料の難解さが端的に示されている。

三　官牒・奏状に関する諸説

官牒と奏状はいずれも道真が起草したものであるが、一見してその内容が正反対――官牒は派遣推進、奏状は中止要請――であることから、解釈をめぐって古くより議論がある。それら諸説についてはすでに増村宏・鈴木靖氏の両氏が詳しく紹介されているので両氏の論文にゆずることとし、本論では、この問題を正面から取り上げた研究を主に取り上げて、検討を加えることにしたい。その際、これまでの理解には微妙な違いがあるので、できるだけ丁寧な紹介に努める。理解の相違は当然のことながら史料の読み方の違いに表れている。そこで既往諸説の中で、読み下し文が示されているものをあげることから始めることにしたい。なお論点となるところに限って示すこととし（傍線は石井）、官牒の①⑤については特に問題はないので省略する。また奏状では①のみを示す。

1　官牒の読み下し

○森克己氏「②来状に云ふ、温州刺史朱褒、特に人信を発して、遠く東国に投ずと。③波浪は渺焉たり。宿懐を感ずと雖も、之を旧典に稽ふるに、容納を奈何せん。敢て固疑せず。④中瓘の消息、事理至る所、罷めんと欲するも能はず。……⑥儀制限りあり、言申びて志屈す。迎送之中、旨趣を披陳せん。」（一九七頁）

○龍　粛氏「②来状に云く、温州刺史朱褒、特に人信を発し、遠く東国に投ず、③波浪渺焉、宿懐を感ずと雖も、これを旧典に稽ふるに、容納いかん。敢へて固疑せずと、④中瓘の消息、事理の至るところ、罷めんと欲して能はず、……⑥儀制限あり、言申び志屈す。迎送の中、旨趣を披陳す。」（四六頁）

○長島健氏「②来状に云く、温州刺史朱褒特に人信を発して、遠く東国に投ぜんと。③波浪は眇焉たり。宿懐に感ずと雖も、これを旧典に稽ふるに容納をいかにせん。敢て固疑せず。④中瓘の消息、事理至る所、罷めんと欲するも能はず。……⑥儀制限りあり、言申べて志屈す。迎送の中、旨趣を披陳せん。」（三五頁）

○鈴木靖民氏「②来状に云ふ。温州刺史朱褒、特に人信を発し、遠く東国に投ず。③波浪眇(渺)焉として、宿懐を感ずと雖も、これを旧典に稽ふるに、容納をいかんせん。敢へて固くは疑はず、①中瓘の消息、事理至る所、罷めんと欲するも能はず。……⑥儀制限あり、言申ぶれども志屈す。迎送の中、旨趣を披陳す。」（二九

八〜二九九頁）

○山尾幸久氏「②来れる状にいわく、『温州刺史の朱褒、特に人信を発し、遠く東国に投ず。③波浪眇焉たり。宿懐に感ずと雖も、これを旧典に稽うるに、いかにぞ容納するか。敢えて固くは疑わざるか』と。④中瓘の消息事の理は至れるも、罷めんと欲うも能わず。……⑥儀制には限りありて言中ぶれども志を屈す。迎送の中に旨趣を披陳せり。」（二三三頁）

○保立道久氏「②来状にいわく、「温州刺史朱褒、特に人信を発し、遠く東国に投ぜんとすと。③波浪は眇焉たり。宿懐に感ずと雖も、これを旧典に稽ふるに、容納を奈何せん。敢えて固疑せざらんか」と。④中瓘の消息、事の理の至るところにして、罷めんと欲するもあたわず。……⑥儀制限りあり、言申べて志屈す。迎送の中、旨趣を披陳せん。」（二一六〜二一七頁）

○森公章氏「②来状に云く、「温州刺史朱褒、とくに人信を発して遠く東国に投ず。③波浪渺なり、宿懐に感ずと雖も、これを旧典に稽ふるに、容納すること奈何。敢へて固疑せざれ」と。④中瓘の消息、事理の至る所、罷めんと欲するも能はず。……⑥儀制限り有り、言申志屈せば、迎送の中、旨趣を披陳せよ。」（b二四三頁）

2　奏状の読み下し（①の一部）

○森克己氏「大唐の凋弊、載せて具さなり矣。更に不朝の問を告げ、終に入唐の人を停む。」（一九六頁）

○貫達人氏「大唐の凋弊、これを載すること具なり、更に朝せざるの問ありしことを告げ、終に入唐の人を停めむと。」（四四頁）

○龍　粛氏「大唐の凋弊これを載せて具なり矣、更に不朝の問を告げ、終に入唐の人を停む、」（四四頁）

○弥永貞三氏「「大唐の凋弊、」これを載すること具なり。更に「朝せざるの問ありしことを告げ終に入唐の人を停めん」と。」（九二頁）

○長島健氏「大唐の凋弊これを載すること具さなり。更に不朝の問を告げ、終に入唐の人を停めんと。」（三二頁）

○鈴木靖民氏「大唐の彫弊これを載すること具なり。更に不朝の問を告げ、終に入唐の人を停むと。」（二九八頁）

○山尾幸久氏「大唐の凋弊、これを載すこと具なり。更に朝せざるの問を告げ、終には入唐の人を停めんという。」（二三四頁）

○保立道久氏「大唐の彫弊、これを載すること具なり。更に不朝の問〔聞カ〕を告げ、終には入唐の人を停めよと。」（二一八頁）

○森公章氏「大唐の凋弊、之に載せること具なり。更に不朝の問を告ぐるも、終には入唐の人を停めたり、と。」（b二四四頁）

四　官牒・奏状理解のための留意点

以上のように読み下し文はそれぞれに異なり、したがってその解釈もまたさまざまであることが知られるであろう。それだけ難解な史料であることを示しているのであるが、両史料の検討に際して留意すべきことがある。まず、官牒と奏状の性格の違いを考慮しなければならないことである。官牒と奏状とは密接に関連するものであり、いずれも菅原道真によって起草されているところから、根は一つと思いがちである。そこで派遣と中止、正反対の内容であることは一体どうしたことかと混乱を招くのであるが、両者の書かれた背景に根本的な違いがある。増村氏は、「第一文書〔官牒〕と第二文書〔奏状〕は、その性質が相違するものであり、従ってその書き振りも違っている。」（a一一頁）、あるいは「両文書の性格の相違について心得ておかなければならない」とし、その違いを対外的性格と国内文書という二つの性格とされている（b四二三～四二四頁）。筆者も同じく性格の違いをみるのであるが、増村氏とは異なり、派遣推進の立場と派遣中止の立場という見方である。すなわち、官牒は勅旨を受けた朝廷の見解として遣唐使派遣を前提に全体が記述されている。これに対して奏状は大使道真が遣唐使を代表して事実上派遣の中止を求めての再検討要請である。官牒（派遣）と奏状（中止）には執筆の背景や動機に大きな違いがあるのである。これまでの研究は、こうした立場の違いを十分に考慮していないように思われる。すなわち同じく在唐僧中瓘の情報に基づきながらも、派遣と中止、それぞれの立場から中瓘情報を分析し、評価した結果が文面に反映しているということである。起草者が同一人物であっても立場が異なれば、内容も異なることは言うまでもない。同一の参考資料に基づきながらも、立場によってその解釈や評価が両極に分かれることはふつうにみられることである。たとえて言えば、灰色を白に近いとみるか、黒に近いとみるか、あるいは五〇パーセントを多いとみるか、少ないとみるか、それぞれの立場によって評価が異なるということと同様である。

もう一つは、官牒・奏状に中瓘の情報が記されているが、それらは中瓘文書の忠実な引用ではなく、取意文の可能性が高いことである。つまり今我々が目にしている中瓘情報は、中瓘の記述そのままではなく、前述のそれぞれの立場から中瓘情報を分析・評価した結果を、自分たちの主張に都合の良い表現を用いたり、都合良く要約している可能性がある。増村氏は、「当時の中国情勢を考察し、また遣唐使停止の事情を理解するときに、注意しなければならないのは、次の事柄である。「久阻兵乱、今稍安和」の文言はおそらく中瓘の文字であろうが、それらとても、また「大唐凋弊」「更告不朝之問」「終停入唐之人」などは、中瓘の文章の「載之具矣」うちから、道真が簡潔に要約したものである。」(a一一頁)と指摘されている。たとえば「来状云」とあたかも原文の引用の如く記されていても、はたして中瓘文書の原文のままであるかどうかは定かでないということである。

そもそも中瓘はどのような情報を伝えてきたのであろうか。奏状①には「大唐彫弊、載之具矣」とあり、中瓘が唐の情勢について詳しく伝えてきたことは間違いない。およそ一〇年に及んだ黄巣の乱はようやく八八四年に平定されたが、唐はすでに末期的な状況を迎え、藩鎮が地方政権化して、大陸全体は未だその余塵の中にあり、混迷の度を一層増している。中瓘はそうした情勢を伝えてきたのであろう。しかし同じ情報でも立場が違えば受け取り方も異なる。派遣を進める官牒の①には「久阻兵乱、今稍安和」とある。「稍」は微妙なニュアンスを内包する語で、ここでは、やや・少し、あるいは徐々にといった意味で用いられていると理解してよいであろう。全くの平和を取り戻したわけではないが、「彫弊」しているだけではない。遣唐使派遣を積極的に進めようとする立場からすれば、賊乱が平定されて徐々に平和を取り戻していると受け止め、遣唐使派遣は可能と判断したことを示している。一方中止を求める奏状は官牒にみえる「安和」情報に触れず、③〈未然の事、推して知るべし〉と兵乱の余波で国内情勢が危険であることを強調するのは当然であり、危険な情勢を伝えてきた中瓘の行為を代の馬、越の鳥にもたとえられるほど故国のため誠意を尽くしていると称えることもよく理解できるのである。つまり賊乱平定を重視するか、未だ危険な情勢を重視するかで、自ずから導き出される結論は異なり、その違いが文章に反映しているのである。山尾氏は官牒について、「唐の凋落・疲弊を詳記していたはずの〔中瓘の〕書状であるのに、天皇はそうした状況よりは黄巣の乱がようやく終焉した事実のほうに重点を置いている。B〔奏状〕を参考にすると、一般状況はひたかくしにされ、好材料のみを一面的に強調していることがうかがえ、それだけ遣唐使への強い執着がうかがえる。」(二三六頁)と述べておられる。

このように、同じく道真の起草した、中瓘情報を共通の参考資料とする文章であっても、官牒・奏状それぞれの立場からの記述であり、要約であること、いわば情報操作がなされている可能性を十分に認識して理解を進めなければならない。この点に留意しながら、官牒・奏状について検討を進めることにしたい。

五　温州刺史朱褒の「人信」について

官牒・奏状を理解する上で重要なのは、官牒②「来状云、温州刺史朱褒、特発人信、遠投東国。」にみえる温州刺史朱褒の使者に関する問題である。今回の遣唐使計画の立案に温州刺史朱褒情報が絡んでいることは間違いない。⑦の「大官」も朱褒とみてよい(4)。朱褒の経歴については、長島・増村・鈴木氏らによって詳しく検討されている。それによれば、朱褒は黄巣の乱を契機に浙東地方に台頭し、温州刺史には中和二年（元慶六・八八二）頃から大順元年（寛平二・八九〇）頃まで在任し、その後天復元年（延喜元・九〇一）に再任されたが、翌年（九〇二年）に死去した。この間、兄弟で温州刺史を務め、同地方の実力者として活躍したという。問題となるのは官牒②にいう朱褒の使者が、すでに来日して遣唐使の派遣を要請したとみるか、それともまだ来日していないとみるかであり、いずれとみるかによって官牒・奏状の理解は大きく異なってくる。

1　朱褒の使者来日説

（一）寛平二年前後来日説

鈴木・山尾両氏は、朱褒の使者はすでに寛平二年前後に来日して遣唐使の派遣を要請し、それに応えて日本は派遣を決めたとする説を述べている。まず鈴木氏の説は次の如くである。なお鈴木氏は奏状の「去年三月」を王訥が来日して中瓘上表が伝えられた日付と理解されている。

中瓘の……遣使は、〔朱褒の温州刺史在任中の〕寛平六年より四年前の大順元年（寛平二年）か、それ以前のこととみなければならない。それに当然、中瓘の報告が日本に向けて発されたのも、大順元年以前か、それを余り隔たらない時のことということになる。（二七四頁）

寛平の遣唐使派遣の発議は、寛平五年三月到着の在唐僧中瓘の報告のみに影響されたものではなく、それ以前の唐温州刺史朱褒からの使が来航して遣唐使の催促がなされた時にさかのぼる。（二九九頁）

つまり朱褒の日本への使者派遣、中瓘上表執筆のいずれも朱褒が温州刺史在任中のこととされている。官牒②に「温州刺史朱褒」とあることを厳密に解釈されてのことであろう。ただしその一方では、「たとえば大順元年以降寛平五年までのことであるとしても、朱褒は兄の誕および著に任を譲っても、現実にかれはその地位を左右しうるだけの権勢をもつ存在であり、さほどおかしいことでもない。」（二七七頁）とも述べられており、解釈に幅をもたせている。鈴木氏の説を時系列に即して私なりに整理すると次の如くなる。

㈠　寛平二年（八九〇）前後、朱褒の使者来日。遣唐使の派遣を求める。
㈡　朝廷、遣唐使の派遣を決める。
㈢　寛平五年三月、朱褒の遣唐使派遣の催促を伝える中瓘の上表（録記）が日本に届く。
㈣　寛平六年七月、中瓘宛返牒を作成し、朱褒に尋ねられたならば、遣唐使の派遣はすでに決めているが、実施まではさらに年月を要することを伝えるようにと指示する。

次に山尾氏の説は次の如くである。氏は「去年三月」は中瓘録記の日付で、王訥に付託され、その到着は官牒や奏状の日付より「さほど前ではない」（二三五頁）とした上で、次のように述べている。

遣唐使は中瓘の文書が書かれるよりも前に〝決定〟され在唐の中瓘はすでに、それを知っていた（二三五頁）
朱褒が温州刺史在任中（八九〇年以前）で宇多の即位（八八七年）後、おそらく八八九、九〇年ごろ、まず朱褒から、刺史としての功績をあげるため入唐招来の遣使があり、宇多がそれを受けいれて使者の温州入りを約束したことをうかがわせよう。「儀制有レ限、言申志屈、迎送之中、披二陳旨趣一」は、文脈上、迎送の客体は朱褒の使者、旨趣は直ちには実現しないかもしれないが、ぜひとも使者を送りたいといったこととみるのが自然であろうから、この文章は、〝朝儀制度の上では真意を尽くせなかったので親しく使者に伝えておいた〟といった意味になり、そうだとすれば宇多の約束はむしろ、……藤原基経らをはばかっての、密約の性質があったわけである。……その三、四年後に中瓘の書状が到来したのであるが、「朝議已定、欲レ発二使者一」とあるので、A〔官牒〕すなわち八九四年七月二二日をあまりさかのぼらぬ過去、むしろこの直前に、かつての宇多の密約は朝議に付されて決定され、八月二一日、大使菅原道真・副使紀長谷雄以下の任命となったのであろう。（二三六〜二三七頁）

山尾氏の説をまとめると次のようになる。

㈠　寛平元〜二年頃、朱褒の使者来日。遣唐使の派遣を求める。
㈡　宇多天皇、朱褒の要請に応えて朝議を経ずに遣唐使の派遣を約束（密約）。
㈢　寛平五年三月、中瓘、上表をしたため、王訥に託す。
㈣　寛平六年七月、これより先王訥来日し、中瓘上表（録記）を伝える。次いで宇多天皇、朝議で遣唐使の派遣を正式に決定。中瓘宛返牒（官牒）を作成し、これを王訥に託す。

鈴木・山尾両氏の説は「去年三月」の解釈など異なるところもあるが、朱褒の使者が寛平二年頃にすでに来日したとする点では一致している。

（二）使者海商王訥説

一方、朱褒の使者を寛平五年三月に来日し、中瓘の上表（録記）を伝えた唐海商王訥その人とする説が、古くは西岡虎之助氏（「王訥カ」とする）、最近では保立・森・東野治之氏らによって示されている。中瓘は朱褒の日本遣使の情報を得て、唐の情勢と共にそれを上表にしたため、日本に向かう朱褒の使者王訥に託した。王訥は寛平五年三月に来日し、日本の朝廷に中瓘上表を伝えた、という経過になる。保立氏は、こうした経過からみて、日本からの遣唐使派遣を望んだのは実は王訥ら唐海商で、商業の機会を求めて、積極的に日本からの遣使を求めたと論じられている（後述）。

2　朱褒の使者来日説への疑問

以上のように、朱褒の使者来日説には二つの理解があるが、いずれも問題があるように思われる。まず寛平二年前後に来日したとする鈴木・山尾両氏の説で最も不審に思われるのは、〈人信を発し〉とあり、鈴木氏自身「〔朱褒が〕日本へ使を送り、書信を発したという事実」（二七七頁）と述べられているように、朱褒の使者が来日したとすれば、当然朱褒の信書をもたらしたはずである。そこに詳しく遣使の意図や日本からの使者派遣の要請などが書かれていたことであろう。ところが官牒にも奏状にも一切引用もなければ言及がない。引用ないし言及されているのはもっぱら中瓘情報である。すでにその前の交渉で回答済みということも考えられるが、遣唐使派遣の契機となった重要な信書であれば、全く言及がないことは不審に思わざるを得ない。また山尾説では、「密約」は可能なのであろうか。どのような形（文書・口頭）で朱褒に伝え、また中瓘の知るところとなったのであろうか。その経緯が明らかでない。

次に王訥を朱褒の使者とすると、不可解な点が多い。まず注意したいのは官牒⑦で、中瓘にもし大官（朱褒）から尋ねられたら回答せよと指示する内容は、わずかに「頃年頻災、資具難備。而朝議已定、欲発使者。弁整之間、或延年月。」だけである。中瓘は大官から尋ねられても、「日本の朝廷は遣唐使の派遣は決めたが、準備に時間がかかるとのことです」としか答えられない。もし朱褒の使者が王訥であるならば、日本朝廷は敢えて中瓘に対して大官に問われたならば答えよと指示するのではなく、来日している王訥に直接伝えれば良いことである。王訥が臣下（朱褒）の使いであるという理由で正規の対応ができないまでも、大宰府名義の文書による回答や口頭で、より詳しい事情を伝えることは当然考えられるであろう。朱褒の行動を君主として悦ばしいと称えながら、その使者に何の回答も示さないとは考えられない。朱褒の側も情報量の少ない在唐の中瓘よりも、帰国した使者王訥に問い、日本側の応対についての詳しい報告を聞くことであろう。わざわざ中瓘に尋ねる理由はない。王訥が使者であるとする理解には根本的な疑問がある。そして鈴木・山尾氏説に対する疑問と同じく、王訥がもたしたであろう朱褒の信書の存在を示す文言が一切見られないことである。こうした状況を勘案すると、王訥は朱褒の使者ではないと判断せざるを得ない。王訥は単に中瓘の上表を伝達したに過ぎない商人である。

3　朱褒の使者に関する私見―まだ来日していないとの説

以上を要するに、王訥にしても、無名の人物にしても、朱褒の使者がすでに来日して朱褒の意図を文書や口頭で伝えたとするには不可解な点が多いのである。そのことは朱褒の信書は伝わっていないこと、つまり朱褒の使者はまだ来日していないことを意味していると考える。すなわち官牒②は〈来状に云く、温州刺史朱褒、特に人信を発し、遠く東国に投ぜんとす、と。〉と読み、中瓘は派遣情報を伝えてきたが、まだ実行はされていないとみるのが素直な解釈であると思う。すでに増村氏が、明言はされていないが、「朱褒の計画している「特発人信、遠投東国」」、あるいは「朱褒の「問い」や使節計画」（a一一頁）といった文言から、計画段階と理解されているように思われる。また長島健氏も、「唐天子に忠勤をはげむ温州刺史が、何の必要あって、使者を日本に送ろうとするのか。……日本の朝廷では、朱褒の使者がただの親善使節ではなく、面倒な問題を持ち込んでくるのではないか、という予測を立てたことであろう。……〔宿懐に感ず云々、儀制限り有り云々等を引用〕……招かれざる客にたいする、太政官のありがた迷惑な、困惑した意向がくみとれる。」（三八頁）と述べておられる。朱褒の使者はまだ来日していないとみるべきである。この場合、「特発人信」の「特」字は草書体の類似している「将」字の写誤の可能性も考えられる。

六　官牒の検討

前節で検討した朱褒の使者はまだ来日していないとする理解を踏まえて、官牒①～⑦について逐語的な解釈を進めることにしたい。①から順を逐って検討を進めるが、②③はまとめて検討し、④は特に全体の文脈の中で理解する必要があるため、最後にまわすことにする。

1　①「牒、奉勅、省中瓘表悉之。久阻兵乱、今稍安和。一書数行、先憂後喜。脳源茶等、准状領受。誠之為深、溟海如浅。」

まず〈久しく兵乱に阻まるるも、今はやや安和なり〉と唐情勢を伝えてきた中瓘の行為に対して謝意を述べ、次いで本論に入っている。

ここで問題となるのは、中瓘の「表」である。官牒・奏状には中瓘の情報を表現する語が幾つかみられる。官牒には「上表」(事書)「表」「来状」「消息」、奏状には「録記」(二カ所)とみえる。これらを同一のものとみる意見が大半であるが、佐藤宗諄・保立氏らは別のものとする。さらに佐藤氏は時期を別にしてもたらされたとするのに対し、保立氏は同時にもたらされたが、録記は表よりも詳細な内容であるとする。筆者は前節で述べたような、立場の違いを意識して奏状では敢えて録記という表現を用いているのではないか、つまり上表も録記も同じと理解している。また中瓘上表(録記)が日本に届いた時期について、奏状①の「去年三月」すなわち寛平五年三月に海商王訥によって伝えられたとする説を妥当と考える。(5)

なお脳源茶については、『冊府元亀』巻百六十九・帝王部・納貢献に、天福二年(九三七)十月と開運三年(九四六)十月に呉越国が後晋に貢献した記事があり、その品目の中に「脳源茶」がみえる。唐代の温州は後の呉越国領域に含まれる。増村氏は写本のあり方から蒶源茶を正しいとするが(b四二一〜四二二頁)、蒶源茶の名称を史料に見いだせないこと、脳の異体字と蒶は書体が類似(作りが同じ)していることを勘案すると、「脳源茶」で間違いないと思われる。中瓘が後の呉越国の特産品を日本に送っていることは、中瓘が温州付近に滞在していたことを裏付け、あるいは日本留学僧になじみ深い、温州に隣接する台州の天台山であろうかと推測される。

2　②「来状云、温州刺史朱褒、特発人信、遠投東国。」③「波浪眇焉、雖感宿懐、稽之旧典、奈容納如。不敢固疑。」

②③を続けたのは、中瓘「来状」の内容をどこまでとみるかで相違した見解があるからである。この部分についての主な論者の理解を示すと次の如くである。

○龍氏　「来状によれば、温州の刺史朱褒が特に使を出して、遠く東国に向って渺焉たる波浪を分けさせたそ

うである。その志は感銘するが、旧典に照して見れば、受納しがたい憾みがある。」（四七頁）

○鈴木氏「朱褒が東国つまり日本に使を遣わし書状を携えてやってきたというようにまず解釈される。……中瓘の情報として、朱褒の使が遠く日本に向かって波浪を越えてやってきたということでなければならない。これに対して朝廷では、そのかねてからの気持には感銘するが、「旧典」すなわち旧例に照らしてみると、その使をどのようにして受け入れようか、決して使（使旨）を疑うわけではないということになる。」（二六九頁）

○山尾氏　③について、「朱褒の遣使の事実を記したところだけでなく、事の道理を説いた部分（「雖感宿懐、……不敢固疑」。〝朱褒のかねてのおもいに感銘はうけますが、古来の対中国外交のありかたに照しますと、かような一刺史との関係を受けいれられてよいものでしょうか。強いて疑われなかったのでしょうか〟といった意味であろう）まで中瓘の書状の内容とせねばならない。」（二三五頁）

○保立氏「太政官牒に「来状にいわく」として中瓘の見解を「宿懐に感ずと雖も、……敢えて固疑せざらんか」と要約している部分は、遣唐使派遣について中瓘が原理的な疑問を表明していることを示しているのである。……この部分の中瓘の意見は「朱褒の気持ちには感服するが、しかし（陪臣の使者が遣唐使の派遣をいうのは）旧典の原則からいっても受けいれがたいのではないか。それともあえて固疑することはやめておこうという判断をされるであろうか」ということになる。つまり、ここでいう「旧典」（本来の原則）とは「人臣に交通なし」という君主制的な原則のことを意味している。こうして、少なくとも、道真の要約によれば、中瓘は朱褒からは相対的に独自でむしろ消極的な態度を示しているのである。」（二二二頁）

○森公章氏「中瓘は温州刺史朱褒の通交の意図を伝え、日本側の「旧典」（「人臣無㆓境外之交㆒」という、相手国の朝廷からの正規の使節以外は国家的外交の対象にならないという立場か）としてはこれを受納し難いかもしれないが、朱褒の通交の意図を疑ってはいけないという内容であると解する。」（a一五四頁）

すなわち②「温州刺史朱褒、特発人信、遠投東国。」を中瓘来状の内容とすることでは諸説一致するが、③を②に続けて中瓘の意見とする説（山尾・保立・森氏）と朝廷の所感とする説（鈴木氏）の二つの理解がある。龍氏は〈来状に云く、……固疑せずと〉と読み下していることを参考にすると前者の理解のようであり、東野氏も「「決して疑うには及ばない」とする中瓘の言葉を受けて」（五三頁）と述べられている。長島氏は逐語的な解釈は示されていないが、後者の理解とみなされる。この二つの説のうち、私見は後者つまり朝廷の所感とみなす理解を妥当と考える。そもそも「感宿懐」という文言は、天皇ないし朝廷側の表現として相応しく、いかに官牒起草者が要約しているとは言え、一介の旅僧が上表で用いるに適当な文言ではないであろう。まして「奈容納何、不敢固疑」と留学僧が朝廷にどう対応すべきか意見を述べることも考えがたい。「旧典」はすでに指摘されているように、「人臣に境外の交無し」という基本方針を指している。③を中瓘の意見とする解釈は、③に続く④が「中瓘消息」云々と始まるところから、それより以前までが中瓘来状の内容と理解されたものかと推察される。あるいは奏状①の「告不朝之問、終停入唐之人」という文言を参考に、「奈容納何」と「終停入唐之人」とを遣唐使派遣に対する中瓘の疑問表明として共通するとの解釈によるものかも知れない。しかし〈容納を奈何せん〉は、⑥の〈儀制限り有り〉云々と関連しており、③は朝廷の所感とみるべきである。

なお②は朱褒の使者派遣計画の情報を伝えてきたもので、その使者はまだ来日していないとする私見については上に述べた。

次いで順番は④になるが、叙述の便宜上、最後に検討する。

3　⑤「如聞、商人説大唐事之次、多云、賊寇以来十有余年、朱褒独全所部。天子特愛忠勤。事之髣髴也。雖得由緒於風聞、苟為人君者、孰不傾耳以悦之。」

⑤は朱褒の評判について唐海商から情報蒐集した結果を述べている。朱褒の経歴等については前述の通りであり、この部分の解釈に諸説異なるところはない。ただし鈴木氏は朱褒について⑤にみえる海商の評判と「唐側の史料とかなり食違って」おり、朱褒は「黄巣の乱以来各地に登場した野心家の一人という形容にふさわしい存在以外の何ものでもない。……十余年間、ただひとり忠勤を尽くした人物として捉えられているのか、にわかに納得しがたい。」（二七四～二七五頁）と述べられている。保立氏は今回の遣唐使派遣要請は実は王訥ら海商チームが商機獲得のために行ったとの理解を示されている（後述）。したがって、海商らに何らかの思惑があって朱褒を忠臣と持ち上げている可能性もないわけではない。しかし『新唐書』をはじめとする史書における人物評価は編者や編纂当時の価値観等によって左右され、当代の評価と後世の評価とが食い違うことも珍しくはないであろう。ましてや唐末の混乱した時代である。野心ある実力者は離合集散を繰り返し、時には唐朝廷側につき、時には反朝廷的な行動をとることもあったであろう。現地情勢に通じた中瓘が評判の悪い人物の仲介役を務めるとは考えがたい。日本の史料に残された朱褒に関する記述（⑤）は一面に過ぎないかも知れないが、少なくとも朱褒の忠臣とみなされる行動の一端を伝える同時代史料として貴重と言えるのではあるまいか。

4　⑥「儀制有限、言申志屈。迎送之中、披陳旨趣。」

この部分について山尾氏は、「文脈上、迎送の客体は朱褒の使者、旨趣は直ちに実現しないかもしれないが、ぜひとも使者を送りたいといったこととみるのが自然であろうから、この文章は、〝朝儀制度の上では真意を尽せなかったので親しく使者に伝えておいた〟といった意味になり、そうだとすれば宇多の約束はむしろ、……

藤原基経らをはばかっての、密約の性質があったわけである。」（二三六頁）とされている。森公章氏は、「〔朱褒の評判を聞いて〕君主として悦ばない訳にはいかないが、「儀制有レ限」なので、「言申志屈」となり、「迎送之中、披二陳旨趣一」であること（国家としての外交は急にはできず、中瓘や唐商人を介して意を陳べることしかできないの意味か）を記している。」（a一五三頁）とされている。ちなみに森氏b論文では〈旨趣を披陳せよ〉と読み、「〔中瓘に対して〕朱褒によろしく伝えてくれるように指示する。」（b二四四～二四五頁）という解釈のようであるが、その場合「迎送之中」をどのように理解されているのか、特に説明はない。

さて、「儀制」は③の「旧典」と対応し、日本の基本的な外交方針である「人臣に境外の交無し」を指しており、朱褒の使者に対する朝廷の対応方針を述べたものである。「言申志屈」とは解釈が難しいが、忠臣朱褒の行為を評価するものの、現実には対応できない、あるいは受け入れたいけど、受け入れられないという気持ちの表現で、「内心忸怩たるものがある」と意訳できるであろう。そして「迎送之中、披陳旨趣」と続く。迎送の対象が朱褒の使者であることは間違いない。そして「旨趣」を山尾氏は遣唐使派遣の意思と解釈されているが、遣唐使とみるのは文脈から判断して唐突の感があり、日本の対外基本方針――朱褒の宿懐には感服するが臣下の使者を受け入れることはできない――を指しているとみるべきであろう。すでに使者が来日したとすれば「披陳した」となるし、まだ来日していないとすれば「披陳しよう」となる。私見は後者の理解である。

5　⑦「又頃年頻災、資具難備。而朝議已定、欲発使者。弁整之間、或延年月。大官有問、得意叙之者。」「大官」を朱褒とみることは、諸説ほぼ一致している。「頃年頻災」については、寛平五年閏五月十八日に行われた臨時仁王会の呪願文（『菅家文草』巻十二）に、「去歳有レ疫、往往言上、今年痛甚、家々病死、累レ旬累レ月、……頻年不レ登、倉庫屢空、飢饉難レ免、」云々とあり、疫病の流行、連年の飢饉などの災害に見舞われている様子が知られる。(6) すなわち、遣唐使を派遣することは朝議で決まっているが、実行までには時間を要する。もし大官（朱褒）から遣唐使について尋ねられたならば、以上のような事情を述べるように、と指示している。朝議で決まったというのがいつの事であるかは明らかでないが、去年（寛平五年）三月に中瓘の情報を受けて以降のことと理解している（後述）。

6　④「中瓘消息、事理所至、欲罷不能。」

以上の文脈の中に保留していた④を位置付けて考えてみたい。先行諸説において④を正面から解釈した研究は少ない。その中にあって鈴木氏は、「中瓘の「消息」つまり報告にいうところは、事の理屈がもっともであるが、罷めようとしてもやめるわけにはいかないとのべている。この罷めようというのはなぜか。それは朱褒の遣わしたという使の使命とも密接な関連があるが、おそらく朝廷への遣唐使派遣の催促に対応することであろう。」（三六九頁）とされている。山尾氏は逐語的な解釈は示されていないが、「事の道理」とは「雖感宿懐、……不敢固疑」を指しているとし、「事の道理が自らにないことは認めながら、いまさら遣唐使を中止しようとしても不可能だと」云々と述べ（二三五〜二三六頁）、また保立氏も、「宇多自身のイニシアティヴによって「罷めんと欲するもあたわず」「朝議すでに定まり、使者を発せんと欲す」という状態が生まれていたのである。」（二二五頁）と述べられている。こうした記述から判断すると、山尾・保立両氏も鈴木氏と同じく「欲罷不能」は日本側の遣唐使派遣と理解されているようである。森公章氏は④については、「これに対して朝廷は「中瓘消息、事理所至、欲罷不能」と、中瓘の伝達内容が理に適っていることを評価している。」（a一五二〜一五三頁）と述べるにとどまっている。これに対し、増村氏は異なった解釈を示されている。氏は鈴木氏の旧稿に対する批評の中で、「「罷」字は文章から見て遣唐使を罷めること、には理解できない。」とされているが、「ここでは鈴木氏の説明に立入ることはしない。」（b五六一頁）と述べるのみで、それ以上の論及はない。ただしa論文では「朱褒の「問い」や使節計画について、中瓘は詳細に報告したのであり、それは委曲をつくしたもので、むげに退けることができない」（一一頁）とあることを参考にすると、増村氏は朱褒の使者未来日説であるので、「欲罷不能」は「〔朱褒の使者が来日した場合〕むげに退けることができない」との日本朝廷の所感とする理解のようである。

このように④の特に「欲罷不能」については、日本の遣唐使派遣はすでに決まっており、罷めようと思っても罷められないとする理解と朱褒の使者に対する朝廷の所感とする二つの考えが示されている。しかしながら③を朝廷の所感と理解する私にはいずれも疑問である。これまでの考察に基づき、④を②〜⑦の文脈の中に位置付けると次のようになる。

②問題の発端となる朱褒の使者派遣情報
③朱褒の意図とそれに対する日本朝廷の所感
④「中瓘消息、事理所至、欲罷不能」
⑤朱褒の評判
⑥朱褒の使者受け入れに関する朝廷の所感
⑦日本の遣唐使派遣問題

②から⑥まで話題の中心は朱褒の使者ないし朱褒自身に関わることで、その間にある④を日本の遣唐使派遣について述べているとみると、唐突であり、不自然であろう。④よりも前に遣唐使のことは何も出てきていない。朱褒の話題の後、⑦で初めて遣唐使派遣について触れ、方針が明確に述べられている。すなわち④に言う「欲罷不能」とは日本の遣唐使に関わることではない。②から⑥までの記述の中で、罷める・罷めないの行動の対象となるのは、朱褒の「人信」以外にない。この文脈の中で〈罷めんと欲す〉ること（対象）について特に書かれ

ていないのは、その前の文章を受けているから、つまり朱褒の使者について述べているから不要なのである。すなわち④は朱褒の使者に関わる記述とみなければならない。鈴木・保立氏らが遣唐使に関する記述と理解しているのは、奏状の①「終停入唐之人」という文言と関連させてのことであろう。「（中瓘が「停入唐之人」と言ってきている）もっともな意見だけれど（事理所至）、派遣は朝議で決まっているので、罷めようと思っても罷められない（欲罷不能）」といった解釈をとられているものと憶測される。しかし官牒の文脈で考えれば、④をそのように解釈することはできない。

以上のように、④は朱褒の使者に関わる記述と理解する。この点において増村氏と同じであるが、「（朱褒の使者を）むげに退けることができない」といった意味にはとらない。④に関する私見は次の如くである。

まず中瓘の「消息」とは、たとえば『菅家文草』巻四・二九一番の詩の詞書きに、「詩篇之外、別附㆓書問㆒。予先読㆓消息㆒。」とあり、書問を消息と称している。したがって、この中瓘の「消息」も上文にみえる中瓘の「来状」を指していると考えてよいであろう。「事理」とは「物事の道理」である。日本からの朝貢使が中華の天子のもとを訪れることは唐皇帝の権威につながる。「忠臣」朱褒の狙いがそこにあったことは間違いない。日本からの朝貢使実現を朱褒は自らの使命として行動しようとしている、それが〈事理の至る所〉の意味である。そして「欲罷不能」とは、「罷めようと思っても罷められない」という意味であるが、たとえば『論語』子罕篇にみえる用例を参考にすると、さらに深い意味があるようである(7)。信念・摂理とでもいうべきもので、朱褒の立場で考えれば、日本に遣使朝貢を求める使者の派遣は、皇帝に仕える臣下として当然の行為であり、罷めようとしても罷められるものではない。「欲罷不能」とはこうした朱褒の固い決意を伝えているものと思われる。皇帝に忠誠を尽くすべき臣下として止むに止まれぬ行動、とも理解できよう。すなわち④は「中瓘の消息によれば、朱褒の行動は信念に基づくもので、日本への使者派遣は罷めようと思っても罷められない状況にあるようだ。」といった意味に理解すべきであると思われる。

7　官牒の趣旨

以上、官牒について、②〜⑥を中心に考察を進めてきた。その結果、②の朱褒の使者については情報のみで実行はされていないこと、④の「欲罷不能」を朱褒の使者派遣に対する意欲を示す記述とみて、初めて全体を矛盾なく理解できることを述べた。官牒の趣旨を意訳すると、次の如くなる。

温州刺史朱褒が日本に使者を派遣しようとしているという。朱褒の兼ねての考えには唐朝廷を思う気持ちが込められており、まことに感服するところである。しかしながら、如何せん我が国には「人臣に境外の交無し」という基本原則があり、臣下である朱褒の使者を公式に受け容れることは難しい。ただし中瓘の情報によれば、朱褒の日本への使者派遣の意志は固いようだ。（そこまで思っている朱褒とはいったいどんな人物か）その評判を唐海商に聞くと、唐の帝室に忠誠を尽くしている人物だという。他国の臣下とは言え、君主として嬉しく思う。しかし日本には基本原則があり、対応は難しい。朱褒の使者が来日したら日本の基本方針を述べて聞かせよう。ただし遣唐使の派遣は決めた。実行までには時間がかかるが、この旨を朱褒に伝えるように。

およそ以上のように解釈される。そこで次に奏状について検討を加えることにしたい。

七　奏状の検討

1　奏状の概要と問題点

九月十四日奏状の概要は次のようなものである。中瓘が唐凋弊の情報を伝え、遣唐使の派遣は停めたほうがよいとの意見を述べてきた。遣唐使の前例を調べたところ、往来の途中で遭難する者はあっても唐本土に到着さえすれば安全であった。ところが現状では未然のことが起こり得るという。中瓘情報を詳しく分析し、遣唐使の派遣について再検討していただきたい。およそ以上のような内容で、③の遭賊を前年から出没している新羅海賊とする理解が一般的であるが、そうではなく、遣唐使が目的地以外の賊地に漂着し争いとなって殺されたりした事例を指していることについては、別稿bで述べた。

奏状では何と言っても①「右臣某、謹案在唐僧中瓘去年三月附商客王訥等所到之録記、大唐彫弊、載之具矣。更告不朝之問、終停入唐之人。」が問題となる。このうち、「去年三月」は中瓘録記の日付か王訥が伝えた日付か、「録記」は官牒の上表などと同じか別か、といったところで見解の相違があるが、筆者は、「去年三月」は王訥が来日し中瓘の録記を伝えた日付、録記は上表・来状・消息等と同一とする説をとる。すなわち中瓘の情報は一つで寛平五年三月に王訥によってもたらされたと理解している。その中瓘の情報が全体として唐の衰退・混乱した情勢を具体的に伝えたものであるとの理解に問題はないが、難解とされているのが「更告不朝之問、終停入唐之人」の部分で、官牒の解釈ひいては今回の遣唐使計画の推移を理解する上で大きな影響を与えている。諸氏の理解は次の如くである。

2　「更告不朝之問、終停入唐之人。」の解釈

（一）　諸氏の解釈

○貫氏　「［大唐以下、人を停めむ］までは中瓘の録記の内容、「更に」以下の意味は「日本は何故朝貢しないかと、たずねられたことを、報告し、（中瓘の考えとして）結局、入唐の人（遣唐使）を停止すべきであると述べている」と解する。」（七七頁）

○龍氏　「さらに中瓘はわれより唐に入らんとする人を停める意見を述べている。」（四四頁）　※「不朝之問」についての言及はない。

○増村氏　「［停入唐之人］については、拙論〔氏のa論文〕に「唐朝側では〝不朝の問〟を出しているというが、在唐僧は現地から〝入唐の人を停めよ〟と言ってきている」また「露骨に遣唐使を停めよと言ったのではなかろうが、中国の現情ではわが国からの入唐者を迎え入れるような情態ではない、という情報判断をも合せて報告したのである」と解説した。私は現在ではそれらに関する理解をさらに明確にしている。文章の解説としては龍氏の「中瓘はわれより唐に入らんとする人を停める意見を述べている」がよろしいのである。」（b五五五頁）

○鈴木氏　「唐側が中瓘を通して日本の不朝のことをたずねたことと、中瓘の考えとして入唐の人を停止したほうがよいとのべる旨を記していると解するのを最も妥当としよう。……要するに「更に」以下の文は中瓘の報告・意見を要約してのべ、暗に道真が入唐の人すなわち遣唐使を停止すべき決意を示した一節と見なすべきものである。」（二七〇〜二七一頁）

○山尾氏　「大唐の凋弊を「載」せ、加えて（すでに約束されているのに）なぜ入唐しないのかという（大官の）問いを「告」げた上、結局は入唐の人を「停」めるよう具申したのはみな中瓘が主体であり、こうしたことが

「為二聖朝一尽二其誠一」と評価されているのである。……〔中瓘は〕遣唐使の計画は中止されるべきだとの意見を具申していた」（二三五～二三六頁）

○保立氏　「「不朝の問」の主語は朱褒、客語は中瓘、「不朝の問を告げ」と「入唐の人を停めよ」の主語は中瓘、客語は日本王朝という構文解釈もいかにも苦しい。これだけ問題があれば、ここには何らかの錯誤があると判断することも許されるのであって、私は、写本に「不朝の問」とあるのは「不朝の聞」を読み誤ったものと考える（「問」と「聞」の草体が相似することはいうまでもない）。そうだとすると、その全体の文意は「〔中瓘は大唐の彫弊をつぶさに述べたうえで〕、さらに人々が朝廷に参上・朝貢しないという風聞（「聞こえ」）を告げ、終には入唐すること自体が無理な状況であるとまで述べている」となって意味は明瞭となるのである。」（二二一頁）

○東野氏　「朱褒の要請は伝達するものの、遣唐使を派遣すること自体には反対する意見を添えていた。」（五四頁）

○森公章氏　「唐側では日本が長らく朝貢して来ないことを問題にしているが、日本側は遣唐使派遣を停止してしまっているという現状を述べていると解釈する」（a一五五頁）

（二）　諸説の検討

おおむね中瓘が唐側から日本が朝貢してこないことを問われたことと、遣唐使の派遣は停めた方がよいと述べていると理解されているが、やや特殊な解釈を示しているのが保立氏である。氏は「不朝の問」では意味が通じないので「不朝の聞」の誤りとして自説を展開し、さらに「なお「不朝の問を告げ」という原文を維持しようというならば、西岡虎之助・弥永貞三・川口久雄など……のいうように、この部分は意味不明とするほかないであろう。」（二二一頁）とも言われている。しかし中瓘が〈不朝を告げ〉てきたわけでもなく、〈不朝を問〉うてきたわけでもない。中瓘が唐側から「不朝」について「問」われたことを日本に「告」げてきたのである。「更告不朝之問」とは〈更に不朝之問あるを告げ〉と読むことができ（弥永氏九二頁参照）、構文上も何ら問題はなく、敢えて「不朝の聞」の誤りとする必要はない。

「不朝之問」とは、返牒⑦の「大官問ふあらば、意を得てこれを叙べよ」に対応している。大官の質問を予期していた表現であり、これより以前に大官から何らかの問いがあったことを示している。そして朝廷からの指示した回答の内容（意を得てこれを叙べよ）が「使者の派遣はすでに決まったが、出発までには時間がかかる」ということであるので、「不朝之問」とは日本の朝貢使すなわち遣唐使がやってこないのはどういう事情かとの質問であったとみなされる。中瓘に日本の「不朝」について尋ねた「大官」とは、唐の忠臣朱褒とみて間違いないであろう。

　前漢を倒した王莽が自ら四方に使者を派遣して朝貢を促した昔から、中国の王朝が異国の朝貢使に関心を持つのは、常のことである。延久四年（一〇七二）に入宋し、同年十月に入京した成尋のもとを訪ねた勅使から、「日本自来為甚《なんすれぞ》不下通二中国一入唐進奉上」と問われた成尋は「滄波万里、人皆固辞、因レ之久絶也」と答えている。また翌日に皇帝の質問に対する回答を提出しているが、その一つに、「問、本国相二去明州一至近。因レ何不レ通二中国一。答、本国相二去明州一海沿之間、不レ知二幾里数一。或云七千余里、或云五千里。波高无レ泊、難レ通二中国一。」（『参天台五臺山記』熙寧五年十月十五日条）とある。なぜ使者を派遣してこないのかと問われて、航海の危険によると答えている。歴代の中国王朝の側に日本の朝貢使（遣唐使）に対する強い関心があったことは間違いない。

　この時期の新羅や渤海の対唐通交をみると、新羅は、八九〇年には留学生が入唐している（『三国史記』巻六十六・崔承祐伝）。留学生のみで入唐するとは思われず、とうぜん使者に随伴したものであろう。そして八九一年

（「無為寺先覚大師遍光塔碑」）、八九三年（『三国史記』真聖王七年是歳条）と相次いで入朝使を派遣している。一方渤海については、八九五年（乾寧二年）に唐で渤海国王に対する加官の勅書について議論のあったことがみえるので（『唐会要』巻五十七）、この頃唐・渤海間に使者の往来があったことが考えられる。八九三年の新羅の入朝使は途中海上で遭難しており、入唐したかどうか、その後の経緯は明らかでないが、騒乱の余韻が残るとは言え、東方からの外国の使者が往来できないほど治安が悪かったわけではないことを示している。したがって、唐帝室の忠臣朱褒が在唐日本僧に対して「不朝之問」を発することは十分に考えられるのである。

続く、「終停入唐之人」については、〈終には入唐之人を停めよ〉と読み、「（中瓘は）結局のところ入唐の人＝遣唐使の派遣はやめた方がよいと述べている」といった意味に理解される。

（三）　中瓘録記の記述

このように、この一節は中瓘が遣唐使の派遣は停めた方がよいと踏み込んだ意見を述べてきており、道真ら遣唐使はこうした意見を参考に再検討を依頼していることになる。ここで重要なことは、前に留意すべきこととして述べたように、「停入唐之人」とは奏状作者（道真）の文章であって、中瓘の録記にそのまま「停入唐之人」と記されていたわけではなく、また違う表現でも入唐の人＝遣唐使の派遣を停止すべきであると明記されていたと考える必要はないということである。「停入唐之人」を文字通りに中瓘録記に記されていると考えるのは、官牒④と関連するものと理解してのことと推測される。「停入唐之人」と「中瓘消息、事理所至、欲罷不能。」とを総合して考えると、「中瓘は遣唐使の派遣を停めたほうがよいと言ってきたが、止めようと思っても取り止めることはできない」となり、意味は通じることになる。しかしながら、官牒④が遣唐使ではなく、朱褒の使者に関わる記述であることは前述した通りである。

この一節について、上で紹介したように増村氏は、「露骨に遣唐使を停めよと言ったのではなかろうが、中国の現情ではわが国からの入唐者を迎え入れるような情態ではない、という情勢判断をも合わせて報告したのである」とされている。私もほぼ同じ意見であるが、一方では同じ情報で遣唐使の派遣を決めているのであるから、「状況を考えると遣唐使の派遣は見合わせたほうが良いかも知れません」といった、実行・停止いずれともとれるような表現で唐情勢が述べられていたものと推測される。

官牒では⑦で遣唐使派遣の準備を進めることを述べるのみで、中瓘から停止した方が良いとする助言があったようなことは全く触れていない。逆に奏状では中瓘情報全体を、〈大唐の彫弊〉を具体的に伝えてきたとまとめているが、官牒にみえる〈今はやや安和〉という情勢については全く触れず、危険を強調し、これまで唐との往復の航海の途中で命を落とす者はあっても、唐につけば安全であった。ところが現状は〈未然のこと、推して知るべし〉つまり身の安全は保証されない、と続けるのである。中瓘情報を、派遣推進の立場からは「今は安全」とみなし、中止要望の立場からは「まだ危険」とみなすという、まさに立場の違いが対照的な評価を下し、それぞれが中瓘書状の行間を読み取って作文しているのである。遣唐大使道真らは、中瓘情報を分析し、「唐国内情勢はいまだ危険であり、遣唐使派遣は停止したほうがよいと言ってきていると判断される」とした結果の表現が「停入唐之人」になっていると考えられるのである。

このように、中瓘は唐の衰退・混乱を述べ、また唐（朱褒）の日本からの遣唐使派遣について尋ねられたことを伝えてきたが、その派遣の是非について朝廷に指示するような具体的な見解を述べてはおらず、実行・停止いずれともとれるような記述にとどまっていたと考えるべきであろう。これをそれぞれの立場から判断した結果が対照的な表現となっているのである。

八　官牒・奏状の解釈――読み下し文と現代語訳――

以上、先行研究を参考に、官牒と奏状について検討を加えてきた。そこで筆者の読み下し文ならびに現代語訳を示すことにしたい。

1　官牒

太政官、在唐僧中瓘に牒す。　上表に報ずるの状

①牒す。勅を奉はるに、中瓘の表を省《み》て、悉《つまびらか》にす。「久しく兵乱に阻まるるも、今はやや安和なり」と。一書数行、先づ憂へ後に喜ぶ。脳源茶等、状に准じて領受す。誠之深き為る、溟海も浅きが如し。

【訳】中瓘の上表を見て、詳しい事情を知った。（唐においては）久しく兵乱が続いていたが、今はやや安定しているという。（同じ書面の中で）兵乱を伝える部分には憂い、安定してきたという箇所では喜んでいる。また脳源茶などの贈り物も、確かに拝受した。貴僧の誠意の深さは、溟海すらも浅く感じるほどである。

②来状に云く、「温州刺史朱褒、特に人信を発し、遠く東国に投ぜんとす」と。

【訳】来状によれば、「温州刺史朱褒が、特に使者を日本に派遣しようとしている」という。

③波浪眇焉たり。宿懐に感ずと雖も、之を旧典に稽《かんが》ふるに、容納を奈如せん。敢へて固く疑ふにあらず。

【訳】温州地方と我が国との間には大海原が広がっている。それでも使者を派遣しようという朱褒の思いには感服するが、日本の外交方針――人臣に境外之交無し――に照らして考えると、受け容れる事は難しい。ただし決してその思い（宿懐）を疑うわけではない。

④中瓘の消息、「事理の至る所、罷《や》めんと欲すれども能はず」と。

【訳】しかしながら中瓘の消息では、朱褒の道理に基づく決意は固く、中止する気持ちはないようだ。

⑤聞くならく、商人大唐の事を説くの次で、多く云く、「賊寇以来十有余年、朱褒独り所部を全うす。天子、特に忠勤を愛づ」と。事、髣髴たる也。由緒を風聞に得ると雖も、苟しくも人君為る者、孰《た》れか耳を傾け、以て之を悦ばざらんや。

【訳】聞くところでは、唐商人が唐情勢について述べる中で、多くの者が「黄巣の乱以来、唐では混乱が続いているが、朱褒はただ一人職務を全うしており、皇帝からその忠勤を褒められている」という。良く状況を思い浮かべることができる。商人の風聞によるものではあるが、（異国のことではあっても）君主たる者、忠臣の存在を聞いて悦ばないものがあろうか。

⑥儀制限りあり、言申《の》べて志屈す。迎送之中、旨趣を披陳せん。

【訳】しかしながら、我が国には外交についての基本方針――旧典があり、（たとえ忠臣の使者であっても受け容れる事はできず）内心忸怩たるものがある。もし使者が来日したならば、使者に対する中で、その事情について、説明することにしよう。

⑦又頃年頻りに災ひありて、資具備へ難し。而るに朝議已に定まり、使者を発せんと欲す。弁整之間、或は年月を延べん。大官問ふあらば、意を得てこれを叙《の》べよ。

【訳】この頃我が国では災害が続き、準備に支障を来たしている。しかしながら、使者（遣唐使）派遣のことは、すでに朝議で決定している。ただし（上記のような事情で）派遣までには年月を必要とするであろう。もし大官＝朱褒から（日本からの使者派遣について）尋ねられたら、この旨を述べるように。

⑧勅に准じて牒送す。宜しく此の意を知るべし。沙金一百五十小両、以て中瓘に賜ふ。旅庵衣鉢、適支分銖せ

よ。故らに牒す。

【訳】勅旨を伝える。砂金一五〇小両を賜うので、適宜留学の費用にあてるように。

2　奏状

諸公卿をして遣唐使の進止を議定せしめんことを請ふの状

①右、臣某、謹んで、在唐僧中瓘、去年三月商客王訥等に附して到る所之録記を案ずるに、大唐の彫弊、これを載すること具さ矣。更に不朝之問あるを告げ、終には入唐之人を停めよと。中瓘、区々の旅僧なりと雖も、聖朝の為、其の誠を尽くす。代馬・越鳥、豈に習性にあらざらんや。

【訳】道真が、昨年三月に来日した唐商人王訥がもたらした在唐僧中瓘の録記を読むと、大唐の凋弊の様子が詳しく記されています。（録記には）さらに日本からの使者がないことについて尋ねられたことを述べ、終には遣唐使の派遣は止めたほうがよいと記しています。中瓘は一介の留学僧に過ぎませんが、（それでも）日本のために誠意を尽くしています。（遠く離れていても故郷を思う気持ちは）代の馬、越の鳥と同じというべきでしょう。

②臣等、伏して旧記を検するに、度々の使等、或は渡海にして命に堪へざる者有り、或は賊に遭ひて遂に身を亡ぼす者有り。唯未だ唐に至りて難阻・飢寒の悲しみあるを見ず。中瓘申報する所の如くんば、未然の事、推し而知るべし。

【訳】臣らがこれまでの遣唐使に関する記録を調べてみると、渡海の途中で命を落としたり、あるいは（遭難して異境に漂着し）賊に殺されてしまう者もいたことが知られます。しかしながら、唐本土に着いて交通を阻害されたり、餓えや寒さに悩まされたという記録はありません。ところが中瓘の情報では、こうしたこれまでなかったこともあり得ると思われます。

③臣等伏して願はくは、中瓘録記之状を以て、遍く公卿・博士に下し、詳らかに其の可否を定められんことを。

【訳】　そこで中瓘の録記を公卿・博士らに開示し、遣唐使派遣の可否について検討していただきたい。

④国の大事にして、独り身の為にあらず。且《しばら》く款誠を陳べ、伏して処分を請ふ。謹んで言す。

【訳】　国家の大事を思ってのことであり、自分たちの身の安全を考えてのことではありません。今の自分たちの思いを述べ、検討をお願いする次第です。

九　寛平度遣唐使の経緯

以上、官牒・奏状について検討を加えてきた。それぞれの内容はある程度明らかにすることができたと思うが、それにしても今回の遣唐使計画については始まりから終わりまで、その経緯が不可解であることに変わりはない。

1　計画の始まり

そもそもなぜ計画が立てられたのかが理解できない。前回の入唐した事実上最後となった承和の遣唐使（八三八年）から五〇年以上も経過している。もし天皇の代替わりであるとか、延暦（桓武）・承和（仁明）の例に当時の人々がならおうとする認識があったなら、清和天皇（在位八五八～八七六年）の治世は長く、良房・基経が権力を確立した時期でもあるので、最も遣唐使の派遣が考えられて良い時代であろう。しかしそのような計画が立てられることはなかった。貞観十六年（八七四）に香薬を求めるため唐に派遣された使者は、唐の商船に便乗して往復している（『日本三代実録』同年六月十七日条）。遣唐使の派遣はもはや必要ではなかったのである。承和の遣唐使は日唐間の〈海路を諳んじて〉いるという在唐新羅人の船を雇って帰国している。すでに日唐羅間を自在に往来する人々の活躍する時代になっていたのである。唐の文物は彼ら海商によってもたらされ、莫大な経費と有為な人材の遭難の危険を冒してまで派遣する時代では、もはやなかったはずである。そもそもなぜ計画が立てられたのであろうか。

計画は唐突に始まり、事情が不明なままに幕引きがはかられたという印象はぬぐえない。中瓘に派遣の決定を伝える官牒からも派遣に向けての朝廷の確固とした意志は伝わってこない。ともかく計画を立ててみた、といったように感じられる。それは日本側の内からの必要があって立てられた計画ではないことによるものだろう。すでに諸氏が指摘されているように、朱褒の「不朝之問」に対応した受け身の計画だからであろうことは容易に推測される。山尾氏は、「〝寛平の治〟初政に、温州刺史朱褒の政治目的をふくんだ招迎を奇貨おくべしとした宇多天皇が、これを〝阿衡の紛議〟で痛感された天皇権力強化の課題に資する事業にしようとして密約をかわしたことに端を発し」（二三八頁）云々と述べられている。前述のように氏の朱褒の使者来日説や「密約」説にはしたがえないが、この趣旨には同意見である。

官牒に述べられている派遣が朝議で定まった時期は不明であるが、寛平五年三月の中瓘情報伝来以降、官牒作成の六年七月の間であることは間違いない。寛平五年三月といえば、宇多天皇が即位早々に阿衡問題で苦しめられた藤原基経が没して二年ほど経過し、宇多天皇が権力基盤を固めようとしていた時期にあたっている。そこに騒乱状態にあったが今や小康を保っているという唐情勢と、日本がお手本としてきた唐帝国を支える忠臣から「不朝之問」があったとの情報がもたらされたのである。山尾氏が指摘するように、阿衡問題で出鼻を挫かれ、自らのよって立つ権力基盤の脆弱さを思い知らされた宇多天皇にとって、まさに権力の集中をはかる願ってもない誘いであったのではなかろうか。すなわち寛平の遣唐使計画は宇多天皇の強力なリーダーシップのもとに、

「不朝之問」に応えるべく立てられたものと思われる。使者派遣の決定を伝える官牒の大半が朱褒の忠臣ぶりとその活躍を君主（宇多）の立場から嘉賞する記述でしめられているところにうかがうことができる。中止を前提とする奏状では朱褒について一切論及するところはない。中瓘から伝えられた唐の忠臣朱褒の「不朝之問」に、日本の忠臣を希求していた宇多天皇が即座に対応したのであり、飛びついたという表現があてはまるのではないかと思われる。奏状の〈遍く公卿・博士に〔中瓘録記を〕下して〉再検討を求めているところからすると、計画立案は天皇周辺の一部の者で推進されたことを示唆している。その中心に道真がいたことは間違いなく、道真が前年四月の敦仁親王（後の醍醐天皇）立太子に際して東宮亮に任じられているところから、保立氏は計画は「東宮庁を一中心として進められていた」（二二四頁）と論じられている。道真は宇多天皇の意気込みに賛意を表したものの、冷静になって現実を考えれば遣唐使の派遣など簡単にできるものではない。そこで道真名義で再検討を促す奏状を提出し、しばらく様子をみることとしたものであろう。したがって奏状が正式に朝議ではかられることはなく、そのまま沙汰止みになってしまったことも当然の成り行きといえよう。いずれにしても宇多・道真の談合のもとに計画が立てられ、そして幕引きへの道筋がつけられたと考えられるのである。

　なお保立氏は、「寛平遣唐使は、王訥らの「商人の交通を許されんを欲し」た日本遣唐使招請プロジェクトを発端としていたのである。遣唐使派遣という計画の発想は、温州刺史・朱褒が唐の国家的な外交政策を意識して「なぜ朝貢にやってこないのか」と疑問に思ったことにあるのではなく、むしろ王訥らの商機獲得の希望にあったと考えるのが常識的というものだろう。」（二二三頁）と論じられている。確かに宋代の海商のあり方から言えば、考えられることである。特に高麗・宋外交を再開するにあたって宋海商が強く働きかけた事実はよく知られている。[8] ただしそれは宋が対立する遼（契丹）に臣従する高麗に情報などが漏れることを恐れて、宋海商の高麗渡航を制限していた時期のことである。寛平当時の唐海商の対日貿易には何ら制限はなく、自らが公使の肩書きを得て日唐間を往来することは海商にとって大きなメリットであろうが、別途に遣唐使の派遣を実現しても彼らにとってそれほどのメリットはないであろう。保立氏の唐海商仲介説の前提に王訥その人が朱褒の使者であるとする理解があるが、その理解が疑問であることは上文で述べた通りである。保立氏は王訥は中瓘のもとに赴いて「上表」「録記」を一種の身分証明として確保したとされているが、保立氏の中瓘上表の解釈によれば、中瓘は朱褒の使者について「旧典の原則からいっても受けいれがたいのではないか。」（二二二頁）と朝廷が受け入れることに疑問を呈している。王訥の望みとは逆効果の内容ではなかろうか。王訥ら海商の主導によるとする見方には疑問がいだかれる。

2　計画の終わり

官牒・奏状に知られる経緯を経て、【史料9】『日本紀略』により九月三十日に停止が決定されたとする理解が行われていたが、「はじめに」で触れたように、筆者は『日本紀略』の記事を疑問とする論文を発表した（拙論a）。『日本紀略』寛平六年九月三十日の条は、大宰府飛駅使の到来、「是日」対馬島内の神社への叙位、そして「其日」遣唐使停止の三種の記事から成りたっている。これまで「其日」を「是日」と同義に解し、三十日に停止が決定されたとしているのであるが、『日本紀略』には「其日」および同義の「某日」に始まる記事が多くみられ、集めると七〇余例にのぼる。これらの記事を一つ一つ検討した上で、「其日、停㆓遣唐使㆒」記事について論じた。要点は次の如くである。

イ、『日本紀略』における「其日」は「某日」で月末に置かれている例が多く、明確な年月日がわからない記事について、関連箇所に合叙する場合に「其日」云々と用いられている。

ロ、『日本紀略』編者が参考史料を利用する際、必ずしも原文の忠実な抄録ではなく、文飾を加えたり作文している例がある。

ハ、『日本紀略』編者は九月十四日付け奏状――内容から言えば派遣中止の要請――を素材に、その後実際に遣唐使が派遣された形跡がないことから、奏状文中の「終停入唐之人」という語句を用いて「停遣唐使」と作り、日付が明確ではない場合関連箇所に合叙するという方法に準じて、奏状の提出された九月の月末に「其日、停遣唐使」と置いたものとみなされる。

ニ、遣唐使の称号が継続されていることを考えると、菅原道真らは派遣についての検討を中止の方向で委ねたが、結論が出されないままに推移し、次第に沙汰やみになったというのが真相であろう。

ホ、このような理解が認められれば、寛平の遣唐使計画に関連する古くからの疑問のうち、派遣中止決定があまりにも早過ぎるということに発する問題は、ひとまず除くことができるのではあるまいか。

一九九〇年三月の拙論発表後、おおむね筆者の見解の基本的な視点は認められているように思う。(9) しかし拙論の受け取り方はさまざまで、その後も、「この時は派遣が一時停止されたのである。……同年九月頃に派遣が一時停止された遣唐使は、その後の唐の混乱の継続により再度派遣されることはなかった。(10)」といったような解釈がみられる。あるいは保立氏は、九月三十日停止ではないとする私見を認めた上で、「そうだとすると、九月一四日、道真が遣唐使派遣の是非を問う奏状を執筆した時は、「沙汰やみ」あるいは「延期」は決定していたのであろう。つまり、遣唐使任命後、実質二〇日もたたずに一度決定された「国の大事」がくつがえされたということになるのである。」（二二七頁）とされており、奏状から決定までをさらに短期間とする理解もある。

要するに、九月三十日ではないが、いつの時点かで停止ないし一時停止が決められた事実があり、それを『日本紀略』記事は反映している、と考えられているようである。大使道真をはじめ副使らが後々まで遣唐使の肩書きを公文書等で用いていることから、『日本紀略』の伝える停止は一時停止とする説は早くからある。しかしこのような理解は筆者の主張とは大きく異なる。すなわち『日本紀略』の記事にはそもそも史料的価値はなく、一時的にせよ遣唐使の停止が決定されたという事実はない、との解釈であり、九月十四日に派遣再検討を求める奏状が提出されたが、議論が行われたかどうかは不明であり、結論も出されることなく推移し、そのうちに肝心の唐が滅亡してしまった、という理解である。『日本紀略』の「停遣唐使」という記事は、奏状の文言「終停入唐之人」を参考に編者が作文したもので、一時的にせよ何にせよ「遣唐使停止を決めた」という史実を示す論拠には成り得ないことをあらためて主張しておきたい。(11)

おわりに

宇多天皇は、『寛平御遺誡』(12)に「外蕃の人、必ずしも召し見るべき者は、簾中にありて見よ。直《ただ》に対《むか》ふべからざらくのみ。李環、朕すでに失《あやま》てり。新君慎め。」とみえ、また渤海使に書状を送っている（『本朝文粋』巻七）ことなどに知られるように、海外への関心が高く、海商と面会するのも厭わなかった。その宇多天皇が唐の忠臣からの問いかけに直ちに反応し、遣唐使の派遣を決めた。道真らも一応は従ったが、現実に考えるとあまりにも危険であり、政治的・文化的にもはや何らの意義も認められない事業である。そこで再考を委ねるという形で幕引きをはかった。したがって本格的な議論がなされないまま、唐の滅亡を迎えてしまったというのが真相であろう。この時期には王訥だけでなく、寛平五年（八九三）八月頃には周汾らが来日し、在唐日本僧好真の景福二年（八九三）閏五月十五日付け牒状をもたらしている。(13)対日貿易に従事する唐海商の拠点は明州あたりであろうから、彼らの温州を中心に活躍する朱褒に関する情報は相当に確かなものとみてよいであろう。寛平の遣唐使計画は、このように唐海商が仲介した在唐日本僧の情報に基づき計画が立てられたのであり、それには宇多天皇周辺の政権確立に向けての思惑も深く絡んでいたのである。(14)

以上、寛平六年の遣唐使計画について、基本となる二つの史料——官牒と奏状——を中心に諸説を整理し、私見を提示した。大方のご批正を賜れば幸いである。

（1） 本論で参考にしている先行研究をまとめて掲載しておく。再録論文については初出の年次を示し、初出順に配列した。

西岡虎之助一九二三年「遣唐使廃止の年代に関する疑問」（『西岡虎之助著作集』三、三一書房、一九八四年）
森　克己　一九五五年『遣唐使』（至文堂、増補版一九六六年）
弥永貞三　一九五八年「唐との関係」（『図説日本文化史大系四』平安時代（上）小学館）
龍　粛　　一九六二年「寛平の遣唐使」（『平安時代』春秋社）
長島　健　一九六二年「九世紀の日唐交通」（『弘仁・貞観時代の美術』東京大学出版会）
貫　達人　一九六五年「菅原道真上奏文」（『世界歴史事典二二　史料編』平凡社）
川口久雄　一九六六年『菅家文草　菅家後集』（日本古典文学大系、岩波書店）
増村　宏ａ一九七三年「遣唐使の停止について」（『鹿大史学』二一）
増村　宏ｂ一九七三〜七六年『遣唐使の研究』（同朋舎、一九八九年）
鈴木靖民　一九七五年「遣唐使の停止に関する基礎的研究」（『古代対外関係史の研究』吉川弘文館、一九八五年）
佐藤宗諄　一九七七年「寛平遣唐使派遣計画をめぐる二、三の問題」（『平安前期政治史序説』東京大学出版会）
山尾幸久　一九八二年「遣唐使」（『東アジア世界における日本古代史講座』六、学生社）
石井正敏ａ一九九〇年「いわゆる遣唐使の停止について」（『（中央大学文学部）紀要』史学科三五）↓本書6

石井正敏b二〇〇一年「寛平六年の遣唐使計画と新羅の海賊」（『アジア遊学』二六）↓本書8
保立道久　二〇〇四年『黄金国家』（青木書店）
森　公章a二〇〇六年「菅原道真と寛平度の遣唐使計画」（『遣唐使と古代日本の対外政策』吉川弘文館、二〇〇八年）
東野治之　二〇〇七年『遣唐使』（岩波新書）
森　公章b二〇一〇年『遣唐使の光芒　東アジアの歴史の使者』（角川書店）

（2）以下に引用する史料の典拠は次の如くである。『菅家文草』『古今和歌集』は日本古典文学大系本、『日本紀略』『扶桑略記』『公卿補任』は新訂増補国史大系本、『菅家御伝記』は群書類従本（続群書類従完成会版、第二輯）をそれぞれ利用した。なお『菅家文草』については、明暦二年写本影印本『菅家文草』（柳沢良一編、勉誠出版、二〇〇八年）を参照した。

（3）他に停止を伝える記事は『菅家御伝記』にみえるが、それが誤りであることについては後注（9）参照。

（4）「大官」について長島氏は、後に唐を滅ぼし後梁の皇帝となる朱全忠、十国の一つ呉越の創始者銭鏐、そして帝を称して自立したが銭鏐に敗れた董昌らのいずれかではないかと想定されている（四二頁）が、朱褒とみてよいであろう。

（5）「去年三月」は中瓘録記の日付か、王訥が伝えた日付か意見が分かれている。いずれを取るかは、遣唐使計画がいつ持ち上がったのかを考える上でも重要な意味をもっている。傍証がないため判断は難しいが、筆者は王訥によって中瓘録記（上表と同じ）が日本に伝えられた日付と解釈している。

（6）鈴木氏、二八〇～二八一頁、参照。

（7）『論語』子罕篇の、孔子の第一の門人顔淵が師の徳の高さや弟子を学問に導く姿を称えた言葉の中に「欲罷不能」の語があり、「先生の教育がこのように巧みだから、われわれは止めようと思っても、到底やめることはできない。」（吉田賢抗『論語』〈新釈漢文大系、明治書院、一九六〇年〉一九九頁）と訳されている。まさに忠臣としての朱褒の意志に通じるものがあるように思われる。

（8）原美和子「宋代海商の活動に関する一試論――日本・高麗および日本・遼（契丹）通交をめぐって――」（小野正敏ほか編『中世の対外交流　場・ひと・技術』高志書院、二〇〇六年）参照。

（9）たとえば最近の概説書では、坂上康俊『日本の歴史5　律令国家の転換と「日本」』（講談社、二〇〇一年）二四三頁、吉川真司編『日本の時代史5　平安京』（吉川弘文館、二〇〇二年）八九頁、等参照。今年（二〇一〇年）平城京遷都一三〇〇年を記念して企画された展覧会『平城遷都一三〇〇年記念　大遣唐使展』の図録「三、遣唐使の停止とその後の日中関係」（稲本泰生執筆）には、「八九四年、菅原道真を大使とする約六十年ぶりの遣唐使が任命されたが、道真は在唐中の日本僧中瓘が伝えた唐の国情に鑑み、大陸内での行程の危険などを察知して派遣停止の上申書を出した。九〇七年に唐は滅亡、派遣計画も実行に移されぬまま終わった。」（二五三頁）と記述されている。また高校の教科書でも、一部に「結局、この時遣唐使は派遣されないまま終わった」（山川出版社『詳説日本史』六三頁、二〇〇二年文部科学省検定済、二〇〇六年発行）とする記述もあらわれている。

なお、停止を伝える記事には『日本紀略』のほか、道真の子孫である菅原陳経が嘉承元年（一一〇六）に撰した『菅家御伝記』の記事がある。すなわち「同（寛平）七年五月十五日、勅止二遣唐使進一。」と記されている。しかしすでに前稿aの注5で指摘したように誤りである。この記事は『扶桑略記』同日条の「止《イナシ》二唐使入朝一。」とある記事もしくは共通する史料に基づいて文をなしたもので、『扶桑略記』では渤海使を唐使と表記しており、事実は渤海使の入京を指している。したがって『菅家御伝記』の記事を停止を伝える史料とはなし得ないのであるが、早くからこの記事に基づいた寛平七年五月十五日停止説も行われている。前稿ではその比較的新しい例として佐伯有清『最後の遣唐使』（講談社、一九七八年）の記述「翌年五月、遣唐使の発遣は中止となった」（一九二頁）をあげたが、同書を後に講談社学術文庫に収めるに際しては「翌九月」と改められている（二〇〇七年、二〇七頁）。

また、高校の教科書では、上に紹介した一部を除き、八九四年「停止」ないし「廃止」とする説が相変わらず述べられている。そうした中で、桐原書店発行『新日本史B』（平成十五年四月二日文部科学省検定済・平成十九年二月二十八日発行の版）では「八九四（寛平六年）、遣唐大使に任命された菅原道真は、遣唐使の廃止を建議し、翌年にそれを決定した。」（八二頁。算用数字は漢数字に改めた。傍点は筆者。）と記述されている。ただし同書巻末の年表では八九四年遣唐使派遣停止となっている。高校教科書という性格上「翌年」とする論拠は示されていないが、『菅家御伝記』とみて間違いない。文部科学省検定済の高校教科書に遣唐使停止について八九四年・八九五年と異なった年代が示されていることに問題はないのだろうか。

(10) 歴史学研究会編『日本史史料1　古代』(岩波書店、二〇〇五年) 二九三〜二九四頁。
(11) なお『日本紀略』全体の書誌や性格については、拙論「『日本紀略』」(皆川完一ほか編『国史大系書目解題　下』吉川弘文館、二〇〇一年↓本著作集第四巻所収) を参照。
(12) 『寛平御遺誡』は日本思想大系本を用いた。
(13) 『入唐五家伝』(『大日本仏教全書』第百十三冊所収)。
(14) 寛平六年の遣唐使計画にいたる対外関係については、拙論「東アジアの変動と日本外交」(荒野泰典・石井正敏・村井章介編『日本の対外関係　2』吉川弘文館、二〇一一年↓本著作集第一巻14) 参照。

8　寛平六年の遣唐使計画と新羅の海賊

はじめに

九世紀の日本を、唐を中心とする東西貿易が東漸して、東アジア国際貿易市場の有力な一員に組み込まれていく時期とみなすことに異論はないであろう。新羅・唐の商人、そして「商旅」と評された渤海の使節らの活躍が本格的に始まる。国際貿易の時代はとりもなおさず、日本が国際情報社会に入ったことを意味している。通信手段の限られていた当時にあって、貿易商人のもたらす海外情報は極めて重要な意味をもっており、商人にとっては価値の高い商品でもあった。

九世紀の末、寛平六年（八九四）に遣唐使派遣が計画されたが結局中止された、という周知の出来事は、まさに国際情報社会の中で生まれたと言うことができる。(1) 計画立案に際しても、また派遣の再検討を求めるいわゆる菅原道真の建議においても、有力な資料とされているのは、来日の唐商人によってもたらされた在唐日本僧中瓘の書状であり、唐商人の語る唐情勢であった。事実上最後となった遣唐使計画は、その背景に日本に伝えられた海外情報があり、それが分析・処理された結果の一つの事例とみなすことができる。

そこで「九世紀東アジアの交流と日本」と題する特集にあたり、九世紀の掉尾を飾る寛平の遣唐使計画を取り上げ、主に新羅海賊との関連について、情報を一つのキイワードとして念頭に置きながら、若干の考察を試みてみたい。

一　寛平六年の遣唐使計画

寛平六年に遣唐使派遣が計画されたが、大使菅原道真の建議により中止されたとするのは、日本史の常識である。しかしながら根本史料に検討を加えた結果、そのゆるぎない史実とみられる出来事の理解に大きな疑問があり、中止されたという事実はないとする考えを、今からおよそ十年ほど前に発表した。(2) ただ掲載誌が大学の紀要であることによるものか、必ずしも世に知られていないところがあるので、簡単に私見の概要を述べてみたい。

寛平六年の遣唐使については、ふつう次のような経過をたどって中止されたと考えられている。

○七月二十二日（『菅家文草』巻十所収太政官牒）

これより先、唐の情勢を伝えてきた、在唐日本僧中瓘に返牒を送る。その中で、遣唐使の派遣は朝議で定まり、準備を進めているが、災害などが続いているので、実施はやや遅れるかも知れないと述べる。

○八月二十一日（『日本紀略』『扶桑略記』ほか）

遣唐大使菅原道真、副使紀長谷雄らを任命。

○九月十四日（『菅家文草』巻九所収菅原道真奏状）

遣唐大使菅原道真、遣唐使の派遣について再検討を要請。

○同　三十日（『日本紀略』）

遣唐使の派遣停止を決定。

このように任命から停止決定まで僅かに一カ月余と、きわめて短期間であることに加えて、停止決定後も道真らは公文書に遣唐大使などの肩書きを記しているという不可解な状況がある[3]。そこでこの遣唐使計画をめぐっては、果たして当初から派遣の意志があって計画されたのか否か、宇多天皇が道真に文人としての名誉である遣唐大使の称号を与えるために計画されたもの、つまりはジェスチャーに過ぎないといった説をはじめ、政敵道真追放のための藤原氏の陰謀といった説までさまざまな意見があり、さらに道真らの肩書き問題から、これは一時的な中止であって、永久的な停止を意味したものではないといった意見も出されている。

ところで、この問題の根本というべき、遣唐使の停止を伝える史料は、『日本紀略』の「九月三十日、…其日、停㆓遣唐使㆒。」という記事が唯一のものである。これを九月三十日の出来事と理解して、同日に遣唐使を停止したとされているのである。しかしながら、筆者は、「其日」とあることに注意し、

①『日本紀略』には「其日」及びそれに似た「某日」記事があわせて七〇余例あり、その用例を調べると、「其日」も「某日」の意味である。したがって「其日、停㆓遣唐使㆒」を九月三十日の出来事とみなすのは誤りであり、九月三十日に遣唐使派遣中止が決定したと理解することはできない。

②「停㆓遣唐使㆒」の語句は、道真奏状（下文に引用する）の中の「停㆓入唐之人㆒」の語句を参考に、遣唐使が派遣されなかった事実から、『日本紀略』編者が、道真の奏状を受けて何時の日か停止されたのであろうとし

て、「其日、停二遣唐使一」と記したのではないかと推測される。

と考えた。すなわち、寛平六年九月三十日に遣唐使の中止が決定されたという事実はなく、また一時的な中止（延期）が定められたわけでもなく、道真から再検討の要請が出されたものの、朝議で結論が出されないまま時間が推移し、次第に沙汰止みになったというのが真相ではないかと考えている。

筆者の寛平六年の遣唐使計画に関する基本的な考えは以上のごとくで、現在でも妥当な理解と考えているが、そもそもこの時期になぜ遣唐使が計画されたのかといった基本問題、また関連史料の検討には、まだ残されたものがある。そこで小稿では、基本史料の一つである九月十四日付け道真奏状を取り上げ、当時横行していた新羅海賊の遣唐使計画に与えた影響・関連について考えてみたい。

二　寛平六年九月十四日付け菅原道真奏状について

さて、『菅家文草』巻九・奏状に収められた寛平六年九月十四日付け菅原道真奏状は、道真の建議と称されているものであるが、その本文を示すと、次のごとくである。(4)

○『菅家文草』巻九・奏状所収寛平六年九月十四日菅原道真奏状

請レ令三諸公卿議二定遣唐使進止一状

右、臣某、謹案下在唐僧中瓘、去年三月附二商客王訥等一所レ到之録記上、大唐凋弊、載レ之具矣。更告二不レ朝之問一、終停二入唐之人一。中瓘、雖二区々之旅僧一、為二聖朝一尽二其誠一。代馬・越鳥、豈非二習性一。臣等伏検二旧記㆒、度々使等、或有㆓渡㆑海不㆑堪㆑命者㆒、或有㆓遭㆑賊遂亡㆑身者㆒。唯未㆑見㆔至㆑唐有㆓難阻飢寒之悲㆒。如㆔中瓘所㆓申報㆒、未㆑然之事、推而可㆑知。臣等伏願、以㆓中瓘録記之状㆒、遍下㆓公卿・博士㆒、詳被㆑定㆓其可否㆒。国之大事、不㆓独為㆑身、且陳㆓款誠㆒、伏請㆓処分㆒。謹言。

寛平六年九月十四日　大使参議勘解由次官従四位下兼守左大弁式部権大輔春宮亮菅原朝臣某

この奏状は大きく分けて四つの部分から成り、次のようにまとめることができる。

(イ) 中瓘の録記（書状）には、唐の凋弊が詳しく書かれており、また「告㆓不㆑朝之問㆒、終停㆓入唐之人㆒」といったことが記されている。

(ロ) 私たちが、遣唐使関係の記録を調べてみると、
①唐に向かう渡海の途中で遭難して命を落とす例
②賊に逢って命を落とす例
といった例はあるが、唐に到着したならば安全は保障されていた。

(ハ) しかし中瓘の情報によれば、たとえ無事に唐に到着しても安全が保障されない現状にあるとのことである。

(ニ) そこで、中瓘の録記を公卿・博士らに示して、遣唐使の派遣について再検討していただきたい。

中瓘の録記（書状）に記されていたとみられる、「告㆓不㆑朝之問㆒、終停㆓入唐之人㆒」といった部分は難解であるが、[5]ここで問題としたいのは、道真が(ロ)過去の事例としてあげている中の②にみえる「賊」である。当時つまり寛平六年に新羅の海賊が横行していたことは周知のとおりである。そこでこの「賊」を新羅の海賊とみなし、

道真は新羅の海賊に襲われる危険性をあげて、遣唐使の派遣について再検討して欲しいと述べているとみる理解が通説となっている。この頃の新羅の海賊の行動についてみてみると、前年（寛平五年）五月以来、肥前・肥後そして対馬・壱岐と断続的に来襲が続き、ようやく本年十月に大宰府から新羅賊船退去の報が伝えられている。[6]奏状の「賊」を新羅の海賊とみる理由は十分にある。

　これに対して、増村宏氏は、遣唐使の「遭賊」事件とは、渡海の途中で漂流して、主に南方に漂着し、現地人とトラブルとなって、遣唐使が殺されるといったできごとであるとし、具体的な事例をあげて、「遭賊」とは新羅の海賊を指すのではないとされている。[7]筆者もこれまで漠然と「遭賊」とは新羅の海賊を指していると理解してきたが、あらためて考えてみると、後者の可能性が高いと思うようになった。道真が〈旧記を検するに〉と述べている〈旧記〉とは、恐らく自身が編纂中の『類聚国史』が基本で、六国史の記事が検索の対象となっているのではなかろうか。六国史にみえる、遣唐使と「賊」との遭遇を示す史料は次のごとくである。

①「広成之船一百一十五人、漂二着崑崙国一。有二賊兵一来囲、遂被二拘執一。船人或被レ殺、或逃散。自余九十余人、着レ瘴死亡。広成等四人、僅免レ死得レ見二崑崙王一。」
（『続日本紀』天平十一年十一月辛卯条）

②「遣唐第二船知乗船事正六位上菅原朝臣梶成等、海中遇二逆風一、漂二着南海賊地一、相戦之時、……」
（『続日本後紀』承和七年六月己酉条）

③「遣唐使第二船人等廻来申久、去年八月尓南賊境尓漂落氐相戦時、……」
（『続日本後紀』承和七年七月己亥条）

④「（菅原梶成）六年《(承和)》夏帰二本朝一。路遭二狂飈一、漂二落南海一。……嶋有二賊類一、傷二害数人一。……」
（『日本文徳天皇実録』仁寿三年六月辛酉条）

⑤「承和之初、清上《(良枝)》従二聘唐使一、入二於大唐一。帰朝之日、船遇二逆風一、漂二堕南海賊地一、為二賊所一レ殺。」

（『日本三代実録』貞観七年十月廿六日条）

①は天平十年入唐の遣唐判官平群広成らが、帰途遭難して南方の崑崙国（林邑国）に漂着して、多くが「賊」に殺された例であり、②〜⑤はいずれも承和度遣唐第二船が南海に漂着し、「賊」と戦い、殺されたことが記されている。このほか、「賊」の語は用いられていないが、「横遭二逆風一、漂二到南海之嶋一。々名爾加委。仍為二嶋人所一レ滅。」（『日本書紀』斉明天皇五年七月戊寅条）、「漂二着唐国南辺驩州一。時遇二土人反一、合レ船被レ害。」（『続日本紀』宝亀十年二月乙亥条）といった例もある。道真が〈賊に遭ひて遂に身を亡《うしな》ふ〉と称しているのは、増村氏の指摘されるように、上記のような、主に南海に漂着して現地の人と争いになり、命を失う例を指しているとみられ、新羅の海賊ではないと思う。

そして奏状の文章で何よりも注意しなければならないのは、「渡海が危険だから派遣を再検討して欲しい」と述べているわけではないことである。「渡海には遭難や遭賊といった危険がともなうが、ともかく唐に到着すれば、安全が保障されていた。ところが中瓘の伝える唐の現状は、その安全すら保障される状況ではないので、再検討して欲しい」というのである。すなわち文面による限り、唐情勢に対する不安が最大にして唯一の理由なのであって、「遭賊」を上記のように理解すると、道真は新羅の海賊に全く言い及んでいないのである。

それでは新羅海賊のことが書かれていないのは何故であろうか。確かに九世紀前半の承和年間以降、「新羅人に対する排外的・閉鎖的態度が強まってくるという事実と無縁ではなく、「道真の奏状に新羅の賊の侵攻をまったく一言もしていないところにも、そうした当時特有の新羅・新羅人観の一端をうかがうべきかもしれない。」[8]と解釈することもできる。しかしながら、派遣について再検討を求めるということは、その前提として、行きたくないという思いがあることは間違いないであろう。もし道真が派遣を中止して欲しいのならば、当時横行していた新羅の海賊の脅威を明確に述べれば、新羅排斥意識の強い公卿たちに対する説得力も、よほどあるように思われる。それにもかかわらず書かれていないのは、道真ら再検討要請者には、遣唐使派遣問題と新羅の海賊とを直接関連させる考えはなかったと判断せざるを得ないのである。そして道真だけでなく、当時の平安京の貴族達にも、新羅の海賊はあくまでも大宰府管内の出来事とする考えがあったのではなかろうか。

現代の我々は、海賊と云えば、髑髏のマークをマストに掲げて、海上を往来する商船を襲い、金品を奪うというイメージを抱くのではないかと思う。確かに、『日本後紀』弘仁二年（八一一）八月甲戌条に、

大宰府言、新羅人金巴兄・金乗弟・金小巴等三人申云、去年被レ差二本県運一穀、海中逢レ賊。同伴尽没、唯己等幸頼二天祐一、儻著二聖邦一。雖レ沐二仁渙一、非レ無二顧恋一。今聞郷人流来、令レ得二放帰一。伏望寄二乗同船一、共還二本郷一者、許之。

と、新羅人が海上で海賊に襲われたことを述べている。しかしこの頃の海賊は基本的には、沿海地域を襲って穀絹を奪い、あるいは奴婢とするための住民を拉致するといった行動が主流であったのではなかろうか。貞観十一年（八六九）五月に豊前国の貢調船が新羅の海賊に襲われて絹綿を奪われたのも、博多津（荒津）とあるので、おそらく停泊中に襲われたとみるべきであろう（『日本三代実録』同年五月〜十二月条、参照）。航海の途中に海賊に襲われるという状況は、あまり考えられなかったように思う。

このようにみてくると、道真らが再検討を求める時点までは、新羅の海賊のことをそれほど考慮していなかったのではなかろうか。道真らの念頭には、奏状にあるとおり、あくまでも唐情勢に対する不安があり、それが再考を求める最大の理由であったと思われる。

ただし奏状提出直後の九月十七日に、大宰府から大規模な新羅海賊の侵攻のあったことが伝えられた。奏状の「賊」を新羅の海賊とみる意見には、この前後に類をみない大規模な集団で襲ってきたという事件の存在も影響しているように思われる。次にその問題について考えてみたい。

三　寛平六年の新羅海賊をめぐって

さて、寛平六年の新羅海賊については、『扶桑略記』九月の条に詳しく記されている。

九月五日、対馬島司言二新羅賊徒船四十五艘到着之由一。太宰府同九日進二上飛駅使一。同十七日記曰、同日卯時、守文室善友召二集郡司・士卒等一、仰云、汝等若箭立レ背者、以二軍法一将レ科レ罪、立レ額者、可レ被レ賞之由言上者。仰訖、即率二列郡司・士卒一、以二前守田村高良一令二反問一。即嶋分寺上座僧面均・上県郡副大領下今主為二押領使一、百人軍各結二廿番一、遣絶下賊移二要害一道上。豊圓〔国カ〕春竹卒二弱軍四十人一、度二賊前一。凶賊見レ之、各鋭レ兵而来二向守善友前一。善友立レ楯令レ調レ弩、亦令二乱声一。時凶賊随亦乱声。即射戦。其箭如レ雨。見二賊等被レ射弃逃帰一、将軍追射。賊人迷惑、或入二海中一、或登二山上一。合計射二殺三百二人一。就レ中大将軍三人・副将軍十一人。所レ取雑物、大将軍縫物・甲冑・貫革袴・銀作太刀・纏弓韋・胡簶・宛夾・保呂各一具。已上附二脚力多米常継一進上。又奪二取船十一艘・太刀五十柄・桙千〔十カ〕基・弓百十張・胡簶百十房・楯三百十二枚一。僅生二獲賊一人一、其名賢春。即申云、彼国年穀不レ登、人民飢苦。倉庫悉空、王城不レ安。然王仰為レ取二穀絹一、飛帆参来。但所レ在大小船百艘、乗人二千五百人。被二射殺一賊其数甚多。但遺賊中、有二最敏将軍三人一。就レ中有二大唐一人一。〈已上、日記。〉

冒頭の日付の部分にはやや誤脱・混乱があるようであるが、新羅の海賊の来襲について詳しい情報が大宰府を通じて伝えられている。現場の緊迫した雰囲気が良く伝わる記事であるが、海賊の規模について、「新羅賊徒船四十五艘」とあり、「所レ在大小船百艘、乗人二千五百人。」とも記されている。そこで後者の示す数字つまり一〇〇艘、二五〇〇人で襲ってきたとする理解がある。(9)しかし「所レ在」云々の部分は捕虜の賢春から得た情報で、彼ら新羅海賊の本拠地には大小百艘の船があり、賊徒二五〇〇人がいることを述べたもので、今回対馬を実際に襲ったのは、四五艘であったとみるべきであろう。

それはいずれにせよ、四五艘と、確かにこれまでになく大規模なものである。道真の奏状にみえる「遭レ賊」を新羅海賊とみる意見の背景には、ちょうどその頃にこのような大規模な来襲が見られることもあると思われるが、それだけでなく、この度の新羅海賊を特別なものと思わせる理由があると筆者は推測する。

『扶桑略記』の記事の中で特に注目されるのは、捕虜となった新羅人海賊賢春の供述であろう。

> 即申云、彼国年穀不レ登、人民飢苦。倉庫悉空、王城不レ安。然王仰為レ取二穀絹一、飛帆参来。

と述べている。この供述については、

> 彼の言う所によれば……、王は仰せて穀絹を取らんがために飛帆参来せしめたもの……なる旨を述べている。此の陳述がどこまで真実であるかは疑わしいが、此の賊船が国内の飢乏を国外の掠奪によるべく国王の命により組織的に行なわれたというのは賊徒の構言であろうと思われるが、……(10)

といった「新羅国王が日本を襲わせた」とする理解が早くから示されており、最近でも、「この戦いで捕虜となった新羅人の賢春は、不作と飢饉が発生したため、国家財政を補充するために、王の命令を受けて対馬島を襲ったと告白したが」[11]といった同様の意見が示されている。さらには新羅をもって「海賊国家」[12]とする意見もあるが、それも賢春供述が重要な史料となっている。

この捕虜の供述を事実とみるか、やや虚言が混ざっているとみるか、多少の相違はあるが、ともかく「新羅国王が日本襲撃を命じた」という理解においては共通している。もしこれが事実とすれば、単なる海賊行為ではなく、まさに新羅が国家をあげて日本に略奪戦争を仕掛けてきたと言うに等しい行為である。このような理解も奏状の「賊」を新羅海賊とみなし、道真らに新羅の海賊に対する恐怖心があったとみなす考えに重要な影響を与えているように思われるのである。

しかしながら、このような理解は史料の誤読に基づくものと思われる。捕虜賢春の供述の中で問題となるのは、「然王仰為レ取二穀絹一、飛帆参来。……」という部分であろう。ここから、「新羅王が対馬を襲って穀・絹を取ることを命じた」との解釈が導き出されているのであるが、この記事はそのように理解すべきではないと思う。すなわち、〈然るに、王、仰せて穀絹を取るがため、飛帆参来す〉というのは、

(人々が飢えに苦しんでいるにもかかわらず、)それでも新羅王は穀物・絹などの徴収を命じたため、(やむを得ず我々は)日本にやってきた(襲った)のである。

と解釈すべきではなかろうか。つまり新羅王が命じたのは、日本を攻めることではなく、飢えに苦しむ新羅の人民からさらに穀物・絹などを徴収させることである。その王の苛斂誅求に堪えられずに、日本を襲ったと供述し

ていると解釈するのが正確であろう。『三国史記』巻十一・真聖王三年（八八九）条に、

　国内諸州郡不㆑輸㆓貢賦㆒、府庫虚竭、国用窮乏、王発㆑使督促。由㆑是所在盗賊蜂起。

とみえる。すでによく知られている史料で、日本を襲った新羅海賊に関連して必ず引用される史料である。朝廷の国用が窮乏しているので、国王が納入を督促させたところ、各地で盗賊が蜂起したという。連年の不作で困窮している人民から、それでも租税を徴収しようとしたため、民衆はやむなく蜂起したという状況を述べている。『扶桑略記』の記事も、『三国史記』の記事に云う、〈是に由り〉を補なって理解すべきであろう。したがって、新羅王が対馬襲撃を命じたとするのは、誤解であると思う。

それは、この大宰府からの詳しい情報に接した日本の朝廷の対処の仕方からもうかがわれる。このような外敵の来襲というのは、まさに時の朝廷・政府の情報処理能力や危機管理機構の有効性が問われる事件である。対馬を襲撃した海賊を撃破したという大宰府からの詳報を受けた直後の九月十九日には、出雲・隠岐に烽燧を復置すべきことを命じる官符が出されている（『扶桑略記』寛平六年九月十九日条、『類聚三代格』巻十八）。「寇賊数来、侵㆓掠辺垂㆒」とあり、復活の理由が新羅の海賊にあることは間違いない。しかしながら、〈隠岐国の解を得るに偁く〉とあるように、隠岐国司の申請を受けて復活されたのであって、朝廷が積極的に防衛策として講じたわけではない。それも平安京まで通じる通信システム全体を見直すのではなく、あくまでも隠岐国が離島であるため、出雲国に連絡するための通信措置として復置されているのである。

また『日本紀略』の同じく九月十九日条には、

大宰府飛駅使言上、打二殺新羅賊二百余人一。仍仰二諸国一、令レ停二止軍士警固等一。

とある。新羅海賊を打ち破ったという報告を受けて、〈諸国に仰せて軍士の警固等を停止〉させている。

これらの伝えるところは、国王の命令を受けて海賊が襲ってきたことを知ったにしては、余りにも無警戒であり、新羅が国をあげて襲ってくることに対する危機感は極めて希薄であると言わざるを得ない。『扶桑略記』の問題とする記事（賢春の供述）は、私見のように、国王の苛斂誅求に、やむなく日本を襲ったと述べていると理解すべきであると思う。

そして大宰府からの報告に対する以上のような対応は、果たして平安京の貴族たちが、新羅の海賊を真に脅威と感じていたかを疑わせるものがあり、道真らの奏状に新羅海賊のことが一切触れられていないことは、そもそも遣唐使計画に新羅の海賊問題は存在していなかったことを示しているのではなかろうか。

むすび

以上、九世紀における対外関係史上の重要な出来事の一つである寛平六年の遣唐使計画と、その当時横行していた新羅海賊に関連する問題について若干の考察を加えてきた。道真が遣唐使派遣の再検討を求める奏状において、新羅海賊について全く触れていないこと、書かれていないことの意味を考え、道真らが海賊に対する脅威を果たして肌で感じていたのか疑問に思われることを述べてみた。臆測に頼る部分が少なくなく、また当時の日本人の新羅観全体から考えてみる必要があると思っているが、ご批正を得られれば幸いである。

注

（1）寛平六年の遣唐使計画については、数多くの研究があるが、次の二つの文献が、先行研究の紹介をはじめ、問題点を指摘する、基本的な文献である。鈴木靖民『古代対外関係史の研究』第一編―六「遣唐使の停止に関する基礎的研究」（吉川弘文館、一九八五年。初出一九七五年を増訂）、増村宏『遣唐使の研究』第四編「遣唐使の停廃について」（同朋舎、一九八八年。初出一九七五～七六年）。

（2）拙稿「いわゆる遣唐使の停止について――『日本紀略』停止記事の検討――」（『〈中央大学文学部〉紀要』史学科三五、一九九〇年）→本書6。

（3）遣唐使の肩書きを名乗っている下限は次のとおりである。
遣唐大使菅原道真―寛平九年（八九七）五月頃。
遣唐録事阿刀春正―昌泰元年（八九八）十月頃。
遣唐副使紀長谷雄―延喜元年（九〇一）十月頃。

（4）川口久雄校注『菅家文草　菅家後集』（岩波書店日本古典文学大系本、一九六六年）五六八頁所載、参照。

（5）前注（1）所掲二書参照。

（6）関幸彦「平安期、二つの海防問題――寛平期新羅戦と寛仁期刀伊戦の検討――」（『古代文化』四一―一〇、一九八九年）参照。なお関連史料については、『大日本史料』第一編之二、参照。

（7）増村宏（前掲書）四四七頁。

（8）鈴木靖民（前掲書）二九一頁。

（9）濱田耕策「新羅王権と海上勢力――特に張保皐の清海鎮と海賊に関連して――」（唐代史研究会報告第八集『東アジアにおける国家と地域』（刀水書房、一九九九年）四六五頁。

（10）内藤雋輔『朝鮮史研究』第八章「新羅人の海上活動について」（東洋史研究会、一九六一年。初出一九二八年）三三五八頁。

（11）濱田耕策氏は前掲論文において、「この戦いで捕虜となった新羅人の賢春は、不作と飢饉が発生したため、国家財政を補充するために、王の命令を受けて対馬島を襲ったと告白したが、その規模は実に船は百艘、二五〇〇人であったとも言う。これより先の八八九年、新羅では慢性的に窮乏する国家財政の補充のために賦税の取り立てを厳しくしたから、各地に反乱の起ったことが、『三国史記』に記録されている。新羅の王命による海賊行為であったという賢春の告白は、捕虜の命乞いのために発した虚言ではないように思われる。」（四六五頁）と述べておられる。

なお濱田氏論文に先だって山内晋次氏が「九世紀東アジアにおける民衆の移動と交流――寇賊・反乱をおもな素材として――」（『歴史評論』五五五、一九九六年）に同様の理解を示されている。次のごとくである。「『扶桑略記』には、「彼国年穀不登、……飛帆参来」と語ったと記されている。この言葉では、新羅王が彼らに対馬島襲来を命じたことになっているが、この点は疑わしい。しかしこの言葉が、『三国史記』……の「国内諸州郡……盗賊蜂起」という記事と関係することは認められるであろう。おそらくは、このときの新羅王の命令が、かなりゆがめられたかたちで対馬島を襲った新羅人たちに伝わっていたものと思われる。もちろん、新羅王自身が命じた可能性も完全には否定できないが、むしろ、先述のようなどこかの地方豪族が、この新羅王の命令を利用して、それをゆがめたかたちで配下に伝え、問題の新羅人たちに対馬島を襲わせた可能性のほうが高いのではなかろうか。」（五四頁）。

(12) 生田滋「新羅の海賊」（三）「海賊国家」とその終焉（『海と列島文化』第二巻「日本海と出雲世界」小学館、一九九一年）。

9 『古語拾遺』の識語について

はじめに

斎部広成が著した『古語拾遺』には、多数の写本・刊本が伝存するが、周知のように、同書には、卜部本系と伊勢本系との、二系統の伝本があり、卜部本系については、幸い現伝諸本の祖本の位置を占める嘉禄元年（一二二五）卜部兼直書写本（嘉禄本、天理図書館蔵）が伝わっている。(1) 嘉禄本の直接・間接の転写本もやや多く伝わるが、その一つに文明十九年（一四八七）に卜部兼致が書写せしめた一本（兼致本、原本の伝存不詳）があり、その転写本等には現在の嘉禄本に見えない卜部兼直・同兼文の識語が記されている。この識語について、従来、余り掘り下げた検討は加えられていないように思われるが、その内容は古代史の重要な事実を伝えるものであり、また、嘉禄本の、現状と異なる古い姿を推測する手掛かりとなるなど、興味深い点があるので、以下に紹介することとしたい。

一

まず識語を、宮内庁書陵部蔵明応元年（一四九二）智祐書写本によって示すと[2]、その第一丁表に（便宜上、段落ごとに(イ)〜(ニ)の符号を付す）、

(イ)延暦廿二年三月乙丑、右京人正六位上忌部宿禰浜成等、／（改行、下同ジ）改忌部為斎部。己巳、遣正六位上民部少丞斎部
宿禰浜／成等於新羅国、大唐消息。

(ロ) 浜成所作天書、非古事記、別書也。余件天書少々所持者也。（卜部）兼文記之。

(ハ)或云、此書浜成卿所造、一名天書云々。未詳可否。江家本所被注付／也。天書者、天書帝紀、一部十巻。
日本紀具書也。

(ニ) 此書尤可秘蔵之書也。就中本朝秘書等、大半皆允亮初点読之故也。

（卜部）兼直

とある。同本は本文の次に「裏書云」として嘉禄本の紙背にある『日本後紀』大同元年七月庚午条を記し、ついで奥書を記している。奥書には、

本云、文明十九年二月上旬、課或人書写焉。同五月／廿五日、為備後代之証本、以累家之秘説加／朱墨両点、読
合之畢。

蔵人神祇少副卜部朝臣兼致

同六月十一日、加首書訖。　卜部判

右一冊者、於永昌坊披見次令書写畢。

明応元年十月中旬　城外楽水耳順智祐性述

とあり、文明十九年に卜部兼致が書写せしめた一本を、その五年後の明応元年に写したものであることが知られる。また同じく巻首に識語を記し、文明十九年兼致奥書をもつ写本に梵舜書写本[3]（梵舜（甲）本、国学院大学図書館蔵）があり、同本では嘉禄本の奥書・卜部氏歴代の披見の記[4]（文明元年兼倶まで）に次いで文明十九年兼致奥書が記されている。両本の本文及び梵舜（甲）本の奥書から、兼致本の底本が嘉禄本であったとみて間違いない。智祐本では、兼致本の本奥書を省略して、兼致奥書のみをとったのであろう。この他、識語及び梵舜（甲）本と同じ奥書をもつ写本に、梵舜書写本[5]（梵舜（乙）本、書陵部蔵）・寛延四年（一七五一）吉田兼雄書写本[6]（天理図書館蔵）等がある。但し、智祐本・梵舜（甲）本では識語が巻首に記されていたのに対し、梵舜（乙）本・兼雄本では本文最終行の次、嘉禄本奥書の前に記されている。つまり識語の位置が巻首・巻末の両様に伝えられていることになる[7]。

なお問題とする識語は、上記諸本の他に、写本では蓬左文庫本[8]（但し識語は智祐本による後補）・彰考館本[9]（但し識語（ハ）（ニ）と兼直記名）、及び嘉禄本紙背に存する『日本後紀』の記事と共に「古語拾遺奥書[10]」として単独に伝わるもの、あるいは版本等に書き込みの形で伝わるものもある[11]。

さて識語は、

（イ）　斎部浜成の事跡、

（ロ）　『天書』と『古事記』との関係について、

（ハ）『古語拾遺』と『天書』とを同書とする説の紹介、及び『天書』の概要、
（ニ）『古語拾遺』の由緒を述べて、秘蔵すべき旨の注記

の四段より成り、注記者は、（イ）は不詳、（ロ）は卜部兼文、（ハ）（ニ）は卜部兼直とみてよいであろう。両名は現在伝わる『卜部系図』[12]には左のごとく見える。

兼延―（吉田）兼忠―（五代略）―兼茂―兼直―兼藤―兼益―兼夏―兼豊―兼煕―兼敦―兼富―兼名―兼倶―兼致
　　―（平野）兼国―（五代略）―兼頼―兼文―兼方

兼文は鎌倉時代中期文永頃を中心に活躍し、息男兼方編『釈日本紀』は兼文の見解が基礎となって成立したものである。[13] 一方の兼直は兼文より早く鎌倉時代前期に神祇の有職家、『日本書紀』などの古典研究家として重んぜられた。共に卜部家家学となる古典研究の基礎を築いた人物である。そしていわゆる吉田流・平野流卜部にそれぞれ属する両名が相並んで注記している点に興味深いものがあろう。[14]

これまでもこの識語の存在に注意されていないわけではないが、[15] 例えば、前掲兼雄書写本（識語を巻末に記す）にもとづいて、本文は嘉禄本と全く同じでありながら、兼文・兼直注記が嘉禄本にないことや、また「兼文の注記を先輩の兼直注記に先行させている書き方は不自然で」あることから、「文明期以後、平野系卜部本の存在を必要とする両家（吉田流・平野流―引用者）対抗の事情のもとで成立した一伝本と見る」という、[16] 識語を後世の所産とする意見すら出されている現状で、ほとんどとりあげられていないと言ってよい。そこで、識語の内容について検討する前に、まず識語の記された位置について考えてみたい。前述のように、智祐本・梵舜（甲）本では巻首に識語があり、梵舜（乙）本・兼雄本では本文の次に記されているからであるが、この点では嘉禄本の現状が

注目される。

二

嘉禄本の現状をみると、本文第一紙の右端は次のごとくである。

これまでも指摘されているように、右下端に兼直自署が半存している。更に半存の状態に注目すると、右側に二〜三ミリの余白が第一紙右端との間にある。これは糊代とみられ、現状第一紙の右端が、切断されたのではなく、右側に少なくとももう一紙接続していたこと、そしてそれが署名の書かれた後、いつしか剥離してしまったことを物語っている。つまり嘉禄本には本来、現在の第一紙の前に少なくとも別の一紙が接続していたことは明らかである（それはあるいは表紙―見返しにあたるものかも知れない）。紙継目に署名することは、卜部兼方書写本『日本書紀』[17]等、例は多いが、嘉禄本の場合、第一紙のみに存していることは注意され、単なる紙継目の署名ではないことを思わせる。

そこで注目されるのは、署名半存の位置が、智祐本等にみられる識語の左下端にある兼直記名の位置と一致することである。そして識語が智祐本・梵舜（甲）本では巻頭に記されていることを勘案すると、嘉禄本の現在では失われてしまった第一紙の前の料紙には、兼直署名だけでなく、識語も記されていたのではないかと推測されるのである。そしてこの推測は、識語の兼直・兼文の注記の順序からも裏づけられる。すなわち、右から時代の新しい兼文、兼直と続く注記は、巻末にあるとすると年代的に確かに不自然であるが、これが巻頭にあったとすれば、兼直注記の次に、右側の余白に兼直注記に関連した注記を兼文が記したものとみて何ら不自然ではなく、前述のような疑問も氷解するであろう。智祐本・梵舜（甲）本では識語の位置も忠実に写したが、梵舜（乙）本・兼雄本等（おそらくその底本において）では識語を巻末に移してしまったものであろう[18]。

以上のように、問題とする識語は嘉禄本にも存したとみられ、後世作られたものではないこと、そしてその識語の記された巻頭の料紙は文明十九年兼致令写後の何時か失われてしまったことが推測されるのである[19]。この推測が認められれば、兼直書写本に兼文が注記を加えていることになる。前述のように、『卜部系図』では両名はそれぞれ吉田流・平野流の別系に属していて、両流の交流を示す興味深い史料である。ところで、流布の『卜部系図』では全く触れられていないが、兼直・兼文が親子であったことを示す史料がある。すなわち、卜部兼豊編『宮主秘事口伝抄』[20]禁裏宮主所役の項所引「兼文宿禰記」正元元年十一月十七日条・同二十日条において、兼文が兼直を「親父兼直宿禰」と称している[21]。これが事実とすれば、兼直が書写し注記を加えた本を、その子の兼文が一見し、関連ある注記を記したとみて、何ら不思議ではないこととなろう。

なお兼直・兼文の親子関係が認められると、嘉禄本の本文の次・兼直奥書との余白に、

一見丁。
卜（花押）

と大書している、従来不明とされている人物が兼文ではないかとの推定も可能になってくる。嘉禄本には、この記者不明の披見の記・兼直奥書の後に兼夏以降ほぼ歴代の当主が一見の旨を認めているが、兼夏・兼豊・兼熈（応安六年記）は裏に、兼熈（至徳二年記）以降は別紙を継いで、それぞれ書き継いでいるので、問題の人物は兼夏以後の人物とは思われず、兼直にかなり近い人物とみられること、そして兼文は巻頭に識語を記しているにも拘わらず、その名が披見の記にはないこと、などを考えると、花押の主は、兼文である可能性が極めて高いと思われる。(22)

三

さて、はじめに触れたように、現在では識語の存在については注意されても、その内容に立ち入った検討はみられないようであるが、江戸時代以降の国学・神道関係の書物には、この識語にもとづくとみられる記事が散見している。例えば、元禄五年（一六九二）完成、享保九年（一七二四）出版の鴨祐之編『日本逸史』(23)延暦二十二年三月条に、

乙丑、賜遣唐使彩帛各有差。日本記略。〔紀、下同ジ〕右京人正六位上忌部宿禰浜成等、改忌部為斎部。古記引国史云。○己巳、遣唐使等於朝堂院拝朝。日本記略。○古記引国史云、己巳、遣正六位上民部少丞斎部宿禰浜成等於大唐。

とある。己巳条の末文「於大唐」が識語では「於新羅国、大唐消息」となっていることを除けば、「古記」の文と識語の（イ）とは一致する。次に、元禄九年（一六九六）十一月の奥付けを持つ四宮社版『古語拾遺』に付さ

れた大伴重堅「書古語拾遺後」に、

延暦中浜成作天書。而其書既逸、今不可得検焉。

とみえる。また「群書類従」に『古語拾遺』を収めるにあたり、諸本を校合した日下部勝皐の「古語拾遺攷異」[24]（寛政三年［一七九一］）の跋に、

若其旁訓、頗従古鈔本。卜部兼直説曰、本邦古書、允亮多加旁訓。此書亦経彼手也。意者、允亮、蓋維〔惟〕宗朝臣允亮也。一条帝時人、而官明法博士・左衛門権佐。其為人也、宏才博識、名誉藉甚於当時。兼直之説、或其然也。故今従之。

とあるのは、識語の（二）と関連するものである。そして平田篤胤は、その著『古史徴』[25]に、

大伴重堅が跋に、〇中略此ノ跋にいはゆる浜成のことは、桓武天皇紀延暦二十二年三月の下に、忌部宿禰浜成等、改忌部為斎部と見ゆ。さて天書のこと、旧き書目録の一本に、斎部浜成撰と有る故に、己も前に第十五段の徴を記す頃は、しかのみ思ひて有しを、後に異本どもを見れば、大納言藤原浜成撰とあり。斎部浜成は、時代を推考ふるに、広成宿禰の父などにやと思はるれば、漢意はあらじを、天書のいたく漢風なるを思ふに、藤原浜成撰とあるぞ正かるべき。

（一之巻冬、開題記）

とか、

抑この天書てふ書は、古き書目録にも見えて、斎部浜成撰とあり。この浜成てふ人は、桓武天皇紀に其ノ名見えて、太玉命の裔たるに、かかる妄リ説を記されつるは、いかなる心にか。年次を考フるに、大かた広成宿禰の、父などにもやとおぼゆるを、彼ノ宿禰の、古語拾遺を著されし心とは、いたく違へる漢意なりけり。或説に、古語拾遺ぞ、やがて天書なると云へる説もあれど、いみじき非説なり。また世に天書と云フ物あれど、そは釈紀などに引るに拠りて、作れる妄リ書と見えたり。（二之巻上、第十五段）

と述べている。また、佐伯有義編『神道叢書』所収『天書』[26]の解題に、

卜部兼直古語拾遺奥書に云く、夫〔天〕書者、帝紀一部十巻、日本紀具書也、此書尤可秘蔵之書也、とあり、されば、中古の神学者の間には、いたく尊重せられし書といふべし、

とある。この他にも讖語に関連した問題に論及している文献[27]はあるが、『天書』解題を除き、いずれも出典が明記されていない。しかしながら、その源は本稿で問題とする讖語とみて相違ないであろう。

四

以上、讖語に出典をもつとみられる記述をあげてきたが、まず讖語の（イ）斎部浜成の事跡については、『日

本逸史』にとられていることから流布しており、改姓記事はよく引用される。しかし今一つの浜成の奉使記事については、同書が〈大唐ニ遣ハス〉としているため、遣唐使の一員にすぎないとみるためか、ほとんど注意されていない。(28) しかし浜成の奉使先は、本識語に従って新羅と解すべきである。このことは別稿で詳しく論じたので(29)詳細は略すが、『三国史記』哀荘王四年（延暦二十二年）秋七月条に、

與日本国交聘結好。

とある記事、『日本後紀』延暦二十三年九月己丑条に、

遣兵部少丞正六位上大伴宿禰岑万里於新羅国。太政官牒曰、遣使唐国、修聘之状、去年令大宰府送消息訖。

とみえる記事と関連し、斎部浜成は遣唐使派遣にあたり、遣唐船が漂着した場合の保護依頼のために新羅に派遣されたものとみられるのである。そして識語（イ）は『日本後紀』逸文とみてよいと思われる。

さて、識語（イ）は、（ロ）（ハ）で問題とされている『天書』の作者「浜成」が斎部浜成であることを説明するために注記したものとみられる。『天書』については、『本朝書籍目録』一　神事、の冒頭に、

天書　十巻　　大納言藤原浜成撰

とあり、『歌経標式』の著者として名高い藤原浜成（七一一～七九〇）の著作とされている。本書は『釈日本紀』

『長寛勘文』(30)等に引用されているが、数多く伝わる写本については、前引平田篤胤のように偽書とする見解が強い。しかし流布本を詳しく検討された坂本太郎氏は、真偽二種あり、神代より皇極天皇に至るまでを編年体に叙述した一本は真本であることを明らかにされた。(31)但し著者を藤原浜成とすることについては、実際は参議に終わった浜成を大納言とするなど疑問があり、「天書と浜成との関係は、ついに伝説以上の価値を得ない」と結論された。(32)

そこで本識語の示唆する著者斎部浜成説は如何であろうか。前述のように平田篤胤は「古き書目録の一本に、斎部浜成撰と有る故に」云々と述べているが、それが『本朝書籍目録』であるとすると、現伝の同書の写本には、そのような内容の本がなく、(33)不審である。しかし坂本氏の、(一)真本『天書』は、文章が漢風で著者もしくは著作時代の漢文学心酔をあらわす、(二)天皇を全て漢風謚号で記しているので、漢風謚号のすでに撰進された後の著作である、という指摘(34)を参考にすると、斎部浜成は遣新羅使に任命されるほどであるから、漢文学に通暁した文化人とみなされること、また漢風謚号撰進は天平宝字年間とみられ、(35)浜成はそれより後に活躍していること、などからみて、『天書』の著者斎部浜成説は有力な一説として検討に値し、篤胤のごとく無下に却けることはできないであろう。

次に識語（ロ）（ハ）は、（ハ）（ロ）の順で注記されたとみられるが、まず（ハ）では、「此書」つまり『古語拾遺』は一名『天書』であるとの注記が大江家蔵本にみられること、『天書』とは「天書帝紀、一部十巻」のことで、『日本書紀』の具書であるという。これに対し兼文は、『天書』は『古事記』とは別書であること、自分は『天書』を所蔵していること、を注記している。ここで兼直が『天書』を〈日本紀ノ具書〉といい、兼文が〈古事記ニ非ズ〉と述べて、一見関連がないようにみえるが、これは「帝紀」の理解からくるものであろう。すなわち、「帝紀」といえば想起されるのは、『古事記』序文に、「故惟撰録帝紀、討覈旧辞」云々、『日本書紀』天武天皇十年三月丙戌条に、「天皇御于大極殿、以詔川嶋皇子○中略令記定帝紀及上古諸事」とみえることであり、『古事記』『日本書紀』の原資料として周知の文献である。兼直が『日本書紀』、兼文が『古事記』と関連した注記をしているのは、こうした事情によるものであろう。[36] なお、兼文が〈件ノ天書、少々所持スル者ナリ〉と記していることは、同書を引用する『釈日本紀』が兼文の見解を基礎に成立していることを考えるとき、興味深いものがあろう。ともあれ、『天書』に関する本識語の持つ意義については、今後更に検討を要するが、手掛かりの乏しい『天書』を考える上で重要な史料となるであろう。

そして識語（二）の「允亮」云々の注記は、文意を正確にとらえることはむつかしいが、前引日下部勝皐の解釈のように、平安時代中期一条天皇の頃に活躍した明法家惟宗允亮が本書の読解を行ったことを伝えるものであろう。允亮編『政事要略』にも『古語拾遺』が引用されている。[37]

むすび

以上、『古語拾遺』の巻頭識語の存在及びその内容について簡単にみてきた。これまでこの識語についてはあまり注意されず、あるいはこれを後世の所産とする理解があることを紹介したが、そのような理解の根底には、いわゆる卜部（吉田）家の蔵書には改竄や偽作が多いという通念が働いているように思われる。しかし上述のごとく本識語は、もともと嘉禄本にも存在したものとみられ、その内容からみても改竄を加えたり、偽作しなければならない理由を見いだすことはできない。識語の内容についてはに検討が必要であるが、本稿では、識語が史料として十分な価値をもつことを確認して筆を擱くこととする。

注

（1）『古語拾遺』の諸本については、鎌田純一「古語拾遺諸本概説」（『国学院大学日本文化研究所紀要』一三、一九六三年）、西宮一民校注『古語拾遺』（岩波文庫、一九八五年）、飯田瑞穂校訂『古語拾遺附註釈』（『神道大系古典編』一九八六年）等参照。嘉禄本は、複製本が便利堂（一九四一年）・貴重図書複製会（一九四二年）から刊行され、影印が『天理図書館善本叢書　古代史籍集』（八木書店、一九七二年）に収められている。同本の奥書・卜部氏歴代の披見の記を、記載の順序に番号を付けて年次・記者を示すと、次のごとくである。

①一見了　―（不明）
②嘉禄元年―兼直
③嘉元四年―兼夏
④延文元年―兼豊
⑤応安六年―兼煕
⑥至徳二年―〃
⑦同　三年―〃
⑧明徳元年―〃
⑨同　四年―兼敦
⑩応永三年―兼煕
⑪応安六年―〃
⑫応永二年―〃
⑬同　四年―兼敦
⑭同　五年―〃
⑮康正三年―兼名
⑯文明元年―兼倶
⑰同　九年―兼致
⑱永正十一年―兼満

⑲享保十八年―兼雄
⑳嘉永元年―良芳

なお、兼直書写奥書②に、「嘉禄元年二月廿三日、以左京権大夫長倫朝臣本書写了。」とある。ところが嘉禄元年は四月二十日改元であること、藤原長倫が左京権大夫に補せられたのは嘉禄二年正月二十三日であることから、追記説もある。これについて西宮氏は、本文末の「大同元年二月十三日」につられて嘉禄「二」年を「元」年と誤記してしまったのであろう、とされている（岩波文庫本解説）。これに従えば、嘉禄本の書写年次は嘉禄二年となる。

（2）架号・谷―三三六。一冊。

（3）架号・貴―九七九。一冊。本文の次に嘉禄本裏にある『日本後紀』を引き、ついで「御奥書云」として嘉禄本の⑨を除く①から⑯までの奥書、そして文明十九年兼致奥書が記されている。⑨が書写されておらず、また脱文もあるが、意図的なものとは思えず、単純な誤脱とみてよいであろう。更に本奥書の次に、「右龍玄筆跡也、加証明了。（花押（兼雄カ））」とあり、後表紙見返しに、「梵舜御筆也、加修補畢。／弘化四年十一月廿九日／従三位侍従卜部良芳」とある。なお本書が、鎌田氏が昭和三十五年の東京古典会大入札会の時以来所在不明とされた「梵舜本」であろう（前掲論文、七四～七五頁参照）。

（4）前注（1）参照

（5）架号・四一五―二三五。小本一冊。奥書の末に別筆で、「右、龍玄真筆也。／加証明了。卜兼雄」とあり、卜部（吉田）兼雄が龍玄（梵舜）自筆本と記している。これについて西宮氏は、「梵舜の文字また兼雄の文字らしくもないので、梵舜本とは呼ばずに、吉田氏の書庫名印「隠顕蔵」を以て呼んでおく」として、「旧隠顕蔵本」と呼称されている（岩波文庫本解説、二一四頁）。なお同本の文明十九年兼致奥書の署名部分には「卜部（花押影）凡御判形如此」と花押影が記されている。

（6）架号・吉一一―二二。一冊。奥書の末に、

寛延四年六月四日、読見之序、為／類本以家本令書写畢。
正三位神祇権大副侍従卜部（花押）四十七歳
宝暦五年七月九日、加朱点読合之畢。

従二位神祇権大副侍従兼雄五十一歳

とある。

(7) なお同じ文明十九年兼致奥書を持つ写本に、静嘉堂文庫蔵本（西大寺本、架号・一〇八―一八。一冊）がある。同本は梵舜（甲）本と同じく本文の次に、「裏書云」として『日本後紀』を記し、ついで嘉禄本の奥書①～⑧⑩～⑯を記している。しかし問題とする識語はみられない。但し、前表紙見返しの料紙は、本文及び後表紙見返しのものと比べて新しく、後補とみられ、同本にも智祐本・梵舜（甲）本と同じく巻首に識語があった可能性がある。

(8) 蓬左文庫蔵。架号・一〇九―七。一冊。同本は、第一紙にある識語及び冊末の『日本後紀』の記事・文明十九年兼致奥書・明応元年智祐奥書は同筆で、本文及び奥書（嘉禄本の①②③④⑦⑪⑬⑮⑯⑰⑱）とは別筆である。そして識語のある第一紙には「尾府内庫図書」、第二紙の本文巻頭には「御本」の蔵書印が押されている。「御本」印は尾張藩祖徳川義直の旧蔵書に限られ、「尾府内庫図書」印は時代が降るといわれている（織茂三郎「蓬左文庫の蔵書印」その一・三〔『蓬左』一・四、一九八〇年〕）。これらの点から、蓬左文庫本はもともといわゆる伴家本系（前掲鎌田氏論文参照）の写本で、後に前掲智祐本を得て、冊首に識語、冊末に兼致・智祐奥書を補ったものであることが知られる。なお蓬左文庫本の写に、無窮会専門図書館蔵『玉篚』第二百五十八冊所収本（架号・井一三三二―二五八。一冊）・鶴舞図書館蔵本（架号・河―コ―四八。一冊）等がある。

(9) 彰考館文庫蔵。架号・一〇九―〇九六九三。一冊。本文の次に識語の（ハ）（ニ）兼直記名を記し、続けて左の奥書がある。

右、以累家秘本令書写之、／加朱墨両点校合訖。

正保三丙戌年正月吉曜日

神道管領長上卜部朝臣兼里

神　祇　道　　卜部兼従

なお本書の識語・奥書が、都立中央図書館蔵加賀文庫本（架号・一六二四。版本一冊）・無窮会専門図書館蔵神習文庫本（架号・二―一―乙―一―二一八八井。一冊）等に転写されている。

(10) 天理図書館蔵。架号・吉一一―三八。二紙。

(11) 国立国会図書館蔵「伴信友遺書」所収の信友自筆書き入れ本（架号・せ―六八。版本一冊）の末尾に朱書で、「イ本奥ニ云」として梵舜（乙）本の識語・奥書が記されている（但し、『日本後紀』の本文は省略）。同本と同種の信友書き入れ本（転写本の可能性がある）に、宮内庁書陵部蔵本（架号・五〇二―三七九。版本一冊）・国学院図書館蔵本（架号・貴―Ⅳ―一九。版本一冊）等がある。この内、書陵部本の前表紙見返しの附箋に「御本前書」として識語が記されている。この御本とは同書第二一丁表の頭注によると嘉禄本⑱までの奥書のある本とみられるので、あるいは「御本」印をもつ蓬左文庫本を指しているのかも知れない。

(12) 『神道大系　論説編八　卜部神道（上）』（一九八五年）所収本による。

(13) 太田晶二郎「前田育徳会所蔵釈日本紀解説　附引書等索引」（影印本『釈日本紀』［吉川弘文館、一九七五年］）参照。

(14) 卜部兼直・同兼文、及び吉田流・平野流卜部については、西田長男『日本神道史研究』中世編（下）（講談社、一九七九年）、久保田収『中世神道の研究』第四章（神道史学会、一九五九年）、赤松俊秀『国宝卜部兼方自筆日本書紀神代巻』研究篇（法蔵館、一九七一年）、岡田荘司「吉田卜部氏の発展」（『神道史論叢』［国書刊行会、一九八四年］）、同「日本書紀神代巻抄解題」（『兼倶本宣賢本日本書紀神代巻抄』［続群書類従完成会、一九八四年］）等参照。

(15) たとえば宮内庁書陵部編『図書寮典籍解題』歴史編（養徳社、一九五〇年）の『古語拾遺』智祐本の項には、「首紙に斎部浜成及びその所作の天書に関する記文八行を存し」云々（七一頁）とあり、また前注（1）所掲飯田氏解説一三頁に全文が紹介されている。

(16) 『天理図書館善本叢書　古代史籍集』（前掲）所収解説（石崎正雄氏執筆）一六頁。

(17) 赤松俊秀『国宝卜部兼方自筆日本書紀神代巻』影印篇（法蔵館、一九七一年）参照。

(18) 兼致奥書に、「同六月十一日、加首書訖」とある。その意味は智祐本・梵舜（甲）本から判断すると、嘉禄本の裏書を兼致は本文表の鼇頭に移写したものとみられる。智祐本・梵舜（甲）本では兼致本を忠実に写したが、梵舜（乙）本では小本のため余白がなく、長文に亘る場合には奥にまとめて写しており、このことを「私云、／首書分之小書、奥注」と断っている。

(19) 現在の嘉禄本には錯簡があり、「第二紙が第十二紙の位置に、第十・十一・十二紙が第二・三・四紙の位置にあ」り、「すでに早くから現状の如くであった」という（前注（16）石崎正雄氏解説）。

(20) 東京大学史料編纂所蔵謄写本（架号・二〇一一―一九）三六丁表。同本の底本は無窮会蔵平田篤胤令写本。

(21) 岡田荘司「日本書紀神代巻抄解題」(前掲) 二七頁注(5)。なお西田長男氏も出典はあげられていないが、「兼文は兼直の子で、出でて兼頼の養子となった」と述べておられる(「卜部神道の成立と一条家の人びと」[前掲書所収] 一四二頁)。

(22) 嘉禄本裏書に「『咫』についての注記があり、これは釈日本紀(述義三、八咫鏡の条)と酷似」しており、しかも「この注記は、兼直筆とはまた別筆」であるという(西宮氏前掲書解説、二一二頁)。もしこの別筆説が認められれば、この注記は兼文が記した可能性も考えられよう。なお、問題とする花押について、その形状から鎌倉時代のものとみることはむつかしい、との意見があることを付け加えておく。

(23) 『新訂増補　国史大系』所収本による。因みに、鴨祐之が所蔵していた『古語拾遺』の奥書を藤貞幹が写したものが、前注(11)所掲伴信友書き入れ本・彰考館文庫蔵小宮山昌秀書き入れ本(架号・子七—〇〇二五〇)等に転写されているが、慶長二年に「官庫本」を写した本であることが知られるのみで、その系統等については今のところ明らかにすることができない。

(24) 「群書類従」巻四百四十六、所収。

(25) 『新修　平田篤胤全集』第五巻(名著出版、一九七七年)所収本、二〇七・二八八〜二八九頁。

(26) 『神道叢書』第一巻(一八九八年刊。思文閣複刻版、一九七一年)三頁。

(27) この他、例えば村上忠順『標註古語拾遺』、吉村千秋・同春樹『古語拾遺考証』(静嘉堂文庫蔵、架号・五二八—一五)などにも見え、『古語拾遺』関係書物には、特に忌部から斎部への改姓記事は必ず論及されていると言ってよい。

(28) 近年、佐伯有清氏が遣唐主神に任じられたものかと推測されている程度である(『新撰姓氏録の研究　考証篇』第三[吉川弘文館、一九八二年]二七二頁)。

(29) 別稿「八・九世紀の日羅関係」(田中健夫編『日本前近代の国家と対外関係』所収↓本著作集第一巻所収)参照。なお、識語の末文の「大唐消息」は、このままでは意味が通じず、脱文があるものと思われるが、その趣旨は以下の本文に述べるごとくであろう。

(30) 「群書類従」巻四百六十三、所収。

(31) 坂本太郎「天書管見」(『日本古代史の基礎的研究』文献編[東京大学出版会、一九六四年]、原載『神社協会

雑誌』二八ノ三、一九二九年）。真本は、本文冒頭が、「天地初開闢之時」云々に始まるもので、前掲『神道叢書』所収本、あるいは国立国会図書館蔵本の内では、原外題『天書』（架号・一二八―一六五。上下合一冊）がそれであり、偽本は、本文冒頭が、「乾坤之堺」云々に始まるもので、国会図書館蔵本の内では、原外題『天書記』（架号・一二九―七〇。上下合一冊）がそれにあたる。

(32) 坂本氏前掲論文、四六一～四六二頁。また和田英松氏も同じく著者藤原浜成説を疑問とされている（『本朝書籍目録考証』〔明治書院、一九三六年〕二頁）。

(33) 和田氏前掲書にも何ら注記はない。

(34) 坂本氏前掲論文、四六二頁。

(35) 坂本太郎「列聖漢風諡号の撰進について」（『日本古代史の基礎的研究』制度編〔東京大学出版会、一九六四年〕、原載『史学雑誌』四三―七、一九三二年）、山田英雄「しごう」（『国史大辞典』第六巻〔吉川弘文館、一九八五年〕）等参照。

(36) 帝紀についての論考は多いが、川副武胤「古事記」（『国史大系書目解題』上巻〔吉川弘文館、一九七一年〕）参照。

(37) 惟宗允亮については、虎尾俊哉「これむねのただすけ」（『国史大辞典』六〔吉川弘文館、一九八五年〕）参照。なお『政事要略』は全一三〇巻の内、現存するのは二五巻にすぎない。そして『古語拾遺』の引用は、『新訂増補国史大系』所収本の一二三・一二五・五四〇頁等に見える。

附記　本稿は、一九八三年の中央史学会における「延暦二十二年の遣新羅使」と題する報告（要旨は翌年刊行の『中央史学』七、一四九頁に掲載）を補訂したものである。

成稿にあたり、中央大学の飯田瑞穂先生より『古語拾遺』諸本の所在・内容等について多くの御教示を得た。記して御礼申し上げる。

※　本稿掲載の図版は、新天理図書館善本叢書第四巻『古語拾遺　嘉禄本・暦仁本』（天理大学出版部、二〇一五年）より引用した

10　宇佐八幡黄金説話と遣唐使

東大寺大仏の造営に関連して、次のような説話が伝えられている。

大仏の鋳造成り、いよいよ鍍金という段階になって、必要な金が調達できないところから、遣唐使を派遣して唐にそれを求めようとした。そして航海の安全を願って宇佐八幡宮に勅使を派遣して祈ったところ、八幡神の託宣は、「やがてこの国でも金が発見されるから使者を派遣する勿れ」ということであった。そこで派遣を中止したら、託宣どおりまもなく陸奥からの金発見の報が届き、大仏を完成することができた。

この説話（以下、黄金説話と称する）は『扶桑略記抄』『八幡宇佐宮御託宣集』等の諸書に見えており[1]、よく知られているが[2]、最も早い年紀をもつ史料は十二世紀初に成立した『東大寺要録』巻四・諸院章・八幡宮条所収弘仁十二年八月十五日官符で、同官符所引同六年大宰府解に引かれた宇佐八幡神主大神清麿解状の、清麿の祖大神田麿の功績を列記した中に見える。次のごとくである[3]。

太□□〔政官〕符　　大宰府

応令大神・宇佐二氏、□〔為カ〕八幡大菩薩宮□〔司カ〕事

右、得大宰府解偁、検案内、府去弘仁六年十二月十日解偁、得神主正八位下大神朝臣清麿等解状偁、件大井是亦《(品)》太上《(衍)》天皇御霊也。（中略）天平十八年天皇《(聖武)》不予、禱祈有験。即叙三位、封四百戸・度僧五十口・水田廿町。為奉造東大寺盧舎那仏像、遣使祈神。即託宣、吾護国家、是猶楯戈。唱率神祇、共為知識。又為買黄金、将遣使於大唐。即託宣、所求黄金、将出此土、勿遣使者。爰陸奥国献黄金。即以百廿両、奉于神宮。即請大神於京都之日、禰宜大神朝臣杜女・祝神主大神朝臣田麿等、乗駅入京、於東大寺告。以願充是日叙杜女従四位下、田麿外《(従脱)》五位下、賞翫賜有差。中間正六位上辛嶋勝与曾女為禰宜、従七位下宇佐公池守為神宮司。（中略）

弘仁十二年八月十五日　格外

とあり、天平十八年から同二十一年（天平感宝元・天平勝宝元）の八幡神の入京にいたるまでの一連の記事の中にみえる。この他の諸書に伝える内容も大同小異であるが、『扶桑略記抄』には、

天平廿一年己丑正月四日、陸奥国守従五位上百済敬福進少田郡所出黄金九百両。本朝始出黄金時也。仍敬福授従三位矣。或記云、東大寺大仏料為買黄金、企遣唐使。然宇佐神宮託宣云、可出此土者。（下略）

とある。また宇佐八幡神宮寺の弥勒寺僧神吽が二〇余年の歳月を費やして正和二年（一三一三）に完成させた現行本『八幡宇佐宮御託宣集』験巻六には、(4)

一、天平十八年、天皇不予、祈禱有験。即叙三位、奉封四百戸・度僧五十口・水田廿町、云々。

一、聖武天皇、広利三界之生、為興八宗之教、有造大伽藍幷盧舎那仏之大願、仰伊勢・宇佐二所宗廟之本誓。

同御宇廿四年、天平十九年、丁亥、遣使於宇佐宮、可被成就此願之由、於大菩薩御前、捧宣命令祈申之時、神託。

（託宣の文、省略）

天皇為買同仏料之黄金、欲遣使大唐。亦遣朝使神宮、被祈申往還平安之由時、託宣。
・所求乃黄金波将仁出自此土培志、使乎勿遣大唐礼者。
天平廿一秊己丑正月、（注略）陸奥守従五位上百済敬福奉黄金。出部内小田郡、即進上九百両。賞敬福授従三位。皇帝感於神験、其上分百廿両被奉神宮。
・一梃、長伍寸弐分、広壱寸弐分、厚弐分。
・一挺、長伍寸壱分、広壱寸壱分、厚弐分。
・一挺、長肆寸陸分、広壱寸弐分、厚弐分。

とあり、陸奥から献上された黄金の一部が神宝（いわゆる黄金の御正体）[5]とされるにいたった経緯が記されている。

それではこの説話にみえる遣唐使は、いつの遣唐使にあたるのであろうか。『続日本紀』によると、百済敬福の貢金は天平二十一年（天平感宝・天平勝宝元）四月乙卯条に記されている。この天平二十一年に近い遣唐使であること、及び結局中止になったということを考えると、まず想起されるのが、近年鈴木靖民[6]・東野治之[7]両氏によってその存在があきらかにされた天平十八年の遣唐使であろう。すなわち石上乙麻呂が大使に任命されたが、結局中止されたというものである。しかし両氏はこれらの説話について触れられていない。そして遣唐使と金の問題をテーマとして論じた前川明久氏[8]は「天平十八年備蓄金不足のため派遣中止された遣唐使の任務は、大仏鍍金に必要な金を唐に求めるためであったとも考えられる」とされながら、なぜかこの説話には全く論及されていない。このようにこれまで天平十八年の遣唐使について論じられた諸氏がこの著名な説話に触れていないのは、恐らく託宣という性質上、史実性に欠け、取り上げるに及ばないと判断されたものであろう。しかし時期や派遣が中止されたという状況の一致には、創作として等閑に付すには余りにも符合するものがあり、検討の余地はあろう。

さてこの説話を考える上で弘仁十二年官符が重要な意味をもっていることは言うまでもない。しかし同官符については、疑問とするもの(9)、あるいは後世の手が加えられている可能性はあるものの大筋としては認めてよいとするものなど(10)、様々な見解がある。同官符は、ここで問題としている黄金説話に関する史料としてばかりでなく、宇佐八幡宮の成立を考える上で重要な史料であるが、この官符を正面からとりあげてその史料性を論じられたのは、管見では平野博之氏のみである(11)。平野氏は、本官符を形式・内容の両面から逐一検討し、弘仁十二年官符は実在したこと、所引の大宰府解も歴史的事実とみなしてよいこと、そして弘仁六年に大神清麿が解状を進めたことも間違いないとされ、本官符の中心となる清麿解状は、若干の係年の誤りなどを含むが、「何らかの歴史的事実を反映しているものと思われ、慎重な取扱いをすれば、史料として利用できるものを持っていると考えられる」と結論されている。

筆者も平野氏の検討の方法及びその結論は妥当なものと考える。特に注意されるのは、詳細は平野氏論文に譲るが、大神清麿解状の『続日本紀』と比較できる部分をみると、記述の年次・内容が『続日本紀』と相違しているものがあることである。たとえば天皇不予の祈禱に効ありとして叙位されたことを天平十八年としているが、『続日本紀』では同十七年九月甲戌条に天皇不予のため八幡神社に奉幣したとみえている。このため清麿解状の十八年を十七年の誤記とする説もあるが、十八年は叙位された年次とみれば特に問題はない(12)。もし清麿解状もしくは弘仁官符が後世創作されたものとすれば、あえて『続日本紀』と相違するようなことは書かないであろう。このような相違は、清麿解状が『続日本紀』を素材として作られたものではないことを示しているといえよう。すなわち大神清麿解状は、細部については問題があるにせよ、その背景なり状況なりについては、全くの創作とすべきではないと考えられるのである。そして、この官符の主旨である、事書の「大神・宇佐両氏を八幡大菩薩宮司となすべきこと」というのは『類聚国史』『日本紀略』同日条に見えていることから考えて事実とみられ、あえて複雑な構成の官符を創作すべき理由はないと思われる。(13)

さて弘仁官符の史料性について、全体として信憑性ありとする平野氏であるが、問題とする黄金説話については、「黄金出土を予言したとすることは八幡神の霊験を誇張せんがための後の修飾と考えられ、事実とはみなし難い。恐らく弘仁頃かかる説が宇佐宮側に成立していたのであろう。（中略）黄金献上の事実だけは認めてよいと思う。解文の元となったと思われる仮称古縁起は、黄金を献ぜられた事実を基にして誇大に修飾したのであろう」と、遣唐使派遣にかかわる部分は虚構とされている。(14)しかし前述のような天平十八年度遣唐使計画との時期・状況の符合を思うと、これを創作として却けることは躊躇されるのであり、清麿解状の他の部分と同様に何らかの史実を反映しているとみるべきではあるまいか。

もちろん今のところこれを全て事実とすることもできない。例えば、この時八幡神に祈禱された内容は、『宇佐八幡宮弥勒寺建立縁起』（寛弘六年〔一〇〇九〕頃成立）(15)や『八幡宇佐宮御託宣集』では遣唐使の往復の無事を祈ることになっている。朝廷が遣唐使の往復の無事を八幡宮に祈るのは、承和五年（八三八）の例(16)が初見で、奈良時代にその例を見いだすことができず、後世の知識で書かれたかという懸念もある。朝廷の主催でない例には、延暦二十三年（八〇四）の最澄の例(17)があるが、それでも奈良時代にさかのぼる例はない。しかし大神清麿解状あるいは『扶桑略記抄』等の史料的に早い時期のものには、祈請の内容は記されておらず、往復の無事を祈ったと即断することはできない。八幡神には銅産神・鉱山神としての神格があることが指摘されている(18)ので、説話通りに砂金の不足を補う遣唐使の派遣を告げたとみることも、あながち不合理とは言えないであろう。
　以上簡単に黄金説話についてみてきたが、黄金説話は弘仁以前から存在し、少なくとも大仏造営時に遣唐使派遣が計画されたが、結局中止になってしまったという事実を基礎としている可能性は否定できないように思われる。弘仁十二年官符の史料批判が大きな意味を持つと思うが、状況の一致する天平十八年度遣唐使計画との関連について検討すべきものがあると考える。(19)

注
（1）　主な関係史料は、中野幡能編『宇佐神宮史』史料編巻一　天平二十一年正月四日条、東大寺編『聖武天皇御伝』天平勝宝元年二月二十二日条等に収められている。なお『今昔物語集』本朝巻十一「聖武天皇始造東大寺語第十三」では、遣唐使は派遣され、多くの黄金を積載して帰国したことになっている。
（2）　森克己『遣唐使』の他、東大寺大仏造営と宇佐八幡との関係を論じた研究では、必ずといってよいほど触れられている。ここでは代表的なものとして、中野幡能『八幡信仰史の研究』上巻、井上薫『奈良朝仏教史の研究』第四章第三節、『大分県史』古代篇Ⅰ　第五章第四節　八幡宮と東大寺（中野幡能執筆）等を挙げておく。
（3）　筒井英俊校訂『東大寺要録』により、平野博之「東大寺要録巻第四所収　弘仁十二年八月十五日官符について――宇佐八幡宮史料批判の一齣――」上下（『九州史学』二一・二四）を参考にした。
（4）　重松明久訓釈『八幡宇佐宮御託宣集』による。同書の成立・史料的性格については、重松本解題、薗田香融「託宣集の成立――思想史的試論――」（『仏教史学』一一―三・四合）、二宮正彦「宇佐八幡託宣集の一考察」（『横田健一先生還暦記念日本史論叢』）、『大分県史』古代篇Ⅱ　第六章第三節『託宣集』の史料性（伊藤勇人執筆））、等参照。
（5）　黄金の神宝については、『大分県史』古代篇Ⅱ　第六章第三節参照。
（6）　鈴木靖民「『懐風藻』石上乙麻呂伝の一考察」（『古代対外関係史の研究』所収）。

(7)東野治之「天平十八年の遣唐使派遣計画」(『正倉院文書と木簡の研究』所収)。
(8)前川明久「八世紀における陸奥産金と遣唐使」(『古代文化』三五―一一)。
(9)梅田義彦氏は「次に示す史料は、出典が後世の私的編纂物であったり、史料として疑点のあるものであったりして、第一等のものとしては遽に採りがたく、(中略)茲には参考史料として挙げておく」として、弘仁官符の一部を引用されている(『神祇制度史の基礎的研究』四三一〜四三二頁)。また伊藤勇人氏は、弘仁官符の一部を引用しながら、『要録』巻第四の一節には」として弘仁官符にみえることに触れず、この記事と『宇佐八幡託宣集』の「両者ともに叙述は概略的で明確な年月日を示してはおらず、さらにまた幾星霜を経た後の記録編纂物であるが故に、全くの信憑性を与えることも不可能である」と述べておられる(「大仏造立と八幡新教――『続日本紀』宣命の解釈を通路として――」(『国学院大学大学院紀要』五)一七七頁)。なお平野博之前掲論文(上)二頁参照。
(10)平野邦雄『和気清麻呂』一三〇〜一三一頁。
(11)平野博之前掲論文。
(12)同前(下)四〜六頁。
(13)なお弘仁十二年官符は、永観二年(九八四)成立の『三宝絵詞』中　八幡放生会の項に、その一部が引用されている。
(14)平野博之前掲論文(下)六〜七頁。
(15)平野博之「承和一一年の宇佐八幡宮弥勒寺建立縁起について」(竹内理三編『九州史研究』)参照。
(16)『続日本後紀』承和五年三月甲申条。
(17)『叡山大師伝』に、「弘仁五年春、為遂渡海願、向筑紫国、修諸功徳。(中略)又奉為八幡大神、於神宮寺、自講法華経。」云々とあり、日唐間を無事に往復できたことを八幡神に感謝している。
(18)八幡神の神格については、中野幡能前掲書、井上薫前掲書、等参照。
(19)なお十二世紀中頃成立の『七大寺巡礼私記』*に、

一、奉塗滅金事

縁起云、天平勝宝四年壬辰三月十四日始奉塗滅金。大井御託宣記云、期〔欲カ〕交易砂金、為遣使者於唐国、天平十八年立勅使令祈請之日、大神託宣曰、勿遣使、所求黄金、我将出此土者、爰従陸奥国献黄金、其内以百廿両奉于神宮、云々。

とあり、八幡神への勅使派遣を天平十八年のこととしている。もしこの記事になんらかの根拠があるとすれば、きわめて重要な意味をもつ。しかし多くを期待することはできない。恐らく、天平十八年に係けて天皇不予のことから天平二十一年（天平勝宝元）の八幡神入京にいたるまでのことが語られている大神清麿解状のような史料を参考にして、黄金説話を十八年のこととして記述したものであろう。ただし『七大寺巡礼私記』の記事は、いくつか重要な意味をもっている。同書は十二世紀中頃、大江親通が南都諸寺に巡礼した時の記録とされているが、田中稔氏によると、先行の佚書『十五大寺日記』の記事をほぼ祖述したものであるという（『七大寺巡礼私記と十五大寺日記』〔『奈良国立文化財研究所研究論集』I〕）。一方、現行本『八幡宇佐宮御託宣集』は、前述のように宇佐八幡神宮寺の弥勒寺僧神吽が先行の種々の記録・文書を利用して正和二年（一三一三）に完成させたものである（注（4）参照）。まず『七大寺巡礼私記』の記事で注目されるのは、「大井御託宣記」という書名が記されていることで、これは書名からみて託宣を集成したものと推測され、神吽が編纂に利用した可能性のある記録として注意される。次に黄金説話にかかわる託宣の内容について諸書と比較すると、〈我レ将ニ此ノ土ニ出サン〉とあることが注目される。一体この説話は、宇佐神宮の神体・神宝とされている黄金の延べ棒の由来を説明するごとくである。つまりその黄金が黄金出現を予言した託宣に感謝して奉納されたことを説明するための重要な意味をもっている。そして『八幡宇佐宮御託宣集』等では、「黄金は我が国でも出土する」という趣旨に対し、「大井御託宣記」では、「八幡神が黄金を出土させる」と、より八幡神の神威を強調したものになっており、この方が権威を高からしめる上でもより効果的な託宣と思われる。この点、編纂時期が降る『八幡宇佐宮御託宣集』に「我」の一字がないことは不審であるが、『七大寺巡礼私記』所引「大井御託宣記」の記事は一つの異伝として注目されよう。

＊奈良国立文化財研究所編『七大寺巡礼私記』（奈良国立文化財研究所史料　二二）による。同書の脚注には、黄金説話に関する史料名が列記されている。また福山敏男校注本が、藤田経世編『校刊美術史料　寺院篇』上に収められている。

11　遣唐使と語学

はじめに

一二一九年（承久元）成立という説話集『続古事談』第二・臣節（『群書類従』第二十七輯・雑部）に、次のようなエピソードが伝えられている。

少納言入道、鳥羽院ノ御トモニテ、或所ニ唐人ノアリケルニ、通事モナクテ、アヒシラヒケレバ、院アヤシミテ、「イカニシテカヽル」ト仰ラレケレバ、「モシ唐ヘ御使ニツカハサル、事モゾ侍ルトテ、彼国ノ詞ヲナラヒテ侍ル也」ト申サレケリ。遣唐大使ノ用意イトコチタシ。コノ比ノ人ハ当時イル事ヲダニナラハヌモノヲ。

少納言入道とは、保元の乱以降の政界で中心的な活躍をし、平治の乱で敗死した信西（藤原通憲・一一〇六～五九）である。ある時、信西を伴って唐人（宋人）のもとに出かけた鳥羽院が、通訳なしで宋人と会話する信西をみて不思議に思い、「どうして会話ができるのか」と尋ねたところ、信西は「唐へ使者として派遣される機会もあるかと思い、その時に備えて会話を勉強していました」と答えたという。「学生抜群ノ者」(『愚管抄』四)と学才を謳われた信西の面目躍如といったところであるが、『続古事談』編者は、「遣唐大使に備えてなど、『イトコチタシ』つまり仰山なこと、このごろは入唐することもない時期であるのに……。」と、ややあきれた調子で紹介している。たしかに、この頃にはすでに中国との外交関係はなく、公使として派遣されることなど、まったく考えられないという時期である。それにしても信西はいったい、どこで、どのようにして会話を学んだのであろうか、直接宋人から学んだものか、あるいはまた古典学習の延長としてみずから身に付けたのであろうか。

それでは、遣唐使が盛んに派遣された八世紀から九世紀初め頃、使節に任命されるような人々は、信西のように語学を身に付け、会話力を備えていたのであろうか。ここでいう語学・会話力はいうまでもなく東アジア世界の共通語となっていた中国語のそれをさしている。すでにこの問題については、東野治之氏が「平安時代の語学教育」(『新潮45』一九九三年七月号)において論じられている。この頃の日本では中国人との直接会話を必要としなかったところから、中国の古典に通じた学者ではあっても、会話力はほとんどなかったことを明らかにし、「外国語会話の苦手な日本人というイメージは、まことに根が深いというべきだろう。」と結ばれている。また湯沢質幸氏は奈良・平安時代の日本人の語学力について検討し、大学寮における教育、遣唐使のほか新羅や渤海との交流における通訳の問題などについて論じられている(『古代日本人と外国語』勉誠出版、二〇〇一年)。以下、主に両氏の著作を参考に、遣唐使と語学の問題について考えてみたい。

一　遣唐使と通訳

遣唐使は六三〇年（舒明二）の第一回の派遣に始まり、八九四年（寛平六）任命の遣唐使は実行されなかったので、八三八年（承和五）入唐の使者が実際に渡航した最後の遣唐使となる。この間、およそ二〇〇年間に一六回の使者が派遣されているが、この中には遣唐使といっても百済滅亡後の朝鮮半島に置かれた唐の機関への二度の使者も含まれているので、実際に唐の本土に渡ったのは一四回となる。彼らはどのようにして唐人と意思を通じ合い、外交使節としての使命を果たしたのであろうか。

一口に遣唐使といっても、大使・副使・判官・録事の幹部及び史生ら下級官人のほか、各種の技術者、留学生・留学僧そして船の運航にかかわる多くの船員たちから構成され（『延喜式』大蔵省）、最盛期には船四隻・総勢六〇〇人以上にも及んだ。その一行の中に通事や訳語とよばれる通訳が含まれていた。通訳は船ごとに配置され、唐に到着して折衝にあたるための唐語（中国語）通訳だけでなく、万一の漂着に備えて朝鮮半島の新羅語通訳や南方の奄美語通訳なども乗船していた。

遣唐使付き通訳の実際の姿をもっとも詳しく伝えているのは、事実上最後の遣唐使となった承和度遣唐使に請益僧（短期留学僧）として随行した天台僧円仁の日記『入唐求法巡礼行記』である。この時の遣唐使には、日本出発から帰国まで同行した日本人及び新羅人通訳がいたほか、唐に到着後現地で雇い入れた新羅人通訳など、数名の通訳の存在が知られる。この頃には、唐の山東半島や江南の運河の要衝楚州などに在住して日本貿易に活躍する新羅人も多く、この時の遣唐使は楚州の新羅船九隻と、日本との「海路を諳《そら》んじ」ている新羅人六〇名を雇って帰国している。日本航路を諳んじているという彼らの中には、中日両国語を話せる者も少なくなかったであろう。これらの通訳が遣唐使の唐における現地官人との交渉や円仁をはじめとする留学生・留学僧の世話など、単なる会話の仲介役以上に実にまめに働いている様子を円仁の日記によって知ることができる。

なお、言葉の異なった四方の国や民族から数多くの使者（蕃客）を迎える唐の側でも通訳を用意していた。『大唐六典』巻二・吏部尚書条に、

凡そ諸司に置ける直、皆定制あり。〈諸司諸色有品の直、吏部二人、……中書省……翻書訳語十人、……鴻臚寺訳語並びに計二十人、……〉

とあり、蕃客を迎える外交担当部署の鴻臚寺には二〇名の訳語が置かれていた。その中に果たして日本語訳語がいたかは不明であるが、来朝が不定期で、間隔もあいている日本使に備えた通訳などはおそらく存在しなかったであろうし、また日本は中国語圏に属するので、敢えて備える必要も感じられなかったであろう。日本の遣唐使の場合、折衝の役割の多くは、幹部に同行する通訳に委ねられていたと思われる。

二　遣唐使の教養と筆談

遣唐使の現地での活動に通訳の活躍が期待されたことはいうまでもないが、通訳で意思の疎通が不十分の場合、そういういざという時に役に立ったのが、一行の中で文筆に長じた者による筆談であった。八〇四年（延暦二十三）入唐の遣唐使に録事として加わった上毛野頴人の卒伝（『類聚国史』巻六十六・薨卒・弘仁十二年八月辛巳条）に次のようにみえる。

東宮学士従四位下上毛野朝臣頴人卒す。従五位下大川の子也。……延暦年中、遣唐録事に任ぜらる。若し訳語の語の通ぜざる所あれば、文を以て之を言伝し、唐人意を得る也。復命の後、功を以て擢《ぬき》んでて外従五位下に叙せらる。……年五十六。

つまり通訳による会話がなかなかうまく伝わらない時、筆談で意を通ずることができたということである。録事は一般官庁の主典（さかん）に相当し、遣唐使一行の中で文書の作成などを主な任務としていた。頴人はおそらく会話はできなかったが、作文能力にはすぐれていたのであろう。

そもそも遣唐使の幹部クラスには教養すなわち中国文化理解の持ち主が選任された。七〇二年（大宝二）に入唐した遣唐使の執節使（全権大使）粟田真人は唐人から「好く経史を読み、属文を解す。」（『旧唐書』日本国伝）と評されている。経とは四書五経などの儒書、史とは史記・漢書などの歴史書、属文とは作文のことである。つまり中国の古典を理解し、漢文作成の能力があったと特筆されている。東方の夷にもこんなに教養のある人物がいたのか、といった唐人の驚きが伝わってくるようである。

律令制下の大学における文学系教育の基本は、必修とされた『論語』『孝経』をはじめ『毛詩』（『詩経』）『礼記』『春秋左氏伝』その他、中国の古典をテキストとする読解にあり、漢文の文法（語順）の上では唐代にも大きな変化はなかったので、筆談は十分に可能であったのである。またテキストの原文を中国音で読むことが行われ、そのための教官として音博士が置かれていた。初期の音博士には、百済戦役に捕虜となって日本に送られてきた続守言・薩弘恪や七三五年（天平七）に遣唐使とともに渡来した袁晋卿らの唐人らが任命されている。この頃の漢字の音には、よく知られているように呉音と漢音とがある。呉音は中国呉地方（華南）の音で朝鮮半島経由で伝えられたとみられており、漢音は隋・唐代の長安周辺で使われていた音で、遣唐使や留学生らによって伝えられたとされている。日本には呉音が早くに伝わり、遅れて漢音が入ってきたのであるが、たとえば袁晋卿は「両京（長安・洛陽）の音韻を誦し、三呉の訛響を改」めた（空海「為藤真川挙浄豊啓」『性霊集』巻四〔岩波書店　日本古典文学大系〕）といわれるように、漢音は当時の標準語とされ、僧侶の仏典の読誦も漢音によるべきことがしばしば指示されている。

上毛野頴人は文章生から官人となり、右少史に任ぜられている。文章生は大学で主に立派な作文能力を身に付けた官人を養成する学科の学生であり、少史は太政官の事務をつかさどる弁官局の属官で、公文書の起草などを職務としている。上毛野氏は、もともと田辺史つまり渡来系氏族で、対外関係に活躍している氏族である。頴人の父大川も七七七年（宝亀八）入唐の遣唐使に頴人と同じく録事として加わっており、帰国後には、大外記をつとめ、『続日本紀』の編纂にも参加している学者である。この頴人のように、遣唐使一行の中では、通訳だけでなく、公文書を扱い文筆能力のある録事なども唐人と交渉する上で重要な役割を果たしているのである。なお漢音について、辞書などでは「遣唐使、留学生、音博士らが伝えた音」などといわれているが、果たして短期間滞在の遣唐使にどれほど語学習得が可能であったかどうか、また彼らが唐において会話に多少でも興味をもったのか、残念ながら明らかにすることはできない。漢音習得には、やはり長期留学生が貢献したと考えるべきであろう。

三　留学生・留学僧と語学

遣唐使と語学習得という問題を考える時、一行の中の留学生・留学僧の存在が注目される。入唐留学生・僧には、長期留学と短期留学とがあった。前者は留学生・学問僧、後者は請益生・還学僧などとよばれた。長期留学は一般に二〇年以上の滞在を前提としていたのに対し、短期留学は、日本で学識を積んだ人物が、ある特定の問題を明らかにするために入唐し、遣唐使とともに帰国するのが原則であった。もともと留学生には僧俗いずれも学力優秀な人物が選任されたこともまたいうまでもない。僧侶も仏教教義理解のためには仏典以外の書籍（外典）の知識も必要であったので、幅広く学んでおり、留学生や留学僧らも通訳の補佐役として活躍したに違いなく、時には通訳以上の重要な働きを示している。その代表が空海である。空海は若くして大学に学び、のち仏教に傾倒したという経歴の持ち主である（以下、空海については、高木訷元『空海　生涯とその周辺』吉川弘文館、一九九七年、参照）。

1　空海と橘逸勢

空海は八〇四年（延暦二十三）大使藤原葛野《かどの》麻呂とともに第一船に乗り込み入唐の途についたが、福州（台湾の対岸）に漂着してしまった。八月のことである。そこで現地の役人との間で身分確認をめぐって問題が生じたため、大使が福州観察使に文書を送ることとし、空海が代作した。これが有名な「大使福州の観察使に与ふるが為の書」（『性霊集』巻五）である。元来通訳が堪能であれば通訳を通じて行われてよい内容で、日本と唐との交流の歴史的由来を述べ、朝貢使として正規の待遇を受けるべきことを主張している。この文書が功を奏し、一行は上京を認められた。空海はさらにみずからも上京して修行したいことを希望する文書を提出し、憧れの長安で修行する機会が与えられた。空海は、「日本国の留学の沙門空海啓《もう》さく、……限るに廿年を以てし、尋ぬるに一乗を以てす。……」（『性霊集』巻五「福州の観察使に入京を請ふの啓」）と述べ、長期留学の決意を述べている。一行が長安に到着したのは年末十二月のことであった。

ところが空海は、わずか二年で帰国を希望することになる。八〇五年（延暦二十四）末頃、大使藤原葛野麻呂らから遅れて日本を出発した遣唐使判官高階遠成が長安にやってきたのである。空海は「本国の使と共に帰らむと請ふ啓」（『性霊集』巻五）において「十年の功、之を四運（一年）に兼ね」云々と懸命に修行に努めたことを述べ、遠成と一緒に帰国したいと求めている。一〇年かかる修行を一年で終えた、ということは、この二年で二〇年の留学期間中に学ぶべきことをすでに得たということである。その言葉のように、空海は密教の秘法を高僧恵果から全て修めており、恵果からは、「早く帰国して日本で流布させよ」との指示も受けていた。

そして空海と一緒に入唐した留学生橘逸勢《はやなり》も高階遠成との帰国を希望し、遠成に提出する文書を空海が代作している。その「橘学生本国の使に与ふるが為の啓」(『性霊集』巻五)には、

留住の学生逸勢啓す。……然るを今、山川両郷の舌を隔てて、未だ槐林に遊ぶに遑《いとま》あらず。且は習ふ所を温《たず》ね兼ねて琴書を学ぶ。日月荏苒《じんぜん》として資生都《す》べて尽きぬ。此の国の給ふ所の衣糧、僅かに命を続ぐも、束脩・読書の用に足らず。若使、専に微生が信を守るとも、豈に廿年の期を待たんや。只螻命を壑《たに》に転ずるのみに非ず、誠に国家の一の瑕《きず》なり。……今、小願に任《た》へず。奉啓陳情す。不宣。謹むで啓す。

とある。ここで要するに逸勢は、「中国とわが国とは言葉が違っていて学校(槐林)で学ぶことができない。しばらくこれまで習ったことを復習し、琴や書を学んでいる。……」といい、これ以上滞在しても成果は見込めず、いたずらに二〇年を過ごす必要はない、と述べている。語学力の不足に悩む留学生橘逸勢の姿が浮かんでくる文章である。

しかしこの文章を額面通り受け止めてよいであろうか。「唐中の文人、呼びて橘秀才と為す」(『続日本後紀』嘉祥三年五月壬辰条)といわれ、曇清「奉送日本国使空海上人・橘秀才朝献後却還在」(『高野大師御広伝』上)の作も伝えられているように、唐人とも交流をもっていた橘逸勢のことである。また空海が如何に文筆にすぐれていたとはいえ、留学生の逸勢が、それも本国の遣唐使高階遠成に進呈する文書の代筆を頼むことも不可解なことではな

かろうか。本当に橘逸勢は語学力不足から帰国を希望したのであろうか。二〇年の長期留学を目指して入唐した二人が、わずか二年で帰国を願うにいたる事情については、あらためて考えてみる必要がありそうである。

さて、留学生・留学僧の経費は唐の国費でまかなわれており、勝手に帰国することはできない。そこで空海らは遣唐使の責任者高階遠成を通じて唐朝廷に帰国申請を行い、許されて帰途につき、八〇六年（大同元）八月頃日本に帰着した。この間の事情について『旧唐書』日本伝には次のように記載されている。

貞元二十年（八〇四）、遣使来朝す。留学生橘免〔逸〕勢・学問僧空海を留む。元和元年（八〇六）、日本国使判官高階真人上言すらく、前件の学生、藝業稍やく成る。願はくは本国に帰さんことを。便りに臣と同に帰らんことを請ふ、と。之に従ふ。

一方、『新唐書』日本伝には次のように記されている。

貞元末、其王を桓武と曰ふ。使者を遣はして朝す。其の学子橘免勢・浮屠空海、留りて肄業《いぎょう》せんことを願ふ。二十余年を歴て、使者高階真人来り、免勢等と倶に還らんことを請ふ。詔して可す。

ここに「二十余年を歴て」とある。もとより誤りである。しかし単純な誤りではなく、留学生がわずか二年で帰国するはずはないという、『新唐書』編者の不審な気持ちが表れているとみるべきである。『新唐書』は『旧唐書』に比べて、文章を整えるため原史料をずいぶんといじり、結果として誤ることの少なくないことが指摘されている。これもその例の一つであろうが、不審感が背景にあることを注意すべきであろう。

『旧唐書』では、空海・橘逸勢二人とも「藝業稍や く成る」としているが、少なくとも橘逸勢の場合は前掲の空海作の文章からすれば学業放棄であり、「藝業稍やく成る」の表現はいぶかしく思える。橘逸勢の年齢は不詳であるが、入唐およそ四〇年後の八四二（承和九）年但馬権守在任中に承和の変に坐して配流される途中に没しているので、入唐時の年齢は二〇歳前であったとみてよいであろう。年少の留学生に才能はあっても、語学力が不十分であることは当然で、じっくりと時間をかけて現地で学ぶのが通常であろう。ところがその留学生が語学力不足を理由として、早期帰国を申請している。何とも不可解である。

一方の空海はとみると、自ら「十年の功、之を四運に兼ね」というように長安で精力的に修行し、恵果から密教の大法まで授けられ、すでに得るものは得ている。帰国後に提出した、留学成果報告書ともいうべき『御請来目録』で空海は、「欠期の罪、死して余りありと雖も、ひそかに得難きの法、生きて請来することを喜ぶ」と、留学予定期間を早めて帰国したことを弁明するとともに、「得難きの法」を得て帰国したことを強く主張している。

こうしてみると、次の遣唐使の来唐はいつになるか、帰国の時期も分からないところに、思いがけず高階遠成の来唐を知った空海に、一日も早く帰国して密教を日本で流布したいとの思いが募ったのではなかろうか。それほど空海に帰国を急がせた事情には、同時に入唐しながら遣唐使とともにすでに帰国した最澄の存在があったかも知れない。ところが二〇年留学の予定を切りつめることは「欠期の罪」にあたる。そこで一人より二人で帰ったほうが朝廷の理解を得やすいとする空海の思惑があって、橘逸勢を誘ったのではなかろうか。逸勢が応じた理由は推測するほかにないが、在唐生活になじめなかったものか、あるいはたまたま訪れた日本の遣唐使を前にして望郷の念に駆られたのであろうか。

このように考えてくると、空海主導の帰国準備に思われ、留学生の語学力不足の例として知られる、空海作「橘学生本国の使に与ふるが為の啓」の内容を額面通りに受け取ることには、慎重でなければならないように思われる。

２　円仁と霊仙

長期留学を予定しながら短期間で帰国した空海・橘逸勢と好対照となるのが円仁と霊仙である。円仁ははじめ請益僧として承和度遣唐使に随行して入唐し、天台山での修行を求めたが唐朝から許されなかった。そこでやむなく遣唐使とともに帰途についたが、山東半島まで来たところで一行と別れて唐に滞在する道を選んだ。数人の従者とともに、在唐の新羅人らの援助を得ながら、五台山を経て長安で修行に努めた後、折からの仏教排斥政策の中で帰国するにいたる一〇年に及ぶ足跡は『入唐求法巡礼行記』に詳しく記されている。同記の記述から、円仁は唐人らと当初は筆談で意思を通じていたが、やがて筆談を思わせる記述がみられなくなるという状況が指摘されている。また円仁はインド出身の僧について梵語（サンスクリット語）を一所懸命に学んでいるが、それも中国音に通じていなければ表現できない記述がみられるという（小林明美「円仁のインド文字学習記録」『国文学解釈と鑑賞』五三―一、一九八八年）。これらの状況から、円仁が唐滞在中に次第に中国語に精通し、会話も身に付けていった様子を知ることができるのである。

知名度は円仁や空海らと比べると低いが、唐で活躍した日本人留学僧に霊仙がいる。霊仙の名は、渤海使を仲介役として日本の朝廷が留学費用の砂金や文書を送ったり、また霊仙も経典を送ったりしたことで知られているが（『続日本後紀』承和九年三月辛丑条、『入唐求法巡礼行記』開成五年七月三日条等参照）、何といっても次の史料の存在が霊仙の語学力を物語っている。すなわち石山寺所蔵『大乗本生心地観経』巻一の識語に、

元和五年七月三日内出梵夾、其月廿七日奉詔於長安醴泉寺、至六年三月八日翻訳進上。

罽賓国三蔵賜紫沙門　般若　宣梵文
醴泉寺日本国沙門　　霊仙　筆受幷訳語
（下略）

と記されている。霊仙は八一〇年（唐元和五・日本弘仁元）の長安における『大乗本生心地観経』の翻訳事業に重要な役割で参加しているのである。いうまでもなく釈迦の言説を記録した経典はインドの言語すなわち梵字（サンスクリット）で書かれている。これでは中国国内に流布することはできないので、中国語（漢文）に翻訳する。これが訳経である。その手順は、まずインドの高僧が梵文で読み上げる経文を、漢字にあらため、内容を検討し、文章に表現していく。この過程の中で霊仙が務めた筆受・訳語は、仏教教義を知るだけでなく、梵文・漢文にも通じていなければ務まらない役である。霊仙の入唐時期については不明なところもあるが、八〇四年入唐の延暦度遣唐使つまり空海・最澄・橘逸勢らと同時とみられている。そうすると入唐後わずか六年ほどで、梵漢両語を身に付けていなければ務まらない大役に選ばれたことになる。この語学力を果たして霊仙はどのようにして身に付けたのであろうか。入唐後磨きをかけたにしても、日本において相当に語学を学んでいたのではなかろうか。いずれにしても、日本人で仏典の漢訳に従事したのは、霊仙ただ一人である。

むすび

以上、遣唐使と語学をテーマとし、留学生を含めた遣唐使が唐人との対話にどのように対処していたかを中心にしてながめてきた。すでに指摘されているように、もともと古代日本の教育の中で中国語会話の授業はなく、また社会の中で会話の必要性もほとんどなかったことから、遣唐使は唐においては通訳に頼り、さらに筆談もしくは文書で意思を通じていた。代表例として空海をとりあげ、橘逸勢との問題にやや紙幅を割いてしまった感があるが、留学生の意識を知る上では興味深いものがあるように思えたからである。また空海帰国の事情についても憶測を述べた。専論があるかと思うが、十分に参照し得なかった。ご教示を得られれば幸いである。このほかの具体例については冒頭に示した東野・湯沢両氏の著作を参照していただきたい。

なお、筆者が遣唐使に関連して、かねて関心をもっている問題に、七五三年（天平勝宝五）の唐の年賀の席でおきたできごとがある。当日の席次が出席四カ国中、新羅が最上位、日本が最下位に置かれていることを知った遣唐副使大伴古麻呂は、「昔から日本に朝貢している新羅が日本よりも上位に置かれているのは道理に合わない」と抗議し、その結果席次が入れ替えられたというものである（『続日本紀』天平勝宝六年正月丙寅条）。記事によれば大伴古麻呂自身が抗議したかのごとく書かれているが、果たして古麻呂にそれだけの語学力があったのかどうか。古麻呂はこれ以前天平度遣唐使の一員として入唐した経験があるとみられるので、多少は語学ができたのか、あるいはまた通訳が介在しているのかどうか。外交における言葉の問題もあらためて考えてみたいと思っている。

II

巡礼僧と成尋

12 遣唐使以後の中国渡航者とその出国手続きについて

はじめに

島国日本の異文化との交流は、海が仲介し、港（湊・津・浦）が受信・発信の基地となっていた。『魏志』倭人伝には、〈王、使を遣はして京都・帯方郡・諸韓国に詣る、及び郡の倭国に使ひするとき、皆、津に臨み伝送の文書・賜遺の物を捜露し、女王に詣るに差錯するを得ず。〉と、津の役割が記されている。一方、海上に浮かぶ島は、さしずめ沙漠のオアシスにも譬えられるであろう。天平七年（七三五）に南の島々に木柱を立て、到着した島の名前、船を停泊させるに適した場所、飲料となる水を得られる場所、進路とする国々（薩摩・大隅等）までの行程、そしてそこから見える島々の名前などを記して、遣唐使の漂着に備えていたが、朽ちたため天平勝宝六年（七五四）に立て替えている。(1) 天平七年も天平勝宝六年も、いずれも遣唐使が南島地域に漂着したことを受けての措置である。時代は降り、延久四年（一〇七二）に宋の商船で入宋した成尋は、三月十九日に肥前国松浦郡壁島（佐賀県東松浦郡呼子町加部島）を出帆し、二十日に耽羅島（韓国済州島）を望見して以後、大海原をひたすら進んでいたところ、二十五日に船員が島を見つけた。成尋は日記『参天台五臺山記』同日条に、〈未時、始めて蘇州石帆山を見る。大巌石也。人家無し。船人大いに悦ぶ。〉と記している。無人島ではあったが、船員が見慣れた島を見つけて喜ぶ様子、成尋師弟の安堵した表情が伝わってくる。

こうした海を介した古代の対外交流となると、地理的にまず朝鮮半島との往来に始まり、やがて中国へとそのルートが延び、その後日本海を舞台とした東北アジア沿海州地域—渤海との交流が始まることになる。これらの国々や地域との主要な交流ルートは、大別して朝鮮半島ルート、東シナ海ルート、日本海ルートとなり、それぞれ北路、南路、渤海路と称されている。北路・南路いずれも渡海の拠点は博多津（那津）になる。畿内から使者が朝鮮諸国や中国王朝に赴く場合、難波津から乗船して瀬戸内を経て博多津まで到り、同地に設けられた客館（筑紫館、鴻臚館）に滞在して、最終準備を整え、出発する。『万葉集』巻十五・遣新羅使歌には、その具体的な航路が伝えられている。(2)〈天平八年丙子夏六月、使を新羅国に遣はさる之時、使人等各おの別れを悲しみて贈答し、及《ま》た海路の上に慟《かな》しみ思を陳べて作れる歌幷に所に当たりて誦詠せる古歌　一百四十五首〉という詞書きどおり、難波津出発から、新羅へ渡る最後の寄港地対馬の竹敷浦（長崎県対馬市美津島町）に到るまでの折々に詠まれたものので、一行の心情をよく伝えているとともに、停泊した島や港（浦・亭《とまり》）が記されており、順風を待って船出する、当時の航海の様子をうかがうことができる。

こうした遣唐使をはじめとする外交使節が用いた航路については、これまで多くの研究がある。(3)そこで本論では、遣唐使以後、すなわち事実上最後となった承和度遣唐使以後の平安時代に、中国への渡航を志した人々の、渡航経路の概要を述べ、出国に至るまでの手続きについて考えてみたい。なお以下に引用する史料本文の割注は原則として〈　〉を以て示す。

一　遣唐使以後の中国渡航者

遣唐使は承和五年（八三八）の入唐を最後として、以後派遣されることはなかった。一方、僧侶、特に最澄や空海の後継者の間には、入唐求法、さらには五臺山・天台山等の聖地巡礼への願望が強く、唐への渡航を希望する者も多かった。かつては唐との往来に百済や新羅を利用することもあったが、すでに百済はなく、新羅との外交も終焉を迎えていた。時には渤海を経路として利用することもあったが、特殊な場合である。最後の遣唐使が帰国に際して、唐楚州の新羅人の船を利用して帰国したことに知られるように、九世紀に入ると唐から直接日本に来航する商人があらわれるようになった。唐への渡航を希望する人々は唐（新羅）商人の船を利用して渡航するようになる。承和度遣唐使以後の平安時代、唐・宋に渡航した人々のうち、日本出航が知られる人物について、渡航の順にあげると次のごとくである（4）。なお単独で渡航する例はなく、数人が一行として加わっているが、ここでは史料に代表として名前がでてくる人物を掲げることにする。

1　恵　蕚（5）

恵蕚の最初の渡海は八四〇年頃とみられ、以後複数回渡航しているが、いずれも日本出発・帰国にどのような経路をたどったのかは明らかでない。ただ二回目の渡航で承和十四年（唐大中元・八四七）に帰国した際には恵運と同行し、肥前国松浦郡値嘉嶋那留浦（長崎県南松浦郡奈留島）に帰着している（恵運の項参照）。五島列島の那留浦は遣唐使も利用している港である。恵蕚はまた貞観四年（八六三）には真如の入唐に同行している（真如の項参照）。

2　恵　運(6)

恵運は、天長十年（八三三）大宰府観世音寺講師兼筑前国講師に任命され、現地に赴任していたが、承和九年（八四二）たまたま来航した唐商人李処人に渡海を要望し、五月、博多津で船に乗り込み出発した。途中遠値嘉嶋那留浦に立ち寄り、同地で新船を建造した。三カ月で完成し、八月、大陽海（大洋海　東シナ海）を渡り、正東風を受けて六箇日夜で唐温州楽城県に到着している。復路は、承和十四年（唐大中元・八四七）六月、唐商人張支信（張友信）の船に乗り、明州望海鎮を出発し、西南の風を受けて三箇日夜で出発地の那留浦に帰着している。

3　円　珍(7)

円珍は、嘉祥四年（仁寿元、八五一）四月に京都を出発し、翌月大宰府に到着したが、便船を得られず、付近に滞在して入唐の機会を待った。ようやく仁寿三年に至り、唐商人（新羅商人ともいう）王超らの帰国船に同乗することができた。同年七月博多津で乗船し、値嘉嶋鳴浦（那留浦）に到り、しばらく風待ちの後、八月に出帆した。琉球（台湾）漂到を経て福州連江県管内に到着した。復路は、天安二年（八五八）六月、台州管内の海門で唐商人（渤海商主・新羅商人ともいう）李延孝らの船で帰途につき（乗船地は不詳。明州付近か）、肥前国松浦郡美旻楽崎（長崎県南松浦郡三井楽町）に帰着した。その後博多那津で上陸し、鴻臚館に入った。美旻楽崎（美祢〔弥カ〕良久崎）も那留浦とともに遣唐使の時代から利用され、往路では最後の寄港地となっている。

4　真　如(8)

真如は、貞観三年（八六二）七月、難波津で大宰府に向かう貢綿船に乗り、八月、大宰府鴻臚館に到着。九月に壱岐島に向かい、さらに肥前国松浦郡斑島（佐賀県東松浦郡馬渡島）を経て、同柏島（唐津市神集島）に到着した。

十月、同地で唐通事張支信（張友信）に命じて船一隻を建造させ、翌年五月、造船が完了すると、再び鴻臚館に戻って旅支度を整え、七月上旬、宗叡・賢真・恵蕚ら僧俗六〇人で鴻臚館を離れ、八月に遠値嘉嶋に到着した。九月三日、東北の風を受けて唐に向けて出帆し、七月、明州揚扇島に到着した。真如自身は帰国せず、一行の中の僧宗叡、伊勢興房らは貞観七年（八六五）六月、唐商人李延孝の船で福州を出帆し、五日四夜にして値嘉嶋に帰着した。

5　寛　建(9)

寛建は、延長五年（九二七）に求法と五臺山巡礼を目的として渡航（当時は五代十国の時代）したが、出航に至る詳しい経緯は不明。『日本紀略』延長五年正月二十三日条に、〈大宋国福州府に赴かんと欲す〉とあり（後掲史料16参照）、通常の明州や台州ではなく、福州を目指したのは、福州商人の船を利用したためであろうか。当時の福州は十国の一つ閩国の中心地であった。しかし寛建は入唐後、建州（閩国管内）で死去したという。

6　日　延(10)

日延は、天暦七年（九五三）、呉越国天台山からの天台宗経典書写送付の依頼に応じた延暦寺及び朝廷の使者（遣唐法門使）として呉越商人蔣承勲の船で渡航した。朝廷の要請による新暦（符天暦）や内外典を携えて、天徳元年（九五七）に帰国した。ただし発着の経路等については史料がない。

7　奝　然(11)

奝然は、天元五年（九八二）十一月に人々の餞別を受けて京都を離れ、翌永観元年（九八三）八月一日、宋台州商人（呉越商客ともいう）陳仁爽らの船に便乗して入宋の途につき、十八日に台州に到着した。復路は寛和二年（九八六）、台州の商人鄭仁徳らの船で帰国した。往復ともに詳細な経路は不明である。なお奝然は永延二年（九八八）、宋の皇帝太宗への御礼の品を持たせて弟子嘉因らを鄭仁徳らの帰国船に便乗して入宋させている。

8　寂　照(12)

寂照は、長保四年（一〇〇二）六月に京都を出発し大宰府に下向したが、途中病のため長門に逗留した後、翌年八月「肥前国」から渡海した。出発地や海商の名前は不明であるが、明州に到着したものと思われる。その後寂照は宋に留まり帰国しなかった。

9　成　尋(13)

成尋は、入宋の勅許を申請したが、許可を得られないまま九州に下向し、延久四年（一〇七二）三月十五日、肥前国松浦郡壁島（加部島）で宋商人曾聚らの船に乗り込み、十九日に壁島を出帆し、東風を受けて二十日に耽羅島を望見しながら西に向かい、二十五日、明州沖合に広がる舟山群島の島にたどりついた。翌年、弟子を帰国させたが、成尋自身は宋に留まり、帰国することはなかった。

10　戒　覚(14)

戒覚は、永保二年（一〇八二）九月五日、筑前国博多津で海商劉琨の船に乗り込む。しかし翌六日は西風が吹いたため出船できなかった。その後十三日に至り、しばらく風待ちのために滞在していた「北崎浦」で順風を得て出帆し、「肥前国上部之泊」に着いた。翌十四日、日本の岸を離れて宋に向い、二十二日に明州に到着した。

北崎浦は現在の福岡市西区大字宮浦付近とみられ、糸島半島の東北端にあたる。近くには遣新羅使歌にもみえる「韓泊（唐泊）」もある。また「上部之泊」は「かべ」の泊すなわち成尋の乗船した壁島（加部島）とみられる。(15) なお戒覚一行は渡航の許可を受けておらず、出航まで船内に身を隠していた。

以上、遣唐使以後の主な渡航者の経路についてみてきたが、同じ東シナ海ルートとは言っても、遣唐使の時代から使われていた那留浦・美旻楽崎をはじめとする五島列島を最後の寄港地としていた時代から、成尋や戒覚の頃には東松浦半島の突端（呼子付近）から一気に大海にこぎ出すルートがとられるようになっていたことが知られる。経験の積み重ねにより、地理的な知識が深まり、造船・航海技術の進歩も相まって、次第に日数の短縮を目指したルートが開発されていったのであろう。成尋の頃にはすでに定期的な往復が可能となっていた。(16)

二　渡航の申請から出発まで

遣唐使が派遣されなくなったことから、律令制定当時には想定していなかった事態が生まれた。日本の律令では、異国への不慮の漂着や抄略（拉致）あるいは対外戦争における捕虜などの帰国については規定しているが、公使以外に海外に渡航する者のことなど想定していなかった。(17) そこに渡航を希望する僧侶があらわれたことで、その出入国に対して国家は新たなる対応が求められた。また渡航する僧侶たちも、これまでは公使に随行することで入唐後の身分証明となっていたものが、新たに自己を証明するための、今日で言えばパスポートならびに身分証明書を携帯する必要に迫られることとなる。そこで、前節でみた渡航者について、出国にいたるまでの経緯を制度的な側面を中心にして考えてみたい。

1　渡航の申請と許可

これまでの遣唐使に同行する場合と異なり、入唐（入宋）希望者はどのような手続きをとって渡航したのであろうか。恵蕚・恵運等については不明で、恵蕚の最初の渡航の時は太皇太后（嵯峨皇后）橘嘉智子の幡や袈裟を五臺山に施入することを使命としていたので、特別の措置がとられたと思うが、残念ながら史料は残されていない。明らかになるのは円珍からとなる。

【史料1】大中十二年（八五八）閏二月日付け「台州公験請状」[18]

……至嘉祥三年（八五〇）、聖上（文徳天皇）登極、遂進レ状求レ欲二入唐学法一。当朝藤侍郎相公、専与執奏、大尉相公、同レ力主持、勅二詔内供奉大徳僧光定一、因対重奏、至二仁寿元年（八五一）四月十五日一、遂蒙二恩許一。蔵部藤侍郎　奉二宣口勅一、賜二給紫衣・路糧等一。便辞レ勅至二鎮西府一。本曹判官藤有蔭・長史紀愛宕、准レ勅供二賜糧食一、至二三年七月十六日一、随二新羅商人王超等船一過レ海。唐大中七年九月十四日、達二福州一。

文徳天皇の即位直後、〈遂に状を進め〉て入唐求法を求め、〈恩許を蒙〉ったという。他にも、「乃録二意旨一抗表、以聞。主上（文徳天皇）深感二懇誠一、便蒙二許可一。」（『円珍伝』）、「抗表以聞。上感激制可。」（『智証大師年譜』）等とある。円珍が上表して入唐の許可を求め、許されたことが知られる。ただ丹念に関連文書を保存し、こまめに記録を残している円珍にしては、その上表文の内容がいっさい伝えられていない。やや不思議なことである。

ついで真如について、関連史料を掲げると次のごとくである。

【史料2】『頭陀親王入唐略記』（『入唐五家伝』所収）

貞観三年三月、親王被レ許二入唐一。六月十九日、発レ自二池辺院一南行、御二宿巨勢寺一。

【史料3】『日本三代実録』貞観三年三月三十日条

聴三伝灯修行賢大法師真如、向二南海道一。

【史料4】『扶桑略記』元慶五年十月十三日条

自レ唐告送云、真如親王逆旅遷化。伝云、……貞観三年上表曰、真如出家以降四丨余年。企二三菩提一、在二一道場一。竊以、菩薩之道、不二必一致一。或住〔或カ〕戒行、乃禅乃学。而一事未レ遂、余算稍頽。所レ願跋二渉諸国之山林一、渇二仰斗藪之勝跡一。勅依レ請、即便下二知山陰・山陽・南海諸道一、所レ到安置供養。四年奏請、擬レ入二西唐一。適被二可許一。乃乗二一船一渡レ海投レ唐。……〈已上出二本伝幷国史文一〉。

真如の入唐に同行した伊勢興房が帰国後にまとめた『頭陀親王入唐略記』では貞観三年三月に入唐の勅許が下りたごとくであるが、『扶桑略記』同月条にみえる上表は国内巡礼の許可を求めるものである。また『扶桑略記』では貞観四年に入唐を奏請したように記されているが、「四年」は「渡海投唐」にかかると理解すべきである。これらの史料から真如は国内巡礼中に唐商船来航の情報を得て急遽入唐を奏請し、許可が下りたものと推測されている。[19]

寛建については、『扶桑略記』延長四年（九二六）五月二十一日条に、「召二興福寺寛建法師於修明門外一。奏下請就二唐商人船一入唐、求法及巡中礼五臺山上。許レ之。」と見えるが、奏請の具体的な内容は記されていない。修明門は平安宮内裏外郭の南西端に位置し、中央の建礼門を挟んで春華門と相対している。〈修明門外に召す〉という行為の意味は不明で、あらかじめ提出されていた奏請に対して、許可を伝える儀式が行われたのであろうか。

　奝然については、清凉寺釈迦如来像胎内納入文書の一つ「奝然入宋求法巡礼行並瑞像造立記」[20]に「粤有二五臺勝境・天台名山一。雖レ伝二録標題一、奈二滄溟隔闊一。常懸二思想一、志願二礼瞻一。遽発二私心一。尋聞二公府一。値三台州之商旅、泊二帆檣於日東一、因仮二便舟一来入二唐土一。以二癸未歳（永観元）八月一日一離二本国一、其月十八日到二台州一。」とあり、また永延二年二月八日付け大宰府宛太政官符（史料12）に、「蒙二允許宣旨一」とみえる。〈公府に聞して〉〈允許の宣旨を蒙る〉とあるので、奏請し、勅許を得たことは知られるが、奏請の詳細は不明である。

　寂照についての関連史料は次のごとくである。

【史料5】『日本紀略』長保四年三月十五日条

入道前三河守大江定基〈法名寂照〉上レ状向二大宋国一、巡二礼五臺山一。

【史料6】『百錬抄』長保四年条

三月十五日、入道前参河守定基〈法名寂照〉上レ状、向二大宋国一、巡二礼五臺山一。六月十八日首途。天下上下挙首、向二聖人房一受戒。世人云、是真仙也。

【史料7】『小記目録』異朝事

同（長保四年）六月十八日、寂照為二入唐一首途事。〈不レ被レ許二入唐一事〉

【史料8】『扶桑略記』長保五年条

秋時、参河守大江定基出家入道。法号寂照。八月廿五日、寂照離二本朝肥前国一、渡レ海入レ唐。賜二円通大師号一。

【史料9】『続本朝往生伝』大江定基

長徳〔保カ〕年中修レ状、申下依二本願一可レ拝二大宋国清涼山一之由上。幸蒙二可許一、既以渡レ海。

以上の史料から、〈状を上つり〉あるいは〈状を修め〉、〈幸い可許を蒙り〉とあるので、入宋を申請し、許可が得られたように思える。ただし【史料7】の『小記目録』に〈入唐を許されざる事〉とあるのは、『小右記』であるだけに注意すべき記事で、その解釈は下文で触れることにしたい。

このように渡航にあたり、上表して勅許を得ることが必要とされたことが知られるが、その奏請の内容を具体的に知ることができるのは、時期が降るが成尋の場合である。

【史料10】『朝野群載』巻二十・異国・聖人申渡航の項

阿闍梨伝灯大法師位成尋、誠惶誠恐謹言。

請下特蒙二天裁一、給二官符於本府〔大カ〕一、随二大宋国商客帰郷一、巡中礼五台山幷諸聖跡等上状

右、成尋伏尋二往跡一、先賢入唐之輩、本懐各以相分。或為レ決二法流之奥旨一、或為レ礼二聖跡之霊勝一、互請二天裁於本朝一、方遂二地望於異域一。因レ茲、探レ賾討レ深、究二学顕密之教文一、跋レ山渉レ水、巡二礼幽邃之名地一。而某、聊開二法門之枢鍵一、纔見二数家之伝記一、五台山者、文殊化現之地也。故華厳経云、東北方有二菩薩住

処一、名二清涼山一。過去諸菩薩、常於レ中住。彼現有二菩薩一、名二文殊師利一。有二一万菩薩眷属一、常為二説法一。又文殊経云、若人聞二此五台山名一、入二五台山一、取二五台山石一、踏二五台山地一、此人超二四果聖人一、為レ近二無上菩提一者。天台山者、智者大師開悟之地也。五百羅漢、常住二此山一矣。誠是炳二然経典文一。但以レ甲二於天下之山一、故天竺道猷登二華頂峰一、而礼二五百羅漢一、日域霊山(仙)、入二清涼山一、而見二一万菩薩一。某雖二性愚魯一、見レ賢思レ斉、巡礼之情、歳月已久矣。加之天慶寛延(マヽ)・天暦日延・天元奝然・長保寂昭(照)、皆蒙二天朝之恩計(許カ)一、得レ礼二唐家之聖跡一。爰迫二齢六旬一、余喘不レ幾。若無レ遂二旧懐一、後有二何益一。宿縁所レ催、是念弥切也。以二六時六行道一、一生斎食、常坐不レ臥。勇猛精進、凝二一心誠一、及二三箇年一。於戯航海之棹、非レ不レ畏也。偏任二残涯於畳浪之風一。懐土之涙、非レ不レ落也。唯寄二懇望於五峰之月一。師跡之遺室、興隆之思、豈廃。母老兮在レ堂。晨昏之礼、何忘。然而先世之因、欲レ罷不レ能、今世之望、又思二何事一。望請天裁、給二官符於大宰府一、随二商客帰向之便一、遂二聖跡巡礼之望一。某誠惶誠恐謹言。

延久二年(一〇七〇)正月十一日　阿闍梨伝灯大法師位成尋

その内容は、およそ次のようになる。①これまでの渡航僧は勅許を得て巡礼求法している。②自分が巡礼を希望している五臺山は文殊菩薩仮現の地であり、天台山は智者大師開悟の地である。③自分は早くから聖地への巡礼を志していた。寛延（寛建カ）以下、みな朝廷の恩許によって念願を果たしている。④自分も年齢が六〇歳に迫り、余命幾ばくもなく、聖地巡礼の希望はいっそう強くなるばかりである。⑤日々、巡礼に備えて厳しい修行を行っている。⑥航海の危険も、故国を離れる寂しさもあり、かつ老母がいる。しかしながら巡礼を思いとどまるわけにはいかない。⑦そこで、勅許して、太政官符を大宰府に下し、宋商人の帰国船に便乗して入宋し、聖地巡礼の希望を遂げさせていただきたい。

中国に渡航して求法・巡礼を志す僧は、原則としてこのような申請をして勅許を得る必要があったことが知られるが、文書として残されているのは、この成尋のみである。そして成尋は、理由は定かではないが[21]、許可を得られず、奏請から二年後に密航の形で入宋の途についている。なお成尋申状の中で言及されている「天慶寛延」については他に史料がない。今は延長五年に渡海した「寛建」とみる説にしたがって叙述を進めることとする[22]。

なお成尋が〈天朝之恩許を蒙〉って渡航したとする先賢の中に、成尋が祖師と仰ぎ、諸事先例とする円珍が含まれていない。円珍はすでに述べたように勅許を得て渡航している。それにもかかわらず先例としてあげられていないのは、中国への渡航僧にも、求法を中心としたものから、聖地巡礼による罪障の消滅を願うという意識の変化があり、円珍までは求法、寛建以後は巡礼を主とした渡航と理解しているあらわれであろう[23]。

さて、成尋が〈天朝之恩許を蒙〉った先例としてあげている寂照については一つ問題がある。すでに触れたように、『小記目録』に「不レ被レ許二入唐一事」とあることである。これについては、「出京の時点で未だ勅許が無いことを示したもの」[24]、「勅許は得られなかったようであるが、時の権力者藤原道長の庇護により、半ば公的に渡海が実現した」[25]、京都出発後いったん帰京した際に渡海公認をうけたのではないか[26]といった、さまざまな解釈がなされている。【史料6】『百錬抄』によれば、寂照は入宋のために都を離れるとき、多くの人々に見送られながら出発している。公然とした旅立ちである。『小右記』の記事は入唐の許可が下りないままに、鎮西に旅立った可能性を示唆している。ここで成尋の例が想起される。

成尋も前掲史料のように勅許を申請しながら、許可が下りないまま、博多津から離れた肥前松浦郡壁島で宋商船に乗り込み、密航の形で出航している。しかし成尋は入宋にあたり、皇太后藤原寛子からは故後冷泉天皇の書写経、藤原師信からは亡妻の遺髪と鏡などを五臺山に施入するよう託されている。また経典六〇〇余巻及び仏具等を携え、便乗船の宋商人に対して多額の渡航費用が渡されている[27]。つまり成尋が入宋すること自体は公ごとで、渡航の準備は公然と行われていたとみなければならない。ただ勅許を得る前にたまたま便船を得て、その宋船の都合により出航となったため、人目をはばからざるを得なかったのであろう。この点寂照の場合も同じように思われる。【史料8】『扶桑略記』の伝える、寂照が〈本朝肥前国を離れて〉とある記述を、肥前国で乗船したものとすれば、成尋と同じように勅許が下りないまま博多津を避けて乗船したと考えることもできるのではなかろうか。成尋は寂照の先例を追ったのかも知れない。寂照について、〈恩許〉を蒙ったとする成尋奏状と齟齬が生じるが、出航後に勅許が下されたと考える余地もあるように思われる。

なお密航者には寂照・成尋の他に戒覚がいる。永保二年九月五日、師弟三人で博多津において宋商人劉琨の船に乗り込んで渡航するが、「依レ恐二府制一、隠如レ盛レ嚢、臥二舟底一、敢不レ出レ嗟」（『渡宋記』同日条）とあるように、明らかに渡航の許可を得ていない。同日条にはさらに、「就中商人由来以レ利為レ先。然予全無二傭物之儲一。只有二祈念之苦一。今邂逅遂二本意一。豈非二文殊感応一乎。」と記されている。小野勝年氏は、「一種の密航であり、しかも船主への資物を記していないところをみると、無賃ではないまでも、安い船賃かと思われる。[28]」と述べておられる。同乗の師弟八人、見送り六名に加えて多くの荷物を携えて乗船した成尋と比べて、戒覚は師弟三人と少人数で、また成尋・寂照等と比べて無名であったことから、博多津まで目立つことなく乗り込むことが出来、敢えて博多津を避けるまでもなかったのであろう。劉琨は「廻却宣旨」つまり帰国の命令を受けていたので、帰国までの間、公に博多津に留まっていることはできたのである。

2　大宰府宛太政官符の発給

さて、成尋の申文（奏状）で注意したいのは、太政官の渡航証明書ではなく、太政官に対して大宰府の証明書を発給するよう求めていることである。円珍の場合、勅許は下りたが、大宰府宛太政官符の存在については、明らかにできない。成尋が先例としてあげている寛建については次のように記されている。

【史料11】『扶桑略記』延長四年（九二六）条

五月廿一日、召二興福寺寛建法師於修明門外一。奏下請就二唐商人船一入唐求法及巡中礼五臺山上。許レ之。又給二黄金小百両一、以宛二旅費一。法師又請二此間文士文筆一。菅大臣、紀中納言、橘贈中納言、都良香等詩九巻、菅氏・紀氏各三巻、橘氏二巻、都氏一巻。但件四家集、仰追可レ給。道風行草書各一巻、付二寛建一令レ流二布唐家一。可二相従入唐一僧幷雑人等、従僧三口・童子四人・近事二人。勅遣二元方於左大臣宿所一、寛建法師入唐之由、宜レ遣二書大弐扶幹朝臣許一、可レ仰二其旨一。

六月七日、依レ有二院仰一、勅二奉黄金五十両一。此為レ給二入唐求法沙門寛建一也者〈已上出二御記一〉。

勅許が下された後、左大臣藤原忠平は大宰大弐藤原扶幹に書を送り、入唐の趣旨を伝えるよう指示している。扶幹は延長元年四月に中宮大夫に任じられ、同三年正月に大宰大弐を兼ねている。延長四年当時の帥は敦固親王であるので、大弐扶幹は事実上の長官となるが、中宮大夫兼大宰大弐であるので、本人は在京している。この史料からみると、大宰府宛に太政官符が発給されたとみるよりも、在京の大弐から現地の府官に寛建入唐を許可する旨が伝えられたもののごとくで、果たして太政官符が発給されたかは不明である。

具体的な大宰府宛太政官符は奝然の場合にみることができる。宋から帰国した奝然が、滞宋中の優遇に対する謝意を宋の太宗皇帝に伝えるため、帰国に利用した宋商船の帰郷便に弟子の嘉因らを乗せて宋に送ることを朝廷に求め、それが許された時の大宰府宛太政官符である。

【史料12】『続左丞抄』第一・永延二年二月八日付け大宰府宛太政官符

太政官符大宰府

　応丁為レ使二伝灯大法師位嘉因一、重発二遣大唐一令丙供二養五臺山文殊菩薩一兼請乙度新訳経論等甲事

　　従僧二口　童子二人

右、得二入唐帰朝法橋上人位奝然奏状一偁、奝然為レ遂二宿願一、去天元五年蒙二允許宣旨一、渡海入唐。適参二五〔台脱〕山一、巡二礼文殊之聖跡一、更覲二大宋朝一、請二来摺本一切経論一蔵一矣。抑寔雖レ致二巡礼伝法之功一、未レ遂二財施供養之願一。帰朝之後、雖下馳二願心於五臺山清涼之雲山一、繋中供養於一万文殊之真容上、未レ遂二件願心一。因レ之差二嘉因法師一、重欲二発遣一。今件嘉因、久住二東大寺一、苦二学三論无相之宗教一、同往二西唐国一、共受二五部秘密之灌頂一、非三啻学二顕密之法一、兼以解二漢地之語一。然則足レ為二訳語一者也。望請天恩、下二給宣旨於大宰府一、随二鄭仁徳等帰船一、発二遣大唐一、令下供二養文殊菩薩一、兼請中度新訳経論等上、将下奉レ祈二聖皇宝祚一、且遂中宿願遣余上者、左大臣宣、奉レ勅、依レ請者、府宜承知、依レ宣行レ之。符到施行。

　　正六位上行右少史穴太宿祢

右中弁正五位上兼行大学頭平朝臣

　　永延二年二月八日

成尋が前掲の申文（【史料10】）において、太政官から大宰府に対して渡航の許可を与えるよう求めているのは、まさにこのような趣旨の官符を指しているのであろう。なお入宋前後の経歴等が不明なため、前記の渡航者の中に掲載しなかったが、心覚『入唐記』[29]に「慶盛　永承四―中二給官符一入唐〈後冷泉御代也〉」という記述がある。永承四年（一〇四九）に慶盛が官符を給わって入宋したという。[30]これも大宰府宛太政官符とみてよいであろう。

3　渡航の準備と下向

勅許を得ることができたものは、天皇・上皇そして摂関をはじめとする朝廷をあげて大きなバックアップを得て、渡航の準備を進める。延長四年（九二六）の寛建については、【史料11】『扶桑略記』の記述のように、醍醐天皇や宇多法皇が合わせて金一五〇両を旅費として支給しているだけでなく、寛建の要請に応じて菅原道真・紀長谷雄・橘逸勢・都良香らの詩文集を下賜しており、さらに小野道風の書を寛建に託し唐で披露させることまで考えている(31)。また奝然が帰国した後、太宗に御礼の品々を送っているが（『宋史』日本伝）、それはまさに日本の文化・技術の粋をこらした品々で、朝廷の支援があってはじめて実現するものであった。寛建や奝然の例から、朝廷が彼ら入唐・入宋僧に期待していたことがよく理解でき、日本を誇るという意識が顕著にうかがえるものの、そこに外交を結ぼうという意図をうかがうことはできない。中華としての名分は維持しながら、交流は続けるという当時の国際認識の一端を示している(32)。

この他京都を出発するまでの間に、仏事を修したり、随身する経典などの品々を集めるなどの準備を整え、大宰府に向かう。円珍は唐に持参するため特別仕様の位記や度牒を得ている(33)。奝然の場合、慶滋保胤作「奝然上人入唐時、為レ母修善願文」（『本朝文粋』巻十三・願文上・雑修善）、同人作「仲冬餞二奝上人赴レ唐、同賦二贈以レ言、各分二一字一。探二得軽字一」（『本朝文粋』巻九・詩序・祖餞）などから、母の逆修、知人との餞別の会などを催していることが知られる。寂照も母のために法華八講を修している。また奝然は、出発までの間に天元五年八月十五日付け長安青龍寺宛東大寺（東寺とする史料もある）牒、同年八月十六日付け天台山国清寺宛延暦寺牒を得ている(34)。後者の本文を示すと次のごとくである。

【史料13】唐国清寺宛延暦寺牒

日本国天台山延暦寺　牒大唐天台山国清寺
　東大寺伝灯大法師位奝然
牒、得㆓奝然陳状㆒偁、十余年間、有㆓心渡海㆒。蓋歴㆓観名山㆒、巡㆓礼聖跡㆒也。適遇㆓商客㆒、将㆑付㆓帰艎㆒。奝然郷土非㆑不㆑懐、尚寄㆓心於台嶺之月㆒、波浪非㆑不㆑畏、偏任㆓身於清涼之雲㆒。往者真如出㆓潢派㆒而趣㆓中天竺㆒、霊仙抛㆓家国㆒而住㆓五臺山㆒。縦雖㆓庸才㆒、欲㆑追㆓古跡㆒。伏望、垂㆓允容㆒給㆓小契㆒、以為㆓行路之遠信㆒者、夫以、二方異域、雲水雖㆑迥、一味同法、師資是親。件奝然学㆓傳三論㆒、志在㆓斗藪㆒。願令㆔万里之飛蓬、付㆓一箇之行李㆒。以牒。
　天元五年八月十六日　　　都維那伝灯法師位

奝然は陳状において、〈伏て望むらくは、允容を垂れ小契を給ひ、以て行路之遠信と為さんことを〉と述べている。「遠信」はやや意味が取りにくいが、『残闕醍醐雑事記』所収同牒には「符信」とある。「符信」であれば、証拠・信用といった意味になり(『大漢和辞典』)、まさに身分証明書兼紹介状を要請したと理解できる。

このようにして準備を整え、京都を離れて、大宰府に下向するのである。

4　大宰府の証明書—「公験」の発給

さて、勅許が下りると、大宰府に対して太政官符が発給され、入唐の支援を命じる。そこで問題となるのは、大宰府が渡航者に対してどのような文書を給付したかということである。国内の通行証としては「過所」が公式令に規定されているが、海外への渡航証明書となると、新たなる事態である。これが明らかになるのはやはり円珍の場合である。円珍は大宰府に到着後、渡航の便船を待ち、やがて来日した唐商人王超らの帰国便に同乗して唐に渡ることとし、大宰府に唐で用いる証明書の発給を申請し、次の二通を得ている。【史料14】と【史料15】の第一紙で、前者をA、後者をBとする。いずれも原本が残されており、Bについては紙継ぎの状況や下文とも関連するので、著名な史料であるが、一巻三紙の記載を全文掲げることにする。(35)

【史料14】『円珎大宰府公験』一巻　なお異体字は通用の字体に改め、返り点は省略した。

日本国大宰府
　延暦寺僧円珎（年卌 臈廿一）
　　従者捌人
　　随身物、経書・衣鉢・剔刀等
得円珎状云、将遊行西国、礼聖求法、
□附大唐商人王超等迴郷之船。恐
到処所不詳来由、伏乞判附公験、
□為憑拠。
　仁寿参年貳月拾壱日　大典越「貞原」
　　　　　　　　　　大監藤「□□」　※「大宰之印」三顆あり

【史料15】『円珎福州公験』一巻二通

江州延暦寺僧円珎（円珎）

為巡礼、共大唐商客王超・李延孝等、入彼国状
幷従者、随身経書・衣物等
僧円珎字遠塵年四十一臈廿二
従者　僧豊智年卅三臈十三　沙弥閑静年卅一俗姓海　訳語丁満年卌八　物忠宗年卅二
　経生的良年卅五　伯阿古満年廿八　大全吉年廿三
随身物　経書肆佰伍拾巻、三衣・鉢器・剔刀子　雑資具等名目不注
右円珎為巡礼聖迹、訪問師友、与件商人等、向大唐
国。恐到彼国、所在鎮鋪、不練行由。伏乞判付
公験、以為憑拠。伏聴処分。
牒、件状如前。謹牒
　　仁寿三年七月一日　僧円珎牒
「任為公験、漆月伍日
勅勾当客使鎮西府少監藤　　※「主船之印」一五顆あり
「有蔭」　」
……………（紙継ぎ目「福州都督府」印）……………
福州都督府
日本国求法僧円珎謹牒　「漆人」（朱筆）
　為巡礼来到　唐国状、幷従者　随身・衣鉢等
　供奉僧円珎年四十一臈廿二

僧豊智年卅三臈一十三　沙弥閑静年卅一俗姓海　訳語丁満年卌八

従者　経生的良年□□　物忠宗年卅二　大全吉年廿三

　伯阿古満年廿八　却随李延孝船、帰本国報平安。不行。

　随身物　経書四百五十巻、衣鉢・剔刀子等、旅竈壱具

牒、円珎為巡礼天台山・五臺山、幷長安城青龍・興

善寺等、詢求聖教、来到　当府。恐所在

州県鎮鋪、不練行由。伏乞公験、以為憑拠。

謹連元赤、伏聴処分。

牒、件状如前。謹牒

　大中七年九月　日　日本国求法僧円珎牒

「任為公験、十四日

　福府録事参

　　軍「平仲」　」

……………（紙継ぎ目「福州都督府」印）……………

「日本国僧円珎等漆人、往天

台・五臺山、兼往上都巡礼、仰

所在子細勘過。玖月拾肆

日、福建都団練左押衙充

左廂都虞侯林「師廙」　」

※「従者」「十四日」二箇所に「福州都督府」印を押捺し、「従者」のところの印の上に「印」と墨書で大書する

※「左廂都虞侯印」一顆あり

「福建海口鎮、勘日本国僧円珎
等出訖。大中七年九月廿八日。
史魏□□
鎮将朱「浦」　　　　」

A・Bいずれも、唐に渡ってから、事情を知らない官人に不審に思われることを避けるために証明書の発給を求めたもので、大宰府官人の姓・職名などを中国風に表記している。[36] そしていずれも発給される文書を「公験」と称し、「憑拠」とすることを目的としている。Aは全文が大宰府官人の手になる文書であるのに対し、Bは円珍自筆の牒状に大宰府官人が外題（判辞）を加える体裁をとっているところに大きな相違がある。この後、円珍は唐の福州に到着し、同地で福州都督府の公験を得て、求法の旅を始めるのであるが、Bはこの福州都督府の公験に貼り継がれており、紙継ぎ目には「福州都督府印」が押捺されている。これらの状況を考えると、唐に到着後正式に提出されたのはBで、Aは提出されることはなかったと考えてよい。

それではなぜ円珍は二通の、内容的にはほぼ同じ公験を大宰府から交付されているのであろうか。一つには人数の違いで、Aには従者八人とあるが、Bの従者は七人となっている。また日付の違いで、Aは二月十一日付け、Bは七月一日付けになっている。実際に円珍が入唐の途につくのは、七月十五日のことである。従者が八人から七人に変更になったこと、また二月の発給から、実際の渡航まで間があいてしまったため、再度申請したといった事情が考えられる。[37] しかし書式まで異なっているのはどのように理解すべきであろうか。

延暦寺には最澄が唐において発給された通行許可証が伝存している。[38] そのうちの一通貞元二十年九月十二日付け明州牒は全文が明州官人の手になるものであり、もう一通の貞元二十一年二月付け台州公験は最澄牒に「任為公験。三月一日台州刺史陸淳」と判辞を加えている。円珍のAは前者に似てはいるが簡略にすぎ、書き止め文言も不備である。一方後者には、一行の名前、随身物、目的が詳しく書かれ、「恐在道不練行由。伏乞公験。」といった円珍のBに共通する文言が記されている。すなわち書式の上では円珍Bは最澄の台州公験に類似している。円珍は最澄の台州公験を参考に大宰府に再発行を求めたのかも知れない。いずれにせよ、大宰府は円珍のA作成時点では唐の書式を十分に参考にしてはいなかったのである。これまで想定していなかった事態の中で、大宰府が発給文書の書式を模索していた様子がうかがえる。

次に注目されるのは、円珍からおよそ七〇年後に渡航した寛建の例である。

【史料】『日本紀略』延長五年（九二七）正月二十三日条

僧寛建等賜㆓大宰府牒㆒。欲㆑赴㆓大宋国福州府㆒、為㆑巡㆓礼五臺山㆒。

これによれば、寛建に「大宰府牒」が交付されたという。牒式文書は、これより以前、太政官と新羅執事省、渤海中台省等との間で用いられているが、この頃大宰府牒もまた朝鮮半島のいわゆる後三国時代の一つ後百済との間で用いられている。『本朝文粋』巻十二・牒所収延喜二十二年（九二二）「答新羅返牒」は、冒頭が省略されているが大宰府牒とみて誤りない。また延長七年（九二九）の新羅全州王（後百済王）甄萱の使者張彦澄らが対馬に来航し、大宰府司等宛ての文書をもたらした。朝廷で審議した結果について、『扶桑略記』延長七年五月廿一日条に、「太政官符大宰府。新羅人張彦澄等資㆑粮従㆓放帰㆒、幷令㆘文章博士等修㆓大宰・対馬返牒・書状案㆒下遣㆖。大宰牒略云、……」とあり、文章博士等が作成した草案をもとに大宰府牒を使者に与えている。[39] このようにみてくると、渡航目的地である福州府宛に大宰府牒が寛建に対して交付されたことも十分考えられる。書式としては前にみた円珍のAに類似しているものと推測される。ただし円珍のAが正式には用いられることがなかったことを考えると、円珍のBのように、申請者寛建牒に大宰府官が外題（判辞）を加えた体裁の文書を「大宰府牒」と称している可能性もある。またこの頃は五代十国の時代で『日本紀略』が「大宋国福州府」の表現を用いているのは、編纂当時の知識で表記している可能性があり、「大宰府牒」についても、果たして文字通りに解釈してよいか不安もあるが、もし寛建に対して大宰府牒が交付されたとすれば円珍の場合とは異なる対応で、書式が必ずしも定まっていなかったとみることができるであろう。このあたりの事情については今後の課題としたい。

いずれにしても、渡航に際しては大宰府の文書が公験として発給された。太政官言い換えれば朝廷が外交に直接関与することを表面的には避けるという、この頃の対外方針の反映であるとともに、大宰府に唐・宋の市船司の地位を与えているものと理解できるであろう。

こうして日本での手続きを終え、いよいよ渡航の途につくことになる。

おわりに

島と港への関心から、遣唐使以後の中国渡航者の発着地について検討し、出国に至るまでの手続きについて考察を加えてきた。いわゆる「年紀制」や「渡航制」など、出入国管理に関わる法制について触れることができなかったが、公使の途絶後、新しい事態に国家はどのように対応したのか、今後もさらに検討を進めたいと考えている。

注

（1）『続日本紀』天平勝宝六年（七五四）二月丙戌条。

（2）松原弘宣「天平八年の遣新羅使の船旅」（『古代国家と瀬戸内交通』吉川弘文館、二〇〇四年）参照。

（3）最近の研究に酒寄雅志「遣唐使の航路」（『栃木史学』二八、二〇一四年）がある。

（4）渡航者の全容については、原美和子「日中・日朝僧侶往来年表（八三八～一一二八）」（村井章介代表科研報告書『八―一七世紀の東アジア地域における人・物・情報の交流』二〇〇四年）参照。なお俗人の例では貞観十六年（八七四）入唐の大神巳井らがいるが（『日本三代実録』同年六月十七日条）、具体的な手続きは不明で、ここでは考察の対象から除いた。

（5）恵蕚については、田中史生編『入唐僧恵蕚と東アジア』（勉誠出版、二〇一四年）参照。同書には恵蕚関係史料集も掲載されている。

（6）恵運については、『安祥寺恵運伝』（『入唐五家伝』）、京都大学文学部日本史研究室編『安祥寺資財帳』（思文閣出版、二〇一〇年）、田中俊明「安祥寺開祖恵運の渡海――九世紀の東アジア交流――」（上原真人編『皇太后の山寺――山科安祥寺の創建と古代山林寺院――』（柳原出版、二〇〇七年）等参照。

（7）円珍については、小野勝年『入唐求法行歴の研究』上下（法蔵館、一九八二～三年）、佐伯有清『円珍』（吉川弘文館、一九九〇年）等参照。

（8）真如については、田島公「真如（高丘）親王一行の「入唐」の旅――「頭陀親王入唐略記」を読む――」（『歴史と地理』五〇二、一九九七年）、佐伯有清『高丘親王入唐記――廃太子と虎害伝説の真相――』（吉川弘文館、二〇〇二年）等参照。

（9）寛建については、王勇「遣唐使廃止後の海外渡航の物証　道賢をめぐる人間関係を中心として」（『アジア遊学』二二、二〇〇〇年）、手島崇裕『平安時代の対外関係と仏教』（校倉書房、二〇一四年）等参照。

（10）日延については、竹内理三「入呉越僧日延伝釈」（『日本歴史』八二、一九五五年）、桃裕行「日延の天台教籍の送致」（『暦法の研究』下、思文閣出版、一九九〇年）等参照。

（11）奝然については、西岡虎之助「奝然の入宋について」（『西岡虎之助著作集』三、三一書房、一九八四年）、木宮之彦『入宋僧奝然の研究――主としてその随身品と将来品――』（鹿島出版会、一九八三年）等参照。

(12) 寂照については、西岡虎之助「入宋僧寂照についての研究」(前注(11)書所収)、上川通夫「寂照入宋と摂関期仏教の転換」(『日本中世仏教と東アジア世界』塙書房、二〇一二年)、手島崇裕注(9)前掲書等参照。
(13) 成尋については、藤善真澄『参天台五臺山記の研究』(関西大学出版部、二〇〇六年)、同『参天台五臺山記』上下(関西大学出版部、二〇〇七・二〇一一年)等参照。
(14) 戒覚については、森克己「戒覚の渡宋記について」(『続日宋貿易の研究』勉誠出版、二〇〇九年)、小野勝年「戒覚の『渡宋記』」(『龍谷大学論集』四〇〇・四〇一合併号、一九七三年)等参照。なお『渡宋記』原文翻刻は宮内庁書陵部編『伏見宮家旧蔵 諸寺縁起集』(明治書院、一九七〇年)、影印は宮内庁書陵部編『渡宋記 僧慶政関係資料集』(一九九一年)として刊行されている。
(15) 小野勝年注(14)前掲論文五一六頁。
(16) 拙論「『成尋阿闍梨母集』にみえる成尋ならびに従僧の書状について」(『中央大学文学部紀要』史学五二、二〇〇七年→本書18)参照。
(17) 拙著『東アジア世界と古代の日本』(山川出版社、二〇〇三年)八～一四頁参照。
(18) 『園城寺文書 第一巻 智証大師文書』(園城寺、一九九八年)(一七—三)に写真と釈文とが収められている。
(19) 田島公・佐伯有清注(8)前掲論著参照。
(20) 『大日本史料』第一編之二十、永観元年八月一日条参照。
(21) 寂照に従って渡航を望んだ延殷について、『阿娑縛抄』所引「明匠等略伝・日本下」に「官家有レ議、下レ牒拘二留延殷一。惜二偉器一也。」とある。西岡虎之助注11前掲書二三九～二四〇頁、手島崇裕注9前掲書七七頁、等参照。成尋も後冷泉天皇や藤原頼通らから信頼される高僧であるところから、なかなか許可が下りなかったのであろう。
(22) 桃裕行「符天暦と日延」(注10前掲書所収)二四頁注4参照。
(23) 拙論「入宋巡礼僧」(荒野泰典・石井正敏・村井章介編『アジアのなかの日本史』V、東京大学出版会、一九九三年→本書13)、上川通夫「入唐求法僧と入宋巡礼僧」(荒野泰典・石井正敏・村井章介編『日本の対外関係3 通交・通商圏の拡大』吉川弘文館、二〇一〇年)等参照。
(24) 手島崇裕注(9)前掲書七六～七七頁。

（25）森公章『成尋と参天台五臺山記の研究』（吉川弘文館、二〇一三年）八八頁。
（26）上川通夫注（12）前掲書四八～五一頁。
（27）前注（23）拙論及び拙論「成尋――一見するための百聞に努めた入宋僧」（元木泰雄編『古代の人物　6王朝の変容と武者』清文堂出版、二〇〇五年↓本書15）等参照。なお渡航費用については、『参天台五臺山記』延久四年三月十五日条に、船頭等への志与物として、「米五十斛、絹百疋、褂二重、沙金四小両、上紙百帖、鐵百挺、水銀百八十両」を渡したと記されている。
（28）小野勝年注（14）前掲論文五一六頁。
（29）川瀬一馬『入唐記――平安末期鈔本　解説幷釈文』（龍門文庫、一九六〇年）
（30）慶盛については、手島崇裕注（9）前掲書二八四～二八五頁参照。
（31）『本朝文粋』巻六・奏状中所収「天徳二年正月十一日（小野）道風奏状」には「名是得播唐国。」と道風自ら記している。
（32）入宋僧の意義についてはさまざまな意見が出されているが、最近の研究として手島崇裕注9前掲書をあげるにとどめたい。
（33）小山田和夫「中務位記と治部省牒」（『智証大師円珍の研究』（吉川弘文館、一九九〇年）参照。
（34）『大日本史料』第一編之十九、天元五年十一月十七日第二条参照。東大寺牒については東寺牒とする史料もある（西岡虎之助注（11）前掲書八八～九〇頁参照）。延暦寺牒については、『東寺文書』甲号外十七を底本に『扶桑略記』天元五年八月十六日条及び大通寺所蔵『残闕醍醐雑事記』による校異が示されている。ここでは概要を示すため、「已上裔然法橋度唐牒」として引かれている『扶桑略記』の本文により、体裁等必要な範囲で『東寺文書』を参考にして引用することとする。なお大通寺所蔵『残闕醍醐雑事記』によると、二通共に慶滋保胤作とある。
（35）前注（18）『園城寺文書』（一三）（一四）に写真と釈文が収められている。なお礪波護「唐代の過所と公験」（『中国中世の文物』京都大学人文科学研究所、一九九三年）参照。
（36）前注（33）で触れた、円珍が入唐に携行した位記や治部省牒なども唐の役所に提出することを意識して、官名・人名すべて中国風に表記している。

(37) 礪波護注(35)前掲論文六八三頁。
(38) 石田実洋「「伝教大師入唐牒」についての二、三の考察」(『日本歴史』六〇六、一九九八年)、荒川正晴『ユーラシアの交通・交易と唐帝国』(名古屋大学出版会、二〇一〇年)三九六～三九九頁、等参照。なお桜田真理絵氏は唐代の通行証にみえる二つの書式について比較検討されている(「唐代の通行証――標準型・簡易型による区別」(鈴木靖民・荒井秀規編『古代東アジアの道路と交通』勉誠出版、二〇一一年)。
(39) 少し時代は降るが、承暦三年(一〇七九)、高麗から高麗国王の病気を治療する医師の派遣を求める大宰府宛礼賓省牒に対し、礼賓省宛大宰府牒で対応している(『本朝続文粋』巻十一・牒)。また宋との関係では、延久五年(一〇七三)に成尋の弟子がもたらした神宗の天皇宛親書と品物に対する返礼品を僧仲回らが届けたが、『続資治通鑑長編』元豊元年(一〇七八)二月辛亥条には、「明州言、得二日本国大宰府牒一称、附二使人孫忠一遣二僧仲回等一、進二絁二百匹・水銀五千両一。……」とあり、大宰府牒が用いられている。

13　入宋巡礼僧

はじめに

九八六年（寛和二）、優塡王造立の釈迦如来像を模刻した栴檀釈迦如来像や印本大蔵経など、多くの成果を得て新興の宋（九六〇年建国、九七九年中国を統一）より帰国し、朝野に歓迎された僧奝然ではあるが、その渡航の前には、入宋に反対するものも多かったという。入宋して〈願ハクハ先ヅ五台山ニ参リテ、文殊ノ即身ニ逢ハント欲ス。願ハクハ次デ中天竺国ニ詣デテ釈迦ノ遺跡ニ礼セント欲ス〉る奝然にたいし、多くの人々は、およそ〈入唐求法〉は弘法大師や伝教大師のように〈権化ノ人、希代ノ器〉か、もしくは〈才名衆ニ超エ、修学命世（著名）〉の者ならば良いが、奝然のような者が行けば、〈我ガ朝ニ人無キヲ表ハス〉ようなものだ、といって非難した。これにたいして奝然は、もし無事に宋に渡ることができ、宋の人から何のために来たのかと問われたならば、〈我ハ是レ日本国無才無行ノ一羊僧ナリ。求法ノ為ニ来タラズ、修行ノ為ニ即チ来タルナリ〉と答えよう。そうすれば日本の恥にはならないであろう、と反論している。(1)

奝然のいう「修行」とは、「求法」の対語として用いられており、文殊菩薩の住地として信仰をあつめる五台山や釈迦の聖跡への参詣を希望していることからすれば、聖地巡礼こそ修行である、と理解しているとみてよいであろう。つまり聖地を訪れることにより自己の罪障消滅を祈ることを主たる目的としたものであって、そこには師をもとめて法を学び、鎮護国家に資するという目的をもって入唐した遣唐使時代の留学僧とは際だった相違がある。そして奝然以後の入宋僧は、もっぱら五台山をはじめとする聖地巡礼を目的として渡航するようになる。(2)

このような、いわゆる求法僧から巡礼僧への変化については、嵯峨皇后橘嘉智子の依頼を受けて五台山に宝幡や鏡奩を施入している恵蕚の行動、(3)円珍が先に入唐していた円覚を〈本国ノ巡礼僧田口円覚〉(4)と称していることなどが注目されるが、一〇七二年（延久四）に入宋した成尋の渡宋中文には、(5)〈天慶ノ寛延・天暦ノ日延・天元ノ奝然・長保ノ寂照、皆ナ天朝ノ恩計ヲ蒙リテ、唐家ノ聖跡ヲ礼スルヲ得〉とある。筆頭にあげられた寛延はおそらく、〈唐商人ノ船ニ就テ入唐求法シ、五台山ニ巡礼センコトヲ奏請〉して許され、九二七年（延長五）に渡航した寛建のこととみられる。(6)巡礼を主たる目的とする僧の登場時期の一つの目安とすることができよう。

さて、奝然は、勅許を得て九八三年（永観元）宿願の巡礼の途につき、冒頭に述べたように大きな成果を得て帰国した。宋において、銅器等の品を献上し、皇帝太宗に謁見するといった厚遇を受け、皇帝との問答や、持参した「職員令」「王年代紀」を通じて日本事情の紹介に大きく貢献したことはよく知られている。この後、入宋僧が皇帝と謁見すること、また問答を通じて日本事情を紹介することなどは恒例となり、一〇八二年（永保二）に入宋した戒覚は、宋皇帝にあてた上表文において〈遠方ノ異俗来朝シテ入覲シ、聖跡・名山ニ巡礼スルハ例ナリ〉と述べている（『渡宋記』）。そしてその謁見は、成尋の日記『参天台五台山記』によれば、「蕃夷朝貢条貫」にもとづいて行なわれており、『宋史』巻四百九十一・日本国伝には、成尋来朝の記事に続けて、是後、連㆓貢方物㆒、而来者皆僧也。

と記されているように、入宋日本僧は実質的に朝貢使と異ならない扱いを受けている。こうしたところから、入宋僧は、すでに公式の外交をもたなくなって久しい日本朝廷の、事実上の外交使節としての役割をも担っていたのではないかとする見方もあり、その性格をめぐって議論がある(7)。

そこで本稿では、単に性格が求法から巡礼へと変わっただけでなく、公的な外交の開かれなかった時代の日宋間の掛け橋として重要な役割を果たしている入宋僧――特に奝然から戒覚にいたる北宋代の入宋僧――について、皇帝との謁見の意義に焦点をあてながら宋朝の対外政策のなかに彼らを位置づけ、ついで入宋僧自身および彼らの入宋を後援する日本の支配層の意識について考えてみたい。

一　宋皇帝との謁見

入宋日本僧の宋における行動のなかでもっとも注目される皇帝との謁見について、その状況を奝然以下、順次たどってみることからはじめよう。

1　奝然と太宗皇帝

奝然(8)については、まず『宋史』日本国伝に、

雍熙元年(日本永観二・九八四)、日本国僧奝然与㆓其徒五六人㆒浮㆑海而至、献㆓銅器十余事幷本国職員令・王

年代紀各一巻。（中略）太宗召二見奝然一、在二撫之一甚厚。賜二紫衣一、館二于太平興国寺一。

とある。ここに太宗との謁見を雍熙元年のことと伝えるが、奝然自身が将来の釈迦如来像の胎内に収めた文書の一つ『奝然入宋求法巡礼行並瑞像造立記』(9)には、

以二癸未歳（永観元年・宋太平興国八）八月一日一離二本国一、其月十八日到二台州一。（中略）止〔至カ〕二九月九日一、巡二礼天台一、訪二智者之霊蹤一、遊二定光之金地一。（中略）十二月十九日到二汴京一（首都開封）、泊二于郵亭一。至二廿一日一、朝二観応運統天睿文英武大聖至明広孝皇帝（太宗）於崇政殿一、奏対、蒙レ宣賜二紫衣幷例物一。随侍僧四人嘉因・定縁・康城・盛筭、各授二青褐袈裟及錫賚等一、奉二伝聖旨一、於二観音院一安下。供須繁盛、不レ可二具陳一。

とあり、実際にはその前年の一二月で、入宋しておよそ四カ月後のことであった。皇帝との問答については、『宋史』日本国伝や『皇朝類苑』巻七十八・日本条所収の「楊文公談苑」逸文など(10)に知られ、日本の風土・流布する内外典・五穀・動物など多方面にわたっており、『宋史』日本伝の大半が「王年代紀」をはじめとする奝然の伝えた資料で占められていることは周知のとおりである。さらに『宋史』日本国伝には、

奝然復求レ詣二五台一。許レ之。令二所レ過続一レ食。又求二印本大蔵経一。詔亦給レ之。

とあり、太宗は奝然の五台山巡礼の希望を許したうえ、〈過グル所ヲシテ食ヲ続ガシム〉と路次の費用を公費でまかなうよう命じている。建国後はじめて迎える日本人の訪問を歓待する様子がよくうかがえる。奝然は帰国後、

多数の工芸品に上表を添えて太宗に送り、その厚遇に謝している。こうした奝然の一連の行動について、特に皇帝の謁見を許されていることは「頗る異例」(11)と評されている。

2　寂照と真宗皇帝

ついで寂照の場合があげられる。(12)寂照は一〇〇三年（宋咸平六・長保五）八月二十五日出帆し、九月十二日、明州に到着した。『宋史』日本国伝には、その翌年景徳元年にかけて、

景徳元年、其国僧寂照等八人来朝。寂照、不レ暁二華言一。而識二文字一、繕写甚妙。凡問答並以二筆札一。詔号二円通大師一。賜二紫方袍一。

とみえる。そして真宗皇帝との謁見については、『皇朝類苑』巻四十三・日本僧条所収の「楊文公談苑」逸文に、

景徳三年（日本寛弘三・一〇〇六）、予（楊億）知二銀台通進司一、有二日本僧入貢一。遂召二問之一。僧不レ通二華言一、善二書札一。命以レ牘対云、住二天台山延暦寺一、寺僧三千人、身名二寂照一。号二円通大師一。国王（一条天皇）年二十五、大臣十六七人、群僚百許人。（中略）

寂照領二徒七人一、（中略）上召見、賜二紫衣・束帛一。其徒皆賜以二紫衣一、復館二於上寺一。寂照願レ遊二天台山一、詔令二県道続一レ食。

とみえる。明確に「入貢」と表現されていることがまず注意されよう。皇帝の質問の内容は、科試のこと、神道

のこと、および日本に流布する書籍のことなどに及んでいる。そして、天台山巡礼の希望が勅許され、〈県道ヲシテ食ヲ続ガシム〉と奝然と同様に路次の費用を公費でまかなうことが命じられている。

さてここで問題となるのは、「楊文公談苑」に〈景徳三年……日本僧ノ入貢スルアリ。遂ニ之ヲ召シ問フ〉とあって、入宋から二～三年を経た景徳三年にようやく真宗皇帝との謁見が実現したとされていることである。もしこの年次が正しければ、奝然の謁見が入宋四カ月後であったことと比べていちじるしく遅く、宋側が来朝日本僧寂照にそれほど注目していなかったように受け取られる。しかし景徳三年は元年の誤りの可能性が高く、実際には入宋の翌年（景徳元年）に謁見がなされているものと思われる。(13) たとえば、寂照が質問にたいして「国王年二十五」と答えているが、国王すなわち一条天皇は九八〇年（天元三）六月一日生れで、その二五歳は景徳元年にあたる。また寂照は謁見の後に天台山巡礼をもとめている。入宋後二～三年ものあいだ、自宗の本山である天台山への巡礼を実行していないことは、やや不可解である。まして入宋のとき、天台山に近い明州に到着したにもかかわらずである。このことは、明州から天台山へは向かわずに上京を急いだことを推測させる。そして『宋史』日本国伝には前引のごとく、寂照の来朝を景徳元年のこととしている。これらのことから、寂照が真宗に謁見したのは、入宋の翌景徳元年とみられ、したがって、寂照の場合も入宋から謁見までの期間は、奝然とそれほど変わり無く、宋側も来朝日本僧寂照に注目し関心をはらっていることが知られるのである。

3　成尋と神宗皇帝

さて、寂照についで入宋し、皇帝に謁見したことが知られるのが、日記『参天台五台山記』によって著名な成尋である。(14) 一〇七二年（宋熙寧五・延久四）三月に入宋した成尋は、天台山巡礼後、都に到り、十月二十二日、皇帝神宗に謁見した。このときの詳細な記録は貴重であり、その経過について日記からながめてみよう。

成尋は、五月に天台山巡礼を果たしたが、その途中、かねての希望として、この後、五台山に巡礼後、ふたたび天台山国清寺に戻って修行したい旨の上表文を作成し、ついで台州を通じて京に進めた。これにたいし、閏七月六日、五台山巡礼の許可とともに、上京して皇帝に謁見すべしとの命がはじめて伝えられた。こうして路次の費用はすべて公費でまかなわれ、経過するところの州県の護衛を受けて、八月一日、天台山国清寺を出発して上京の途に着き、十月十一日、都の汴京に到着した。さっそく成尋のもとを訪れた勅使は、皇帝に進奉する品を点検し、成尋は香炉や念珠に顕密の法門六〇〇余巻の目録を添えて提出することを示している。その奏状に、

昔天台智者以㆓蓮花香炉・水晶念珠㆒、献㆓隋煬帝㆒。今日域愚僧以㆓純銀香炉・五種念珠㆒、進㆓今上聖主㆒、共表㆓祝延志㆒、奉㆑祈㆓万歳㆒。

と、智者大師の故事にならう旨を述べている。成尋の意気込みを伝える記事でもある。

ついで十四日、勅使が上覧に供する品々を定め、法門のほか、五台山に供養するために日本から携行した皇太后藤原寛子及び故後冷泉天皇の写経など[15]、また奝然の日記、円仁の日記などを進めた。そして勅使との問答があり、と日本からの入貢のないことに不審の意を表す問いにたいし、

日本自来為㆑甚不㆘通㆓中国㆒入唐進奉㆖。

滄波万里。人皆固辞。国〔因〕㆑之久絶。

と答えている。

そして翌日には、皇帝の質問が示され、「問日本風俗」以下一八項目に及ぶ質問に答え、清書された回答の書に署名を加えて提出された。その内容は文字通り多岐にわたるが、なかでも注目されるのは、

問、本国相㆓去明州㆒至近。因㆑何不㆑通㆓中国㆒。

答、本国相㆓去明州海沿㆒之間、不㆑知㆓幾里数㆒。或曰七千余里、或曰五千里。波高无㆑泊、難㆑通㆓中国㆒。

という一項で、日本と宋とのあいだは近いのになぜ朝貢してこないのかを問われている。前日の勅使の質問も、皇帝の意を体したものであろう。いずれにせよ、これらは宋の日本にたいする関心の高さを示すものであり、巡礼日本僧を積極的に都に招く理由の一端を知ることができる。

ついで十七日には、客省の官人から、皇帝に〈引見ヲ申シ乞フ〉牒状の提出をもとめられ、翌日提出している。これは成尋の側から皇帝にたいして引見を請う形式をとらされていることを伝えるもので、興味深い記事である。そして二十一日には、翌日の謁見の儀にさいしての細かい注意書が届けられ、特に客省からは、「蕃夷朝貢条貫」に基づく指示が伝えられている。

こうして当日を迎え、参内した後、客省の官人から〈御前ニ立チテ万歳ヲ呼ヘル作法〉が教示された。ついで延和殿に北面して坐す神宗皇帝に向き合って庭中に立ち、まず通事が進み出て「聖躬万宝」と唱え、成尋らも「万歳」を唱和した。下賜の紫衣・褐衣、絹が運ばれ、再び万歳を唱える。そこで勅使が進み出て、京内諸寺への参詣を許し、また別の勅使から五台山巡礼を許可することが伝えられたのち、御前を退出した。こうして謁見の儀を無事に終えたが、その儀は『宋史』巻百十九・礼志二十二の「契丹国使入聘見辞儀」にみえる次第とほぼ

同じ経過をたどっている。

このように成尋は、「蕃夷朝貢条貫」にしたがって、謁見の儀を終えた。前掲のごとく、『宋史』日本国伝の成尋関係記事に続けて、〈是ノ後、連リニ方物ヲ貢ス。而シテ来タルハ皆ナ僧ナリ〉とあるように、朝貢使に準じて扱われたことは明らかである。

この後、十一〜十二月にかけて成尋は念願の五台山巡礼を果たし、再び都に戻った正月に、随行の僧のうち頼縁等五人を日本に帰すことにして、勅許をもとめた。神宗はこれを許すとともに、日本の天皇への贈り物と文書とを託した。そして六月、頼縁らは明州から帰途につき、十月ごろ帰国して、神宗から託された文書・品などを献上した。成尋自身は宋に留まり、かれらを見送るところで日記は終わっている。

4　快宗・戒覚と神宗皇帝

ついで入宋日本僧が皇帝に謁見している事実を伝える史料は次のごとくである。すなわち『続資治通鑑長編』元豊六年（一〇八三）三月条に、

己卯（四日）、日本国僧快宗等一十三人見二於延和殿一。上（神宗）顧二左右一曰、衣二紫方袍一者、何日所レ賜。都承旨張誠一対曰、熙寧中、従二其国僧誠〔成〕尋一対見被レ賜、今再入貢。上曰、非二国人入貢一也。因三其瞻二礼天台一、故来進見耳。並賜二紫方袍一。

とあり、三月四日、快宗ら一三人の日本僧が神宗に謁見している。文中にあるように、快宗はかつて成尋に従って入宋し、成尋とともに神宗に謁見した僧侶である。快宗は、宋に留まる師の成尋と別れて一〇七三年（宋熙

寧六・延久五）に帰国した弟子の一人で、熙寧六年正月二十七日、辞見のため参内した際に紫衣を賜わっている（『参天台五台山記』同日条）。その後再び入宋したものであるが、それがいつのことかは明らかでない[16]。

さてやや不可解なことであるが、実はこの翌日にも日本僧が神宗皇帝に謁見しているのである。延暦寺の僧戒覚一行三名である[17]。戒覚の日記『渡宋記』によると、戒覚は、一〇八二年（宋元豊五・永保二）九月五日に宋商船に乗り込み、同二十二日に明州に到着した。そして翌年すなわち一〇八三年（元豊六）二月二十日、入京し、三月五日に謁見している。当日の日記に、

依二宣旨一、経二朝見一。便於二崇政殿之前一。賜二紫衣一襲一。〈衣・袈裟・裳〉又出レ闕之後、追賜二香染装束并絹廿疋一。人々云、是殊抽賞也。非二先例一事云々。

と記されている。この日付に間違いがなければ、快宗ら謁見の翌日のことであり、日本僧が連日謁見を許されていることになる。戒覚の渡宋は師弟三名であったことがその日記に明らかであるから、快宗らとはまったく別行動である。したがってもし同時に朝見したとすれば、日本僧快宗らについて記載があってしかるべきと思われるが、そのような記事はない。ここは日付を信じて神宗が日本僧を連日謁見しているものと解釈せざるをえない。

この快宗の謁見にたいして、陪席した張誠一は「入貢」と表現しているが、神宗は国人――この場合は俗人の意味であろう――の入貢とは異なり、天台山巡礼のことで挨拶に訪れたものとの理解を示しており、快宗一行を通常の朝貢使とみなしているわけでないことは注意されよう。

二　宋朝廷の対外政策と僧

このように、入宋日本僧が宋の皇帝に謁見することは、奝然以降も続いていることが知られる。それでは、一方の宋の皇帝は、彼ら日本僧をどのような意識をもって迎えたのであろうか。この点について、宋王朝の対外政策における僧の役割から考えてみたい。

1　外交と僧

あらゆる機会を通じて外国との交流拡大をめざした宋の対外政策は、すでに先学の指摘されるところであるが、[18]注意したいのは、その際に正式の外交使節はもちろんのこと、積極的に僧侶や商人を利用して外国との交渉や、ひいては通商関係の拡大をはかっていることである。僧の活動について伝えるいくつかの例を上げてみよう。まず『宋史』巻四百九十・天竺国伝に、

乾徳三年（九六五）、滄州僧道円自二西域一還、得二仏舎利一水晶器・貝葉梵経四十夾一来献。道円晋天福中詣二西域一、在レ塗十二年、住二五印度一凡六年。五印度即天竺也。還経二于闐一、与二其使一偕至。太祖召問二所レ歴風俗・山川・道里一。一一能記。

とある。太祖が天竺から帰国した僧道円を召して、旅行した各地の事情を尋ねている。『続資治通鑑長編』同年十二月癸亥条には、この記事に続けて「上喜、賜以二紫衣及金幣一」とあるので、于闐使だけでなく道円も親しく接見にあずかったことは間違いない。さらに仏教国天竺であるから、僧の活躍が当然のこととはいえ、同じく

『宋史』天竺国伝に、

太平興国七年（九八二）、益州僧光遠至レ自二天竺一、以二其王没徙囊表一来上。上令二天竺僧施護訳一云、（下略）

とあるのは、宋僧の帰国に託して外交文書を送ってきた例である。そして翌年には、

八年（九八三）、僧法遇自二天竺一取レ経回。至二三仏斉一、遇二天竺僧弥摩羅失黎語不多令一、附レ表願下至二中国一訳経上。上優詔召レ之。

と、訳経に従事したいとする天竺僧を謁見し、さらに、

法遇、後募レ縁製二龍宝蓋袈裟一、将三復往二天竺一、表乞レ給二所レ経諸国勅書一。遂賜二三仏斉国王遐至葛・古羅国主司馬佶芒・柯蘭国主讃怛羅・西天王子謨駄仙書一以遺レ之。

と、再度天竺へ旅立つ僧法遇の要請に応えて、経過する各地の君主宛の勅書を持たせている。これが外国にたいする招諭を目的としたものであったことは、『宋史』巻四百九十・大食国伝に、

乾徳四年（九六六）、僧行勤遊二西域一。因賜二其王書一、以招二-懐之一。

とあり、さらに『続資治通鑑長編』開宝元年（九六八）条に、

先レ是、僧行勤遊二西域一。上因賜二大食国王書一、以招二懐之一。十二月乙丑、遣レ使来貢二方物一。

とあることからも知られるであろう。

このほか、僧が使者として宋に来ている例は多い。たとえば『宋史』巻四百九十・于闐国伝に、

（開宝）四年（九七一）、其国僧吉祥以二其国王書一来上、自言破二疏勒国一得二舞象一一、欲二以為レ貢。詔許レ之。

とみえ、『宋史』巻四百八十七・高麗伝にも、

（端拱）二年（九八九）、遣レ使来貢。詔其使選官侍郎韓蘭卿・副使兵官郎中魏徳柔並授二金紫光禄大夫一、判官少府丞李光授二検校水部員外郎一。先レ是、治（高麗成宗）遣二僧如可一、齎レ表来覲、請二大蔵経一。至レ是賜レ之。仍賜二如可紫衣一、令三同帰二本国一。

とあり、高麗から僧如可が使者として到り、国王の上表を進め、大蔵経をもとめている。(19)

このように建国当初から四方との外交を進めている宋は、僧をも大いに利用しているのである。(20) そしてその目的を端的に物語る史料が『続資治通鑑長編』大中祥符二年（一〇〇九）十一月癸酉条で、

礼賓院言、回紇僧哈尚貢奉赴レ闕、乞下赴二五台山一瞻礼上。上曰、戎羯之人、崇二尚釈教一、亦中国之利。可レ給レ糧。聴二其請一。

とある。回紇僧が五台山巡礼を希望したのにたいして、真宗皇帝は、「外国の僧を優遇することは、宋の国益につながる」と、巡礼を許可したうえで、公費の支給を命じている。奝然の五台山巡礼に際して「令所過続食」といい、寂照の天台山巡礼に際して「詔令県道続食」と命じられているのは、まさに同趣旨に出ているのである。

2　日本僧の待遇とその背景

このように、宋王朝の対外政策の中に占める内外の僧の地位、多方面の活動をみてくると、宋にあっては、来朝日本僧を使者とみなして謁見することに特に抵抗感はなく、中華帝国の皇帝のもとに東夷の日本からはるばる朝貢使がやってきたことを演出する効果もあったであろう。しかし注意しておかなければならないことは、快宗らを謁見した真宗皇帝が〈国人ノ入貢ニ非ザルナリ〉と、正規の朝貢使ではないと述べていることである。成尋の場合も、「蕃夷朝貢条貫」に基づいて扱われているが、これは便宜的なもので、おそらく来朝した異国人を謁見する場合は、朝貢使に準じて扱うほかに方法がなかったのであろう。したがって、ここで注目したいのは、入宋日本僧が朝貢使に準じて扱われているということよりも、彼ら日本僧を積極的に都に招いて謁見しようとする宋皇帝の姿勢であり、その背景にある日本にたいする関心の高さである。

成尋の例を参考にすると、形式的には成尋が〈引見ヲ乞フ〉牒状を提出してはいるが、それは提出を命じられたものであり、事実は日本僧成尋の来朝を知った皇帝が上京を命じ、会見を欲したものであることは明らかである。これは成尋だけでなく、奝然らにたいしても同様であったと推測して誤りないであろう。そして上京途中の成尋にたいして、宋の僧侶や官吏が、「皇帝殊有㆓勅宣㆒。其旨最重。必蒙㆓厚恩㆒」（閏七月十二日条）とか「聖旨不㆑同㆓常事㆒。州県尽㆑心運送」（閏七月二十六日条）と語っていることや、二十二日に謁見を了えて宿所の伝法院に戻ると、院の諸僧が集まって朝見を喜び、その一人は「従㆓西天㆒三蔵二人去年来。不㆓朝見㆒、参㆓五台山㆒了。汝於㆓王者㆒有㆑縁也」と語ったといい、遠方から渡来したとはいえ、必ず謁見するものでもないことを伝えている。また戒覚も「人々云、是殊抽賞也。非㆓先例㆒事云々」と日記に記している。宋の皇帝が気軽と評してもよいように、積極的に正規の外交使節以外の外国人を宮中に招いていることからすれば、必ずしも日本僧を特殊な例とすべきではない。しかし宋の人々が口々に成尋・戒覚らにたいして特別待遇であることを述べているのは、決してお世辞や外交辞令ではなかろう。日本僧謁見の背後には、皇帝の日本にたいする相当の関心があることを読み取ってよいと思われる。

　このような来朝日本僧謁見にみられる宋皇帝の日本にたいする関心の高さは、都に着いた成尋の慰労に訪れた勅使が、「日本はなぜ進奉してこないのか」と詰問するような言葉をまず発しており、ついで皇帝からも同様の質問がなされていることから知られるように、かつて唐代には盛んに使者――遣唐使――を派遣していたにもかかわらず、宋になってから正式の使節を送ってこない日本にたいする不満からきているものと考えて間違いない。すなわち、日本僧にたいする厚遇は、宋の関心の高さの反映であり、それは正式の外交使節――朝貢使を待つ布石でもあったのである。成尋に天皇宛の皇帝の親書や贈り物を託していることも、このような宋朝廷の対外政策の一環であり、やや時期は下るが、一一一七年（永久五）ごろに宋から送られてきた牒状には、〈久シク来王ノ義ヲ欠ク〉日本に〈宜シク事大ノ誠ヲ敦クスベシ〉と、朝貢をうながす直接的な表現がとられている。(21)

　以上、宋が日本僧を使者に準じて扱い、厚遇した背景について述べてきた。それでは次に巡礼僧を送り出す日本側の状況について考えてみたい。

三　入宋僧と後援の人々

さて、成尋がその渡宋申文で、〈天朝ノ恩計〉つまり勅許を得て聖地巡礼に赴いた者として、寛延（寛建）・日延・奝然・寂照の四名をあげているが、その筆頭にあげられた寛建の場合、朝廷は、旅費として黄金一〇〇両を支給したうえ、〈唐家ニ流布セシ〉める目的で菅原道真ら当代の文豪の家集や小野道風の書を託し、さらには上皇も黄金五〇両をあたえている。(22) ついで名の見える日延は、延暦寺（天台座主）が呉越王の要請を受けて経典を書写して送り届けるために派遣されたものであるが、中国の新暦将来などさまざまな朝廷の任務が課せられており、(23) 実質的に朝廷が派遣したものとしてよい。こうして寛建・日延ら巡礼僧の渡航には、朝廷をあげてこれを支援している様子がうかがわれるのであり、この後勅許を得て入宋した奝然や寂照の場合も同様であったと考えられる。朝廷―貴族たちは、彼らの渡航を援助することは、みずからの現世利益・極楽往生に結びつくものと考えていたことであろう。そこで巡礼僧は「貴族社会の宗教的贖罪代表として入宋した」と評されている。(24)

ところが、成尋の場合、渡宋を申請しても勅許が降りず、結局密航の形で入宋せざるをえなかったことはよく知られている。その成尋は渡航に際して便乗する宋商船の船頭らに、船賃として米五〇斛・絹一〇〇疋・褂二重・沙金四小両・上紙一〇〇帖・鉄一〇〇廷・水銀一八〇両を渡しており（『参天台五台山記』延久四年三月十五日条）、渡宋後も資金が豊富であった様子がうかがえる。これらはとうてい成尋個人によって調達できるものではなく、有力な後援者の存在を推測させる。つまり、貴族社会の宗教的贖罪代表者といっても、巡礼僧を送り出す側の状況も次第に変化し、朝廷―貴族社会全体から、特定貴族との結びつきを強めるといった傾向を推測することができるように思われる。

ところで、このような入宋僧と貴族との結びつきを考えるとき、その先駆けとして注目されるのが、恵蕚であり、円珍である。恵蕚は、(25) 嵯峨皇后橘嘉智子の依頼を受けて五台山へ施物を送り届けることなどで、承和年間を中心とする短期間に三四度も日唐間を往復している。そして円珍の場合、入唐に際して、右大臣藤原良房・権中納言藤原良相兄弟の資金をはじめとする強力な後援があり、その背景には良房が強引に皇太子にさせた惟仁親王の将来を祈るという、なまなましい政治の現実がからまっていたという。(26) 精力的に求法に努めた円珍にして、すでにこのようなきわめて個人的現実的な欲求がその背後に見られるのである。それでは求法から巡礼へと性格を大きく変えつつある奝然以下の入宋僧の場合はどうであったろうか。特に彼らと貴族社会の結びつきについて次に考えてみたい。

1　奝然と後援者

奝然が釈迦如来像の胎内に収めた文書の一つに『奝然繫念人交名帳』(27) と名付けられた小冊子がある。それは「我今盧遮那、方坐二蓮華台一」に始まる願文に続けて、人名が列記され、「諸僧俗繫念人、男女一切、父母六親、皆守二護現当益利一」と結ばれている。要するにそこに列記された人々の現世利益を祈願したもので、したがってその人々が奝然の後援者とみなしてよいであろう。その人々は次のごとくである。

大朝趙烱―宋の太宗（趙炅）	日本守平王―円融天皇	東宮太子―師貞親王（のちの花山天皇）
皇后―円融皇后藤原遵子	康子（ママ）一品女親王―資子内親王(28)	頼忠大臣―関白太政大臣藤原頼忠
兼家大臣―右大臣藤原兼家	為光臣―権大納言藤原為光	朝光臣―権大納言藤原朝光
実資―蔵人頭藤原実資	道隆―右中将藤原道隆	道兼―弾正少弼藤原道兼

図1　『奝然繋念人交名帳』記載の人々

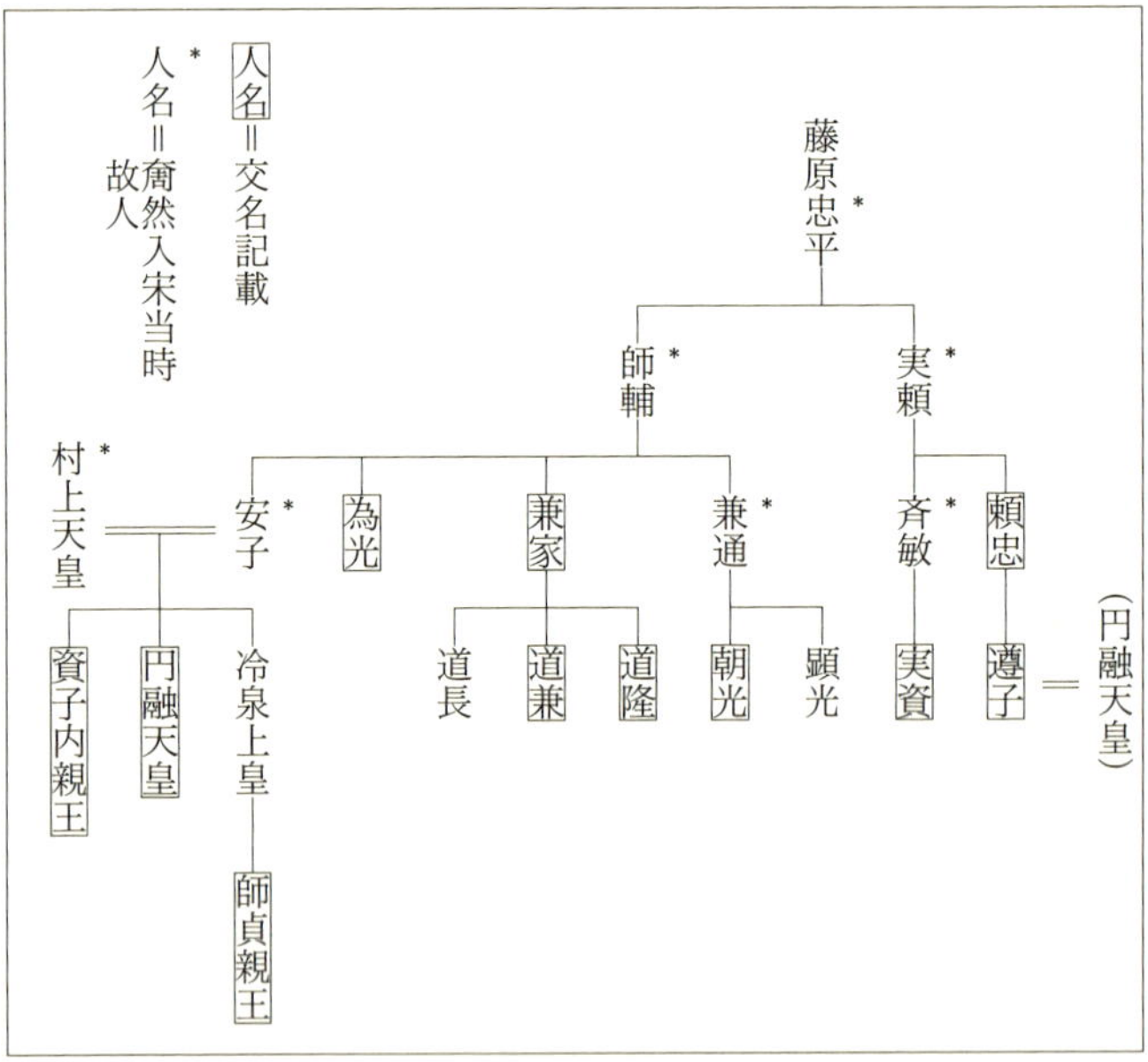

図2　『参天台五台山記』に見える主な人々

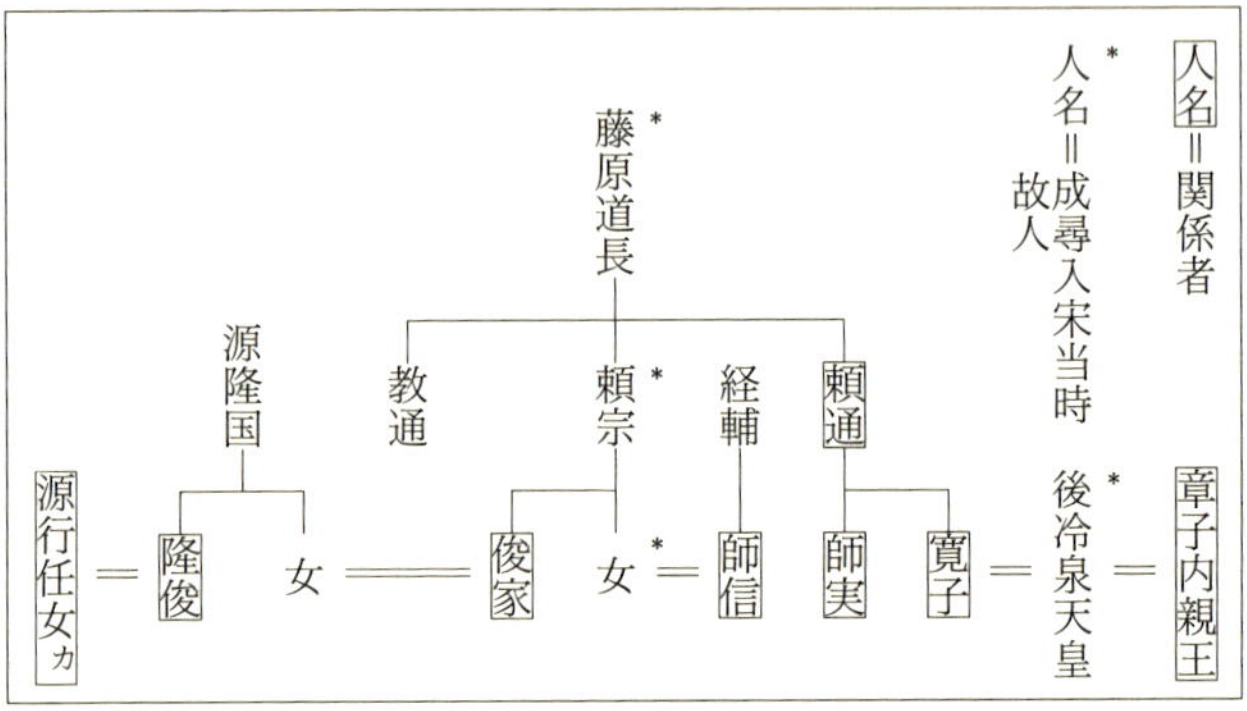

これらの人々の系図を示すと、図1のごとくである。天皇・皇后をはじめ、藤原氏の有力者特に当時の政界にあって主流を形成していた師輔流と実頼流の実力者を網羅している。これにたいし、源氏にも左大臣に雅信、大納言に重信がいるが、一切含まれていないことは注意される。つまりそこに一定の選択が働いているのであり、

奝然はこれらの有力者を後援として愛宕山に清涼山を建立し釈迦如来像を安置しようと念願していたのであろう。(29)

奝然は帰国後、謝恩のため太宗に多数の豪華な工芸品などを贈っているが（『宋史』日本国伝）、それらは到底一僧侶が調達できるものではない。ここにみられるような後援者があってはじめて実現したものであろう。

2　寂照と後援者

それでは寂照の場合はどうであったか。(30) 寂照も渡航の勅許を得て入宋しており、入宋に先だって母のために催した法会には、出家する者五〇〇余人、聴聞の衆が人垣を成したという。この寂照の入宋の後援者について奝然のような具体的な史料は残されていない。ただその宋滞在中に左大臣藤原道長・治部卿源従英（俊賢カ）・国王の弟（具平親王カ）と消息の往来があり、また弟子の念救を一時帰国させた際にも、道長のもとへ贈り物をとどけたり、また知識物（寄付）を大納言藤原実資にももとめたりしている。念救はこうした有力貴族から集めた知識物をもって再度入宋の途についたが、道長は特に念珠・砂金等を天台山へ施送している。このように、寂照の場合も奝然と同様、摂関家を頂点に有力貴族の後援を受けていたことが知られる。

3　成尋と後援者

成尋の後援者を考える場合、まず注目されるのは、五台山において、日本出発のときに皇太后藤原寛子から託された先帝後冷泉天皇（一〇六八年〈治暦四〉四月没）書写経と太皇太后宮亮藤原師信の亡妻の遺髪とその愛用の鏡を供養していることである。前者については、「大日本国皇太后宮降来先帝御書経巻」として妙法蓮華経一部八巻以下、五種類の経巻が記載されており、後者については、「大日本国故右丞相従一位藤原朝臣第六女子、為二太皇太后宮亮藤原師信朝臣家室一、産生云〔去〕逝。藤原朝臣以二其室親身物一所レ施」とある（延久四年十二月一日条）。

寛子は藤原頼通の女であり、藤原師信室は藤原頼宗の第六女であり、いずれも藤原道長につながる人々である。そして成尋は、五台山大華厳院真容菩薩院の僧が、文珠菩薩の御前に安置供養したことを報ずる長文の文書を、日記に移録している（同前条）。受け取った宋人の書状などの原本を日記に張り継ぐ場合も多い成尋が、わざわざ移録していることは、原本は日本に送り届けるために保管したのではないかと憶測される。おそらく間違いなく供養したことを寛子らに報告するためであろう。いずれにせよ、この二件を特に供養していることは、これらの周辺の人物がとりわけ成尋と親しく、したがって入宋にも多大の援助を行なっていたことを推測させる。

このほか、日記から成尋に縁の深い人々を求めると、五台山巡礼の往復に「以㆓日本冷泉院前内親王給五条袈裟㆒着用、毎日奉㆑祈㆓後世往生極楽㆒、以㆓治部卿上給頭巾㆒着用、奉㆑祈㆓二世㆒」（十二月二十八日条）とあるように、冷泉院前内親王と治部卿の上とから贈られた袈裟や頭巾を着用していたという。冷泉院前内親王は章子内親王（後一条天皇皇女）とみられ、また治部卿の上は成尋の母方の縁者と推測される源隆俊の室となる。こうしてみると、今回の成尋の入宋には女性の助縁が特に目立っている。

さらに成尋が宋で入手した内外典の送り先に選ばれている人物等をあげると、

宇治経蔵（平等院）　大雲寺経蔵

宇治殿藤原頼通　左大臣藤原師実　民部卿藤原俊家　治部卿源隆俊

といった名が登場する（熙寧六年正月二十三日条）。

以上、『参天台五台山記』にみえる記事を手がかりに、成尋の入宋に際しての後援者と推測される人々（図2参照）を眺めると、何といっても頼通との関係が注目される。頼通の女寛子は後冷泉天皇の皇后であり、かつて天皇が宇治平等院に行幸した際、頼通とは名は君臣であるが、義は父母のごとくである、と語ったというエピソードが伝えられている。(31) そして成尋がこの両名の信頼を得ていたことは、成尋がまだ入宋する前、後冷泉天皇不予に際して内裏に招かれて祈禱している様子や頼通の要請で宇治と内裏との間を往復していた様子を伝える『成尋阿闍梨母集』によって知ることができる。頼通の信頼があつかったことは、入宋後、五台山巡礼を求める上表文のなかで〈左丞相ヲ護持スルコト二十年〉と、頼通の息男で当時左大臣の師実の護持僧を長く勤めていたことにも知られよう。(32)

前述のごとく成尋は渡航に際して便乗する宋商船の船頭らに多額の船賃を渡しているのをはじめ、豊富な資金を有していた。これらの潤沢な費用も藤原頼通らあってのものではあるまいか。

それにたいして、成尋入宋の延久三年・四年当時の関白教通（頼通の同母弟）の名がみえないこと、あるいは肝心の今上帝後三条天皇の二世を祈ることなどが一切出てこないことが注目される。頼通と藤原氏と血縁関係のない後三条天皇とに確執があったことは周知のとおりであり、また頼通と教通との間にも対立関係があったことが知られている。(33) 成尋の関係者として、前記のような片寄りがあるのは、あるいはこのような対立の如実な反映であろうか。そして憶測を逞しくすれば、成尋に入宋許可が降りなかったのは、このような俗界における対立関係の影響によるものかも知れない。いずれにせよ、成尋になると、奝然・寂照らに比べて、特定の貴族との結び付きが一層強固になっている様子をうかがうことができる。

なお、成尋以後の入宋僧快宗・戒覚らについては、戒覚が勅許を得ることなく渡航したことは知られるが、彼らがどのような人々の後援を受けていたのかを明らかにすることはできない。

むすび

以上、入宋僧をめぐる問題について、彼らを迎える宋側と、これを送り出す日本側の双方の姿勢・意識を中心に述べてきた。前者について、巡礼僧の宋における行動のなかで特に注目されている皇帝との謁見を取上げ、正規の外交使節に限らず、宋と諸国間を往来する僧や商人などを利用して交流の拡大をはかっている宋の対外政策からすれば、日本僧の謁見を決して「異例」とみる必要はない。しかし宋の皇帝が日本僧との会見を強く望んでいるのが実情であり、その背景には日本にたいする高い関心があった。そしてその関心は、朝貢使を派遣してこないことにたいする不満から出ているのであって、謁見には巡礼僧を介して日本の朝貢をうながす目的があったのである。

一方、入宋僧の目的はあくまでも聖地巡礼であって、彼らにかつての入唐留学僧のような、鎮護国家に資するという意識を認めることは困難である。戒覚が、〈遠方ノ異俗来朝シテ入観シ、聖跡・名山ニ巡礼スルハ例ナリ〉と述べて、入観─謁見を恒例のこととしているのは、巡礼の便宜を得るためのものであり、使者としての入観をもとめているわけではない。それはまた彼らを送り出す朝廷─貴族社会も同様であり、彼らを通じて外交を結ぼうという意識はなかった。成尋の弟子がもたらした神宗皇帝の親書や贈り物を前に朝廷が、その対応をめぐって苦慮している姿によくあらわれている。(34) したがって、巡礼僧を利用した宋の対日外交も結局効を奏することはなかった。

末法をひかえた貴族たちは、聖地巡礼に旅立つ入宋僧を援助することを功徳とし、はじめは貴族層の代表として、朝廷をあげて彼らを送り出していたが、その状況にも変化があらわれ、次第に巡礼僧が特定の人々と結びつく、いわば個人主義的な色彩が強くなってくる。成尋の例は、求法から巡礼への動きにさらに新たなる傾向があらわれてきたことを示しているように思われる。

注

（1）『本朝文粋』巻十三、天元五年（九八二）七月十三日付「奝然上人入唐時、為レ母修レ善願文」（慶滋保胤作）。なお、『続本朝往生伝』大江定基条の「（宋人）皆曰、日本国不レ知レ人。令二奝然渡海一、似レ表レ無レ人。令二寂照入宋一、似レ不レ惜レ人。」云々という有名な一節は、願文の〈我ガ朝ニ人無キヲ表ハス〉云々という箇所を素材として創作されたものであろう。

（2）入宋僧については、木宮泰彦『日華文化交流史』（冨山房、一九五五年）、木宮之彦『日宋文化交流史――主として北宋を中心に』（鹿島出版会、一九八七年）等参照。

（3）佐伯有清「唐と日本の仏教交流――入唐巡礼僧と来日伝法僧」（池田温編『唐と日本』吉川弘文館、一九九二年）。

（4）佐伯有清注（3）前掲論文二四五頁参照。

（5）『朝野群載』巻二十、延久二年正月十一日付「僧成尋請渡宋申文」。

（6）『扶桑略記』延長四年五月二十一日・六月七日条、同五年正月二十三日条

（7）森克己「日宋交通と日宋相互認識の発展」「日宋交通と末法思想的宗教生活との連関」（『増補　日宋文化交流の諸問題』国書刊行会、一九七五年）、石上英一「日本古代一〇世紀の外交」（『東アジア世界における日本古代史講座7　東アジアの変貌と日本律令国家』学生社、一九八二年）、村井章介「中世における東アジア諸地域との交通」（『日本の社会史1』岩波書店、一九八七年）等参照。

（8）以下、奝然については、塚本善隆『塚本善隆著作集第七集　浄土宗史・美術篇』（大東出版社、一九七五年）、西岡虎之助『西岡虎之助著作集三　文化史の研究Ⅰ』（三一書房、一九八四年）、木宮之彦『入宋僧奝然の研究』（鹿島出版会、一九八三年）等参照。

（9）『大日本史料』第二編之十、長和五年三月十六日第二条、奝然寂伝参照。

(10)　藤善真澄「成尋と楊文公談苑」(『関西大学東西学術研究所創立三十周年記念論文集』一九八一年）参照。

(11)　木宮泰彦注（2）前掲書二七九頁、木宮之彦注（8）前掲書二八頁。

(12)　寂照については、西岡虎之助注（8）前掲書参照。

(13)　藤善真澄氏は、「楊文公談苑」に記された景徳三年の記事について、「楊億が寂照を召問」したと理解したうえで、下記の史料から、両者の対面は三年五月以降のこととしている（藤善真澄注（10）前掲論文）。しかし召問は謁見を意味するものであろう。したがって、寂照が真宗に謁見したのは、楊億が銀台通進司（通進銀台司ともいう）の任にあったときのこととなる。その就任年次について、まず『宋史』巻三百五、楊億伝に「景徳初、以二家貧一、乞レ典二郡江左一。詔令下知二通進銀台司一兼中門下封駁事上。（中略）三年、召為二翰林学士一」とあり、さらに『続資治通鑑長編』景徳三年五月の条に、

有二王太冲者一、初以二専経中第一、罷二宜黄主簿一、赴二選調一、命為二流内銓主事一、擢授二大理評事一。時知制誥楊億知二通進銀台司一兼二門下封駁事一、即封二還詔書一、（中略）不レ聴。既而太冲居レ職累歳、無二是裨贊一。丁未（六日）、送二審官院一、令レ釐二務外州一。

とみえる。景徳三年五月の時点で、王太冲の大理評事就任期間を〈職ニ居ルコト累歳〉と記している。この〈累歳〉との表現から、楊億が王太冲の任命に反対して詔書を封還したできごとを前年すなわち景徳二年とみることはできず、『宋史』本伝に「景徳初」年に通進銀台司に任官したとあることからすれば、それは景徳元年のできごととみなすのが妥当であろう。したがって景徳元年当時、楊億は銀台通進司の任にあったとみられるのであり、本文に述べた理由と併せて考えれば、「楊文公談苑」逸文の「三年」を「元年」の誤りとすることは許されよう。

(14)　成尋および『参天台五台山記』については、島津草子『成尋阿闍梨母集・参天台五台山記の研究』（大蔵出版、一九五九年）、平林文雄『参天台五台山記校本並に研究』（風間書房、一九七八年）、森克己「参天台五台山記について」（『続日宋貿易の研究』国書刊行会、一九七五年）等参照。

(15)　故後冷泉天皇の写経を五台山で供養しているが（下文参照）、その前後、成尋はしばしば「皇太后御経」を宋人に披露している。あるいは皇太后寛子の写経も含まれていたのかも知れない。

(16)　高楠順次郎編「入唐諸家伝考第八　善恵大師成尋伝考」（『大日本仏教全書』遊方伝叢書四）に、「大宋元豊六年正月廿五日、於二天台山国清寺一、日本巡礼沙門賜紫永暹写功了」の奥書が紹介されている。賜紫とあるのが気

になるが、時期からみると、永暹は快宗一行の一人であろう。したがって快宗らは天台山巡礼後に謁見しているものと推測される。

(17) 戒覚およびその日記『渡宋記』については、宮内庁書陵部編『渡宋記』解題・釈文（八木書店、一九九一年）、森克己「戒覚の渡宋記について」（『続日宋貿易の研究』国書刊行会、一九七五年）、小野勝年「戒覚の『渡宋記』」（『龍谷大学論集』四〇〇・四〇一合併号、一九七三年）、田島公「海外との交渉」（橋本義彦編『古文書の語る日本史　平安』筑摩書房、一九九一年）、参照。

(18) 森克己『新訂　日宋貿易の研究』（国書刊行会、一九七五年）ほか同氏前掲諸論文、参照。

(19) 丸亀金作「高麗と宋との通交問題」（『朝鮮学報』一七・一八、一九六〇年）。

(20) 皇帝が親しく謁見し海外の情報の収集や懐柔に努めることは、使者や僧侶にとどまらず、商人にも及んでいる。たとえば、『宋史』大食国伝に、

至道元年（九九五）、其国船主蒲押陁黎、齎二蒲希密表一来、献二白龍脳一百両、（品名略）白越諸三段一。引二対於崇政殿一。（中略）太宗、因問二其国一。対云、与二大秦国一相鄰、為二其統属一。今本国所管之民、纔及二数千一。有二都城一介二山海間一。（中略）上賜以二襲衣・冠帯・被褥等物一、令二閤門宴犒一訖。就レ館、延留数月遣回。降二詔答一賜二蒲希密黄金一、準二其所レ貢之直一。

と、大食商人を親しく宮中に招き、海外の事情について尋ねている例もある。このほかまた真宗咸平六年（一〇〇三）にも来朝した摩尼らを崇政殿に引見している。何か皇帝が「気軽」に謁見しているように思われるのである。

(21) 『大日本史料』第三編之十九、元永元年三月十五日第五条参照。

(22) 『扶桑略記』延長四年五月二十一日条。

(23) 竹内理三「入呉越僧日延伝釈」（『日本歴史』八二、一九五五年）、桃裕行『暦法の研究』下（思文閣、一九九〇年）「第一部符天暦と日延」参照。

(24) 森克己注（7）前掲「日宋交通と日宋相互認識の発展」三五頁。

(25) 佐伯有清注（3）前掲論文。

(26) 佐伯有清『智証大師伝の研究』（吉川弘文館、一九八九年）八〇～八三頁。佐伯『円珍』（吉川弘文館、一九九九

〇年）。

(27)『大日本史料』第二編之十、長和五年三月一六日第二条、奝然寂伝参照。

(28)『奝然繋念人交名帳』の原本には、「日本守平（改行）／王東宮太子」「皇后康子／一品女親王／頼忠大臣」とある。通説では皇后遵子とすべきところを康子に誤ったとされているが、皇后の名を誤るとも考えがたいこと、そして頼忠以下の例をみると、名＋官職となっていること、そして資には「やす」の訓があることなどから、本来「資子一品女親王」と書くべきところを、訓通で「康子」と書いてしまったのではあるまいか。

(29)塚本善隆注（8）前掲書一八五頁参照。ちなみに、兼家の息男のなかで、やがて栄華を極める道長は、奝然のリストには登場していない。奝然入宋当時（永観元年）いまだ一八歳で、従五位侍従に過ぎなかったからであろうか。

(30)西岡虎之助注（8）前掲書、参照。

(31)『一代要記』後冷泉院、左大臣藤原頼通条。

(32)この熙寧五年六月二日付の上表文にみえる「左丞相」を頼通とするのが通説である。しかし成尋入宋の時点ですでに頼通は散位前太政大臣であり、あえて「左丞相」と表現する理由はみあたらず、また日記では頼通のことは宇治殿と表記している。さらに日記の延久四年七月六日条に「睡間、夢謁二日本左府一。被レ仰云」云々とみえる。この左府は明らかに師実であり、上表文中の「左丞相」も師実のことと思われる。跡継ぎの護持僧に要請されていることに、頼通の厚い信頼を受けていたことを知ることができよう。

(33)坂本賞三『藤原頼通の時代』（平凡社、一九九一年）に新しい視点から論及されている。

(34)原美和子「成尋の入宋と宋商人」（『古代文化』四四―一、一九九二年）参照。

14　入宋僧奝然のこと
——歴史上の人物の評価をめぐって——

先に本誌（↓『古文書研究』四三、一九九六年九月刊）の同じこの欄に「入宋僧成尋のことなど」と題して、成尋に関連することを書かせていただいた（↓本書20）ので、今回は、私がかねて関心を抱いているもう一人の入宋僧である奝然について、日頃考えていることを記してみたい。

平安時代の古記録——貴族の日記は儀式の記述が中心で、余り個人的なことは書かれていないような印象を抱きがちであるが、実際にはずいぶん感情を露にした記述がみられる。中でも藤原宗忠の『中右記』の人物評価の面白さには定評がある。最近、長承二年（一一三三）の肥前国神崎荘への宋船到着をめぐる問題について考える機会があった。神崎荘領に到着した宋船に対して大宰府が例のごとく貿易を行ったところ、平忠盛が下文をもって大宰府の干渉を排除しようとした、という周知のできごとである。源師時の『長秋記』に記事があり、忠盛の行為を「言語道断」「近臣如二猨犬一所為也」と厳しく断じていることでも知られている。私はこれまでの通説に、やや疑問を感じる部分があるので、このことをまとめてみたのであるが（「肥前国神崎荘と日宋貿易」、皆川完一編『古代中世史料学研究』下、吉川弘文館、一九九八年所収↓本著作集第三巻2）、その過程で、忠盛の行動を鳥羽上皇に訴えようとした当時の大宰権帥兼中納言藤原長実についても調べるところがあった。長実は、このできごとの直後の八月十九日に没するが、その死去した日に、藤原宗忠が「未四曾有三無才之人昇二納言一」（『中右記』）と書いていることは有名で、それ以前、長実が権中納言に任ぜられた時にも宗忠は、「非二才智一、非二英華一、非二年労一、非二戚里一。世間頗有二傾気一歟」と記している（戸田芳実『中右記――躍動する院政時代の群像――』そしえて、一九七九年、二四〇～二四一頁、参照）。このような記述から、長実という人は、いかにも無能で、ただ院との縁のみで、政界を生き抜いてきたかのような印象を抱いてしまう。しかし、本当に無才の者で公卿が務まるものだろうか、何をもって無才と評すのだろうか、宗忠が日頃より彼ら――いわゆる院の近臣の行動に不快感を抱いていたことがこのような表現になるのではないかといったことから、このような記録を残されてしまった長実は気の毒だなといったことまで、いろいろな疑問や感慨を抱きながら記事を追っていた。

考えてみれば、このように、たまたま残された史料をどう公正に評価するか自問自答を繰り返す手続きが、いわゆる史料批判で、歴史を学ぶ者が日常に経験していることであろう。史料に対して常に厳正な態度で臨まなければいけないことはあらためて言うまでもないが、宗忠の長実評などをみていると、こと歴史上の人物の評価については、文字どおり死人に口無しで、本人に反論の機会が与えられることは絶対にないので、鵜呑みにせず、より慎重な検討が必要ではないかと、つくづく思っている。というのは、奝然の次のような例に接するからである。

永観元年（九八三）に入宋し、寛和二年（九八六）に帰国した僧奝然の名は、その将来した天竺伝来釈迦如来像の模刻像とともによく知られている。しかし奝然の生涯を考えようとすると、釈迦如来像胎内納入文書や『宋史』日本伝などを除くと、意外に史料に乏しいことに気がつく。そうした中にあって、異彩を放つのが、大江匡房の撰にかかる『続本朝往生伝』（康和四年・一一〇二年頃成立。「日本思想大系」本解説参照）の大江定基伝にみえる逸話である。定基は、周知のように、任地の三河国で愛妻の死去にあい、その変容をみて無常を感じて出家し、寂照と号し、奝然の後を受けて長保五年（一〇〇三）に入宋した。藤原道長らと親交があり、海を隔てて書状の贈答が行われていることもよく知られている。日本に帰国することなく、長元七年（一〇三四）杭州で遷化したと伝えられている。

『続本朝往生伝』の逸話とは次のようなものである。寂照が入宋してある寺に留住している時のこと、斎を迎えて、宋の高僧たちは自ら席を立たず、次々に飛鉢の秘法で斎食を受け、やがて寂照の番となった。飛鉢の法などできない寂照は、恥ずかしく思い、心中に本朝の神明仏法に祈ったところ、寂照の鉢が飛んでいって、斎食を受けて戻ってきた。そこで宋僧たちは感涙に咽びながら、次のごとく言ったという。

日本国、不レ知レ人。令二奝然渡海一、似レ表レ無レ人。令二寂照入宋一、似レ不レ惜レ人。

簡潔な文章で、いかに寂照が優れた人物であったかを、特に奝然と対比することによって見事に描いている。この一節の意味については、あらためて述べるまでもないことと思うが、時に誤解も見受けられるので、念のために記すと、「奝然（のような未熟な者）を渡海させるのは日本に人材がないことを示すようなものだ。（それに対して）寂照（のような立派な人物）を渡海させるのは、有能な人材を惜しまないことを示すようなものだ」となろう。

さて、この寂照の飛鉢の話は、他に『今昔物語集』巻十九、『宇治拾遺物語』下巻などいくつかの史料に見えているが、奝然に関する記述は『続本朝往生伝』以外にはない。『続本朝往生伝』は浄土信仰の流布とともに多くの人に読まれた書物であり、およそある種の寂照・奝然のイメージ、人物像を作り上げるのに大きな役割を果たしているであろう。奝然・寂照について詳細な研究をものされた西岡虎之助氏にあっても、「之は勿論伝説に止まるのである。而かし当時の我が渡海僧が彼の土に於いて重きをなしたことに依って生じた伝説とすれば、それは無下に捨て去るべきでもあるまい。」（『西岡虎之助著作集』三、二四四頁）と述べておられる。

しかしながら、この逸話を事実と考えることは到底できないこと、あらためて言うまでもない。奝然は、宋建国後、始めて訪れた日本人として歓迎を受け、『宋史』日本伝の約八割は奝然関係記事ないし奝然から得た日本事情などで占められている。そして釈迦如来像を随身しての、凱旋というに相応しい帰国後、厚遇を受けたお礼に弟子を派遣して太宗に数多くの品物を贈っている。およそそれらは奝然個人では調達できない当時の日本の技術の粋をあつめた工芸品ばかりである。そのスポンサーには天皇・摂関家などが深く関わっているとみて間違いない。当然のことながら〈奝然をして渡海せしむるは、人無きを表すに似たり〉と宋人が評したなどとは、事実とは見なし得ない。あるいは宋人に名を借りて当時の日本人の評判を記したものでもあろうか。しかしそれも疑問である。実は、この逸話は、次の史料を下敷きにして創作されたものとみなされる（以下に述べる逸話と奝然の逆修願文との関連について、拙稿「入宋巡礼僧」〔筆者ほか編『アジアのなかの日本史』V、東京大学出版会、一九九三年↓本書13〕注(1)で簡単に触れたことがある。かねてより先行研究があるものと思って求めているが、「日本思想大系」本にも特に注記はなく、他にも得られなかった。もしすでに指摘された文献があれば、ご教示願いたい）。

奝然は入宋に先だち、天元五年（九八二）七月十三日に六〇歳になる老母のために七七日《しちしちにち》の逆修を行った。その際の願文を慶滋保胤が奝然に代わって書いている。その中で、奝然のような未熟な僧が入宋することを懸念する声が周囲にあることについて、

其謗者云、凡入唐求法之人、自宗者弘法大師、天台者伝教大師。皆是権化之人、希代之器也。此外之倫、才名超ㇾ衆、修学命ㇾ世。如二仏子《（奝然）》一者、不ㇾ及二古人一之喩、猶ㇾ不ㇾ可二天之階一矣。定知表二我朝無一ㇾ人也。竊以不ㇾ得ㇾ意人、所ㇾ陳宜ㇾ然。

と述べている（『本朝文粋』巻十三「奝然上人入唐時、為レ母修レ善願文」）。この〈定めて知りぬ、我朝の人無きを表はさんことを〉と『続本朝往生伝』の逸話の〈奝然をして渡海せしむるは人無きを表すに似たり〉とを比べてみれば、その表現、発想がよく似ており、逸話が、逆修の願文を出典としていることは明らかではなかろうか。願文は、親交のあった慶滋保胤が奝然の意を汲み、謙遜を込めながらも、その自信のほどを叙述したところである。もし逸話の出典がここにあるとすれば、和歌の本歌取りにも似た名文とも評し得るが、考えようによっては、謙遜の言葉尻をとらえた、ずいぶんと悪質な行為ではなかろうか。

それでは『続本朝往生伝』に、この逸話が伝えられているのは何故であろうか。寂照の飛鉢についての同様の話を伝える史料の中で、奝然に触れるのは現在知られるところでは、唯一本書のみであることから、私はこの逸話は、撰者匡房ないし大江家による創作ではないかと疑っている。あるいは匡房は大江家の伝承を記録したに過ぎないかも知れないが、少なくとも逸話の誕生に何らかの形で関わっていると思う。それは次のような理由による。

まず、匡房の談話を筆録した『江談抄』第四に次のような記述を見出すことである。

蒼波路遠雲千里　白霧山深鳥一声　橘直幹、石山作

奝然入唐、以二件句一称二己作一、以レ雲為レ霞、以レ鳥為レ虫。唐人称云、可レ謂二佳句一、恐可レ作二雲・鳥一。

奝然の面目丸つぶれといったところであろう。この話は『古今著聞集』巻四にも取られているが、その末に「この事をぼつかなし」と疑っているように、もとより事実とは思われない。「直幹の詩を称讃せんとして仮構された伝説に過ぎないのであろう」（『西岡虎之助著作集』三、一〇六頁）との指摘もあるが、どうも匡房は奝然に対して良い感情は抱いていないように思われる。

次に、匡房が願文に関心が高かったことも注意される。『江都督納言願文集』全六巻には諸氏から依頼されたり、また自分のために作成した多くの願文が収められている。さらに、別に願文作者が指名されているにも拘わらず、独自の願文を作って世間に披露し、顰蹙を買うといった話も伝えられている（下文参照）。諸種の願文作成の資料として、奝然の逆修願文も手許に蒐集していたであろうし、『本朝文粋』そのものを手にする機会もあった（『本朝文粋』の成立年次は不詳であるが、編者藤原明衡は治暦二年・一〇六六年没。時に匡房二六歳）。どのような形にせよ、匡房は逆修願文を承知していたことは間違いない。

そして逸話の成立に匡房が絡んでいるのではないかとみる、もう一つの理由は、『中右記』における一連の匡房批判記事にある。宗忠は匡房より二〇歳年下であるが、しばしば厳しい匡房批判を行っていることでも知られる。中でも、嘉承二年（一一〇七）三月三十日条に、

或人談云、江帥匡房、此両三年、行歩不二相叶一、仍不二出仕一。只毎二人来逢一、記二録世間雑事一之間、或多二僻事一、或多二人上一。偏任二筆端一記二世事一、尤不便歟。不レ見不レ知暗以記レ之。狼藉無レ極云々。大儒所為、世以不二甘心一歟。

と記し、同年九月二十九日条にも、匡房が、求められてもいない香隆寺願文を作って世間に披露するようなやや奇異な行為を取ったことについて、

匡房所為奇也恠也。世間之人為二文狂一歟、可レ謂二物恠一歟。凡件卿依二所労一、此両三年来、暗記二録世間事一、或有二僻事一、或有二虚言一、為二末代一誠不レ足レ言也。

とも述べ、匡房が「不レ見不レ知」に「僻事」「虚言」を書き記しているとして不満の意を露にしている。そして宗忠による匡房評の極めつけが、匡房の死去を伝える天永二年（一一一一）十一月五日の記事である。すなわち、

　　戌刻、大蔵卿大江匡房卿薨。年七十一。匡房者、……為二三代侍読一。才智過レ人、文章勝レ他。誠是天下明鏡也。
　　但心性委曲、頗有二不直事一。

云々と記している。匡房が稀にみる学者であることを高く評価する中で、「但心性委曲、頗有二不直事一」という一節が挿入されている。これは一体どのような意味であろうか。匡房の死去を伝える史料には、他に藤原為隆の『永昌記』があるが、「高才明敏、文章博覧、無レ比二当世一、殆超二中古一」と記されているだけである。それだけに『中右記』の一節には注意されるのである。なお、宗忠はこの他にも、大宰権帥に任命されながら赴任しない匡房を、再三に亘って「不二穏便一事」と会議の席で指弾していることもあげておこう（以上『大日本史料』第三編之十二、匡房薨伝、参照）。

　さて、これらの『中右記』の一連の匡房批判について、伝記『大江匡房』を著された川口久雄氏は、「伝統的な古典主義の紀伝道にすこしずつ背を向け、……より自由にのびやかな態度であたらしくめぐんできた庶民的な日本的な文学意識によって、社会の生きた現実を凝視し、描写することを楽しもうとした。宗忠はそうした匡房におそらく我慢できないものを感じていた。」と、「伝統を墨守する」宗忠と「新しい時代と社会とに敏感に反応」する匡房の、いわば処世観・人生観の相違とみる。そして薨伝の一節については、「しかしながら彼の根性はいささかトリヴィアリズム（瑣末主義）に過ぎて、すこし素直でないところがある。」と訳され、「匡房が世間の雑事を記録するのは世間が甘心しないことだといったことばに対応するものであり、匡房が臨終の直前に晩年

の日記を焼きすてたことと何らかかかわりがあるかもしれない。」と述べておられる（人物叢書、三四〇～三四三頁）。但し、「頗」には「すこし」と「はなはだ」という両極の意味があり、宗忠の匡房に対する一連の評価を見てくると、後者の意味にとるのが妥当ではないかと思う。要するにこの一節は、「匡房は大変な学者である。但しその性格には、とても良くないところがある」といったところであろうが、いずれにしても、「不直」（不正直）の意味するところに、匡房が「僻言」「虚言」を書き連ねていることが含まれることは間違いないと思う。確かに川口氏が指摘されるような「復古主義」者宗忠の評価として、また宗忠の院の近臣に対する反感を考慮して（神谷正昌「中右記」（山中裕編『古記録と日記』上編、思文閣、一九九三年）参照）、ある程度割り引いて理解すべきかも知れないが、前述のような事例をみてくると、「僻事あり」「虚言あり」との評は決して宗忠の虚言ではないであろう。これは談話筆録の体裁を取る『江談抄』だけでなく、『続本朝往生伝』の奝然の逸話にも適用できるものと思う。匡房の筆録した世間の記録を事実に背くからといっていちいち目くじらをたてる必要はない、所詮説話であり、伝説ではないかとするのは、現代の我々の考えである。我々にあってはその程度の問題であろうが、同時代に生きる人にとって到底許容しがたいとする思いがあって当然のことであろう。大儒であればこそ、もっと後世に事実を伝える模範たれとする宗忠の憤慨もよく理解できるのである。私も匡房が希代の碩学であったことを認めることに吝かでないが、『中右記』の「但心性委曲、頗有二不直事一」とは気になる文言で、匡房は、現代でもよくみられる、溢れる才能の持ち主にありがちな、やや性格的に問題があったのであろうか。前に触れたように、別に指名された作者がおり、自分が頼まれてもいない法会の願文を作って、「どうだ、こっちのほうが勝っているだろう」と言わんばかりに世間に披露するなど、まさに自信家匡房の面目躍如といったところである。果たして宗忠の一連の匡房評が正当なものであるかどうか、何とも確かめようがないが、「さもありなん」と納得させられる史料は少なくないのである。このようにみてくると、寂照・奝然の逸話誕生に匡房が関わっていたと考えることも決して無謀ではなかろう。

もし匡房が逸話の創作に絡んでいるとすると、その背景には祖先顕彰の意識があるものと思われる。言うまでもなく、寂照すなわち大江定基は匡房の同族の先輩にあたる（系図参照）。ある人物がいかに優れているかを印象づける方法の一つに、別のあい似た人物と比較して、それよりも優れているとする方法がある。相手が著名な大物であればあるほど、説得力をもち、名声を上げることができる。

大江維時
　├重光―匡衡―挙周―成衡―匡房
　└斉光―定基（寂照）

寂照のライバルとしては、宋建国後、最初の入宋日本人として厚遇され、凱旋帰国した奝然が誰よりもふさわしく、彼よりも優れているとの評価は、なによりも寂照の名声を高めることになり、延いては大江家一族の誇りともつながってくる。いわば、異国に散った祖先顕彰の意識が逸話の背後に強く働いているのではあるまいか。『続本朝往生伝』には全部で四二名の内、大江氏から四名採録されている。身内意識が強く働いているとの見方も可能で、そうすると、上記のような推測もあながち的外れとは言えないのではなかろうか。

私たちはある人物を調べ出すと、ついついその人物に深く思い入れてしまう傾向があるように思う。私の場合も成尋や奝然には特に親しみを感じ、いわゆる贔屓の引き倒しにならないように注意しなければならないと、常に戒めている。ただ上に紹介した奝然の逸話は、その推測される逸話誕生の経緯を考えると、ずいぶん不当なものではないかと日頃から思ってきた。そこで、その経緯を明らかにしたいと思って書き始めたのであるが、そのことが一方の当事者と考える大江匡房の陰の側面を強調することになり、書き進めるにつれて何となく沈んだ気持ちになってくる。裔然を弁護する余り、故らに匡房ないし大江家を歪める、不当な解釈をしていないか、しばしば自問自答を繰り返しながら筆を進めることとなった。そして裔然のことを述べるつもりが、宗忠と匡房の関係に中心が移ってしまった観がある。完璧な人間などいるわけがないので、たまたま記録を残した人の印象が悪かったといった偶然ももちろん考えられるのであり、こうなると、この次には、長実や匡房批判を残した宗忠自身の性格なども十分に分析しなければならないであろう。いずれにしても、一つの逸話誕生の背景をさぐる作業を通じて、歴史上の人物の評価は難しいとあらためて感じながら、日頃の考えを書き綴ってみた。読者諸賢のご判断を仰ぐ次第である。

15 成　尋

―一見するための百聞に努めた入宋僧―

一　『参天台五台山記』と『成尋阿闍梨母集』

平安時代の入宋僧成尋《じょうじん》については、『参天台五台山記《さんてんだいごだいさんき》』（以下「参記」）及び『成尋阿闍梨母集《じょうじんあじゃりははのしゅう》』（以下「母集」）によってよく知られている。「参記」は、成尋が延久四年（宋熙寧《きねい》五・一〇七二）三月十五日に肥前国壁島《かべしま》（現在の佐賀県東松浦郡呼子《よぶこ》町加部島《かべしま》）で宋の商船に乗りこみ入宋の途につく時から、天台山・五台山への巡礼を終えた翌年六月に帰国させる弟子を見送る（成尋自身は宋に留まる）までの、およそ一年四ヵ月にわたる入宋巡礼日記である。一日も欠かさず、その日のできごと、見聞した事柄を詳しく記した日記は、承和《じょうわ》五年（八三八）に入唐した円仁《えんにん》の『入唐《にっとう》求法《ぐほう》巡礼《じゅんれい》行記《こうき》』とともに、古代日本人の訪中日記の双璧と評されている。一方、「母集」は、入宋を決意した成尋との別離の悲しみを母が綴った歌日記で、文学作品として高い評価を受けている。成尋の名はもっぱらこれらの著作によって知られ、したがって宋における事跡が注目されている。なかでも宋皇帝から祈雨を命じられて、たちまち雨を降らせたという奇跡が、早くから喧伝されている。その在宋一年有余の事跡に比べて、入宋以前の行歴は実は余り知られていない。しかしながら、六〇歳で入宋するまで日本で過ごした期間が、宋における行動の原点として、重要な意味をもっている。本稿では、入宋前の成尋の行動に焦点をあてて、その生涯を考えてみたい（成尋及び『参天台五台山記』『成尋阿闍梨母集』については、数多くの研究がある。本稿もそれらの業績を参考にしているが、文中に一々注記するのは煩雑であるので、主に近年の研究を中心にして末尾に一括して掲げた。参照していただきたい）。

二　家系・生没年

成尋の家系について、成尋が寺主をつとめた大雲寺《だいうんじ》の縁起である『大雲寺縁起』（以下「縁起」）などに、父は未詳、母は〈堤大納言《つつみだいなごん》の女〉、藤原実方《さねかた》の孫、とある。堤大納言も誰か不明で、結局のところ父母ともに不詳とせざるを得ないのであるが、「母集」に登場する人々、「参記」にみえる成尋ゆかりの人々、「縁起」にみえる大雲寺の堂舎を寄進した人々などを参考にすると、父は藤原実方の男、母は源俊賢《としかた》の女とみられる。そうすると、母の弟に源隆国《たかくに》がいる。『宇治大納言物語』を編集し、『今昔物語集』の編者にも擬せられている人物で、仏教にも造詣が深く、浄土経典の要文を集録した『安養集《あんようしゅう》』を著している。成尋は入宋に際して『安養集』を携えて行き、宋人の間で評判を得たことを日本の隆国のもとに伝えている。

次に生没年であるが、「縁起」などに寛弘八年（一〇一一）生まれとみえている。しかし成尋自身が渡宋後五台山巡礼の許可を皇帝に求めた熙寧五年（日本延久四・一〇七二）六月付上表文（「参記」同年六月二日条）に〈今、齢六《よわいろく》旬《じゅん》に満《み》つ〉と記していることなどから、延久四年六〇歳、したがって長和二年（一〇一三）生まれと考えられる。没年についても、確かな史料はないが、「縁起」などに伝える宋元豊《げんほう》四年（日本永保《えいほ》元・一〇八一）とみてよいであろう。以下、成尋の年齢については一〇一三年誕生・一〇八一年入寂・行年六九歳として記す。

三　入宋以前の履歴

「縁起」によれば、七歳（一〇一九年）の時に岩倉大雲寺に入り、文慶《もんけい》（のち園城寺《おんじょうじ》第一九世長吏《ちょうり》）について密教を学んだ。大雲寺は天台宗の中でも円珍《えんちん》を祖師とする寺門派の有力拠点の一つである。降って天喜二年（一〇五四）延暦寺《えんりゃくじ》の阿闍梨に補任《ぶにん》された。その太政官牒《だいじょうかんちょう》（『参記』延久四年十月十四日条所引）によれば、文慶のほか、兵《ひょう》部《ぶ》卿親王（悟円《ごえん》）・行円《ぎょうえん》・明尊《みょうそん》らにも師事している。そして前記煕寧五年六月付上表文に、〈大雲寺主と為りて三十一年、左丞相《さじょうしょう》を護持して二十年〉とあるので、長久三年（一〇四二）三〇歳で大雲寺主となり、天喜元年（一〇五三）以来〈左丞相〉の護持僧を務めてきたことが知られる。この左丞相（左大臣）を藤原頼通《よりみち》とするのが通説であるが、延久四年の成尋入宋当時左大臣であった、頼通の嫡男師実《もろざね》とみるべきである。師実は長久三年（一〇四二）生まれで、成尋が〈左丞相を護持〉し始めた天喜元年には一二歳で元服を迎え、正五位下に叙されている。頼通は嫡男の元服にあたり、成尋をその護持僧に迎えたのである。天喜元年といえば、その前年に末法に入り、頼通が平等院を建立した翌年で、鳳凰堂が完成したその年となる。翌天喜二年の成尋の阿闍梨補任も、時期からみて頼通の推挽によるものかも知れない。いずれにしても頼通・師実父子の篤い帰依を受けたことはまちがいない。そして「母集」には、入宋数年前の治暦《じりゃく》四年（一〇六八）頃、成尋が後冷泉《ごれいぜい》天皇（同年四月没）や藤原頼通の看病をつとめて、京と宇治とを忙しく往来する様が記されている。そして成尋の入宋にあたり、頼通の女である皇后藤原寛子《かんし》は故後冷泉天皇書写経を託している。こうした天皇や摂関家から信頼されている高僧であることが、下文で触れるように、なかなか入宋を実現できない背景にあったものと推測される。

四　入宋の願望と渡宋の準備

さて、成尋は早くから入宋巡礼の希望を抱いていた。延久二年（一〇七〇）正月に入宋の勅許を願い出た申文《もうしぶみ》『朝野群載《ちょうやぐんさい》』巻二十・異国所収「成尋申文」の中で、入宋巡礼を〈宿縁〉〈旧懐〉などと述べ、入宋後の熙寧五年六月付上表文の中では、〈少年の時より巡礼の志有り〉と述べている。〈少年の時より〉とは、いつの頃かは分からないが、具体的な行動が見え始めるのは、康平年間で、成尋が四十代後半を迎えてからである。年の時より入唐の志有り。……康平二年（一〇五九）四月、毎月十八日文句講幷《なら》びに石座明神《いわくらみょうじん》宝前毎月の朔幣《へい》・二季《にき》の神祭等を始行し〉たとあり、さらに、念願の天台山に詣でて有名な石橋を見た日の「参記」延久四年五月十八日条に、〈今、夢記を見るに、日本康平四年（一〇六一）七月卅日夜、夢みる。大河に白き石橋有り。小僧成尋、一橋を渡らんとするに、未だ及ばずして間断有り。一人有り踏床を以て渡し、成尋を渡らしむること已《すで》に了《おわ》んぬ。夢の内これを思ふに、天台の石橋也。発菩提心《ほつぼだいしん》の人に非ざればこれを渡れず。今渡り遂げ了り、心中悦喜すと云々。今日を以て石橋の體を見るに、昔日の夢に符す〉とある。この頃の僧侶は自分の見た夢を丹念に記録していたが、成尋もそれを「夢記」にまとめ、宋に携えていったのである。これらによって、康平年間には、ずいぶんと具体的に入宋のことを考えていたことが知られる。

そしてさらに実行を目指した厳しい修行を治暦四年（一〇六八）から始めている。延久二年の「成尋申文」に、〈常に座して臥《ふ》せず。勇猛に精進して、一心の誠を凝《こ》らすこと、三ヵ年に及ぶ〉とみえ、「母集」にも〈このふさしくゐたる行《おこな》ひ三年《みとせ》果てて〉五台山巡礼に出かけたい、と初めて母に入宋を打ち明ける場面がある。〈ふさ〔てカ〕しくゐたる行ひ〉とは「趺坐《ふざ》して居《い》たる行い」と解釈されている。また「参記」には日本から宋に向かう船中で船酔いに苦しむ記述があり、〈予（成尋）終日食せず。聖秀・心賢・長明（随行の弟子）覚えず酔臥す。余人頗る宜し。

予、大袋に倚懸《よりかか》り、終日竟夜《きょうや》辛苦す。五箇年の間、不臥《ふが》を以《もっ》て勤めと為すも、今此の時に望《(ママ)》み、殆ど退転すべし〉（延久四年三月十九日条）とみえる。これらをみると、成尋が入宋のために自ら課した行とは、常に座った状態で、寝るときにも横にならないというものであったことがわかる。「縁起」には、〈漸《ようや》く暮年に及び、宇治関白亭に啓《もう》して永く公請《くじょう》を辞し、入唐求法の素懐《そかい》を祈らんがため、如法院の東に多宝塔〈号宝塔院〉を建立す。……塔の艮《うしとら》の角に住み、昼夜眠らず〉云々とある、〈昼夜眠らず〉も文字通り眠らないことではなく、横になって眠ることをしない行を指している。成尋は入宋のための苦行を治暦四年から、入宋実現まで続けていたのである。

康平年間に強くなっていった入宋の願望が、治暦四年にいっそう強まることの動機には、同年四月に後冷泉天皇が没していることが考えられる。前述のように、成尋は生前の後冷泉天皇の帰依を受け、入宋に際しては故天皇書写経の五台山施人を託されているのである。この他、成尋自身が繰り返し〈余喘《よぜん》幾ばくならず〉と繰り返しているように、年齢のこともあった。成尋以前の入唐・入宋僧で渡航時の年齢が明らかな人物を示すと、円仁四五歳、円珍《えんちん》四〇歳、奝然《ちょうねん》四六歳となる。彼らとほぼ同年代の康平年間に入宋の願望が強くなるのは、決して偶然ではないであろう。しかし成尋の願望はなかなか実現しなかった。六〇歳まで待たなければならないのである。

五　入宋延引の理由

成尋の入宋実行の決意を鈍らせていた理由にはいくつか考えられるが、まず老母の存在である。成尋は延久二年の「成尋申文」において、〈母老いて堂に在り。晨昏《しんこん》（朝晩）の礼、何ぞ忘れんや。しかれども先世の因、罷《や》めんと欲するも能《あた》はず〉と述べ、老母を置いて旅立つことを案じている。奝然も入宋にあたり、〈老母堂に在り、行年六十。その恩是れ深く、報ぜざるを得ず。仏子（奝然）母を抛《なげう》ちて去《ゆ》かんと欲すれば則ち孝行を失ふべし。母を携へて留まらんとするも亦た宿懐に乖《そむ》くべし〉（『本朝文粋《ほんちょうもんずい》』巻十三・「奝然上人入唐時為母修善願文」）と板挟みの胸中を記している。母六〇歳の奝然にして斯《かく》の如くである。まして成尋の母はこの年八〇歳と推測されている。老いたる母は息子成尋に守られて現来二世の安穏を祈り、極楽往生を願っていた。成尋の入宋の決意を聞いた母の落胆ぶりは、「母集」に、〈ものも言はれず、あさましう胸塞がりて（あまりのことに物も言えず、悲しさに胸がつまって）〉返答もできなかったと述懐し、さらに〈その三年過ぐるまで生きてかの唐の出で立ち見じ、今日明日までも死なむ、など思ひ慰めて（その三年の修行が終わるまで生きていて、成尋の宋への出立などを見たくはない。今日明日にでも死んでしまいたい、などと自分の気持ちをなだめて）〉年月を過ごしていたとまで記している。

老母の存在のほか、入宋決行を妨げる大きな理由には、前述したように、後冷泉天皇や藤原頼通・師実父子といった当時の貴顕から深い信頼を得ていたこともあったと思われる。その後冷泉天皇が治暦四年四月に逝去した。一つの大役を終えたことで、渡宋の決意がいっそう固まったとみてよいであろう。「縁起」に、〈漸く暮年に及び、宇治関白亭に啓して永く公請を辞す。入唐求法の素懐を祈らんがため〉云々とあるのは、このような事情を伝えるものであろう。老いたる母及び貴顕の期待と宿願との板挟みに悩みながら、これまで十分に奉公してきた、今決意しなければ一生の後悔になる、といよいよ成尋は決断することになる。

六　入宋の申請

延久二年（一〇七〇）正月十一日、成尋は、入宋の許可を朝廷に申請し、自らの意志を公にした。「成尋申文」は、成尋の入宋の目的、当時の入宋の意義をよく知ることのできる史料であるが、長文にわたるため、その要旨のみを示すことにしたい（便宜上、①〜⑥に段落を区切る）。

①これまでの入唐・入宋僧は、求法・巡礼と目的は異なるが、いずれの場合も勅許を得て、本願を果たしている。

②私が巡礼を希望している五台山は文殊菩薩化現の地であり、天台山は智者大師が悟りを開いた地で、五百羅漢の住地として知られている。

③私は早くから先人にならって聖地を巡礼したいとの希望を持っていた。寛延（寛建《かんけん》、九二六年）・日延《にちえん》（九五三年）・奝然（九八三年）・寂照《じゃくしょう》（一〇〇三年）らはみな朝廷の恩許によって念願を果たしている。

④私も年齢が六〇歳に迫り、余命幾ばくもなく、聖地巡礼の念願はいっそう募るばかりであり、日々巡礼に備えて〈常に座して臥《ふ》せず〉といった厳しい修行を行っている。

⑤航海の危険も、故国を離れる寂しさも、また大雲寺興隆の責務もあり、かつ老母がいる。しかしながら巡礼の宿願を思いとどまるわけにはいかない。

⑥そこで勅許して、太政官符を大宰府に下し、宋商人の帰国船を利用して入宋し、聖地巡礼の希望を遂げさせていただきたい。

この申文で注目したいのは、先人として名があげられている中に、成尋が諸事において手本とした、入唐して求法に努め日本天台宗の普及に力を尽くした寺門派祖師円珍の名がみえないことである。求法から聖地巡礼による罪障消滅を願うという、日本人渡航僧の目的の変化とみることができる。時に成尋五八歳。円仁・円珍らが四十代で入唐したことを思えば、確かに〈余喘幾ばくならず〉と残された時間は少ないと切実に感じたことであろう。申請後、許可を待つ間も修行に努め、携えていく経典を用意したり、備中国新山寺《にいやまでら》（岡山県総社市）などへも出かけている様子が「母集」に描かれている。しかしなかなか成尋に正式の許可は下りなかった。成尋は、勅許を得ないまま、翌々年三月宋商人の船に便乗して日本を離れ、宋に向かう。

七　宋への旅立ち

「参記」は、延久四年三月十五日、成尋と随行の弟子七名が壁島で宋商船に乗り込む記事に始まる。そして続けて、〈海辺の人来る時、諸僧皆一室の内に隠れ入り、戸を閉ざして音を絶つ。この間の辛苦、宣《の》べ尽くすべからず〉とあり、良風を得ないため壁島の港に留まっていた翌日の記事にも同様の記述がある。こうした人目をはばかる状況は、明らかに密航とみなされる。

承和五年（八三八）入唐の遣唐使を最後として、日本の公的な外交は終わりを告げる。以後、中国に渡ろうとする日本人は来日する中国（唐・呉越《ごえつ》・宋）や朝鮮（新羅・高麗）の商人の船を利用して往復することになる。こうして頻繁に渡航するようになった外国の商人に対して、貿易管理の立場から延喜十一年（九一一）に「年期」（年紀）と呼ばれる来航を制限する制度が設けられた。この時、おそらく日本人の渡航も厳重に管理されるようになったものと推測される。中国へ巡礼を希望する僧は、朝廷に願い出て、許可を得なければならなかった。円珍・寛建・奝然・寂照ら、成尋の先達はみな勅許を得て求法や巡礼の途についている。成尋も先例にならい許可を求めて中文を提出したのであるが、どういうわけかなかなか許可が下りず、けっきょく密航の形で日本を出発せざるを得なかったのである。

しかし成尋は宋商船に乗り込む際に、船賃として米五〇石、絹一〇〇疋、褂二重、沙金四小両、上紙一〇〇帖、鉄一〇〇廷、水銀一八〇両という大量の物資を宋商人に渡しており、これらの調達を秘密裏に進めることができたとは思えない。また経典六〇〇余巻及び仏具を積み込み、さらに皇太后藤原寛子からは故後冷泉天皇の書写経、藤原師信《もろのぶ》からは亡妻の遺髪と鏡などを五台山に施入するよう託されていたのである。「母集」でも、忙しく入宋の支度に努めている様子が記されている。つまり成尋が入宋すること自体は公ごとであったといってよい。ただ勅許が下りる前にたまたま便船を得、その宋船の都合により出航となったため、人目をはばからざるを得なかったのであろう。ちなみに、翌年弟子が日本に帰国した際にも、密航が問題となった形跡はない。

八 入宋巡礼

三月十九日に壁島を離れた船は、朝鮮半島の南海に浮かぶ耽羅《たんら》島（現在の済州島）付近を通過して一路西に向かい、二十一日には「唐海」すなわち宋の海域に入った。縄の先に鉛をつけて海底に下ろし、深さや海底の様子から船の位置を知るという方法が取られていた。〈日本の海は深さ五十尋《ひろ》、底に石砂有り。唐海は三十尋、底に石無く、泥土有り〉（三月二十二日条）と長年の経験によって培《つちか》われた航海術の一端を伝えている。その後、大陸に近づき、今日の浙江省舟山《しゅうざん》群島を嶋づたいに進み、明州・越州を通過して、杭州《こうしゅう》に到着した。宋は海外貿易管理のため、貿易船の出入国審査や関税業務を行うため、海外貿易の拠点となる港に市舶司《しはくし》を置いたが、杭州もその一つであった。成尋はここで船から下りて、初めて念願の大陸に足跡を印すのである。

さて、宋に到着後の成尋の行動を「参記」によって簡単に示すと、次のごとくである。

○延久四年（宋熙寧五・一〇七二）

四月十三日　杭州に到着。入国手続きを取る。日本に五度渡航経験のある陳詠《ちんえい》と会い、通訳に雇う。

五月十三日　天台山麓の国清寺《こくせいじ》に到着。天台山巡礼。

閏七月四日　勅旨により、成尋一行の上京（開封）を許可し、皇帝に謁見すべき旨の牒状が出され、ついで成尋のもとに届く。

八月　六日　国清寺を出発して上京の途につく。
十月十一日　開封に到着。
　　廿二日　神宗《しんそう》皇帝に謁見。五台山巡礼を許可される。
十一月一日　五台山に向けて出発。
　　廿七日　五台山麓に到る。ついで五台山内を巡礼し、皇后藤原寛子らから託された品々を奉納する。
十二月二日　五台山より帰途につき、廿六日、開封に帰着。
○延久五年（宋熙寧六・一〇七三）
正月十三日　弟子を帰国させる用意を始める。
三月　二日　勅命により祈雨の法を修す。
　　四日　大雨が降る。翌日も大雨。皇帝、成尋の法華壇に出御して焼香。霊験に感悦の由を述べる。
　　六日　止雨を命じられる。まもなく天晴れる。
四月　四日　善慧《ぜんえ》大師の号を賜る。この後、弟子を帰国させるため、明州に向かう。
六月十二日　明州において、皇帝の天皇にあてた贈り物・親書、日本未伝の新訳経典などを弟子に託し、宋商人の船に乗り込ませる（『参記』の終わり）。

成尋の宋における主な足跡は右の如くであるが、この間、宋の朝廷をあげての支援を受け、恵まれた巡礼を体験している。『参記』には、各地で目にし（風景・人々）、口にし（食べ物）、耳にしたこと（宋人との対話・情報・風聞）などを詳しく記述している。中でも水路・陸路の交通に関する記述は、成尋の記録に勝るものはない。こうした成尋の宋における行動の中で注目されることの一つが、神宗皇帝との謁見である。

九　神宗皇帝との謁見

天台山巡礼中に、上京の命を受けた成尋は、十月十一日、都の汴京《べんけい》（開封）に到着した。さっそく勅使が成尋のもとを訪れ、皇帝に進奉する品を点検し、成尋は日本から持参した香炉《こうろ》や念珠《ねんじゅ》、それに顕密の法門六〇〇余巻の目録を添えて提出することを示している。香炉や念珠献上の意図について成尋は、〈むかし天台の智者、蓮花の香炉・水晶の念珠を以て、隋の煬帝《ようだい》に献ず。いま日域の愚僧、純銀の香炉・五種の念珠を以て、今上聖主に進つる。共に祝延の志を表し、万歳を祈り奉るなり〉と、智者大師の故事にならう旨を述べている。成尋の事前の研究をよく物語るとともに、奝然・寂照いずれも皇帝と謁見していることから、あらかじめ謁見を予測していたとも考えられる。

ついで十四日、勅使が上覧に供する品々を定めた後、勅使との問答があり、〈日本は自来、なぜ中国に通じ入唐進奉《ママ》せざるや〉という問いに対し、成尋は、〈滄波万里、人皆固辞す。これに因《よ》り久しく絶ゆ〉と答えている。そして翌日には皇帝の〈日本の風俗〉以下一八項目の質問内容が示され、成尋は一つ一つに回答している。質問の内容は、京（平安京）の人家・人口、日本国王の呼称・世系から気候や動物のことまで、文字通り多岐にわたるが、〈本国は明州を相去ること至近。何に因《よ》りて中国に通ぜざらん〉という質問があり、成尋は〈本国、明州海沿と相去るの問、幾里の数なるかを知らず。或いは云く七千余里、或いは云く五千里と。波高く、泊无《とまりな》ければ、中国に通じ難し〉と答えている。前日の勅使の質問も、皇帝の意を体したものであることがわかる。また日本が必要とする中国の物貨は何かとの質問もあり、成尋は〈香・薬・茶碗・錦・蘇芳《すおう》（朱の染料）〉と答えている。日宋間の貿易品を考える上で興味深い。

この後、謁見の儀に備えて「蕃夷朝貢条貫《ばんいちょうこうじょうかん》」に基づく指示が伝えられ、二十二日謁見の日を迎えた。延和殿《えんわでん》に北面して座す神宗皇帝に向き合って庭中に立ち、まず通事が進み出て「聖躬万宝《せいきゅうばんほう》」と唱え、成尋らも「万歳」を唱和した。下賜の紫衣《しえ》・褐衣《かちえ》、絹が運ばれ、再び万歳を唱える。そこで勅使が進み出て、京内諸寺への参詣を許し、また別の勅使から五台山巡礼を許可することが伝えられたのち、御前を退出した。その儀は『宋史』巻百十九・礼志二十二「契丹《きったん》国使入聘見辞儀」にみえる次第とほぼ同じ経過をたどっている。こうした謁見の一連の儀をみてくると、『宋史』日本国伝の成尋関係記事に続けて、〈是《こ》の後、連《しき》りに方物を貢《こう》す。而《しか》して来るは皆僧なり〉とあるように、朝貢使に準じて処遇されたことは明らかである。

あらゆる機会を通じて外国との交流拡大を目指した宋は、正式の外交使節はもちろんのこと、積極的に商人や僧侶らを利用して外国との交渉や、ひいては通商関係の拡大をはかっている。宋の対外政策において、来朝日本僧を使者とみなして謁見することは特に異例ではなく、中華帝国の皇帝のもとに東夷の日本からはるばる朝貢使がやってきたことを演出する効果もあったであろう。しかし僧はあくまでも僧であって、公使ではなく、皇帝が成尋に、日本は近いのになぜ使者を派遣してこないのかと問いかけたり、まだ成尋の随行の弟子のうち快宗《かいそう》は日本に帰国したのち再度入宋して神宗皇帝に謁見しているが、この時〈国人の入貢に非ざるなり〉（『続資治通鑑長編《ぞくしじつがんちょうへん》』元豊六年（一〇八三）三月己卯条）と正規の朝貢使ではないとされている。

これらの質問内容や謁見の儀をみてくると、宋の朝廷をあげての成尋一行に対する厚遇は、日本に対する関心の高さを示すもので、正式の外交使節——朝貢使——を待つ布石でもあったことがよく理解できる。これは成尋だけでなく、奝然・寂照らも同様であった。

十　弟子を帰国させる

成尋は、十二月二十六日に五台山から開封に帰着すると、年明け早々の熙寧六年正月十三日、随行の弟子のうち頼縁《らいえん》以下五名の帰国を申請している。このことは、成尋の主たる目的が五台山参詣によって果たされたことを示している。日本の朝廷に申請した通り、天台山・五台山に巡礼し、さらに自分を後援してくれた藤原寛子らから託された品々も五台山に奉納することができた。まず成尋にとっての対外的な目的は十分に果たしたのである。弟子五名は朝廷ならびに後援者に対する復命のために帰国させたとみてよいであろう。しかし成尋自身は帰国しなかった。成尋の真の目的は、天台山・五台山を再び訪れ、心ゆくまで修行に務めることにあったからである。弟子を帰国させたあとは、その宿願を実現するばかりであった。

しかし成尋の思い通りにはいかなかった。三月には折からの旱《ひでり》に見舞われていた開封で、皇帝から祈雨を命じられ、また新訳経典の頒布を希望して、その出来上がりまで待機していなければならなかったのである。こうして弟子を明州で見送ったのは六月十二日のことである。「参記」もここで筆をおき、これを弟子に託している。「参記」はまさに復命書としての意味合いをもっていたのである。

帰国する弟子を明州で見送ったあとの成尋については、語るべき史料がない。再度天台山・五台山を訪れ修行するという念願は叶えられたのであろうか。それからおよそ八年、元豊四年（日本永保元・一〇八一）に開封の開宝寺で入寂したと伝えられている。

十一　宋人との問答と成尋の自信

以上、成尋の生涯を略述してきたが、最後に「参記」にみえる成尋と宋人僧俗との問答について述べておきたい。成尋自身は中国語による会話は出来なかったようで、通訳を介したり筆談で問答を交わしている。これらの問答を見ていて感じられるのは、成尋の宋人僧俗に全く臆することのない、「自信」あるいは「ゆとり」というものである。質問に堂々と答え、質問者は〈感歓極まり無〉かったと成尋自ら記す記事が目に付く。こうしたところが、かつて国威発揚として喧伝されたところである。確かに成尋は「日本国」を背負っていた。それを明らかに示しているのが、祈雨で効験を表し、人々を感嘆させた時の、宋官人との問答である（熙寧六年三月七日条）。勅使が、「日本には成尋のように雨を祈って感応を得るような人物がいるのか」と尋ねたのに対し、成尋は「たくさんいる」と答え、さらに日本には自分より優れた者が数十人、同等の者が数十人いると答えている。さすがに勅使が〈闍梨の言ふところ頗《すこぶ》る以て信ぜず〉と述べたのに対し、〈受戒の後、未だかつて虚妄《きょもう》あらず（嘘をついたことはない）〉と答えている。このような成尋の自信はどこからきているのであろうか。

中国では、唐代の会昌《かいしょう》の廃仏、唐末・五代の争乱などによって寺院は荒廃し、経典は多くが失われた。一方、日本には仏教伝来以来、遣唐使や留学僧らの努力によって、多くの経典がもたらされていた。天暦七年（九五三）には、五代の十国の一つで天台山を擁する呉越国から、天台経典送付の依頼がなされ、延暦寺から日延が派遣されている。また宋になってからも同様の依頼が届いている。成尋は入宋に際し、自分の著作をはじめ六〇〇巻に及ぶ経典を携えて行き、巡礼中、各地で経典を貸したり借りたりしているが、日本から持っていった経典が珍重されている様子は「参記」の随所に記されている。また荘厳具も持参し、見学の宋僧や官人らに自慢げに披露している。要するに、成尋に、宋僧や宋仏教界から「教えを乞う」といった雰囲気は全くと言って良いほど感じさせないのである。

荒廃し、停滞する中国仏教界に比べて、日本の仏教界における教学研究の進展と深化とを成尋は十分に認識していたものと思われる。かつて永延二年（九八八）天台宗の僧源信《げんしん》は自著『往生要集《おうじょうようしゅう》』を宋商人に託して宋に送ると、これを賛美する宋僧の返状が届き、また『往生要集』を国清寺に納め、随喜した僧俗が浄財を施入して堂を建ててこれを安置したとする情報も来日宋商人によって伝えられている。成尋ももちろんこの経緯を知っており、『往生要集』及び宋僧の書状などをわざわざ携えていっている。もっとも、成尋が実際に国清寺で尋ねたところ、流布していないと知らされ、〈日本において聞くところと全く以て相違す〉（十月二十五日条）と記している（速水一九八八）。意外に感じ、落胆する成尋の気持ちが伝わってくるのであるが、入宋前の成尋にとって、日本人の著作が宋人から高い評価を受けているという評判は、日本仏教界の誇るべき成果であり、日本における教学研究の深化に自信を抱かせるに十分なものがあったであろう。

また源信が『往生要集』を宋に送ったのと同じ頃、宋天台宗の高僧源清《げんせい》から延暦寺に宛てて源清らの著作が送られ、その批評を求めてきた。その評者に源信らとともに選任された僧に慶祚《けいそ》がいた。慶祚は宋僧の著作の問題点を指摘し、批判した文章をまとめ、その最後に〈時に長徳五年（九九九）正月五日、石蔵山大雲寺において記す〉と記している。大雲寺はのちに成尋が寺主を務める寺で、当然成尋は慶祚の破文を読んでいたことであろう。日本における天台教学研究の進展は宋僧の解釈を批判するまでにいたったとして、成尋の自信につながっているものと思われる。

そして六〇歳という入宋時の年齢も、ここで重要な意味をもっていると思う。早くから入宋の意志を抱きながら諸般の事情で実現できず、この間研修を重ね、満を持して入宋を迎えたのである。六〇歳までの厳しい修行に裏付けられた深い学識が、「自信」「ゆとり」の基礎にあったとみなしてよいであろう。十分な研究のあとは次のような場面にも表れている。天台山の情景の描写で、円珍の伝記である三善清行《みよしのきよゆき》撰『智証大師伝《ちしょうだいしでん》』（九〇二年成る）と全く一致する記述が「参記」にある（三月十三日・十八日条）。成尋が祖師円珍の伝記を何度も何度も読み返しては想像し、思いを馳せていた念願の聖地に立って、すっかり暗記していた文章が、知らず知らずのうちに筆の先からはしりでたのであろう。それほど成尋が入宋に備えて勉学に努めていたということであり、一見するための百聞に勤しんでいる成尋の姿を髣髴させるものがある。入宋が六〇歳まで実現しなかったことは、かえって宋渡航後の活動に「自信」や「ゆとり」を与える結果をもたらしたように思える。本稿の冒頭で、成尋の入宋についてては、入宋以前の行動に注目する必要があると述べたのは、このような事情によるのである。

参考文献

主な史料

『参天台五台山記』『大日本仏教全書』遊方伝叢書所収、東福寺所蔵本影印本（東洋文庫、一九三七年）

島津草子『成尋阿闍梨母集・参天台五台山記の研究』（大蔵出版、一九五九年）

平林文雄『参天台五台山記校本並に研究』（風間書房、一九七八年）

斎藤圓眞『参天台五台山記　I』（山喜房仏書林、一九九七年）

宮崎荘平『成尋阿闍梨母集　全訳注』（講談社学術文庫、一九七九年）

『成尋阿闍梨母集』伊井春樹『成尋阿闍梨母集全釈』（風間書房、一九九六年）

『大雲寺縁起』『続群書類従』釈家部所収、『大日本仏教全書』第百二十冊所収

引用は、実相院蔵本（東京大学史料編纂所架蔵影写本）による。

研究書・論文など

伊井春樹『成尋の入宋とその生涯』（吉川弘文館、一九九六年）

石井正敏「十世紀の国際変動と日宋貿易」（『新版　古代の日本②アジアからみた古代日本』角川書店、一九九二

年）→本著作集第三巻１
石井正敏「入宋巡礼僧」（『アジアのなかの日本史　Ⅴ自意識と相互理解』東京大学出版会、一九九三年）→本書13
石井正敏「『参天台五台山記』研究所感」（『日本歴史』六〇〇、一九九八年）→本書21
石井正敏「成尋生没年考」（『紀要（中央大学文学部）』史学科四四、一九九九年）→本書16
井上泰也「成尋の日記を読む――『参天台五台山記』の金銭出納――」（『立命館文学』五七七、二〇〇二年）
遠藤隆俊「宋代中国のパスポート――日本僧成尋の巡礼」（『史学研究』二三七、二〇〇二年）
王　麗萍『宋代の中日交流史研究』（勉誠出版、二〇〇二年）
速水　侑『源信』（吉川弘文館、一九八八年）
原美和子「成尋の入宋と宋商人」（『古代文化』四四―一、一九九二年）
原美和子「成尋の入宋と源隆国の説話集編纂」（『アジア遊学』三七、二〇〇二年）
藤善真澄「成尋と楊文公談苑」（『関西大学東西学術研究所創立三十周年記念論文集』関西大学出版会、一九八一年）
藤善真澄「成尋の齎した彼我の典籍」（『仏教史学研究』二三―一、一九八一年）
藤善真澄「成尋をめぐる宋人――成尋と蘇東坡――」（『東西学術研究所紀要』二六、一九九三年）
藤善真澄「成尋をめぐる宋人――法党の影――」（『関西大学東西学術研究所紀要』三一、一九九八年）
藤善真澄「宋朝の賓礼――成尋の朝見をめぐって――」（『関西大学東西学術研究所紀要』三六、二〇〇三年）
村井章介「天台聖教の還流――『参天台五臺山記』を中心に――」（『奈良・平安期の日中文化交流』農山漁村文化協会、二〇〇一年）
森　克己「『参天台五台山記』について」（『続日宋貿易の研究』国書刊行会、一九七五年、初出一九五六年）
森　公章「入宋僧成尋とその国際認識」（『白山史学』三九、二〇〇三年）
森　公章「『参天台五台山記』の研究と古代の土佐国」（『海南史学』四一、二〇〇三年）

16　成尋生没年考

はじめに

平安時代の入宋僧成尋の名は、延久四年（一〇七二）三月十五日に渡宋のため宋商人の船に乗り込む時から、翌年六月十二日に帰国する弟子を明州において乗船させるまでの間、一日も欠かさずに記し続けた日記『参天台五臺山記』（以下『五臺山記』）[1]、あるいは母性愛が全編にあふれでたその母の歌日記『成尋阿闍梨母集』（以下『母集』）[2]によってよく知られており、また藤原頼通の信頼を得、後冷泉天皇から信任されていた高僧としても著名な人物である。したがって、その伝記も『続本朝往生伝』『元亨釈書』巻十六などにみることができるが、『五臺山記』によって知られるような宋における事跡――特に祈雨の功――が中心で、人物の伝記の基礎ともいうべき家系や生没年となると、『大雲寺縁起』『本朝高僧伝』巻六十七などに記載はあるものの、内容に問題があったり、成立の時期が降る文献で、信頼し得る史料がほとんどないといってよいのが実状である。[3]

そこでこれまで主に国文学の研究者によって、『母集』への関心から成尋の母の生没年や家系解明の努力がなされ、それに付属するかたちで成尋自身の生涯についても研究が行われてきた。(4) その結果、現在では両親については、母は源俊賢女、父は藤原実方息とみる説が有力となっているが、それでも具体的な人名となると未だ定説を得るにはいたっていない。これに対し生没年については寛弘八年（一〇一一）誕生・永保元年（宋元豊四・一〇八一）入寂・享年七一歳、とするのが定説となっており、異説を聞かない。成尋に関心をもつ筆者もこれまで、辞典や小文において通説に依拠して、成尋の家系や生没年を記述してきた。しかしあらためてその根拠を考えてみると、必ずしも明確ではなく、かねてより疑問を抱いてきた。今のところ父母については特段の意見を持たないが、生年については、再考の余地があるように思う。そこでまず成尋の生年について、これまでの私見の訂正も兼ねて、今思うところを述べてみたい。また入寂年月についても、特に異論はないが、若干問題点もあるので、寂年についても簡単に触れることにしたい。

なお、本稿では年齢を扱うことになるが、この頃（奈良・平安時代）の年齢の計算法については、いわゆる数え年の方式が一般的であったことが指摘されているので、(5) 成尋の年齢をはじめ参考とする人物の年齢についても数え年で示されているものと理解して考察を進めることにする。以下、やや煩雑な考証が続くが、伝記の基礎となる生没年に関わることであるので、あらかじめご了解を請う次第である。

一　成尋の生年

1　成尋の生年に関する史料

さて、成尋の生年について問題にするわけであるが、右に述べたように成尋の生年を明記した史料、あるいは生年を推測する手がかりとなる史料がないわけではない。まず通説で参考にされている主なものをあげると次のごとくである（以下の引用史料では、中略部分は……、割注は〈　〉で示す）。

A：寛弘八年（一〇一一）誕生と明記する史料

【史料1】『大雲寺縁起』（続群書類従本）(6)

成尋阿闍梨之事。寛弘八年辛亥誕生。母堤大納言息女。実方中将孫。文慶法印嫡弟也。

【史料2】『大雲寺縁起』（実相院本）

一、成尋阿闍梨事……

長久年中入唐。寛弘八年誕生。左京人也。父名未詳。但母堤大納言女、祖父実方中将也、云々。

【史料3】『本朝高僧伝』巻六十七「宋国伝法院沙門成尋伝」(7)

釈成尋、参議藤佐理之子。理後出家曰㆓真覚㆒。伝在㆑上。尋寛弘八年生。……延久四年、齢耳順餘、乗㆓商舶㆒入㆓宋国㆒。当㆓熈寧五年㆒矣。

（注）「耳順」は六〇歳、宋の元豊四年は日本の永保元年（一〇八一）にあたる。

B：寛弘八年誕生を推測し得る史料

（イ）延久三年（一〇七二）六一歳＝寛弘八年誕生

【史料4】『成尋阿闍梨母集』(8)

二年ばかりありて（注①）、のどやかに物語しつつ、

「このふさしくゐたる行ひ三年果てて、唐に五台山といふ所に、文殊のおはしましける跡の、ゆかしく拝まほしく侍るを、年ごろ宿曜に言ひたることの、かならず叶ふを、『六十一慎むべし』（注②）と言ひたるを、若く侍りしより思ひしことは、のどかに行ひして、人騒がしからざらん所にあらんと思ひしを、今までかくて侍りつるを、年老いり、おなじくは、死なぬさきに思ふことせまほしきを、唐に五台山といふ所に、文殊の御跡をだに拝みて、もし生きたらば帰りまで来む、失せなば、かならず極楽をあひ見、拝み奉るべきことを思はむ」

とのたまふに、「さはまことに思ひたち給ふことにこそ」と聞くに、ものも言はれず、あさましう胸塞がりて、いらへもせられねば、帰り給ひぬ。

　げに覚ゆること、「その三年過ぐるまで生きてかの唐の出で立ち見じ、今日明日までも死なむ」など思ひ慰めて、年ごろ過ぐし侍りつるを、三年過ぎて、この唐渡りのことまことになるほどに、仏の御具ども、幡や何やと、人々して急がせ給ふ。夢の心地して、「こはいかに」と覚ゆるほどにおはしたり。

〔注①〕成尋の母が「岩倉（大雲寺―引用者）に移った治暦四年とその翌五年（四月改元して延久元年となる）を指す。成尋が作者に入宋の意志を告げたのは、一般に延久二年のこととみられているが、治暦四年からかぞえて「二年ばかり」とみられるので、延久元年のことと解すべきであろう。[9]」

〔注②〕「六十一歳は身を慎むべき厄年とされていた。成尋は延久三年（一〇七一）に渡宋しようとしており、その年、六十一歳にあたる。[10]」

　すなわち、延久三年に六一歳とすれば、誕生は寛弘八年となる。なお、本史料については、下文であらためて検討を加える。

（ロ）延久四年六二歳＝寛弘八年誕生

【史料5】『寺門伝記補録』巻一「北石蔵祠」(11)

大雲寺成尋阿闍梨。嘗有レ志二入宋一未レ遂焉。……既而延久四年春三月、阿闍梨行年六十有二遂二入宋大志一。

【史料6】『寺門伝記補録』巻十五「非職高僧略伝」巻上　善恵大師成尋〈本朝大雲寺・唐国伝法院〉の条

成尋　俗姓藤氏。……(12)延久四年春、行年六十有二、上二宋商孫忠之船一入宋。時其国神宗皇帝熙寧五年也。

【史料7】『天台霞標』初編巻之四「善慧成尋和尚」(13)

伝云、和尚嘗有レ志二入宋一。既而延久四年春三月、年六十二、始遂二夙志一。……詳見二寺門高僧記等一。

C：寛弘九年誕生と推測し得る史料＝天喜二年（一〇五四）四十三歳

【史料8】『園城寺伝法血脈』乾(14)

非宣師入室受法悟円親王幷行円等弟子　入唐。於二彼朝一号二善恵大師一。
成尋　延暦寺阿、、四十三円信闕、明尊奏　或云、入唐之時於二筑紫一授二灌頂一。文　円慶・実豪・
、、、十月六日於二大唐一卒　安修・永尊・頼禅・観範・日円等也。日円又授二四人一云々。

【史料9】『寺門伝記補録』巻十五「非職高僧略伝」巻上　善慶大師成尋〈本朝大雲寺・唐国伝法院〉の条

成尋　俗姓藤氏。……勅補二延暦寺摠持院阿闍梨一。時年四十三。

〔注〕　いずれも成尋の延暦寺阿闍梨補任を四三歳とする。任阿闍梨は天喜二年（一〇五四）十二月二十六日のことであるので、[15]誕生は寛弘九年（長和元・一〇一二）となる。

成尋の生年に関する主な史料は以上のごとくである。寛弘八年誕生と明記するA史料に加えて、B史料も寛弘八年誕生説を支持しており、わずかに異説はCすなわち阿闍梨補任の年齢から一歳差の寛弘九年誕生を推測させる史料があるにすぎない。

2　成尋の生年に関する通説

さて、これらの史料に基づき成尋の生年について実証的に論じている代表的な見解は、一九五九年に刊行された島津草子氏の『成尋阿闍梨母集・参天台五臺山記の研究』（大蔵出版）にみえる説であろう。[16]その後の研究もほぼ同書にみられる見解を祖述しているように思われるので、[17]同書の説くところをまず紹介し、次にその問題について考えていきたい。

まず島津氏は、

　成尋の年齢は入宋のため離京した延久三年に六十一才であったことを『集』は語り、かつ『大雲寺縁起』にも寛弘八年誕生を記しておりそれに従うべきであろう。（三五頁）

とか、

『大雲寺縁起』に拠れば彼は、寛弘八年（一〇一一）の誕生だという（ママ）『大雲寺縁起』の説は何に拠ったか不明ではあるが『集』の記録から逆算して正しく、これに従うべきであろう。（五七頁）

としている。文中の『集』『大雲寺縁起』とは、それぞれ【史料4】【史料1】の記事を指しており、成尋が入宋のために離京したという記事は『扶桑略記』延久三年二月二日条に、

大雲寺阿闍梨成尋為㆓入唐㆒赴㆓鎮西府㆒。

と見える記事である。

ついで『園城寺伝法血脈』（【史料8】）や『寺門伝記補録』（【史料9】）等が成尋の阿闍梨補任の年齢を「四十三」としていることについて、

年四十三とあるは誤りで『記』および『集』の記載から見て年四十四と改むべきであろう。（五九頁）

としている。成尋の延暦寺阿闍梨補任は天喜二年（一〇五四）十二月（注15参照）のことである、この年の年齢を『母集』の記載によって四四歳に改めるべきことを述べている。ただしここにいう『記』とは『五臺山記』のどの記事を指しているのか明らかでない。

以上が島津氏の主張であり、通説にもなっている。このように通説では、『母集』の「六十一慎むべし」の記事を主たる根拠とし、これを基準として設定されたものであることが知られる。成尋が寺主を勤めた大雲寺の

『大雲寺縁起』に「寛弘八年誕生」と明記されているにもかかわらず、同縁起よりも『母集』を重視しているのは、「大雲寺縁起には明瞭な誤も記してあるから、前記（【史料1】─引用者注）の如きも絶対の信用は置き難い」[18]と指摘されているように、記述の信頼性にやや欠けることによるのである。たしかに縁起の紀年には疑問が多い。たとえば続群書類従本では、「治暦三年丁未三月十三日、大摂政殿宣以既為二入唐一。大唐者英宗皇帝治平四年。当二十月一明州津着」と入宋を治暦三年（一〇六七）のことにしたり（事実は延久四年）、「熙寧貳稔己酉卯月日唐国東京成尋」（熙寧二年は延久元年）といった、とうてい創作としか思えない記述がある。[19] また実相院本でも、「長久四年三月十三日、以二大摂政殿宣〈宇治殿卿息〉一渡唐。当二宋朝監(熙)寧五年一。」といった記述がある。長久四年（一〇四三）は宋の慶暦三年に当たり、全くの誤りとなるが、あるいは、長久は延久の誤りかも知れない。延久四年であれば〈宋朝熙寧五年に当たる〉。いずれにしても『大雲寺縁起』の年次をどこまで信頼してよいか疑問があるのであるが、通説では、生年については『母集』の記載から逆算して得られる生年に一致するとして、その妥当性を認めている。なお『本朝高僧伝』も「寛弘八年生」を明記するが、同書の成立は元禄十五年（一七〇二）とずっと時代が降る。[20] また同書成尋伝は「僧綱補任抄出巻下　明匠略伝　天台霞標一之四　元亨釈書第十六」を参考としたことが記されているが、これらの参考文献のいずれにも生年を明記したものはなく、わずかに『天台霞標』が延久四年入宋の時六二歳であったことを述べるに過ぎない（【史料7】参照）。また『本朝高僧伝』は、「元豊四年、遘レ病。先レ期三日鳩レ衆、念仏端坐而化。齢七十一。」と元豊四年（永保元年）・七一歳で入寂とする記事を載せる。これも前記の参考文献にみることはできず、典拠は不明であるが、あるいはこれらの記事から逆算して生年を求めたものかもしれない。いずれにしても『本朝高僧伝』には、父を「参議佐理之子」とする決定的な誤りもあり、[21] 生年についてもただちに同書の記述に信をおくことはできないであろう。

以上のように、寛弘八年誕生とする通説では『母集』（【史料4】）が有力な根拠とされていることは間違いない。

そこで、あらためて『母集』の記事について考えてみたい。

まず文中の「このふさしくゐたるおこなゐ三年はてゝ」云々という一節は、成尋の年齢や入宋の準備を考える上で、重要な記述の一つであるが、「ふさしくゐたる」は原文のままでは意味が不明である。そこで、「僧成尋請渡宋申文」（『朝野群載』巻二十所収。延久二年正月十一日付）に「常坐不レ臥、……及二三箇年一」、『五臺山記』延久四年三月十九日条に「五箇年間、以レ不レ臥為レ勤。」とみえることから、「ふさしく」の「ふさ」は「趺坐」、「しく」は「して」の誤写で、すなわち「趺坐してゐたる行ひ」の意味であると解釈するのが通説となっている。[22] 成尋の生年の解釈に重要な一節に実は誤写が想定されているのであるが、それはともかくとして、延久四年が行を始めて五年目ということは、治暦四年が趺坐を開始した年となり、治暦四年に始めた趺坐の行の「三年果てて」の「三年」とは、治暦四年・延久元年・延久二年の三年間とみることで諸説一致している。[23] すなわち通説では、「この三年間の修行を終えてから入宋したい」と解釈し、修行を終える延久二年の翌三年を渡航予定の年と理解し、三年二月二日に鎮西府へ下向したこと（『扶桑略記』）と一致するとする。そしてこの年が「慎むべ」き「六十一」歳であったと解釈するのである。[24]

すなわち、『母集』（【史料4】）の大意を記すと、次のごとくである。

延久元年になって、成尋が母に渡宋の決意を打ち明けた。
「これまで続けている趺坐」（あるいは不臥）の行が三年を終えたならば宿願の五台山巡礼を果たしたい。このことを宿曜師に相談したところ『六一歳は慎め』と言われた。しかし若い頃からの念願であるので、是非実現したい。」
というものであった。

成尋の決意を聞いた母は、その三年の修行が終わるまで生きていて宋への旅立ちなど見たくはないと思いながら、はやその三年が過ぎて、いよいよ成尋は渡宋の準備を始めた。

というものである。そこで通説は、この『母集』の記事と『扶桑略記』の離京記事とから、

①趺坐の行の開始は治暦四年であり、その行が三年を終えるのは延久二年である。したがって「三年の行を終えてから」というので、その翌年（延久三年）に五台山巡礼を実行する予定であることを成尋は母に語っている。

②そして成尋はその予定通り延久三年二月に京を離れ、鎮西府（筑紫）に向かった。

③すなわち、宿曜師が「六十一慎むべし」と言っているのは、この渡航予定の延久三年が六一歳すなわち厄年にあたるので慎みなさい、と助言したのである。

と理解する。これを表にすれば次のようになる。

治暦四年（一〇六八）　趺坐の行の開始（一年目）
延久元年（一〇六九）　趺坐の行の二年目
延久二年（一〇七〇）　趺坐の行の三年目（三年の行を終える）
延久三年（一〇七一）　入宋のため鎮西府に赴く――「六十一慎むべし」

そしてこれから得られる年齢は、延久三年六一歳であるから、その誕生は寛弘八年となり、『大雲寺縁起』の記すところと一致するので間違いないとされるのである。

以上が延久三年六一歳、寛弘八年誕生の通説の論拠・論点である。

3　通説への疑問

このように見てくると、現存の史料から寛弘八年誕生とする通説に疑問の余地はないように思われる。しかし若干気になるところは、主要な根拠とする『母集』の記事は、成尋が入宋巡礼について宿曜師に相談したところ「六一歳は慎め」といわれたことを述べているのであって、「入宋のために離京した延久三年に六十一才であったことを」（前掲島津氏）明記しているわけではなく、六一歳で「渡航」するのを慎めと助言されたと述べているわけでもないのである。

全体に『母集』はその文献の性格上、年月日を明記している例は少なく、ある時から二年・三年を経て、といってもそれが実際に何年のことにあたるのか説が分かれる場合がある。[25] また通説では、成尋が京を離れた延久三年がすなわち当初から渡航予定の年であり、その年がすなわち六一歳であったと理解されているわけであるが、たとえば『五臺山記』にもしばしばその名が現れ、諸事先蹤としていた成尋の宗祖円珍の場合には、仁寿元年（八五一）四月十五日に京都を離れて大宰府に向かい、大宰府付近で一年余を過ごした後、同三年七月に渡航している。[26] また『母集』にもみえる寂照の場合には、長保四年（一〇〇二）三月十五日に渡宋を申請し、同年六月十八日に京を離れて大宰府に下向、翌五年八月二十五日に肥前より渡海、と京都を離れてから実際に渡航するまで一年以上を経過している。[27] 成尋の場合も、簡単に便船を得ることができない当時にあって、『母集』によれば、大宰府下向後いったん京都に戻ったり、備中新山で修行して越年する予定を母に語っていることなどを考えると、京都を離れた延久三年に渡航を予定していたとみるよりも、はじめから延久三年は大宰府付近での準備にあて、翌四年以降の渡航を考えていた可能性が高いのである。[28]要するに『母集』の記事については詳しい研究が行われているが、その性格上、示された年次については幾つかの解釈が可能であるということである。すなわち「六十一慎むべし」とは、巡礼が単年度で行なわれれば別であるが、数年にわたる巡礼期間中に異国で六一歳を迎えることを意味していると解釈する余地はないであろうか。[29]

また、通説では『母集』『大雲寺縁起』を主たる根拠に、生年についての異説を伝える『園城寺伝法血脈』【史料8】の「四十三」を「四十四」の誤りとするのであるが、一般に四を三と写し誤る可能性はきわめて低い。したがって「四十三」には何か拠るべき史料があった可能性を考えておく必要があり、「四十四」の写誤とするには慎重であらねばならず、簡単に改訂することはできないであろう。

4　成尋自身による年齢表記

このように筆者が、成尋の生年を寛弘八年と明記ないし裏付ける史料があるにもかかわらず、あらためて通説を問題にするのは、論拠に上記のような疑問があることに加えて、成尋の年齢——生年を考える時に、もっとも根本的と思われる史料がほとんど参照されていないことにある。それは成尋が自分自身の年齢に触れているとみられる成尋自身の文章で、全部で三点ある。

【史料10】延久二年（一〇七〇）正月十一日付「僧成尋請渡宋申文」（『朝野群載』巻二十所収）

この史料は、成尋が入宋するに際して朝廷に渡航の許可を申請した文書で、そこに、

爰齢迫二六旬一、餘喘不レ幾。若無レ遂二旧懐一、後有二何益一。宿縁所レ催、是念弥切也。以二六時六行道一、一生斎食、常坐不レ臥。勇猛精進、凝二一心誠一、及二三箇年一。

とあり、「齢迫六旬」と述べている。もちろんこの史料は成尋の渡宋決意を示すものとして成尋関連の論考に必ずといってよいほど引用される史料であるが、こと年齢―生年を論じるに際して、これまでこの記事に全く考慮が払われていない。たとえば、伊井春樹氏は、「延久二年正月十一日に成尋は後三条天皇に「申文（『朝野群載』所載）を奏上し、……「爰に六旬に迫り、余喘幾ならず。……」と、すでに自分も六十歳に近づき、余命とていくばくもなく、このまま若いころからの願いである渡宋がかなわなければ、死後において何の得るところがあろうかという。」と解釈されながら、その同じ頁のわずか八行後では、「延久二年は成尋六十歳、「六十一慎むべし」との宿曜の占いにより、渡宋するとなるとこの年がぎりぎりとなり、六十一歳の折には五臺山で心静かに修行する身で迎えたいとの思いであったはずである。」と述べている。[30]「六十歳に近づ」いていることと「六十歳」になっていることとは、全く意味が違うのではなかろうか。筆者は不可解に感じずにはいられない。虚心に読めば、疑問に思われるにもかかわらず、このような記述がなされているのは、それだけ寛弘八年誕生が間違いないとされていることを示している。「齢迫六旬」は、具体的な年齢表記ではないことから取り上げられていないのであろうが、このあと【史料11・12】にみえる類似の表現と比べると、注意しなければならないことがわかる。

【史料11】熙寧五年（延久四）六月日付成尋上奏文（『五臺山記』延久四年六月二日条）

成尋が宋に到着後、五台山巡礼などの許可を求めた上表文で、

大日本国延暦寺阿闍梨大雲寺主伝燈大法師位臣ム　欲下乞二天恩一巡中礼五台幷大興善寺・青龍寺等聖跡上。右ム、……如レ此之間、不レ遂二本意一。□〔今カ〕齢満二六旬一、餘喘不レ幾。若不レ遂二鄙懐一、後悔何益。因レ之得レ□〔附カ〕二商客船一所二参来一也。

と「齢満六旬」と記している。

【史料12】『五臺山記』熙寧六年（延久五）四月十九日条

成尋自身の真影を日本に送る際の記事があり、そこに、

成尋真影、入二目録一送二日本一。……今聊目録記二由緒一云、年餘二六旬一、旦暮難レ期。滄海波萬里、去留無レ定。

と「年餘六旬」と記していることが知られる。

このように三つの史料にほぼ同内容の記述がなされているが、そのうち注意すべき文言を取り出して比べてみると、次のごとくなる。

【史料10】延久二年（一〇七〇）正月十一日「齢迫六旬、餘喘不幾。」
【史料11】延久四年（一〇七二）六月　日「齢満六旬、餘喘不幾。」
【史料12】延久五年（一〇七三）四月十九日「年餘六旬、旦暮難期。」

成尋が同じく余命幾ばくもないことを表現するのに、「迫」「満」「餘」と異なった文字を用いているのは、単なる修辞ではなく、その時々の年齢をふまえて使い分けているのではなかろうか。特に【史料11】熙寧五年（延久四年）の上奏文が【史料10】延久二年の申文を下敷きにしていることは、

　爰齢迫六旬、餘喘不幾。若無遂旧懐、後有何益。
　今齢満六旬、餘喘不幾。若不遂鄙懐、後悔何益。

と並べてみれば一目瞭然であり、間違いない。それをわざわざ用字を変えているのは意味があることと思われる。そこでこれら「迫」「満」「餘」の三つの表現から、果たして一定の年齢を導き出すことができるか、こころみにほぼ同時期の文献から、年齢の確認できる類似の表現を取り上げて考えてみたい。

5　年齢表記「齢迫六旬」「齢満六旬」「齢餘六旬」の検討

（イ）「齢迫六旬」

①「年迫二六旬一」『菅家文草』巻十「為二式部卿親王一請レ罷二所職一表（年月日不詳）」

②「齢迫二七旬一」『菅家文草』巻十「為二尚侍源朝臣全姫一請レ罷レ職表（元慶四年）」（また『本朝文粋』巻五所収。）

③「齢迫二八旬一」『朝野群載』巻九「菅原是綱大学頭申文（康和二年七月二十三日）」

④「漸迫二于七旬之頽齢一」『本朝文粋』巻五「為二同公（藤原実頼）一乞レ身表（康保四年十月二十五日）」

⑤「孤齢及二貳膳一、卿老迫二懸車一」『本朝文粋』巻十二　三善清行「詰眼文（延喜十三年冬）」（また『朝野群載』巻一・『政事要略』巻九十五所収。）

⑥「已迫二七旬之頽暮一」『本朝続文粋』巻五「土御門右丞相（源師房）辞二右大臣・左近衛大将・皇太弟傅一表（承保四年二月十三日）」

①は貞観十八年二月二十日に五八歳で没した忠良親王の上表文で、年月日は記されていないが、内容から最晩年のものと推測されるので、五七歳～五八歳の表現となる(31)。②の源全姫は貞観十三年（八七一）に六〇歳の賀算を迎えているから（次項「齢満六旬」の④参照）、元慶四年（八八〇）には六九歳となる(32)。③の菅原是綱は嘉承二年（一一〇七）三月、七八歳で没しているので、康和二年（一一〇〇）は七一歳にあたる(33)。七〇歳を超えたばかりであるにもかかわらず「齢迫二八旬一」と記しているのは、官職申文という性格によるものと考えられる。④の藤原実頼は天禄元年（九七〇）五月十八日に没したが、『日本紀略』同日条・『栄華物語』巻一・『公卿補任』等によれば享年七一歳とあり(34)、昌泰三年（九〇〇）生まれで、康保四年（九六七）には六八歳となる。⑤は冒頭に「延喜十三年冬、余年六十七」とある。老眼になった三善清行が「心の神と眼の神とを擬人化して対話させ、心が視力衰弱した眼を詰るというものである(35)」ので、例としてはやや不適切かも知れないが、貳膳・懸車いずれも七〇歳をいい、六七歳を「迫二懸車一」と表現している。

以上の①～⑤の五例から、「迫」は未満の意味で、〈齢六旬ニ迫リ〉と訓み、六〇歳未満の表記と理解してよいと思われる。しかしこのような解釈に抵触するのが⑥である。源師房は本年（承保四年・一〇七七）二月十七日すなわち⑥の提出の三日後に七〇歳で没しているので(36)、⑤とほとんど同じ表現ではあるが、この「迫」はその年齢を含む用例となる。そこで「齢迫六旬」を六〇歳ちょうどと理解する余地もでてくる。しかし『爾雅』『説文解字』などによれば、「迫」の元来の意味は「近」(37)であり、たとえば藤原教通が六七歳の時の文章に「右教通言、……漸近二七旬之尅一」（『本朝続文粋』巻五「二条関白辞二左近衛大将一状（康平五年四月十一日）」）といった例がある。したがって⑥の例は⑤の「漸」に対して「已」字に注意すべきか、あるいは〈已ニ……頽暮ニ迫ル〉つまり「七十歳という人生のたそがれに近づいている」の意味で用いられている表現と理解すべきではあるまいか。いずれにしても「迫」は普通には未満の意味と考えてよいであろう。

（ロ）「齢満六旬」

これと類似の表現の「年満幾歳」の意味については、安藤更生氏が詳しく検討されている。(38) 氏は平安時代の主な例として二二例をあげ、検討の結果として、（a）数え年と一致するもの一八例、（b）満年計算と一致するもの二例（いずれも藤原明子）、（c）以上のいずれとも一致しないもの二例（文室浄三・僧真雅）とされた。このうち、（b）の藤原明子の例は誤りが考えられるので、(39) 満年齢計算を示す例はないとされた。そこで安藤氏の示された例を含めて、幾つか例をあげると次のごとくである。

①「中宮為㆑賀㆔太政大臣（藤原良房）齢満㆓六十㆒、設㆓広讌㆒」『日本三代実録』貞観五年十二月二十四日条
②「右敦光今年満㆓七十㆒。蓋是人臣懸車之齢也」『本朝続文粋』巻六「藤原敦光参議申文（天承二年正月二十日）」
③「相国（藤原基経）今年満㆓五十㆒」（『菅家文草』巻二「右親衛平将軍、率㆓厩亭諸僕㆒、奉㆑賀㆓相国五十年㆒。宴座後屏風図詩五首。并序（仁和元年）」
④「殿下（源全姫）齢満㆓六旬㆒」『菅家文草』巻十一「為㆓温明殿女御㆒奉㆘賀㆓尚侍殿下六十算㆒修㆗功徳㆖願文（貞観十三年十二月十六日）」

①の藤原良房は貞観十四年に六十九歳で没しているので、貞観五年は六十歳ちょうど。②は冒頭にあるように、

この年藤原敦光は七〇歳ちょうど。「懸車之齢」とは致仕の年齢すなわち七〇歳であることを言う。③は藤原基経の五〇歳の賀宴に際しての序。なお『日本三代実録』仁和元年四月二十日条に「賀二太政大臣満五十筭一」、同十二月二十五日条に「太政大臣今年始満二五十之筭一」とみえる。「齢満幾歳」は賀算の表などにはよく用いられる表現であり、原則として「ちょうどその年齢」に達した年に祝賀行事が催される。(40) ④の「齢満二六旬一」は成尋の表現とまったく同じで、注目されるが、残念なことに、源全姫の正確な年齢は不明である。しかしながら六〇歳の賀算に関わる文章があるので、①②③の例から、この年ちょうど六〇歳とみて間違いないであろう。(41) なお在原行平が七〇歳の時に提出した致仕を請う上表には、「臣聞、年満二致仕一、人臣之定節也。……今臣齢至二七旬一。……当二懸車之年一。」（『日本三代実録』仁和三年正月十四日条）といった表現がみえる。

　これらの例から、「満」はちょうどその年齢にあたると理解してよいと思われるが、中に例外的な用例がある。すなわち安藤氏の（c）である。まず文室浄三の場合、『続日本紀』天平宝字八年九月戊戌（四日）条の致仕の詔報に「年満二懸車一、依レ礼致仕」とみえるが、浄三は宝亀元年十月に七八歳で没しているので（『公卿補任』）致仕の年は七二歳となる。また真雅の例は、『三代実録』貞観十六年七月十一日条の僧正を辞する上表に「方今草木之歯七十有余」とあるが、同書元慶三年正月三日の真雅卒伝には「真雅年満二七十一、上表辞二僧正之位一」と表現されている。安藤氏はこれらの例は「俗にいふ『七十台』になったといふ程の意」（三八頁）とされている。このうち、真雅の例は卒伝の記者が致仕の年は七〇歳とする理解から「満七十」と表現してしまった可能性もあるように思われる。(42)

　また③基経の例でみたように、「始満幾歳」といった「始」「初」字を伴う例がある。ほかにも「玄和上春秋始満二八十之年一」(43)、「初満二七十於寒暑一」(44)、「於レ是五旬之齢、今茲初満」(45)といったように、ちょうど八〇・七〇・五〇歳を迎えた年の表現として初・始といった語が添えられている。(46) そこでその語のない「齢満六旬」には六〇歳以上と理解する余地があるかも知れないのである。しかし前掲の藤原基経の五〇歳の表記に両様用いられていることを考えれば、「満」も「始満」も「ちょうどその年齢」と理解してよいであろう。

このように、例外的な事例もあるが、「齢満幾歳」は原則としてちょうどその年齢と理解してよいと考える。すなわち（ロ）の「齢満六旬」は、〈齢、六旬ニ満チ〉と訓み、ちょうど六〇歳であることの表記と理解される。

（ハ）「齢餘六旬」

①「臣之餘二六旬一者」『本朝文粋』巻四「為二入道前太政大臣（藤原兼家）一辞二職幷封戸准三宮一第三表（永祚二年四月二十一日）

永祚二年は正暦元年（九九〇）。藤原兼家はこの年五月八日に出家し、七月二日に六二歳で没している。[47] すなわち①は六二歳を「餘六旬」と表現している。この他に管見では「齢餘幾歳」の例を見いだすことができず、提示し得る用例がきわめて少ないのであるが、「齢餘六旬」は六一歳以上の表現とみなして間違いないであろう。ちなみに、時代はずっと降るが、前引【史料3】『本朝高僧伝』成尋伝には、「延久四年、齢耳順餘、乗二商船一入二宋国一」とあり、同伝による入宋の年齢六二歳を「齢耳順餘」と表現している。

以上、管見に触れた具体例を参考に、成尋自身の年齢表記を考えると、

（イ）延久二年の「齢迫六旬」は六〇歳未満（五九歳以下）

（ロ）延久四年の「齢満六旬」は六〇歳ちょうど

（ハ）延久五年の「年餘六旬」は六一歳以上

とまとめることができる。管見に触れた具体例はきわめて限られているが、もっとも重要なのは、（ロ）の「齢満六旬」の解釈であろう。もしこれが六〇歳ちょうどを表していると理解して誤りがなければ、成尋の年齢を確定することができるからである。もっとも「満六旬」を〈六旬ニ満タ（チ）ントス〉と訓み、六旬未満と解釈することもできないわけではない。しかし「餘六旬」を〈六旬ニ餘ラントス〉と訓むことはできないので、やはり「迫」「満」「餘」は、それぞれ迫（せま）ル、満（み）チル、餘（あま）ルと理解すべきであろう。また延久三年の表記が空白であるので、（ロ）「餘満六旬」を安藤氏の表現を借りて、俗に言う「六十代」になったというほどの意味、にとって、延久三年六〇歳とする見方もできるかも知れない。しかし、〈六旬ニ満チ〉と書いた一年後には〈六旬ニ餘リ〉と表現していることからみて、（ロ）の「齢満六旬」は六〇歳ちょうどと解釈して誤りないと思われる。すなわち成尋の年齢については、（ロ）の延久四年六〇歳ちょうどを基準として推算すべきであると思う。したがって、

（イ）延久二年・一〇七〇年――五八歳
（ロ）延久四年・一〇七二年――六〇歳
（ハ）延久五年・一〇七三年――六一歳

の表記となり、表現上の矛盾はない。そしてこれから推算される成尋の生年は長和二年（一〇一三）となり、阿闍梨補任の天喜二年は四二歳、入宋の延久四年には六〇歳であったことになる。

このようにして成尋自身の用語から得られた、成尋の生年に関する私見は通説と二歳異なり、またこれまで知られている生年を明記ないし類推し得るすべての史料とも異なっている。つまり生年を寛弘八年、延久四年の入宋当時六二歳と伝える『大雲寺縁起』『本朝高僧伝』『寺門伝記補録』など、また阿闍梨補任の年齢を四三歳とする『園城寺伝法血脈』『寺門伝記補録』とも相違している。筆者は、『園城寺伝法血脈』の「四十三」歳を通説が「四十四」の誤写・誤記とする説を、三を四と誤る可能性は低いとの疑問を呈したが、三と二の誤写・誤記の可能性は三と四のそれよりも高いことは言うまでもないであろう。筆者は、成尋の生年については、解釈の仕方に幅がある『母集』や記述に疑問のある『大雲寺縁起』諸本よりも、成尋自身の記述すなわち公文書に自ら「齢満六旬」と記している史料を何よりも優先して考えるべきであると思う。

二　成尋の没年

一方、成尋の入寂年月について、通説では永保元年（宋元豊四年・一〇八一）十月六日とされている。しかしながら、あらためてその根拠を考えてみると、意外に確実な史料の乏しいことに気づく。たとえば、成尋に関する伝記の早いものに、康和三年から同年間（一一〇一～〇四）頃、すなわち成尋入宋からおよそ三〇年後に著されたとみられる大江匡房撰『続本朝往生伝』[48]があるが、その入寂に関わる記事は、

先レ死七日、自知二命尽一、集レ衆念仏、日時不レ違、向レ西逝去。自二其頂上一放レ光三月、安二置寺中一、全身不レ乱、于レ今存焉。漆膚鏤金、毛髪猶生、形質無レ変。

というもので、祈雨の功とともに、もっぱら後世に喧伝されることになる入寂時の奇瑞を記すが、その年月については記すところがない。入寂の年月を明記する史料は、時代が降るのである。

1　成尋の入寂年月に関する史料と通説

現在のところ管見では、入寂年月を伝える史料は下記のごとくである。

A：元豊四年（日本永保元年・一〇八一年）とする史料

【史料イ】栄海撰『真言伝』巻六（正中二年（一三二五）成立）(49)

阿闍梨成尋　……後三条院御宇延久四年ニ、清涼山ヲ礼セン為ニ唐国ニ渡ル。是宋神宗皇帝凞寧五年也。……宋ノ元豊四年〈白河本朝永保元年〉東寺〔京イ〕ノ開宝寺ニシテ、七日以前ニ死期ヲ知テ衆ヲ集テ念仏セシム。終ニ西ニ向テ入滅ス。頂上ヨリ光ヲ放テ三日迄キヘス。全身不シテ乱、毛髪ナヲ生シ、容顔変セスシテ存セリ。勅ニヨリテ、天台山国清寺ニ塔ヲ立テ、、闍梨ノ全身ヲ案〔安イ〕ス。塔ノ額ヲ日本善恵国師塔ト顕せリ。

【史料ロ】杲宝『雑々見聞集』二（杲宝の生没年は一三〇六～六二年）(50)

成尋阿闍梨入唐事

後三条院延久四年、当二唐熙寧五年一入唐。……

唐神宗皇帝元豊四年、当二日本白河院永保元年一、善恵大師於二宋朝一入滅。自二頂上一放レ光、三日不レ減〔滅カ〕、容顔不レ変、鬚髪尚生。勅国清寺中建レ塔、安二大師全身一。塔頭〔顕カ〕二日本善恵国師塔一、云々。自二彼熙寧五年一至二元豊四年一経二十年一。

【史料八】『本朝高僧伝』巻六十七「宋国伝法院沙門成尋伝」（生年史料3）

釈成尋……延久四年、齢耳順餘、乗二商舶一入二宋国一。当二凞寧五年一矣。……元豊四年、遘レ病。先レ期三
日鳩レ衆、念仏端坐而化。齢七十一。

B：熙寧七年（日本承保元年・一〇七四）十月六日

【史料ニ】『大雲寺縁起』続群書類従本（生年史料1参照）

熙寧七年甲寅十月六日、種々奇瑞繁多、大師遷化。

【史料ホ】『大雲寺縁起』実相院本（生年史料2参照）

一　扶桑略記云（51）

監〔熙〕寧七年〈甲寅〉十月六日、成尋阿闍梨遷化。有二光明幷種々奇瑞一、云々。臨終唱云、観音来迎弥陀一半、
云々。

一　太宋皇帝加二礼敬一、諡二善慧国師一。化縁既尽、於二東京開宝寺一遷化畢。廟塔者壇三重如二天台智者廟壇一。

C：某年十月六日、

【史料へ】『園城寺伝法血脈』乾（生年史料8参照）

非宣師入室受法悟円親王幷行円等弟子

成尋　延暦寺阿ヽヽ四十三円信闕、明尊奏
ヽヽヽ十月六日於大唐卒

入寂年月に関する管見に触れた主な史料は以上のごとくである。そして通説を代表する島津氏の入寂年月に関する見解は次のごとくである。まず、『五臺山記』以降の動静は明確でないとした上で、

『記』に自らの予定を記していた通りならば、おそらくは天台山に再び赴き、……確証はないが十年の歳月の間、所期の念願はみな完遂して、宋都に於いて瞑目したのではなかろうか。家族に別れ離京後十年宋朝神宗皇帝の元豊四年、日本でいえば白河天皇の永保元年（一〇八一）である。従来その遷化の月日が不明であった。ただ京都大雲寺実相院蔵『大雲寺縁起』の中にその没時を十月六日と記してあり、その典拠が不明であったが既掲の「園城寺伝法血脈（乾）」によれば、明らかに十月六日であったことが判明する、すなわち七十一歳である。（前掲書六五～六頁）

としている。成尋が『五臺山記』に記している修行の予定に基づく推測で、元豊四年とする文献的な論拠はあげていないが、おそらく『本朝高僧伝』（【史料八】）ではないかと推測される。注目したいのは、『大雲寺縁起』に言及しながら、月日にもっぱら注目し、熙寧七年（承保元年）とする年次には全く触れられていないことである。平林氏もほぼ島津氏の記述を踏襲されている。(52) いずれも『大雲寺縁起』の熙寧七年（承保元年）説は明白な誤りとされているのであろう。これに対して、伊井氏は、『大雲寺縁起』（【史料ニ】）を引いた上で、「承保四年三月に隆国は成尋宛に手紙をしたためているので、承保元年にすでに命を失っていたとは考えられない」と熙寧七年説を疑問とする理由を述べ、ついで（【史料ロ】）をあげて、「これだと成尋の示寂は七十一歳、『大雲寺縁起』よりもかなり信憑性はありそうである。(53)」とされている。

このように、通説は元豊四年という所伝と十月六日という所伝とをつなぎ合わせて、成尋の入寂を宋の元豊

四年、すなわち日本の永保元年十月六日にしているのである。筆者も残された史料からみるかぎり、元豊四年十月六日とする通説に異論があるわけではないが、その根拠にはやや不安に感じるところもある。寂年については、当面、

①熙寧六年五月十七日付大納言殿あて成尋書状（『明匠略伝』『天台霞標』初篇巻之四）
②熙寧七年卯月付隆覚あて成尋書状（『天台霞標』初篇巻之四。ただし『大雲寺縁起』では「熙寧弐稔卯月日」付とする）
③承保四年三月付成尋あて源隆国返状（『朝野群載』巻二十）

などを参考に、成尋の生存を何時まで確認できるかという視点から考察を進める必要があると考えている。いずれも史料の信憑性に一抹の不安があり、詳細の検討は後日に委ねざるを得ないが、①②の成尋書状から、熙寧七年四月まで成尋が生存していたことは認めてよいであろう。そして伊井氏は、③源隆国返状（承保四年＝熙寧十年、一〇七七）があるので、その頃まで成尋が生存していたことを示すと解釈されるのであるが、この点については、慎重でなければならないと思う。すなわち、③の内容から、成尋は隆国に、

（a）宿願の天台山・五台山巡礼を果たしたこと
（b）祈雨の功により、善恵大師号を賜ったこと
（c）隆国の著書『安養集』が宋で高い評価を得ていること(54)

といったことを伝えているものとみなされる。しかしこれらはすべて弟子が持ち帰った『五臺山記』に記載され

ている内容以上に出るものではない。つまり日記の最後である延久五年（熙寧六）六月以前のことばかりであり、弟子の帰国に託した手紙である可能性が高い。そしてこれに対して隆国は成尋に、

（a）延久六年（承保元年）の藤原頼通の逝去
（b）同年九月の隆国の息（隆綱）の逝去
（c）承保二年の隆国の息（隆俊）の逝去
（d）隆国の息「石蔵禅師」（隆覚）が阿闍梨位にのぼったこと

など、延久六年以降の情報を伝えている。これらの内容からみると、この隆国の返状③は宋に渡った成尋に対するはじめての手紙である可能性が高い。延久五年に受け取った手紙に対する返事をようやく四年後に出していることにやや不審に思うところもあるが、当時としては必ずしもあり得ないことではなかろう。つまり③は、成尋の安否を知らないままにしたため可能性もあり、「承保四年三月に隆国は成尋宛に手紙をしたためているので、承保元年（熙寧七年―引用者）にすでに命を失っていたとは考えられない」と、③をもって承保四年まで成尋が生存していた証拠とすることはできないと思う。筆者は③をこのように理解するので、成尋の生存が確認されるのは②までとなる。しかしながら、今のところ元豊四年説を疑う理由は特になく、【史料イ・ロ】には、何らかの拠るべき史料があったものと考えている。

なお、筆者は、成尋の生存が確認されるのは②〈熙寧七年卯月〉までとなるとした。そこで②執筆後まもなく入寂したとすれば『大雲寺縁起』の熙寧七年十月六日説もあながち無下にしりぞけることはできないことになるが、その説をとるわけにはいかない。熙寧七年説は次に述べるように誤伝から生じているとみなされるからである。

2　『大雲寺縁起』の煕寧七年（承保元年）入寂説

さて、上記Bに示したように、『大雲寺縁起』諸本は、表現は若干異なるが、「煕寧七年甲寅十月六日」入寂とする異説を記す。月日は『園城寺伝法血脈』と一致しているが、煕寧七年（一〇七四）は承保元年にあたり、元豊四年（一〇八一）とは大きく相違している。前にも少し触れたように、縁起にみえる成尋関連の紀年には明白な誤り、中には創作とすらみられるものもあり、当然入寂年月についても疑問が抱かれるのである。なぜこのような誤りが起こっているのであろうか。筆者は、その事情を次のように考える。

説話研究会編『対校　真言伝』(55)の校訂注によれば【史料イ】栄海撰『真言伝』の「宋ノ元豊四年〈白河本朝永保元年〉東寺〔京イ〕ノ開宝寺ニメ、七日以前ニ死期ヲ知テ衆ヲ集テ念仏セシム。終ニ西ニ向テ入滅ス。」云々の記事に関連して、

本朝永《承イ》保

と頭注がある。すなわち、底本とした寛文三年刊本が「白河本朝永保元年」とするのに対して、同書の東寺観智院蔵室町末期古写本には「永承元年」（一〇四六）となっていることを意味している。しかし今、写本を確認することはできないが、本来「承イ」は「永」の左傍に付けられるもので、これは「永久」と「承久」など、しばしばみられる永と承の写誤で、「承保元年」に作る一本の存在を示しているのではないかと推測される。すなわち「宋元豊四年〈白河本朝承保元年〉東寺〔京イ〕開宝寺」に入寂したことになる。そして承保元年は煕寧七年にあたるのである。『大雲寺縁起』諸本の煕寧七年入寂説は、永保元年を承保元年とする誤伝から生じているのではあるまいか。『大雲寺縁起』の紀年には不可解なものが多いが、この承保元年・煕寧七年入寂に基因しているのかも知

れない。この推測の当否はいずれにしても、『大雲寺縁起』の史料としての問題があることを示していることにはなるであろう。

むすび

以上、成尋の生没年について、辞典類では（筆者も含めて）自明のごとく寛弘八年（一〇一一）〜永保元年（一〇八一）と記すが、その根拠は必ずしも十分ではないことから、まず生年について私見を提示し、成尋自身の表現から延久四年六〇歳、すなわち長和二年（一〇一三）生まれとの解釈が導き出されることを述べてきた。そして入寂年月についても宋元豊四年＝永保元年とする説に異論はないが、根拠となる史料は意外に少ないことを述べ、特に熙寧七年とする異説の由来について推測を加えた。もっとも、生没年何れの場合も参照し得た例が少なく、また問題も含まれているので、さらに広く用例を求めていく必要があることを自覚している。識者のご教示・ご批正を乞う次第である。

それにしても、成尋についての研究は多いが、あらためてその生涯について調べ始めると、その名の高さに比べて史料が少なく、『五臺山記』から知られる行動を除く、とりわけ日本における六〇年間を知る手がかりの乏しいことを痛感させられるのである。

注

（1）『参天台五臺山記』については、唯一の古写本で現存写本の祖本である東福寺蔵本の影印本が東洋文庫から刊行（一九三七年）されている。活字翻刻本に「改定　史籍集覧」二六、「大日本仏教全書」遊方伝叢書第三、所収本があり、対訳校注本に島津草子『成尋阿闍梨母集・参天台五臺山記の研究』（大蔵出版、一九五九年）、校本に平林文雄『参天台五臺山記校本並に研究』（風間書房、一九七八年）、現代語訳注本に斎藤圓眞『参天台五臺山記Ｉ』（山喜房仏書林、一九九七年）などがある。本稿では、東福寺本影印本により、適宜上記の成果を参照し、私に句読点を付して引用する。

（2）『母集』については、多くの校本や訳注が作られているが、最近の成果に、冷泉家本・書陵部本を対校した岡崎和夫『成尋阿闍梨母日記』再建本文・索引篇（明治書院、一九九五年）、伊井春樹『成尋阿闍梨母集全釈』（風間書房、一九九六年）があり、宮崎荘平『成尋阿闍梨母集　全訳注』（講談社学術文庫、一九七九年）も簡潔な訳注が付されて有益である。

（3）『尊卑分脈』などの系図集にもその名を見いだすことができない。

（4）吉田茂「『成尋阿闍梨母集』参考文献」（石原昭平ほか編『女流日記文学講座　第四巻　更級日記・讃岐典侍日記・成尋阿闍梨母集』（勉誠社、一九九〇年）参照。なお最近の研究に伊井春樹『成尋の入宋とその生涯』（吉川弘文館、一九九六年）があるが、家系や生没年についての考証はない。

（5）安藤更生『鑑真大和上傳之研究』第一章附録鑑真和上生卒年攷（平凡社、一九六〇年）

（6）『大雲寺縁起』には活字本・写本を合わせて、同名異書が数種ある。

活字本には「続群書類従」釈家部所収本・「大日本仏教全書」第百二十冊所収本がある。いずれも彰考館本を底本としており、天正十七年（一五八九）権少僧都賢康の「古本依繁多、撰略書之」云々という奥書がある。

写本には、数種伝えられているが、筆者が実見したのは、東京大学史料編纂所に架蔵される次の二本である。

①前田利為氏蔵本（尊経閣文庫）写　謄写本一冊（架号二〇一五—五七八）

②京都岩倉実相院所蔵本写（永正十七年六月の書写奥書本）　影写本一冊（架号三〇一五—一四）

このうち、①の内容はほぼ続群書類従本などと同じであるが、②はそれらとは異なっている。その一端は下記の本文を参照していただきたい。このほか、筆者は拝見の機会を得ていないが、角田文衛氏によれば、実相院には、

③寛永四年藤木敦直書写奥書本

④寛永七年恕融書写奥書本

などが所蔵されており、大筋のところでは続群書類従本と変わらないとのことである。そして角田氏は、それらの縁起関係史料について、「他には求められぬ史実を伝えてはいるけれど、伝説的要素の混入や時代錯誤も少からず、これらを史料として使用するためには、厳密な批判が要請されるのである。」（「大雲寺と観音院――創建と初期の歴史――」『角田文衛著作集』第四巻〈法蔵館、一九八四年〉）と指摘されている。著者も全く同感であり、『大雲寺縁起』そのものについて、さらに検討を加える必要があると考えている。今回筆者が参照した写本は二本に過ぎないが、本稿では、写本①と活字本を「続群書類従本」として、写本②を「実相院本」として引用する。なお、堀池春峰「大雲寺縁起」（『大日本仏教全書』解題三、鈴木学術財団、一九七三年）参照。

（7）卍元師蛮撰。成立は元禄十五年（一七〇二）。荻須純道「本朝高僧伝」（『大日本仏教全書』解題二、鈴木学術財団、一九七三年）参照。父を参議藤原佐理とするのは明白な誤り。玉井幸助「成尋阿闍梨母集」三　作者の家系（『日記文学の研究』〈塙書房、一九六五年〉）参照。

（8）本文は、宮崎荘平（前掲書）二三〜四頁。

（9）宮崎荘平（前掲書）二六頁。

（10）同前二七頁。

（11）『寺門伝記補録』の成立は、序文に応永年間（一三九四〜一四二八）志晃撰とあるが、今枝愛真「寺門伝記補録」（『大日本仏教全書』解題三〈前掲〉）はさらに降る可能性を指摘されている。

（12）この中略部分に【史料8】に引用した記事が含まれており、阿闍梨補任の年齢を四三歳としている。これによれば、入宋した延久四年には六一歳となり、六二歳と明記する本文と矛盾が生じる。この矛盾は本書が阿闍梨補任記事と入宋関係記事を異なった史料からあつめて作成したことによるものであろう。

（13）『天台霞標』初編は明和八年（一七七一）敬雄撰、のち慈本補。大久保良順「天台霞標」（『大日本仏教全書』解題一、鈴木学術財団、一九七三年）参照。

（14）東京大学史料編纂所架蔵影写本（架号二一三一六―四）。成立は不詳であるが、序文の筆者「前大僧正亮海」は江戸時代の貞享頃に活躍している。筆跡をみると、元禄十二年入寂の亮実僧正までが同筆で、以後別筆で書き継がれている。

（15）『五臺山記』熙寧五年十月十四日条に「成尋任阿闍梨官牒」が引用されており、その日付は「天喜二年十二月二十六日」である。

(16) なお、永井義憲「成尋阿闍梨母集の研究」第二章第一節「成尋阿闍梨伝考」(同『日本仏教文学研究』二〈豊島書房、一九六七年〉)、同「『成尋阿闍梨母集』の成立」(同『日本仏教文学研究』三〈新典社、一九八五年〉)等参照。

(17) たとえば平林文雄『参天台五臺山記校本並に研究』第一章「成尋阿闍梨の家系」、第二章「成尋阿闍梨の事績」(風間書房、一九七八年)参照。

(18) 玉井幸助(前掲論文)七四頁。

(19) このような創作としか思われない記述がなぜなされたか、その事情についても研究する必要があろう。なお、下文II—二参照。

(20) 前注(7)参照。

(21) 同前

(22) 岡崎和夫(前掲書)再建本文・索引篇八〜九頁、伊井春樹『成尋阿闍梨母集全釈』(前掲)一六五頁、等参照。

(23) 岡崎和夫「成尋の渡宋宣言をめぐる問題——成尋阿闍梨母集「この趺坐してゐたる行ひ三年果てゝ」の条をどう読むか——」(『解釈』三四—八、一九八八年)は「三年果てて」についての平林文雄氏の『成尋阿闍梨母集の基礎的研究』(笠間書院、一九七七年)及び宮崎氏前掲書の語釈を引用して、両氏の説に従えば「みぎの趺座の行は延久元年の開始ということになる」(三三頁)とされている。しかし両氏は母に入宋の決意を語った年がすなわち趺坐の行が開始された年と述べているわけでも、理解されているわけでもない。たとえば宮崎氏は「これまで続けてきた三年の仏道修行が終わったら」(前掲書二四頁)とか「すでに三年間の修行にはいっていた」(同二八頁)と記し、趺坐の行が母に決意を語る延久元年より以前から始められているとの理解を示されている。ちなみに趺坐(不臥)の行の開始を治暦四年とみる考えは、島津草子(前掲書)一六頁、永井義憲「成尋阿闍梨母集の研究」(前掲)一三八頁などにも示されている。

(24) これに対して、伊井氏は、延久三年＝六一歳とすることでは変わりないが、若干異なった解釈を示す。すなわち、「六十一歳が厄年で慎まなければならないと表明しながら、その歳にあわせるように日本を離れるとは考えられないので、本来は前年の六十歳に渡宋し、六十一歳の年は五臺山で仏道の修行をするつもりでいたのであろう。」（『成尋阿闍梨母集全釈』一六七頁）とする。しかし【通釈】では、「いま結跏趺座をして勤めている修行が三年終った後、唐の五臺山という所に」（一六五頁）云々とし、【語釈】の「三年果てて」では、「成尋の「不臥」の修行は三年という期間で、それが終われば渡宋する予定であった。」（一六六頁）とするが、【語釈】の「六十一慎むべしと」では「延久元年は成尋五十九歳、不臥の修行三年が過ぎれば渡宋するというので、現在二年目に入っているため、六十歳になる来年に予定されていたのであろう」（一六七頁）とする。つまり延久二年に渡航の予定であったといわれるが、延久二年は三年目であり、「三年終った後」とするのとは矛盾する解釈ではあるまいか。伊井氏の理解の根底には、厄年に渡航するはずがない、という考えがあるようにみなされるが、「六十一慎むべし」の一節は、たとえ厄年であっても念願を果たしたいとする成尋の強い意志を示していると理解すべきであろう。このように、異説はあるが、延久三年＝六一歳とする点では異なるところがない。

（25）たとえば、伊井春樹氏は『成尋の入宋とその生涯』（前掲）において、「星占いの宿曜の予言は……それによりますと、二年後の六十一歳は厳重に身を慎まなければならない年にあたっているのです」（二頁）とするいっぽう、同じことを、「このたびの占いによると、成尋は三年後の六十一歳には厳しく身を慎まなければならないのだろうという」（一五頁。傍点引用者）と述べている。二年後・三年後の相違が単なる誤植でないとすれば、『母集』の記事には文学作品によくみられる多様な解釈を生みだす素地があることを端的に示しているように思われる。

（26）佐伯有清『円珍』（吉川弘文館、一九九〇年）参照。

（27）西岡虎之助「入宋僧寂照についての研究」（同『西岡虎之助著作集　第三巻　文化史の研究Ⅰ』〔三一書房、一九八四年〕）参照。

（28）『母集』の延久三年にかかる記事に、「筑紫よりよべまで来る人の、『八月廿よ日のほどに、阿闍梨は唐に渡り給ひなんとて、船に乗るべきやうにておはすと聞きし』と申す」云々（宮崎〔前掲書〕九七頁）とあることについて、島津氏は「筑紫より人が来て、成尋が八月廿余日頃渡宋の予定なりとの事を聞く」（前掲書四二頁）、新藤協三氏は「八月、筑紫から来た人が、成尋の出航が間近かに迫った由を語り伝えた」（「『成尋阿闍梨母集』の成立」〔石原昭平ほか編前掲書三二六頁〕）等と理解されている。つまり延久三年八月には渡航目前であったのであり、当初から延久三年内の渡航を予定していたことを裏付けていると解釈されるかも知れない。しかしこのあと成尋自身が一時帰京し、十月十三日、母と対面している。そして母に「岩倉に忘れた書物を取り、そのまま淀から乗船して備中の新山に向かい、そこにしばらく滞在する」「そこで一〇〇日ほど修行して、来年正月にそこを出て、朝廷にあらためて渡宋の許可を申請して、許されたならば入宋したい」などと語っている（宮崎〔前掲書〕一二一～六頁参照）。どれほど重要な書物か明らかでないが、もし渡航目前であればせっかくの便船を前にしてわざわざ帰京するとも思えない。この時の成尋の行動をみると、前掲の『母集』の記事は渡航の準備の様子が伝えられたものと考えるべきであろう。なお岡崎和夫（前掲書）再建本文篇七六～七頁頭注五、同原典批判篇二三八頁補説篇17、等参照。

(29)　前注（24）で述べたように、伊井春樹氏は、厄年を避けて前年に渡航し、六一歳を巡礼地で過ごしたいと考えていたとされるが、論拠に問題があることはすでに指摘したとおりである。

(30)　伊井春樹『成尋阿闍梨母集全釈』（前掲）二九～三〇頁。

(31)　川口久雄校注『菅家文草　菅家後集』（「日本古典文学大系」岩波書店、一九六六年）五八〇頁。『日本三代実録』貞観十八年二月二十日条に「三品行式部卿兼大宰帥忠良親王薨。……薨時年五十八。」とみえる。川口氏は「本上表に年六旬に迫り、病が重いとあるから、おそらく貞観十七年末か十八年一月頃のものであろう」とされている。

(32)　同前書、五八二頁。なお源全姫はこの二年後の元慶六年正月二十五日に没した（『日本三代実録』同日条）。

(33)　『大日本史料』第三編之九・嘉承二年三月是月条、菅原是綱卒伝参照。なお「中右記」嘉承二年三月二十一日条に「二日、正四位下菅原是綱卒去。年及二八十一云々」とあるが、〈年、八十ニ及バントス〉で八〇歳に近いの意味であろう。

(34)　『大日本史料』第一編之十三・天禄元年五月十八日条の藤原実頼卒伝参照。なお『尊卑分脈』では享年を七二歳としている。もし七二歳としても康保四年には六九歳となる。

(35)　矢作武「三善清行「詰眼文」考」上（『国文学研究』四四、一九七一年）。

(36)　『扶桑略記』承保四年二月十七日条、その他。なお『公卿補任』同年条にも「年七十」とあるが、九条家本では「年六十八」となっているという（「新訂増補国史大系」本注）。もし六八歳説が正しければ「迫二七旬之頽暮一」他の例と同様に七〇歳未満の意味にとることができる。しかし師房の年齢は『小右記』寛仁四年十二月二十六日条に「今日故中務卿親王々子師房、歳十三、加二首服一」と記されているので寛弘五年誕生となり、したがって承保四年七〇歳説が正しく、六八歳説は誤りとすべきであろう。ちなみに六八歳説がでてくる理由は、『公卿補任』の内部にある。すなわち師房が万寿元年非参議・従三位で公卿に初めて列した時の年齢が「十五」とあり、これはその尻付に「寛仁四正五従四下（三世。天暦御後。年十二）」とある年齢計算と一致する（寛弘七年誕生）。そしてその後の年齢注記は当然のことながら毎年一歳ずつ加算されていき、承保四年には六八歳となるはずである。ところが治暦四年の五九歳に続く、翌治暦五年（この年から後三条院の巻にかわる）には六二歳と注記され、没年の承保四年七〇歳まで続く。つまり治暦四年までは寛仁四年一一歳（寛弘七年誕生）説に基づいて注記されていた年齢が、治暦五年以降は寛弘五年誕生説に基づく二歳加算された正しい年齢が注記されるようになったことが知られる。九条家本は修正を施すことなく、寛仁四年一一歳・万寿元年一五歳以来の通算で六八歳としたものとみられる。なお師房については木本好信「『土右記』と源師房」（同『平安朝日記と逸文の世界』〈桜楓社、一九八七年〉）参照。

(37) ちなみに白川静『字順』（平凡社、一九八七年）「せまる」の項には、「時間的には時がせまること」とある。

(38) 安藤更生『鑑真大和上傳之研究』第一章附録鑑真和上生卒年攷（前掲）。

(39) 藤原明子については、貞観十年（八六八）に「満二冊之算一」、元慶二年（八七八）に「今年始満二五十之筭一」とそれぞれ賀算が催されているが（『日本三代実録』）、『日本紀略』昌泰三年（九〇〇）五月二十三日条の崩伝に「年七十三」とある。したがって賀算はそれぞれ四一歳・五一歳に行われていることになる。これは他の賀算がちょうどその年齢に行われているのに比べて異例である。しかし賀算記事に特に異例を示す言葉はない。そこで安藤氏は、『日本紀略』の崩年「七十三」は「七十二」の誤りではないかとされている（前掲書三六頁）。首肯すべき見解であると思う。すなわち明子の「満」の用例も、ちょうどその年齢を指していることになる。

(40) たとえば、「為レ奉レ賀二天皇（仁明）宝算満二于四十一」（『続日本後紀』嘉祥二年三月庚辰条）、「為レ賀二太政大臣（藤原良房）齢満二六十一」（『日本三代実録』貞観五年十二月二十四日条）、「賀二皇太后（藤原明子）春秋盈二四十一」（同前貞観十年十二月五日条）などをあげておく。

(41) 川口久雄（前掲書）五九四～五頁。

(42) この他、七十歳台とみなされる例として、時期はさかのぼるが、吉備真備の例がある。すなわち『続日本紀』

宝亀元年十月丙申（八日）条に「去天平宝字八年真備生年数満二七十一」とある。同書宝亀六年十月壬戌（二日）条の薨伝に「薨時年八十三」とあるので、天平宝字八年には七二歳となるのである。しかし薨伝の記事の中に「霊亀二年、年廿二。従レ使入唐。」とあり、これによれば天平宝字八年には七〇歳ちょうどとなる。そこで現在では薨伝の「八十三」は「八十一」の誤りではないかとする説が有力のようである（青木和夫ほか校注『続日本紀』四（岩波書店、一九九五年）四六一頁）。

(43)『本朝文粋』巻十一「太上法皇賀二玄宗法師八十之齢一和歌序」

(44)『本朝続文粋』巻十二「子息等賀二左大臣（源俊房）七十算一」

(45)『朝野群載』巻七「関白家（藤原師実）五十御賀諷誦文」

(46)『日本三代実録』には、このほか貞観十年十二月二十二日条に「后（仁明皇后順子）春秋始満二六十一」、元慶二年九月二十五日条に「太皇太后（藤原明子）今年始満二五十之算一」、仁和元年十二月十八日条に「（僧正遍昭）今年始満二七十一」などとみえる。

(47)『大日本史料』第二編之一・正暦元年七月二日条、藤原兼家薨伝参照。

(48)『往生伝　法華験記』（『日本思想大系』七（岩波書店、一九七四年））所収。なお本書の成立については、同所収の井上光貞「文献解題」参照。

(49)『大日本仏教全書』第百六冊にも収めるが、引用は寛文三年刊本を底本とする説話研究会編『対校　真言伝』（勉誠社、一九八八年）四〇六～七頁による。

(50)『大日本仏教全書』遊方伝叢書四・入唐諸家伝考（七）所収。

(51)実相院本には、「扶桑略記云」とあるが、現在伝わる『扶桑略記』（新訂増補国史大系本）には見当たらず、また逸文としての指摘もないようである（未調査）。果たして『扶桑略記』の逸文と判断してよいのか、迷うところである。ただ『扶桑略記』は『五臺山記』冒頭の成尋一行が宋船に乗り込む記事を掲載しており、成尋の情報を何らかの形で得ていた可能性も否定できない。また『扶桑略記』編纂に大江匡房が関与していたとする説もあり、匡房撰『本朝往生伝』所収成尋伝との関係で注目されるが、いずれも後考にまちたい。なお原美和子「成尋の入宋と宋商人——入宋船孫忠説について——」（『古代文化』四四—一、一九九二年）参照。

(52)平林（前掲書）三八四～五頁。

（53）伊井春樹『成尋の入宋とその生涯』（前掲）二三五～六頁。

（54）『五臺山記』延久四年七月十日条等にみえる。吉原浩人「成尋『安養集』の顕彰と聖地巡拝」（『国文学　解釈と鑑賞』六一―一〇、一九九六年）参照。

（55）前注（49）参照。

附記　筆者は大学院生の時に故森克己先生から『参天台五臺山記』の読解の手ほどきを受けた。先生は常々、数冊の著書を執筆する約束を出版社としているとお話しされていたが、その一冊に『成尋』があった。日宋貿易研究に輝かしい成果をあげられた森先生が入宋僧成尋の伝記を執筆されるにもっとも相応しい方であることは、言うまでもない。ところがそれが実現しないうちに先生は亡くなられてしまった。そしてその後まもなくお仕事を私に引き継ぐようにとのお話がもたらされた。恩師の残されたお仕事を受け継ぐことも報恩の一つであろうという思いから、荷が重いことを知りつつ、ありがたくお引き受けした。しかし、ことは、やはりそう簡単には運ばず、相当の年数を経過しながら、いまだお約束を果たしていない。その言い訳は多々ある。基本となる『参天台五臺山記』自体が難解で、筆者の能力に余ることが最大の理由であるが、生没年・家系についての通説に疑問を抱きながら、なかなかまとめることができずにいたこともその一つである。何と言っても、伝記のイロハとも言うべき生没年・家系であるだけに、筆は冒頭から進まず、荏苒として今日に及んでしまったというのが実状である。辞書などでは通説に依拠して書き進めながら、常に疑問が念頭から離れなかった。しかしいつまでもお約束を延ばすわけにもいかず、年来の疑問を公にしてご批判を仰ぎ、これを機会にさらに生涯に及んでみたいという気持ちに、ようやくなってきた。いささか私ごとに及ぶが、経緯を記して識者のご教示・ご批正を願う次第である。

17　入宋僧成尋の夢と備中国新山寺

本誌（↓NHK学園『れきし』）には、受講者の自由課題にしばしば史跡等の現地調査記が載ることがあり、現場を実見することの重要さを教えられ、興味深く読ませていただいている。古代の国際関係に関心をもっている私も国内外の史跡や遺跡を見て歩くことが多いが、中国やロシアなどへの見学や調査のお話しがあると、なかなか機会がないと思ってすぐに出かけるが、その一方の国内となると、重要な場所であるにもかかわらず、「いつでも行ける」と思ってついつい訪れる機会を得ないまま過ごしているところも少なくない。そのような場所の一つに、平安時代の入宋僧成尋《じょうじん》が渡海を控えて修行した「備中国新山」すなわち現在の岡山県総社市黒尾にある新山寺址がある。

一、成尋とその母

成尋は延久四年（一〇七二）に入宋した天台宗の僧侶で、京都岩倉の大雲寺の寺主を長く勤め、後冷泉天皇や藤原頼通らの帰依を受けた高僧である。入宋の当時六〇歳前後で、その母は八〇歳を超えて健在であった。息子に看取られて極楽往生することのみを願って平穏な日々を過ごしていた母にとって、成尋から入宋の計画を打ち明けられた時はまさに青天の霹靂であった。母は驚き悲しみ、何とか思いとどまるように願ったが、成尋の聖地巡礼の決意は固く、ついに渡海してしまうのである。老母は渡宋の意志を告げられた時から、悲嘆の情を歌に託し、そのときどきの気持ちを吐露する文章を綴り始めた。それが『成尋阿闍梨母集』として知られている。

成尋は延久四年三月に肥前国壁島（佐賀県東松浦郡呼子町）で宋の商船に便乗し、杭州に上陸。天台山巡礼を経て都の汴京《ベンケイ》（開封）に到り、そして五台山巡礼の希望を叶えた。その間、折からの日照り続きに悩んでいた宋朝廷から祈雨の要請を受け、霊験あらたかに雨を降らし、善恵大師という称号を与えられた。成尋は、母に「もし生きていたら帰ってまいりましょう、もし死んでしまったなら、かならず極楽で（お母さまに）おめにかかり、お姿を拝することにいたしたいと思います」（宮崎荘平『成尋阿闍梨母集全訳注』講談社学術文庫、一九七九年）という言葉を残して旅立ったのであるが、けっきょく宋にとどまったまま帰国することなく、異国の地に入寂した（一〇八一年）。成尋の帰国を心待ちにした母がいつ生涯を閉じたのかは明らかではない。

二、成尋と夢

さて、成尋は日本を発つときから、およそ一年三か月後、弟子の帰国を見送り、それに託すまで、丹念に毎日のできごとを記し続けた。これが『参天台五臺山記』で、その熙寧五年（延久四）十月二十二日条に、つぎのような記事がある。この日、成尋とその弟子は、宮殿で神宗皇帝に謁見し、成尋には「金羅紫衣」、弟子の僧らには「金羅褐僧衣」が下賜された。日記には、それに続けて、延久三年十二月十三日、日本備中国新山において夢みる。大内において此甲〔紫カ〕袈裟を賜るなり。覚《さ》めて後、即ち思ふ、大唐国賜紫の相なり、と。今、去年の夢の如し。

と、去年「備中国新山」で見た夢の記事を引用している。文中の「新山」については、『成尋阿闍梨母集』にも次のようにみえる。

「岩倉にまかりて、忘れたる書など取りて、明日申の時ばかりにまで来て、やがて淀にまかりて、備中の国に侍なる新山とます所にしばし侍りて、近くて、そのほどにおぼつかなきこと侍らず。これよりものたまへ、かれよりも申さん」など言ひ置きて立ちぬ。（中略）

「このまかりてしばし侍らんずる所は、昔人の行ひて、極楽にかならず参りたる所なり。百日ばかり行ひて、正月ばかりまかでて、なほ内に宣旨申して、賜ばば、本意のやうに唐に渡りて、申して来ん。賜ばずば、とどまりてこそは侍らめ」とのたまひて出で給ふ。

すなわち入宋を前にして修行に励んだのが備中国の新山で、そこは修行をつめば必ず往生を遂げることができたと伝えられる霊地であった。前掲の記事は、同地で修行中のある夜に見た紫衣を賜るという夢が正夢であったことを、感激を込めながら記したことが知られるのである。

夢は重要な宗教的体験であり、また修行の一つでもあった。夢想や夢告が僧侶の一生を左右する話は数多く伝えられており、僧侶の中には夢を詳しく記録に留める者もいた。高山寺の明恵《みょうえ》上人（一一七三～一二三二）の『夢之記』がもっとも有名である（奥田勲『明恵　遍歴と夢』東京大学出版会、一九七八年）が、明恵よりおよそ一世紀前の僧である成尋も、やはり自分の見た夢を記録にまとめていた。『参天台五臺山記』には前掲記事のほかにも夢の記事が散見しており、例えば、

今、夢記を見るに、「日本康平四年七月三十日夜夢みる。大河に白き石橋あり。小僧成尋一橋を渡る。未だ及ばずして間断あり。一人あり、踏床を以て渡し、成尋を渡らしむること已に了りぬ。夢の内、これを思ふに、天台の石橋なり。発菩提心の人にあらざれば、これを渡れず。今渡り遂げ了りぬ。心中悦喜す」云々とあり。今日、石橋の体を見るに、昔日の夢に符す。（五月十八日条）

とあるので、成尋も『夢記』を作っていたことが知られる。まとまった形で伝えられていないことは、まことに残念である。ちなみにこの記事の石橋とは天台山の象徴の一つで、成尋の天台山への憧憬の強さを示している。私はこの天台山の石橋を実際に間近に見ることができたが、石橋といっても人工的に架けた橋ではなく、落差二〇余メートルの滝の上部に、七メートルほどの巨石が、あたかも橋のごとく架かっているもので、とうてい常人には渡ることはできない。もっとも、東大寺の再建に尽力したことで知られる重源は、自ら石橋を渡ったと語っているが（『玉葉』寿永二年二月二十四日条）、私のような凡人には信じがたいことである。

三、備中国新山寺

それでは、成尋が入宋前の修行の場に選んだ「備中国新山」とは一体どのような所であったのか。新山は、現在の岡山県総社市黒尾字新山にその名をとどめており、付近一帯には、「山岳仏教の一大拠点であった痕跡をあ

ちこちにとどめ」「総称として新山廃寺と呼ばれ」ている場所である（葛原克人「新山廃寺」『総社市史』考古資料編、総社市、昭和六十二年）。地図をみると、標高約三二〇〜三三〇メートルのところに位置しており、さらに少し上ると七世紀に作られたいわゆる朝鮮式山城の鬼の城がある。

長年の念願であったその地を、今年の三月にようやく訪れることができた。宿を取った倉敷から伯備線で総社駅下車。駅前で自転車をレンタルして新山寺址・鬼の城を目指す。総社宮を経てようやく登り口の砂川公園に到着。いよいよ登山開始。舗装された上りの山道が続く。途中で何度か自転車を置いて行こうとも考えたが、カメラなどの荷物が多いことや、下りの楽なことを思い、ひたすら自転車を押して、急な坂道を上り続けた。ときどき自動車がすいすいと追い抜いて行く。汗を流すことおよそ一時間半ほどして、急に視界が開け人家が見えた。新山の集落についたことは直ぐに分かった。平坦な部分に数軒の家があるに過ぎない、静けさをたたえた集落である。畑作業の女性に新山寺の跡を訪ねると、このあたりが寺の跡で、道路の右側（南側）谷底に向かって舌状に開墾された谷戸田の方を指しながら、門の跡があそこにある、といって案内して下さった。道路から谷に向かって段々に作られた水田のあぜ道の途中に大きな礎石が四つほど顔を覗かせていた。大門址と呼ばれている、門の遺構である。大門址からかつて建物のあった道路及び集落のある方向を見上げると、相当に高低差がある。かつての参道がいつしか水田に利用されるようになったのであろう。現在は北から登って集落の近くで西に迂回するように道路が続いているが、古道は北から真っ直ぐに通じており、大門のやや下（南）にある表面が風化した六体の地蔵を刻んだ石板は、古道の路傍に安置されていたものであろうという。

しばらく付近一帯を散策し、道路の脇の「鬼の釜」と呼ばれている鎌倉時代の大きな湯釜などをみて、鬼の城に向かった。新山寺址から鬼の城の入口まではほんの五分ほどで着く。展望台や石垣の上からの眺めは、汗をかいてでも登る価値のある素晴らしいものであった。三月中旬とはいえ、暖かく、やや靄がかかった状態で、瀬戸内海までは見渡せなかったが、眼下に吉備路を一望することができた。一〇〇日の修行の合間には、恐らく成尋もこの付近から、備中の国府さらに国分寺などを眺めたこともあったであろう。二度と日本の土を踏むことはないと覚悟していたとみられる成尋が選んだ最後の修行の地に立って、しばし往時に思いをめぐらせたことであった。

なお、遺跡等の調査に出かける時、私か留意している教えがある。「『百聞は一見に如かず』というが、一見するための百聞をおろそかにしてはいけない。」という私の恩師のお一人の言葉である。いつもこの教えを思い起こし、百聞すなわち十分に下調べをしたつもりで出かけるのであるが、帰宅して資料を参考に調査記録を書き始めて、見学場所のすぐ近く、あるいは少し足を伸ばしたところに重要な遺跡があったことを知り、悔やむことがしばしばある。これが国内ならまだしも、海外となると、後悔の念もひとしおのものがある。今この文章を記しながら、新山寺についても、もっともっと注意深く見てくるべきところが多々あったことに気づき、再訪の機会を得たいと思っているところである。

18 『成尋阿闍梨母集』にみえる成尋ならびに従僧の書状について

はじめに

延久四年（一〇七二）に入宋した成尋の伝記について考えるとき、成尋自身の入宋巡礼日記である『参天台五臺山記』（以下、『参記』と略す）[(1)]と成尋の母の歌日記である『成尋阿闍梨母集』（以下、『母集』と略す）[(2)]とが基本史料となる。この両史料を参考に成尋像を描いていくことになるが、成尋に対する歴史研究者の関心は、主に『参記』による入宋後の動向が中心で、『母集』はこれまであまり利用されておらず、一方、『母集』研究が盛んに行われている日本文学（国文学）研究者の『参記』利用は必ずしも十分とは言えないように思われる。成尋の入宋以後の行動を考える上で、その思考を形成し、準備期間とも言える入宋以前の理解が重要で、『参記』研究のためには『母集』理解が不可欠であり、『母集』研究に『参記』の理解が必要であることもまた贅言を要さないところであろう。筆者はかねて成尋に関心を抱いている一人であるが、『母集』の利用にはいたって不十分であった。こうした反省から、最近の成尋略伝[(3)]では、『母集』を参考に、入宋前の事跡について検討を加えるところがあった。本稿では、筆者の『母集』研究の一環として、『母集』に記された、渡航前後から宋到着後まもなくの状況を伝える成尋の書状や従僧の書状について、検討を加えることにしたい。

『母集』の原本は伝わらず、写本には冷泉家旧蔵藤原定家手沢本（現在大阪青山短期大学所蔵）と宮内庁書陵部所蔵本の二本が知られている。両者の間には文字遣いに若干の異同があり、本稿で問題とする「成尋書状」二通（A・Bとする）と「従僧書状」の部分についても、わずかな異同は認められるが、内容に関わる相異はない。[4]本来であれば、写本翻刻文を示して検討を加えるべきであるが、煩を避け、本稿での引用は、冷泉家旧蔵本を底本に、漢字まじり文に改め、会話文などに適宜「 」を付した、伊井春樹氏『校注 成尋阿闍梨母集』[5]によることとし、必要に応じて私注（一〜）を加えた。なお原文には歌以外に改行はなく、原則として体裁についても伊井氏校注本に従ったが、成尋ならびに従僧書状の部分は改行し、前後を【 】で括って示した。

本稿で取り上げる「成尋書状A・B」と「従僧書状」については、『母集』訳注書や研究書でもちろん触れられているが、専門に取り上げた論文として、一九六七年に発表された永井義憲氏によるものがあり、[6]今に至るまで氏の見解が大きな影響を与えている。ここでは永井氏をはじめとする代表的な研究における解釈を紹介し、主に成尋らの書状執筆の時期とその事情を中心にして検討を進めることにしたい。

なお、以下に考察をはじめるにあたって、その参考として、『参記』によって知られる、成尋が入宋から天台山巡礼を果たし、皇帝の命により上京するため杭州に帰着する頃までの行動を略記しておくと、次のごとくである。

〔参考〕　成尋の足跡（入宋から天台山巡礼を経て杭州に帰着するまで）

○延久四年（宋熙寧五年・一〇七二）

三月十五日　肥前国松浦郡壁島（現在の佐賀県唐津市呼子町加部島）で、弟子七名とともに、宋商人曾聚らの船に乗り込む。ついで十九日、出発。
四月　四日　舟山群島を経て、是日、明州管内に入り、さらに越州を経て、杭州に向かう。
　十三日　杭州湊口に到着。
　十四日　問官の門前に到着。
　十六日　問官による入国審査を受け、天台山巡礼の申文を提出するが、直接府に提出すべきことを命じられる。宿所に落ち着く。
　廿六日　杭州府に天台山巡礼の申文を提出。
　廿七日　南屏山興教寺を宿所とする。
五月　一日　天台山巡礼許可の報が伝えられる。
　　三日　天台山行きの船に乗り込む。「杭州公移」（許可書）がもたらされる。
　十三日　天台山国清寺に到る。以後、山内を巡礼。
　廿八日　台州衙に赴き、知州に謁す。
六月　二日　五台山等への巡礼を希望する上表文を作成し、翌日、提出。
閏七月七日　勅旨により、謁見のため上京すべしとする台州牒状が成尋のもとに届く。
八月　六日　国清寺を出発。
　廿一日　杭州に到着。ついで上京の途につく。

一 「成尋書状A」

1 本文（写本五二丁表・裏、伊井氏校注本一〇五～一〇六頁）

されどなほ、この世のおぼつかなさの慰む方なくおぼゆるままに、六月十よ日にぞ文おこせたまへる。見れば、【三月十よ日ぞ、唐の船には乗りて渡りぬる。今は心やすく、かならず極楽に参るべきとおぼゆるを、そこにもかならず逢ひたまふべきなり】

とあり。

（一）延久四年　（二）原文「たうのふね」

2 内容

「成尋書状A」は延久四年六月中旬に仁和寺に寓居する母のもとに届いた。母宛のものであることが明らかであるので、仮名書き書状とみてよいであろう。これまで、これらの書状が仮名書きか漢文書状かについては、注意されていないが、形式や内容理解のためにも、仮名書状か漢文書状かについては留意しておく必要があると考える。

内容は引用されている限りでは短いもので、入宋の途につくこと、母の極楽往生を願い、「いずれ極楽でお目にかかりましょう」といったもので、出発前に繰り返し成尋が母に語っていた言葉を、(7)あらためて書状にしたためたといったところであろう。

3　執筆時期をめぐる諸説

さて、その執筆の時期について、永井義憲氏は、

乗船出発を直前に控えて見送りの人たちに托した心淋しい便りで、その後、母集にあらわれた限りでは遂に直接に母にあてた消息は無かったように考えられる。(8)

と壁島出発直前にしたためられたとみなされた。これに対し、平林文雄氏(9)・宮崎荘平氏(10)は、「宋に渡った」後との解釈を示し、伊井春樹氏も同様に渡航後説をとり、例えば、

「渡りぬる」とする文面からすると、杭州に着いてほどなく書いた気配である。四月二十三日の条（『参記』延久四年条―石井）に「高麗の船人来たる。日本の言語を知ると告ぐ」とことさら記しているのは、この船が近く日本に渡ると聞き、成尋は早速母を初めとする諸方に無事着いたことを知らせる手紙を託したのではないだろうか。(11)

といったように解釈されている。

4　検討

このように、本書状の執筆時期については、宋渡航前・渡航後と二つの説があるのであるが、渡航後とするのは「渡りぬる」を動作の完了とみなされてのことであろう。しかしながら内容と状況から言って、永井氏のよう

に、日本を離れる前、乗船ないし出航が決まったところでしたためたものと理解するのが妥当と思われる。書状には母にお別れを告げるといった性格が強くにじみ出ており、宋到着後にしたためたものとすると、次に触れる「従僧書状」や「成尋書状B」のように、渡航の様子をはじめとして、もう少し内容が豊富であると思われることに加え、『母集』には母が入宋した成尋から自分宛に手紙がないことを嘆く文章が再三あること(12)から判断される。「乗りて渡りぬる」という表現は、「乗り込み（宋へ）渡ります」という確信の意志を示していると解釈すべきであろう。

成尋は弟子七人とともに壁島で宋商船に乗り込む直前に、母への今生の別れとも言える内容の書状をしたため、現地で成尋らを見送り、〈乗船せずして還る人〉と『参記』冒頭の延久四年三月十五日条に記されている永智ら六名に託したものであろう。すなわち、「成尋書状A」は延久四年三月中旬に肥前壁島でしたためられ、六月中旬に仁和寺に寓居する母のもとに届いたものと考えられる。

二 「従僧書状」

1 本文（写本五五丁表～五六丁表、伊井氏校注本一一三～一一五頁）

その十月十一日(一)に、「筑紫より」とて文持たる僧来たり。阿闍梨の御文かと、心騒ぎして、うれしう思ふにあらぬ、かの御供に往にし人なり。

【御房の、三月十五日ここを出でたまひて、うら(二)のかうちしんといふ所に、この二十一日おはし着きたりければ、そこに大弐(三)とてある人、見たてまつりて、いみじう尊がりて、その奥にもまた大弐(四)といふ人ありて、そこに送りきこえたるを、おなじやうに尊がりて、天台山(五)といふ所に輿に乗せきこえて送りきこえて、

それより五台山〔六〕へは渡したてまつるべしと聞く】
と書きたれど、かの御文ならねば、おぼつかなさも慰まず。
なかなかなる心地するに、この文持て来たる僧の、「御房渡したてまつりたる唐人に会ひてはべりき」と言ふ。「されば、まかりて、秋は具したてまつらんと言ひき」と言語る。『来年の秋はかならず来ん』とのたまひしかば、春まかりて、秋は具したてまつらんと言ひき」と言ふ。「さればまかりあひて、我も参らむ」とて、「往なんとす」と言ふ。さりとて、かの御文を見ねば、まことにやともおぼえず。
うち嘆きつつ空をながむれば、十一月二十日、雪いみじう降る。

（一）延久四年　（二）「うら」を冷泉家本「から」と読む説もある（伊井氏頭注七参照）。
（三）（四）原文は「大二」　（五）原文は「天大山」　（六）原文は「こたいせん」

2　内容

延久四年十月十一日に母のもとに一通の書状が届いた。「筑紫から」というので、成尋からかと思って喜んだところ、本人ではなく、随行して宋に渡った僧からのものであった。母の落胆ぶりがよく表れているところであるが、この「従僧書状」も母宛の書状とみられるので、「成尋書状A」と同じく仮名で書かれていたものとみてよいであろう。

内容は、三月十五日の出発から、「うらのかうちしんといふ所に、この二十一日」に着いたこと、そこの「大弐」が成尋を見て大変尊崇し、さらにその奥の「大弐」のもとへ届け、その「大弐」からも尊崇を受けて、天台山へは輿に乗せて送り、五台山へもお送りすると聞いている、といったものである。

3　執筆時期をめぐる諸説

本書状の執筆の時期については、「うらのかうちしん」を「から（唐）のかうしうふ（杭州府）とする説[13]の当否は別にしても、宋到着後であることは明らかであるが、杭州から天台山へ出発する前とする説と出発後とする説とがある。まず永井氏の解釈を紹介すると、本書状の筆者を随行僧の筆頭格である頼縁供奉ではないかとした上で、次のように述べられている。

大二は大弐で都督をいうのであろう。……太宰大弐は唐名で言えば都督長史・都督大卿であるので、杭州都督を指して言ったのである。「奥にある大二」とは台州の都督の意である。……いまこの書簡を記して便船に托した時期について臆測して見るならば、五台山巡歴の許可せられた閏七月七日以降、さらにその日時を限定して見るならば八月廿一日杭州に到着し廿四日転運使の一行と共に出発するまでの間に執筆したものであろうか。……日本に五回も渡航したという通事の陳詠とはさきに六月八日天台山で別れたが再び越州で再会し、廿二日には共に上京する陳詠の留守宅のためであろうか、沙金一両を与えている。おそらくはこの陳詠に依頼し故国への便船に怱卒の間、成尋の動静を記した書簡を依頼したと考えて誤りあるまい[14]。

このような、「大二」は日本でいう「大宰大弐」のことで、二人の大弐とは杭州都督・台州都督を指し、天台山巡礼後に書かれた書状であるとする理解はほぼ通説となっている[15]。『参記』には「都督」の語がしばしば現れるが、藤善真澄氏は、『参記』延久四年四月二十六日条に、

廿六日、……詠共参府、献参天台山由ノ申文。於廊可点茶由有命。次従都督内以新去茶院〔垸カ〕・銀花盤、送香湯

飲了。見物之人済々也。退出了。

〈詠と共に府に参り、天台山に参る由ノ申文を献ず。廊に於いて点茶すべき由、命有り。次で都督の内従り新《(ママ)》去茶垸・銀花盤を以て、香湯を送られ飲み了ぬ。見物之人済々也。退出し了ぬ。〉

とみえる都督の名称について、

ここにいう都督とは知州のことであり、知州が民政だけでなく軍事まで一元的に掌握したことに由来する称呼で、知州衙を都督庁という場合もあった（注に『夢渓筆談』巻一「延州正庁乃都督庁」云々を引用―石井）。宋の官制を知らないはずの成尋が、「都督の門を見るに日本の朱門の如し」（『参記』延久四年四月十四日条―石井）、あるいは「都督の北ノ方、市中より過ぎ行く」（『参記』同四月二十二日条―石井）と記しているのは、これもまた宋人の教示によるものであろうから、世俗一般に知州を都督の名で呼ぶのが、慣例化していたことを物語っている。(16)

と述べられている。都督は州の最高責任者である知州を指して用いられている。一方、日本における「大弐」とは言うまでもなく大宰府の次官であるが、長官の帥はこの頃はほとんど遙任で、現地の事実上の最高責任者は大弐であった。(17)こうしたところから、宋の現地で一般に都督と呼ばれていた知州を日本の官職になぞらえて「大弐」と表現したのであろう。ただし日本では州に相当するのは国で、その長官は「守」となるはずである。それを「大弐」と表現しているのは、出入国や外国人の管理に関わる職務を共通することによるものとみられるが、これについてはあらためて下文で触れることとして、「大二」は「大宰大弐」のことで、その唐名が「都督」であるところから、『参記』に都督と記されている宋の知州を指して「大弐」と表記したと理解してよいであろう。そしてはじめの大弐を杭州都督、奥の大弐を台州都督とすれば、成尋一行が台州都督（知台州）に会うのは天台山内巡礼を果たした五月二十八日のことであるので（前掲「成尋足跡」参照）、自ずからこの書状はそれ以後の執筆となり、さらに日本への船便を考えて、台州から上京のために杭州に戻った八月下旬に執筆されたとする通説となっているのである。

このような天台山巡礼後とする通説に対し、天台山出発前とする解釈を示されるのが伊井氏である。伊井氏は成尋の生涯を扱った著書において、

この文面によると、「天台山へは輿にお乗せしてお送りし、そこからさらに五台山へもお渡しすると聞いている」と天台山へでかける前の内容となっている。成尋一行が杭州から天台山へ向けて出発するのは五月四日、九日後の十三日には国清寺に着いており、八月六日まで滞在する。そのころに書いた手紙であれば、天台山行きを予定としては書くはずはなく、成尋の行動からすれば母親に送った手紙（「成尋書状A」―石井）と同時期の四月下旬でなければならない。それが十一月になって筑紫から京都に手紙が届いたというのは、これを持参した九州滞在の僧宛だったため、上京するまで手もとに置いていたことによる。(18)

と、その内容からみて、天台山に出発する前の四月下旬に書かれたものとされた。このように解釈する時、二人の大弐のうち、奥の大弐は通説の台州都督ではあり得ない。この点に伊井氏が触れられていないことは、やや不審に思われるところであるが、それは措くとしても、伊井氏は同年に刊行された『母集』に関する著書の解題では通説と同じ解釈を示されている。すなわち、

天台山への巡礼を果たし、次の目的地である五臺山行きが具体化した時点で記されたようである。……成尋の五臺山行きが許されたのは閏七月六日のことで、（『参記』同日条を引用―石井）……いよいよ次の巡礼地が具体化するようになる。八月六日に国清寺を出立、同二十一日には再び杭州に帰り着き、二十四日には杭州北門から都へ向かって新たな旅立ちとなる。成尋なり供僧が日本へ手紙を託すとなると、五臺山へ赴くため杭州に戻ったこの折に違いなく、その秋に日本に向かう船の便によって九月末に九州の僧たちのもとに届き、さらに十月一日に都の母に知らされたという経過なのであろう。(19)

と述べられている。つまり伊井氏は天台山出発前・出発後両様の解釈を同年刊行の著作に示されているのであり、戸惑いといったものが感じられる。

4　検討

（1）天台山出発前か出発後か

伊井氏の見解がいみじくも示されているように、「従僧書状」の記述ぶりは、そもそも天台山・五台山巡礼をいずれも予定として語っているのか、それとも天台山巡礼は果たした上で五台山巡礼の見通しを語っているのか、必ずしも明確ではないのである。これをいずれと解釈するかによって、「従僧書状」の執筆時期に大きな違いがでてくることは言うまでもない。本文で問題となるのは、「天台山といふ所に、輿に乗せきこえて送りきこえて、それより五台山へは渡したてまつるべしと聞く」の部分で、奥の大弐の配慮によって、

イ　天台山ならびに五台山巡礼の見通しがたったことを述べている（天台山へはまだ行っていない）。

ロ　天台山巡礼は果たした上で、さらに五台山巡礼のめどがたったことを述べている。

という二つの解釈が可能である。通説ではロ説が取られているのであるが、本文を素直に読めばイ説つまり伊井氏の両説のうち天台山出発前説のように、「『天台山へは輿にお乗せしてお送りし、そこからさらに五台山へもお渡しすると聞いている』と天台山へでかける前の内容となっている。」とするのが自然の解釈と思われる。ところがロ説が通説となっている。その大きな理由は、二人の大弐、特に奥の大弐を台州都督とみなさざるを得ないことにあるのではないかと憶測される。伊井氏が一方では天台山へ出かける前とされ、一方では天台山巡礼後とされる、戸惑いの理由は、奥の大弐を「台州の役人」とする前提に立たれるからであろう。つまりイ説の解釈が素直な理解と思われるが、それを妨げているのは二人の大弐を杭州都督と台州都督と見ざるを得ないからで、その前提に立つ限りロ説を取らざるを得ないというのが実状ではなかろうか。[20]

（2）二人の大弐＝杭州都督・台州都督説の検討

そこで、二人の大弐について、あらためて考察を加えることにしたい。まず注意したいのは、「従僧書状」と『参記』とにみられる齟齬である。すなわち、「従僧書状」には、「そこに大弐とてある人、見たてまつりて、いみじう尊がりて、その奥にもまた大弐といふ人ありて、そこに送りきこえたるを、おなじやうに尊がりて、天台山といふ所に輿に乗せきこえて、送りきこえて」云々とみえる。はじめの大弐とは、「見たてまつり」とあり、成尋は実際に面会している。しかし奥の大弐については「見たてまつり」といった言葉はなく、面会の有無は不明で、会っていないと解釈する余地がある。一方、『参記』の記事で、成尋が杭州・台州でそれぞれの知州に会っているかどうかみてみると、杭州都督（知杭州）については、『参記』延久四年五月一日条に、

五月一日、……巳時家主張三郎来示云、参天台申文為令加宿坊主名有召、仍参府者。……申時家主張三郎・船頭呉十郎同来告云、知府都督為大師其志丁寧。二人共進暑〔署〕名已了。来日可参天台者。七時行法了。
〈巳の時、家主張三郎来り示して云く、「天台に参る申文に宿坊主名を加へしめんが為、召し有り。仍て府に参る」者。……申の時、家主張三郎・船頭呉十郎、同に来り告げて云く、「知府都督、大師の為、其の志丁寧なり。二人共に署名を進めること已に了ぬ。来日天台に参るべし」者。七時行法了。〉

とある。天台山巡礼を申請した成尋に対して、身元保証のため参府した張三郎らによって、〈知府都督、大師の為、其の志丁寧なり〉と好意的に扱ってくれたとの情報は伝えられたが、成尋自身は天台山出発前には、まだ面会していない。(21) 杭州都督に面会するのは、天台山巡礼、上京、そして五台山巡礼を果たし、弟子を日本に帰国させるための便船を求めて再び杭州に到った翌年五月二十一日のことである。（『参記』同日条参照）。それでは台州都督についてはどうか。杭州を五月三日に発ち天台山に向かった成尋一行は、十三日に天台山麓国清寺に到り、その後山内各地を巡礼したところで、五月二十八日、五台山巡礼許可を求めて台州衙に赴き、そこで初めて台州都督すなわち知台州に面会している。『参記』同日条に、

廿八日、……参向州衙、謁知州少卿。……
〈州衙に参り向かひ、知州少卿に謁す。〉

とみえる。この州衙は台州衙で、「知州少卿」は「光禄少卿知軍州事兼勧農使銭暄(22)」のことである。

このようにみてくると、

「従僧書状」では、はじめの「大弐」には面会したが、奥の「大弐」には面会した形跡がない。『参記』によれば、最初に入国の手続きを取った杭州の都督には面会していないが、次に向かった台州の都督には面会している。

ことになる。はじめの大弐を杭州都督、奥の大弐を台州都督とすると、「従僧書状」と『参記』両者の記述には齟齬があることになる。すなわち、二人の大弐を杭州都督・台州都督とする解釈には再考が必要とされるのである。

（3）二人の大弐とは「問官」と「杭州都督」

そこで、二人の大弐を杭州都督・台州都督とする前提をはずして、今一度本文を読み直すと如何であろうか。すでに述べたごとく、イ説のように天台山出発前と理解するのがもっとも素直な解釈と筆者には思われる。成尋に面会し、おそらくその学識に触れて尊敬の念を抱いたはじめの大弐が、さらに奥の大弐に送り届けたところ、奥の大弐も（その見識を聞いて）成尋を尊崇し、その配慮で天台山から、さらに五台山への巡礼の見通しが立ったことを喜んで伝えていると理解すべきではなかろうか。すなわち、この「従僧書状」は、その内容から天台山出発前、杭州滞在中に書かれたものとみなすのが妥当な解釈と思われるのである。そうすると、二人の大弐はいずれも杭州の官人とみなければならないことになる。それでは果たして杭州に二人の大弐が存在するのであろうか。『参記』にみえる入国から天台山巡礼にいたる間の成尋と宋の官人との関わりについて考えてみることにしたい。

成尋が杭州に到着してまもなくの『参記』延久四年四月から五月までの入国から天台山巡礼あたりまでの当面の問題に関連するとみられる記事を列記すると次のごとくである。

①（四月）十四日、……著問官門前。見都督門、如日本朱門。左右楼三間、前有廊幷大屋、向河懸簾。都督乗船時屋也。官人乗輿具五六十眷属出入。大門多々也。七時行法了。

〈問官の門前に著く。都督の門を見るに、日本の朱門の如し。左右の楼三間、前に廊幷びに大屋有り、河に向ひて簾を懸く。都督乗船の時の屋也。官人輿に乗り五六十の眷属を具して出入りす。大門多々也。七時行法了。〉

②（四月）十五日、……今日依都督酒宴不上船。雑物徒然在小船。

〈今日、都督の酒宴に依り、船より上らず。雑物徒然として小船に在り。〉

③（四月）十六日、……問官著客商官舎、乗轎子具数多眷属来著。予上官舎住一屋内、運納船物、以官夫運納。予行向問官許付申文。一見了後返与、明日自参府可献上者。即還倉〔屋カ〕休息。

〈問官、客商官舎に著く。轎子に乗り、数多の眷属を具して来著す。予、官舎に上り一屋の内に住まる。船の物を運納するに、官夫を以て運納す。予、問官の許に行き向かひ、申文を付す。一見了るの後、返し与へ、「明日自ら府に参りて献上すべし」者れば、即ち屋に還りて休息す。〉

④（四月）廿日、……巳時以快宗供奉為首六人、遣問官市。申時沙汰了如員以小船運来。問官之恩、不可思議也。…

〈巳の時、快宗供奉を以て首と為す六人を問官の市に遣はす。申の時、沙汰し了りて員の如く小船を以て運び来る。問官之恩、不可思議也。〉

⑤五月一日、……巳時家主張三郎来示云、参天台申文為令加宿坊主名有召、仍参府者。……申時家主張三郎・船頭呉十郎同来告云、知府都督為大師其志丁寧。二人共進暑〔署〕名已了。来日可参天台者。七時行法了。

〈巳の時、家主張三郎来り示して云く、「天台に参る申文に宿坊主名を加へしめんが為、召し有り。仍て府に参る」者。……申の時、家主張三郎・船頭呉十郎、同に来り告げて云く、「知府都督、大師の為、其の志丁寧なり。二人共に署名を進めること已に了ぬ。来日天台に参るべし」者。七時行法了。〉

⑥（五月）三日、……午時陳詠借得明州沈福船来告。即運積雑物乗船已了。……申時陳詠取杭州公移持来。為悦千万。……依雨不出船。

〈午の時、陳詠明州沈福の船を借り得たりと来り告ぐ。即ち雑物を運び積み、船に乗ること已に了ぬ。……申の時、陳詠杭州公移を取り持ち来る。為悦千万なり。……雨に依り船を出さず。〉

これらによれば、成尋は杭州到着後、まず「問官」のもとで入国手続きを取り、天台山巡礼の申文を提出したところ、府（杭州府）に提出するよう指示され、後日杭州府に申文を提出し、身元保証人の署名を経て許可がおり、五月三日に通行許可書である「杭州公移」を手にして天台山に向けて出発している。「問官」は対外貿易を主に担当する市舶司ないしその官人であり、成尋ならびに成尋一行が利用した宋海商について審査を行っている。[23]入国手続きの方法を知らないはずの成尋が闍雲に入国手続きや天台山巡礼希望の書類を出すはずはなく、上陸後も曽聚ら海商のアドヴァイスに基づいて行動したはずである。それがまず問官のもとに赴いていることは、問官が海商の出入りや外国人の入国の管理に当たる重要な地位の人物であることを教えられていたからであろう。そしてその問官から、さらに杭州府に提出するよう指示されて提出し、五月三日には許可書が発給されたのである。

すなわち、『参記』の記述から、入国の手続きから天台山出発までに杭州で関わった要職にある官人として、問官と知杭州とがいたことがうかがえる。州における行政軍事の最高責任者である知杭州（杭州都督）は前掲『参記』⑤にあるように「知府都督」と称されていた。一方、前掲『参記』の①②によれば、問官も「都督」と称されていたと理解される。成尋が勝手に「都督」と記すことは考えられないので、おそらく問官も都督と呼称されていたのであろう。⑤で知杭州を「知府都督」としているのは、問官の「都督」と区別してのことと考えられる。つまり二人の「都督」の存在を『参記』から知ることができるのであり、この二人の都督が大弐と称される高官であると思われる。最高責任者である知杭州（杭州都督）が大宰府の事実上の現地の責任者である大弐と呼称されることは当然であろう。そして市舶司の高官とみられる問官も「都督」と呼称されているので「大弐」と呼ばれる資格を十分に有しているが、さらに注意されるのは、日本では大宰府ないし大宰府官を問官と称していたことである。すなわち、源師時の日記『長秋記』長承二年（一一三三）八月十三日条に、

宋人周新船、為神崎御庄領、不可経問官之由、
〈宋人周新の船、神崎御庄領為れば、問官を経べからざる之由、〉

とある。来日した宋海商周新との貿易をめぐって大宰府と平忠盛が紛争になった際の忠盛の言葉で、大宰府ないし府官を指して問官と称している。[24] したがって、日本人である成尋一行が入国の審査にあたった問官を大弐と表現しても何ら不思議ではないのである。宋の官職制度に疎い入宋したばかりの成尋一行からすれば、入国から天台山巡礼までの手続きで、入国審査の責任者である「問官」の他に、さらに天台山巡礼（国内旅行）の許認可権をもつもう一人の責任者である「知府都督」がいることを知ったのである。このようにみてくれば、二人の大弐とは問官と杭州都督と考えられる。そしてこのような推測を裏付けるのが、「その奥にもまた大弐といふ人ありて」という表現である。

「その奥にもまた大弐といふ人」とある「奥」については、これまで漠然と天台山（山の奥）を指しているとの理解のようで、全く注意されていない。しかし杭州における彼らの居場所（官衙の配置）を考えれば、それが問官

と知杭州であることがよく理解できる。すなわち問官つまり市舶司の位置は、杭州の東やや南よりに位置する銭塘江から杭州城内に入る水門である保安水門の近くにあったと推測されている。これに対して杭州都督の執務する官衙は城内の南側に位置していた[25]。このような都市杭州における両者の官衙の位置関係を考えれば、はじめの大弐（問官）と、その「奥」の大弐（杭州都督）という表現の使い分けを容易に理解することができるであろう。

成尋一行の理解は、問官は入国審査をはじめとする対外実務の責任者である「大弐」、知杭州（杭州都督）は国内旅行の許認可権をもつ総責任者である「大弐」ということになるであろう。その「大弐とてある人」から「その奥にもまた大弐という人ありて、そこに送り聞こえたるを」とは、はじめに問官に提出した「参天台山申文」を問官の指示で、さらに杭州都督（知杭州）のもとに提出するにいたった経緯を述べているのであろう。天台山巡礼の許可がおりるまでの間の四月二十日条には〈問官之恩、不可思議也。〉、五月一日条には〈知府都督、大師の為、其の志丁寧なり〉といった記述がみられ、いずれも問官や知杭州が成尋一行に対して好意的な姿勢をみせてくれたことを述べている。「従僧書状」に、二人の〈大弐〉が〈いみじう尊がり〉とある記述と符合するものであろう。そして『母集』における、はじめの大弐には会っているが、奥の大弐には会っていないとする記述にも、問官と杭州都督とすれば符合するのである。

このようにみてくると、二人の大弐とは「問官」と「知杭州（杭州都督）」を指していると解釈して間違いないであろう。本来大弐と表現される責任者は、管内において一人であるべきかもしれない。しかし『参記』からはいずれも「都督」と称されていたことが知られ、従僧は母に送るに際して、宋到着の様子を分かりやすく書くことに留意し、日本における宋海商の入国実務を担当する責任者である太宰大弐に代表させて、母にもなじみの深い「大弐」の言葉で入国審査や巡礼の許可をおこなう官人を表現したものと思われる。日本で国の長官を意味する「守」ではなく「大弐」としているのは、特に対外実務担当の「問官」を念頭においた表現とみれば、納得で

きるのである。(26)

（4）執筆の時期

このように、「従僧書状」は、杭州到着後、入国手続きを担当する問官、そして天台山巡礼をはじめとする国内旅行の許認可権を持つ杭州都督から好意的な処遇を受け、天台山さらに五台山巡礼の見通しが立ったところでしたためられたものと思われる。そして執筆の時期については、さらにしぼって考えることができそうである。すなわち天台山出発前の執筆ということであれば、天台山出発が五月三日のことであるから、その日が下限となる。そして書状の中に、

御房の、三月十五日ここを出でたまひて、うらのかうちしんといふ所に、この二十一日おはし着きたりければ、

云々とみえる、「三月十五日」「この二十一日」という表現の違いが注目される。後者は書状を書いた月であるから省略されているのである。したがって三月十五日以降五月三日以前の「この二十一日」となれば、おのずから「四月二十一日」となる。(27)『参記』四月二十一日条には、「うらのかうちしんといふ所」に着いたと思わせる特段の記述はなく、その意味は不明とせざるを得ないが、成尋が杭州に到着し、船から下りて初めて大陸の土地に足跡を印すのは四月十六日のことであり、「この二十一日」を四月二十一日とみなすことに問題はない。

以上のようにみてくれば、この「従僧書状」は、四月二十二日以降月末までに書かれたものと執筆時期を限定することができるのである。そして執筆の事情については、伊井氏の天台山出発前とする説における見解が正鵠を射ていると考える。

また、手紙（「従僧書状」―石井）も成尋一行が天台へ出かける直前の内容であるため、人々はひとまとめにして日本への文を書き送ったようである。杭州は船の発着も多く、それだけ日本へ託す船便もあったことによるのと、天台山に行ってしまうと山の中だけに手紙を頼む機会もなくなるという事情もあったに違いない。それだけに、成尋はもちろんのこと、供をした僧たちもそれぞれ大雲寺や筑紫に滞在する仲間の僧たちへ、さらには家族などにも手紙を書いたことであろう。(28)

執筆の状況は伊井氏が指摘されているとおりであろう。すなわち、「従僧書状」は、四月二十二日以降同月々末までに書かれたものであることは間違いなく、次に述べる「成尋書状B」との関連で考えれば、天台山出発のめどがたった四月末日の執筆とみなしてよいと考える。

三　「成尋書状B」

1　本文（写本五七裏～五九表、伊井氏校注本一一八～一二二頁）

正月七日ぞ、治部の君の文持て来たりし僧の、「筑紫へまかで、唐人の渡らんたよりに参りて、やがて御房のこなたにおはせんに来ん」といふに、文書きて取らすれど、行方も知らぬ心地してぞあるに、「まだ京にありとこそ聞け」とあり。心も得られねば、え取りも返さでぞ、あやしくおぼつかなく思ひはべるに、二月十四日、岩倉より、「唐より筑紫なる人のもとに、おこせたまへる文」とて、「殿ばらに持て来たる」とてあるを見はべれば、去年の正月一日ありける。(一)(二)

【三月十九日、筑紫の肥前の国松浦の郡に、壁島といふ所を離れて、同じ二十三日、みむしうのふくゐ山(三)

を見る。そこに三日の風なくてあるに、はじめて羊の多かるを見る。同じ二十九日、ゑしう[四]のしらのそくに着く。たよりの風なくして、数の日をつめらる。四月十三日、杭州[五]のふかく天に着く。二十九日、たいとのかみ、なんつい山のきようかけ寺[六]に、うけ来たる八人の僧に、さいすはしお[七]もく迎へらる。日本の朝の面目とす。五月一日、ふ[八]てそうたまはりて】人々あれど、ここには文もなし。筑紫にありと聞けど、見えねばおぼつかなさは慰む方もなし。ただ本意かなひて、心ゆきたまへらんぞ、さはかしこにおはし着きて見たまふべき人にこそ、とすこしことわらるれど、我が身のおぼつかなさ、ただ今日か明日かを待つ命なれば、この世のこともおぼゆまじ。いとどはるかなる別れなりけん身のほど、あはれにぞ。

（一）延久五年　（二）去年　原文「こそ」。　（三）みむしう「明州」か。　（四）ゑしう「越州」か。
（五）杭州　原文「かうしう」。　（六）なんつい山のきようかけ寺　南屏山興教寺（『参記』四月二十九日条、参照）。
（七）お　原文「を」。　（八）ふ「ほ」と読む説もある。

2　内容

成尋が渡航しておよそ一年になろうとする延久五年二月十四日、岩倉（大雲寺）から、成尋の書状が母の許に届けられた。ただし母宛ではなく、宋にいる成尋が筑紫にいる人に送ったもので、それがさらに「殿ばら」のもとにもたらされた後、母に届けられたのである。もともと母宛ではないが、お母さんにもお見せしようとの大雲寺の僧の好意で届けられたものであろう。本来の宛先が「筑紫なる人」[29]にあるのか、それとも「殿ばら」[30]にあるのか、二つの考え方が可能であるが、おそらく前者で、そこからさらに岩倉に在住の成尋ゆかりの「殿ばら」の許に送られてきたものと解釈される。内容は、三月十九日に壁島を出発した後、越州を経て、四月には杭州に到着し、興教寺に滞在を許されたことを伝え、五月一日の記事を最後として文を終えていると思われる。母宛ではなく、筑紫在住の人もしくは「殿ばら」宛というので、漢文で書かれた書状である可能性があることに、まず注意しておきたい。成尋の渡海から宋到着後の様子が書かれていると思われるが、如何せん意味不通の文字が並び、『参記』と照らし合わせて憶測で理解せざるを得ない。以下に触れるように先人も苦心されているが、なかなか解釈は難しい。今は内容には深入りせず、主に執筆の時期について考察を加えることにしたい。

3　執筆時期をめぐる諸説

まず、永井氏は、次のように述べられている。

「こその正月一日ありける。」―これは母の手にした書簡の日附であろうかと思う。不審なのはこそとある点で去年と解すれば延久四年の正月は渡宋以前のわけである。これを今年の誤写と考えれば成尋一行は延久五年正月は宋都開封にあって厚遇せられ、新訳の諸経典や書籍の蒐集につとめ、高官名僧との間に往来しきりであったところで以下の内容にそぐわず、かつ二月中旬にはいかに便宜があってもその便りは未だ日本の京に到着したとは考えられない。これは月の方に誤写があったと考えて見るべきで六月一日の便りであったのではなかろうか。六月↓む月↓正月の経路を経ての誤りと考えて見たい。……（天台山に巡礼し、五台山巡礼についても見通しがついて―石井）ここでホット（ママ）して従来の経過を故国の人に記し機会あらば便船に托そう（と脱―石井）したのがこのたよりであったと思う。しかし日本にこの成尋自らの便りをわたしたのは、矢張り前述第一の書簡（従僧書状―石井）とひとしく八月廿一日以降となったのではなかろうか。(31)

「去年（こぞ）の正月一日」は書簡の日付で、成尋の行動からみて、それは「こその六月一日」の誤りであり、天台山巡礼後、五台山巡礼の見通しが立った頃に書かれ、八月下旬以降に日本への便船に託されたものとされた。そして、書状引用の末尾と思われる部分に、「五月一日、ふてそうたまはりて。人々あれど、ここには文もなし」とある。この部分について、永井氏は難解とされた上で、『参記』によれば五月一日には家主張三郎らが杭州府に出かけて天台山巡礼申請書類に署名を加え、まもなく「公移」の発給を受けたことが知られる。そこで「この公移は公験または公憑ともよばれ旅行手形であるが、この「五月一日に賜はりて」とあるのはこの旅行手形のことではなかろうか。そこで私はこの一句は原本に「五月一日に過所を賜はりて」とあつたものと推測する。」[32]とされた。

このような「成尋書状B」理解にもっとも重要と思われる二箇所について、「こその六月一日」「五月一日に過所を賜はりて」とする校訂と解釈は、その後の諸説に採用され、ほぼ定説となっており、翻刻に際して本文を「こその六月一日」「過所を賜りて」とする研究書まであるに至っている。[33]

4　検討

（1）日付「去年（こそ）の正月一日」→「去年（こそ）の六月一日」誤写説への疑問

「成尋書状B」の執筆時期を考える上で重要な記述は、あらためて言うまでもなく、「去年（こそ）の正月一日ありける。」という部分で、この書状の日付と考えてよいであろう。ところが、この書状を母が手にしたのが延久五年二月十四日であるので、「こその正月一日」を文字通りに解釈すれば、去年すなわち延久四年正月一日となり、その時点では成尋らはまだ日本を離れておらず、明白な誤りとなる。そこで写誤の可能性を考えなければならず、上に紹介したように、「六月↓む月↓正月の経路を経ての誤りと考え」て昨年の六月一日付の便りとする永井氏の見解が定説となっているのであるが、果たしてこの推測は妥当であろうか。

「去年の六月一日」すなわち延久四年六月一日以前の成尋一行の行動を見ると、五月一日に天台山巡礼の許可を受けて、同三日に出発し、十三日には天台山麓国清寺に到着した。この後、八月六日に上京の途につくまでの間天台山に滞在するが、六月一日までには、智者大師入滅地をはじめ、天台山内の主な伽藍に参詣を果たしている。もし六月一日にしたためられた書状であるとすれば、念願の天台山巡礼について、とうぜん述べているはずであるが、全く触れられていない。不可解と言わざるを得ないであろう。

日本に届けられた経緯からも六月一日説には疑問がある。「成尋書状B」を母が手にするのは、「従僧書状」よりもおよそ四カ月ほど遅れる。しかしながら、「従僧書状」が母宛で直接届いたのに対し、「成尋書状B」は「筑紫なる人」から、さらに岩倉（大雲寺）を経て届けられた。このような時間的経緯を考えると、宋から日本へ向かう船は限られるので、「成尋書状B」は「従僧書状」と同時に日本にもたらされたと考えられる。したがって、その執筆時期やその事情もほぼ同じで、「従僧書状」の執筆事情は、「成尋書状B」にも当てはまるであろう。「従僧書状」を四月末日の執筆と推測したが、ほぼ同時期の五月一日を記事の最後としていることに注目したい。当時の交通事情から考えて、宋から日本への書状を託す機会がそれほどあったとは思えない。つまり「従僧書状」と同じような事情のもとで執筆されたのではないかと考えられるのである。

すなわち五月一日は、前掲『参記』同日条によれば、天台山巡礼許可の見通しが立った、その日にあたる。そして三日には出発の準備が整い、念願の旅行許可書（杭州公移）がもたらされ、翌日には出発したのである。杭州を離れ、天台山に向けて旅立ってしまってからでは、日本に書状を送る機会はなくなる。「従僧書状」における事情は、まさに「成尋書状B」にも当てはまる事情であろう。対日貿易の拠点で海商が多く滞在し、日本への情報伝達の便を考えれば、杭州を離れる前に日本への書状を急ぎしたため、海商に託したと考えるのがもっとも無理のない解釈である。天台山に関する記述が全くなく、五月一日の記事をもって終わっていることを併せて考えると、五月三日の天台山出発以前にしたためられたと推測するのが妥当ではなかろうか。

（2）書状の日付「去年（こぞ）の正月一日」は「去年（こぞ）の五月一日」の誤り

このような状況を考えると、日付と見られる「去年の正月一日」は、天台山出発を控えた「去年の五月一日」の写誤の可能性が高いと思われる。「去年の正月一日に」写誤があることは間違いないのであるが、写誤を想定するならば、「六月→む月→正月」といった複雑な経緯を想定するよりも、「正」を「五」と誤った可能性を推測する方が、より合理的である。正・五両字が相互に写し誤りやすい文字であることはいうまでもなく、草書体で筆写された冷泉家旧蔵本・書陵部本の影印をみても了解できる。「去年の正月一日」は「去年の五月一日」の写誤とするのが妥当で、母が記し留めた書状の日付とみて間違いないであろう。そしてそれを裏付けるのが、書状引用の末尾に見える「五月一日」以下の記述である。

（3）「五月一日、ふてそうたまはりて人々あれとここには文もなし」の解釈

写本の原文には次のようにみえる。

五月一日ふてそう給はりて人〱あれとこゝにはふみもなしつくしにありときけとみえねはおほつかなさはなくさむかたもなし

この部分については、「……五月一日、ふてそうたまはりて」までが書状の引用で、「人々あれど、ここには文

もなし。……」と続くとするのがこれまでの解釈である。前述のように「ふてそうたまはりて」は難解であるが、続く「人々あれど、ここには文もなし。……」について、「成尋からの手紙は人々にはあるけれど、私のもとには届けられない。人の話によると、成尋からの私宛の手紙は筑紫にあると聞くけれど、実際に見ていないので、気がかりな思いは慰めようもない。[34]」とする解釈がとられている。

このような通説には二つの点で問題があるように思われる。まず、「……五月一日、ふてそうたまはりて。」で引用が終わるとすると、不自然な終わり方であるだけでなく、いかにも唐突に過ぎる。永井氏のように、「ここで集の文章はぷつりと断れている。「人〳〵あれどこゝにはふみもなし」と他のひとびとへの便りはあっても、この母なる私への手紙はなかったと、無限の淋しさがここに現されている。[35]」という評もあるが、いかにも不自然である。

もっとも問題となるのは、『母集』における書状や会話そして自分の心情を示す心内語など、いわゆる引用の「 」で示される文章は、本文引用後、「と言ふ」「とのたまふ」「と召せば」「とて」、あるいは「など」といったように、「『……』と……」「『……』など……」の文言が必ず記されている。文（手紙・書状）引用の例をあげると次のごとくである（『 』内は手紙などの引用部分、伊井氏校注本の頁数を示す）。

①「その朝、文おこせたまへる。つらけれど急ぎ見れば、『……』とあり。」（一八頁）

②「またの朝に文あり。目も見あけられねど、見れば、『……』とあり。」（一九頁）

③「備前よりとて、文持て来たる。いとおぼつかなくおぼゆるに、急ぎ見れば、『……』とあり。」（三一頁）

④「……霜月にぞ御文ある。見れば、『……』とあり。『……』とぞあるを、もしやと人知れず待つに見えず。」（八二頁）

⑤「二月十四日の文、『……』とぞある。」（八三頁）
⑥「心の乱れてあるに、人の文に『……』とあるに、さればこそと心地も変りてぞ。」（九八頁）
⑦「六月十よ日ぞ文おこせたまへる。見れば、『……』とあり。」（一〇六頁）
⑧「阿闍梨の御文かと、心騒ぎしてうれしう思ふにあらぬ、かの御供に往にし人なり。『……』と、書きたれど、かの御文ならねば、おぼつかなさも慰まず。」（一一三頁）
⑨「『肥前殿より』とて文あり。見れば、さまざまのものの書きつけて、『……』とぞあるにも、……」（一一七頁）

このように、書状引用の九箇所十一例いずれも「『……』と……」と記述されているのである。問題としている「……五月一日、ふてそうたまはりて。人々あれど、ここには文もなし」という部分の、「ここには文もなし」とは「自分（母）のところには手紙もない」という意味で間違いないであろうから、それ以前で書状の引用は終わっているはずである。すなわち「五月一日」と「ここには文もなし」の間に書状引用の終わりを示す「と」字が脱落しているとみなければならないのである。

実は、『母集』の文字遣いから、「と」字の脱落の有無が問題となっている箇所が別にある。写本三丁裏（伊井氏校注七頁）のところで、写本の原文には、

『としころよりもなつかしうめしつかはせたまへることのおもひいではべるもいとこそあはれに』ともすれは申いてつつすくしたまふ。

とある。この箇所について、岡崎和夫氏は、次のように述べられている。[36]

「ともすれば」について、「この上に『と』の字脱か」（宮田和一郎氏[37]）、「この『あわ《マヽ》れに』の下に『と』の字がある可きである」（島津草子氏[38]）、『……いとこそあはれに』と、ともすれば……」（宮崎荘平氏[39]、本文一八ペイジ）といった先蹤の見解（脱漏の認定と補訂）がしめされているくだりであるが、……

この部分、もともとの成尋阿闍梨母集自筆原本本文からの脱落であった可能性ものこしているが、文脈のうえからはやはり会話引用の「と」があったほうが自然であろう。

問題としている「成尋書状B」末尾にも、同じように書状引用の「と」字が落ちていることは間違いないと考える。そして実はここに脱字を想定するのは筆者がはじめてではない。すでに宮崎氏が本文で次のように示されている。[40]

……五月一日、ほてそう給はりて」
と。人々あれど、ここには文もなし。……

宮崎氏は冷泉家旧蔵本・書陵部本いずれにもない、「と」字を補われているのである。氏は凡例二―5において、「……また、誤脱と思われる箇所に文字を補ったところがある。この場合、必要に応じて語釈欄にそのことを記した。」とされているが、この箇所には特に注記はない。自明のこととされてのことであろうか。筆者も宮崎氏と同じく「と」字脱落を想定するものである。ただし宮崎氏の校訂で問題となるのは、先に例示した文（手紙・

書状）だけでなく、『母集』全体をみれば明らかになることであるが、会話・手紙などの引用を「『……』と。」といった形で止める例は皆無なことである。「『……』とあり。」であれば例証も多いが、三文字の脱落をここに想定することはできないであろう。したがって、問題としている部分のどこかに「と」字が脱落していることは間違いないが、その位置については宮崎説に従うことはできないのである。

そこで私見を述べれば、「と」字脱落箇所は、「……人々あれど」で、「……人々とあれど」と本来あったか、あるべきではないかと考えたい。もちろんみだりにテキストを変改すべきでないことは十分に承知しているが、上記のような『母集』における文字遣いを考えれば、決して恣意的な改訂とはならないと思う。その理由を述べれば、まず仮名書きの書物を著したり転写する過程で脱字のおきやすい例の一つは、前に示した『……』とともすれば」のように、同じ文字が続く場合であろう。問題の、「五月一日ふてそうたまはりて人〳〵あれとこにはふみもなし」の一節で、一見して「と」字に関わる踊り字として考えられるのは、「あれと」の箇所であるが、『……人々あれと』とここには……」では意味を通じがたい。私が注意したいのは漢字で表記されている「人々」の語である。すなわち筆写の過程では親本を意識・無意識に読みながら筆を進めていくものであろうから、親本にある漢字「人〳〵」は「ひとびと」と読みながら写していくことになる。すなわち、もともとここには「人〳〵とあれと」とあったが、この中の「と」字を脱してしまったのではないかと推測するのである——もちろん母自身の執筆時からの脱漏も考えられるであろうが——。つまり、『……五月一日　ふてそうたまはりて人々』とあれど、ここには文もなし」と校訂し、「……人々」までを書状の引用と解釈するのである。「人々」までを書状とすると、やや奇異の感をいだかれるかも知れないが、「五月一日」が日付、「ふてそう給はりて人々」を宛所ないし脇付とみるのである。

（4）「去年の五月一日」は日付、「ふてそうたまはりて人々」は宛所か

『……五月一日　ふてそうたまはりて人々』とあれど、ここには文もなし。」と校訂する一つの理由には、次のようなこともある。すなわち、「人々あれど、ここには文もなし。……」とすると、その意味は「人々には（手紙が）きているけれども、自分のところには手紙もない」と解釈されるのであるが、そうであれば、「人々に文あれど、ここにはなし」とでもすべきところであろう。あるいはすでに成尋の手紙を引用した上で、自分への手紙の有り・無しを述べているのであるから、「人々（に）あれど、ここにはなし」で十分で、敢えて「文もなし」と記す必要はない。それをわざわざ「ここには文もなし」とするのは、「私には手紙もこない」と何の連絡もないことを強調しているように思われるのである。

また前掲書状引用の例に、「とあり。」（①②③④⑦）とする例の多いことを参考にすれば、「あり」の已然形「あれ」＋接続助詞「ど」で逆接の意となり、「『……人々』とあるけれど、私のところには手紙もない。」ということで十分に意味は通じるように思う。そしてこのことでは「従僧書状」が注目される。⑧に要約したように、

「『……』と書きたれど、かの御文ならねば、おぼつかなさも慰まず。」

とある。『……』と書いてあるけれど、成尋の手紙ではないので、不安な気持を抑えるにはいたらない、やや落胆した様子がよく表れている。「と書きたれど」は「と書きてあれど」であろうから、これと「成尋書状B」に「と」を加えた上で比べると、

「『……』とあれど、ここには文もなし。筑紫にありと聞けど、見えねば、おぼつかなさは、慰むかたもなし。」

となり、類似した表現で「従僧書状」と同じ感想を述べているとみられるのである。つまり、成尋は書状の末もしくは宛名に「ふてそうたまはりて人々」などと書きながら、自分（母）のところへは手紙すら送ってこないことへのいらだちを込めていると理解されるのである。

このように、本文を、『……五月一日　ふてそうたまはりて人々』とあれど、ここには文もなし」と校訂し、「殿ばらのところに届いた成尋の書状には『……五月一日　ふてそう給はりて人々』と書いてあるが、私のところには手紙もこない」とする解釈がもっとも落ち着くように思われるのである。

そこで「ふてそうたまはりて人々」の意味があらためて問題となるのであるが、この書状が漢文書状と推測されることが本文解釈の上で重要な意味をもっている。すなわち、この「成尋書状Ｂ」がもともと「筑紫なる人」宛か、それとも「殿ばら」宛か、必ずしも明らかでないが、いずれにしても母宛ではなく、男性にあてて漢文で書かれていた可能性が高い。また書状の日付「去年の五月一日」をわざわざ母が書きとどめていることである。前掲の『母集』における書状の例を見ても、母が受け取った日付を書き留めている例（④⑤⑦）はあるが、書状の日付とみられる月日を記した例はない。それはそれらの書状が母宛で、仮名で書かれており、日付は記されていなかったからではなかろうか。[41]そうした中にあって、母がわざわざ「二月十四日、……「殿ばらに持てきたる」とてあるを見はべれば、去年の正（五）月一日ありける」と受け取った日だけでなく、書状の日付まで書き留めているのは、この書状が漢文書状であったことを思わせる。そして漢文書状であれば、とうぜん宛所も書かれていたとみなければならず、「ふてそうたまはりて人々」がそれにあたると推測されるのである。

以上、「五月一日　ふてそうたまはりて人々」を日付と宛所とする私見を述べてきた。母が受け取ってすぐに目にした日付「去年の五月一日」と書状末尾の「五月一日」の一致からみて、少なくとも「成尋書状Ｂ」の日付を「五月一日」とすることは誤りないと考える。したがって、「成尋書状Ｂ」の執筆事情は「従僧書状」と同じで、天台山出発を控えて準備に慌ただしい中でしたためられ、杭州の対日貿易に従事する海商ないしその関係者に託されたものと思われる。

四 「成尋書状B」「従僧書状」の日本への伝来過程

『母集』にみえる成尋渡航前後の様子を伝える書状三通について、主に執筆の時期を中心にして検討を加え、「成尋書状A」は延久四年三月十五日に宋船に乗り込む直前に、「従僧書状」と「成尋書状B」は、入宋後、天台山出発を前にした杭州滞在中の同年四月末日～五月一日に、それぞれしたためられたものと結論した。それでは後者の二通はどのようにして日本に伝えられたのであろうか。

1 「従僧書状」記事に見える宋人

すでに述べたように、宋到着後・天台山出発を控えた同じ時期にしたためられた「従僧書状」と「成尋書状B」が母のもとに届いた時期にはおよそ四カ月ほどの開きがある。これは「従僧書状」が母宛で直接母のもとに届けられたのに対し、「成尋書状B」が筑紫在住の人から、岩倉へ転送され、さらに母のもとに届けられたという事情によるものである。下文で述べるように日宋間航路が発達したとは言え、宋から日本に向かう船が頻繁にあったわけではないことを考えると、「従僧書状」と「成尋書状B」は同じ船で宋から日本にもたらされたと思われる。そこでその過程について考えてみたい。

まず注目されるのは、「従僧書状」に関連してみえる次の記述である。

その（延久四年―石井）十月十一日に、「筑紫より」とて、文持たる僧来たり。……この文持て来たる僧の、「御房渡したてまつりたる唐人に会ひてはべりき」と語る。「『来年の秋はかならず来ん』とのたまひしかば、春まかりて、秋は具したてまつらん」と言ひきと言ふ。「さればまかりあひて、我も参らむ」とて、「往なんとす」と言ふ。

延久四年十月十一日に、筑紫から「従僧書状」を持って母の許を訪れた僧の語るところを要約すると次の如くなる。

①御房（成尋）を宋に送り届けた宋人に会いました。
②その宋人は、「（成尋が）『来年（延久五年）秋には必ず日本に帰る』と仰っているので、（私は）来年の春には日本を発って宋に向かい、秋には（成尋を）日本にお連れするようにしたい」と言っています。
③そこで筑紫に下向してその宋人に会い、（私も）その船に便乗して宋に渡りたいと思います。
④これから筑紫に向かいます。

御房すなわち成尋を〈渡したてまつりたる唐人〉とは、成尋が入宋に利用した曾聚一行の中にいた人物を指している。その宋人は成尋を乗せて延久四年三月に日本を発ち、四月に杭州に到着した後、まもなく宋を発って再び日本に向かい、同年十月以前には筑紫（博多）に到着していることになる。まさにとんぼ返りとでもいうべき短期間で再来日したこの宋人が「従僧書状」と「成尋書状B」を伝えたものと考えてよいであろう。『参記』を参照するとその宋人に該当する人物がいる。施十郎である。(42)

2　通事施十郎

熙寧六年（延久五）五月二十四日、弟子を帰国させるための便船を求めて杭州に滞在していた成尋の許を施十郎という宋人が訪ねてきた。『参記』同日条に、

……去年渡海船施十郎来。与酒一瓶・扇一枚了。相共来一人劉琨船海人。与扇一枚了。施十郎為通事。去年触事召仕故也。

〈去年の渡海船の施十郎来たる。酒一瓶・扇一枚を与へ了ぬ。相共に来る一人は劉琨船の海人なり。扇一枚を与へ了ぬ。施十郎を通事と為す。去年事に触れて召仕ふる故也。〉

とみえる。〈去年の渡海船〉とは成尋が入宋に利用した曾聚らの船を指しており、施十郎は曾聚船の乗員で、成尋は彼を〈去年事に触れて召仕〉えたという。実際に施十郎が曾聚船に乗船していたことは、延久四年四月二十二日条に、問官の入国審査後、荷物を受け取った成尋が世話になった人々にお礼をしている記事の中にその名がみえることによって確認される。すなわち、

廿二日、……家主張三来。為買銭沙金三小両・水銀百両渡家主了。紙志与人々。三帖一ノ船頭曾聚、三帖李二郎、三帖林廿郎、二帖火頭男、三帖李〔思〕愷、十帖留守人、十帖施十郎。

〈家主張三来る。銭を買はんが為、沙金三小両・水銀百両家主に渡し了ぬ。紙を人々に志与す。三帖一ノ船頭曾聚、三帖李二郎、三帖林廿郎、二帖火頭男、三帖李〔思〕愷、十帖留守人、十帖施十郎。〉

とある。曾聚らとともに、施十郎も紙を贈られており、その数も多いことが注目される。施十郎は日本語に堪能で、入国まもない成尋の通訳として身の回りの世話をしていることによるものであろう。『参記』四月二十九日条に、

廿九日、……府使幷轎子持二人到来。即向興教寺。四里許。八人幷施十郎共到大門前坐寄子。……次食座。諸僧向食堂了。日本僧等於教主房別食。尽善尽美。銭五百文。頼縁供奉・快宗供奉各二百文、通事施十郎百文。他人無銭。斎了還宿所休息……

〈府使幷びに轎子持二人到来す。即ち興教寺に向かふ。四里許り。八人幷びに施十郎共に大門の前に到り、寄子に坐す。……次で食座。諸僧食堂に向かひ了ぬ。日本僧等、教主の房に於いて別食す。善を尽くし美を尽くす。銭五百文。頼縁供奉・快宗供奉各二百文、通事施十郎百文。他人、銭無し。斎了りて宿所に還り休息す。〉

とあり、成尋が杭州に到着したばかりの四月二十九日に興教寺に参詣した際に通訳として同行している。恐らく入宋の船内から成尋は何かと世話になっていたことであろう。

成尋の通訳としては陳詠（陳一郎）がよく知られている。(43) 成尋は杭州に上陸してまもない四月十九日に陳詠の訪問を受け、通事として雇う約束をしている。『参記』同日条に、

十九日、……陳一郎来向。五度渡日本人也。善知日本語。申云、以陳詠為通事可参天台者。乍悦約束了。

……

〈陳一郎来向す。五度日本に渡る人也。善く日本語を知る。申して云く、「陳詠を以て通事と為し、天台に参る可し」者れば、悦び乍ら約束し了ぬ。〉

とある。これ以後、陳詠は成尋一行の通事として献身的に務め、成尋らも頼りにして相互に信頼関係が生じたものとみられ、やがて陳詠は発心して出家し（法名悟本）、ついには成尋の弟子の帰国に同行するにいたる。このような成尋を支えた陳詠についてはよく知られているのであるが、実は施十郎も陳詠と同じく成尋の通訳として見逃すことのできない人物で、前にみたように成尋の入宋当初や陳詠に所用がある時は、その代わりとして通訳の任にあたっていたのである。

この施十郎は、成尋一行を乗せた曾聚船で杭州に戻り、成尋の通訳などを務めた後、その年の秋には曾聚とは別の海商劉琨の船に乗り込んで日本に向かったようである。劉琨は対日貿易に活躍した著名な海商で、[44] 翌年の『参記』熙寧六年（延久五）五月二十一日条に、

廿一日、……通事陳詠来。劉錕〔琨〕・李詮従日本来由告、一乗房乗船来者、乍悦迎送人処、皆船頭等相共来拝。点茶幷分酒二瓶了。六船頭各一瓶。有坐禅供奉・円宗房・清水四禅師書。即披緘之処、感涙頗下。……

〈通事陳詠来る。劉琨・李詮、日本従り来る由を告げ、「一乗房乗船して来る」者れば、悦び乍ら迎へに人を送るの処、皆船頭等相共に来拝す。点茶し幷びに酒二瓶を分ち了ぬ。六船頭各おの一瓶。坐禅供奉・円宗房・清水四禅師の書有り。即ち披緘之処、感涙頗る下つ。〉

とある。劉琨らが日本から宋（杭州）に戻って、坐禅供奉らの書状を成尋に届けている。そして、前掲記事のよ

うにこの三日後に施十郎が〈劉琨船の海人〉とともに成尋のもとを訪れているのである。施十郎は劉琨船で日宋間を往来したとみて間違いないであろう。施十郎の乗り込んだ劉琨船は、前年（延久四年）秋に日本に向かい、今年の五月頃には杭州に帰着したとみられる。したがって、延久四年四月末日に書かれ、十月十一日に京都の母の許に届いた「従僧書状」に言う「御房渡したてまつる唐人」とは、日本僧と会話を交わしているところから日本語のできる宋人とみられ、施十郎がもっとも相応しいように思われるのである。

施十郎は杭州に帰着するや、たまたま成尋が滞在中であることを知り、すぐに成尋のもとを訪れたのである。ほぼ一年ぶりに再会した成尋は、さっそく施十郎を通事に雇ったというのである。これまでの通訳陳詠（悟本）は弟子とともに日本に向かうことになっていた。つまり成尋にとって陳詠と別れたあとの通訳を誰に頼むか、問題を抱えていたのであるが、そこに昨年日本から宋に向かう船内で何かと世話をしてくれ、入国後も陳詠とともに通事を務めてくれた施十郎が訪ねてきたのである。成尋は再会を喜ぶとともに、今後の通事役を頼み、施十郎も喜んで引き受けたものと思われる。五月三十日条に、

卅日、……坐禅返事付劉都綱了。肥前々司消息同付了。……張行者与通事口論放言。仍出船了。頗非常行者也。〈坐禅の返事、劉都綱に付し了ぬ。肥前々司の消息、同じく付し了ぬ。……張行者、通事と口論放言す。仍て船より出し了ぬ。頗る非常の行者也。〉

とみえる通事は施十郎である。『参記』の記述が弟子等が帰国便に乗船する六月十二日をもって終わるため、施十郎のその後の行動は不明であるが、しばらくは成尋の通訳を務めたことと思われる。

なお前掲『参記』五月二十一日条にみえる、劉琨船に乗り込み日本から宋に渡ってきたという一乗房とは、前

年の成尋一行の出発を壁島で見送った一人永智のことである。そしてこの永智こそ、「従僧書状」関連記事の中で、延久四年十月十一日に、母のもとに「従僧書状」を届け、これから筑紫に下向して自分も宋に渡りたいと述べている僧とみてよいであろう。「成尋書状B」関連記事に、

正月七日ぞ、治部の君の文持て来たりし僧の、「筑紫へまかで、唐人の渡らんたよりに参りて、やがて御房のこなたにおはせんに来ん」といふに、文書きて取らすれど、行方も知らぬ心地してぞあるに、「まだ京にありとこそ聞け」とあり。

とみえる僧も永智のこととみられる。永智は正月を過ぎて筑紫に下向し劉琨船により渡宋を実行したのである。

3　施十郎の行動

そこで施十郎の行動を中心に成尋書状等伝来の状況についてまとめてみると次のようになる。

①延久三年以前に施十郎は海商曾聚船の一員として宋から日本に渡った。
②延久四年三月に成尋一行と共に曾聚船で日本を出発し、四月に宋（杭州）に帰着した。
③施十郎は入国後の成尋の通事を務めたが、やがて再び日本に向かうこととなった。その予定を聞いた成尋らは、天台山出発前・杭州滞在中の四月末日ないし五月一日に成尋母や日本の知人に宛てて書状をしたため、施十郎に託した。
④施十郎はその年（延久四年）秋、宋海商劉琨の船に乗り込んで日本に向けて出発し、筑紫（博多か）に到着

した。そこで日本僧（一乗房永智）に会い、成尋らに託された書状を渡した。その際、「成尋が来年（延久五年）秋には日本に戻りたいと希望しているので、来年の春には日本を発って宋に向かい、秋には成尋を連れて日本に戻る」という予定を語った。

⑤永智は、十月十一日、「従僧書状」を母の許に届け、宋人の話を伝え、自分も宋に渡るつもりであるとの考えを語った。

⑥翌延久五年（熙寧六）の四～五月、施十郎は一乗房とともに劉琨の船で日本を発ち、杭州に帰着した。五月二十四日には折から杭州に滞在中の成尋の許を訪れたところ、通事として雇われることになった。なお、永智は日本出発に際して坐禅供奉らから成尋宛書状を託されており、五月二十一日に成尋に渡している。

およそ以上のように考えられる。このような活動から見て施十郎は、自ら資本を負担して貿易に従事する海商というよりも、日本語が堪能であったことから、通事役として複数の海商に雇われて頻繁に日宋間を往来していたものと思われる。日本貿易にはさまざまな人々が携わっていたが、施十郎は専門職としての通事、現代風に言えば「契約通事」とでもいうべき存在であったと言えるのではなかろうか。

そして施十郎の事例は、対日本貿易に活躍する宋海商組織の一端を垣間見せるとともに、定期的ともいってよい日宋往来航路の整備を物語っている。「『来年の秋はかならず来ん』とのたまひしかば、春まかりて、秋は具したてまつらんと言ひきと言ふ。」という言葉通り、来年の春にまさに相当する時期に日本を発って宋に帰着し、そしてその秋には成尋本人ではなかったが弟子の頼縁らを乗せて日本に渡航してきている。日宋間航路の整備を思わせ、造船技術・航海術等の著しい発展をも伝える貴重な事例といえるのではあるまいか。[45]また、施十郎のような人物の行動を考えるとき、宋海商に対する来航規定である、いわゆる年期（年紀）制の対象には、どのレベルの海商が対象となるのか、例えば公憑に記された「綱首」クラスの人物なのかどうかといった問題についても、今後検討を加える必要があると考えている。

むすび

以上、『母集』にみえる成尋ならびに従僧の書状三通の執筆時期について検討を加えてきた。その結果、それぞれの宛先・執筆時期（執筆）・母のもとに届いた時期（到着）を示すと、次のごとくである。

「成尋書状A」　宛先：母（仮名書状）
執筆：壁島での乗船・出発を前にした延久四年三月十五日頃
到着：延久四年六月中旬

「従僧書状」　宛先：母（仮名書状）
執筆：宋到着後、天台山巡礼出発を前にした延久四年四月末日
到着：延久四年十月十一日

「成尋書状B」　宛先：筑紫在住の人（漢文書状）
執筆：「従僧書状」とほぼ同じ時期の延久四年五月一日
到着：延久五年二月十四日（ただし岩倉を経由）

三通のうち「従僧書状」と「成尋書状B」の二通が宋で書かれ、日本に伝えられたものとなる。さらにその二

通が日本に伝えられた経路について考察を進め、杭州を拠点として対日貿易の通訳として活躍する施十郎に託され、これを施十郎は約束通り日本に伝え、そこからやがて母のもとへと届けられるという経緯を明らかにすることができたと考える。

なお、書状の内容については、意味不明のところが多く、今のところ先行諸説に付け加えるべきこともない。「成尋書状B」については漢文で書かれた書状を母なりに理解して記したものとみれば、いくつか解釈が可能のようにも思われるが、いずれにしても今後の課題としなければならない。

宋に渡ってから、母のもとへ従僧の書状はあったが、成尋自身からの書状が届くことはなかった。母は期待を込めて「筑紫にありと聞けど……」と記しているが、恐らく成尋からは送られなかったのであろう。壁島出発を目前にした「成尋書状A」はまさに母への今生の別れという強い意志を込めたものであった。(46) 施十郎と思われる「御房渡したてまつりたる唐人」が「来年の秋は必ず来ん」との成尋の言を伝えているが、これとて自ら帰る意志を示したものではなく、『参記』に詳しく記されているように、自らは宋にとどまり、弟子を帰国させる予定を述べたものであった。成尋自身の意志は固かった。『参記』には天台山・五台山での修行を望む記事はあっても帰国を思わせる記述はない。帰国などはじめから考えない旅立ちであったのである。

注

（1）『参天台五臺山記』の活字・訳注本には、『大日本仏教全書』遊方伝叢書、島津草子『成尋阿闍梨母集・参天台五臺山記の研究』（大蔵出版、一九五九年）、平林文雄『参天台五臺山記校本並に研究』（風間書房、一九七八年）、斎藤圓眞『参天台五臺山記　I』（山喜房仏書林、一九九七年）等があり、写本については、東福寺所蔵本影印本（東洋文庫、一九三七年）を参照。

（2）『成尋阿闍梨母集』の写本には冷泉家旧蔵本（現大阪青山短期大学所蔵）と宮内庁書陵部所蔵本がある。冷泉家旧蔵本の複製に伊井春樹・塩川利貞『成尋阿闍梨母集』（角川書店、一九八七年、貴重古典籍叢刊）があり、宮内庁書陵部所蔵本の複製には山岸徳平開題『成尋阿闍梨母集』（古文学秘籍複製会、一九三五年）、影印には永井義憲解説『成尋阿闍梨母集』（白帝社、一九六八年）・平林文雄『成尋阿闍梨母集の基礎的研究』（笠間書院、一九七七年）付収等がある。活字・訳注本及び研究書等については数多く、必要に応じて注記する。なお、津本信博「『成尋阿闍梨母集』研究の展望と問題点」・吉田茂「『成尋阿闍梨母集』参考文献」（いずれも『女流日記文学講座』四「更級日記・讃岐典侍日記・成尋阿闍梨母集」勉誠社、一九九〇年）等参照。

（3）石井正敏「成尋――一見するための百聞に努めた入宋僧」（元木泰雄編『古代の人物⑥　王朝の変容と武者』（清文堂、二〇〇五年↓本書15）

（4）両写本間における本文の異同については、岡崎和夫『成尋阿闍梨母日記の研究　原典批判篇』付篇「古鈔本間の本文異同一覧」（明治書院、一九九五年）、伊井春樹『成尋阿闍梨母集全釈』解題一―4「大阪青山短期大学本の本文」（風間書房、一九九六年）等参照。

（5）伊井春樹『校注　成尋阿闍梨母集全釈』（和泉書院、一九九三年）

（6）永井義憲氏には、本稿で取り上げる成尋ならびに従僧書状について詳しく注解された論文が二篇ある。「成尋阿闍梨母集の研究」第三章「成尋阿闍梨母集語釈」第三節「唐よりの書簡」（『日本仏教文学研究』二、豊島書房、一九六七年）と「唐よりの書簡――『成尋阿闍梨母集』語釈のうち――」（『日本仏教文学研究』三、新典社、一九八五年）である。両論考の内容はほぼ同じで、若干表現や用字法が異なっているに過ぎないので、本論文では後者から引用する。

（7）例えば成尋が母にはじめて入宋の計画をうち明けた時に、「もし生きたらば帰りまで来む。失せなば、かならず極楽をあひ見、拝みたてまつるべきことを思はむ」（伊井氏校注本九頁）、あるいは「申ししやうに、唐に渡りて、久しき定三年、さらずは、それより近くもまで来なん。生きたまひたらば見もし、失せたまひなば極楽にかならずあひ見んとせん」（同一〇～一一頁）などと語っている。そして母も『極楽に必ず参り逢へ』とありし思い出でられて」（同一四〇～一四一頁）と折に触れて成尋の言葉を思い返している。

（8）永井義憲（注（6）前掲論文）一八〇頁。

（9）平林文雄（注（2）前掲書）八五頁。
（10）宮崎荘平『成尋阿闍梨母集　全訳注』（講談社学術文庫、一九七九年）一七六頁。
（11）伊井春樹（注（4）前掲書）八五頁。また同書語釈三四〇頁、参照。なお伊井氏は『成尋の入宋とその生涯』（吉川弘文館、一九九六年）では、「成尋の文には、写し取った阿閦仏の真言（『参記』延久四年四月十九日条参照―石井）も同封していたに違いなく、この後利益によって極楽に往生し、そこできっと再会したいと彼は母に訴えたのである。四月十九日に真言を写し、二十三日に高麗の日本語が話せる船人（『参記』同日条参照―石井）に手紙等を託したとすると、スムーズにいけば五月下旬には日本に着いており、九州に滞在する大雲寺僧永智（『参記』延久四年三月十五日条に、成尋らを見送ったことが記されている―石井）などが上京して運んだとすれば、六月十余日には彼女の手もとに伝わるはずで、時間的に矛盾はない。」（一二五～一二六頁）とされている。
（12）母のもとに成尋からの書状がないことを嘆く記述には、まだ渡航が確認されていない段階で、『渡るとも、消息はかならず言はん』とありし待つに見えで、」（伊井氏校注本一〇〇頁）と成尋の言葉を思い、「唐よりここに文ありと聞きしかど、嘘言にや見えず。」（同一二二頁）、「なほ、この唐の文のたよりに、ここに文のなき、いとおぼつかなくおぼえて、」（同一四〇頁）などとみえる。「従僧書状」「成尋書状B」にも同じような言葉が見えるが、結局母のもとへは成尋自身の書状は送られてこなかったようである。その失意、はかりがたいものがあろう。
（13）永井義憲（注（6）前掲論文）一八一～一八二頁。
（14）永井義憲（注（6）前掲論文）一八一～一八四頁。
（15）宮崎荘平（注（10）前掲書）一八九頁をはじめとする諸説も永井氏説と同様の語釈を示されている。
（16）藤善真澄「成尋をめぐる宋人――成尋と蘇東坡――」（『参天台五臺山記の研究』第四章第二節　関西大学東西学術研究所、二〇〇六年。初出一九九三年）三二一頁。
（17）黒板伸夫氏は、「権帥を帥と記すことは、日記類ではむしろ普通であり、権帥を大弐と書く例は物語類に多く、たとえば栄花物語「もとのしづく」に権帥藤原隆家について、「……大弐の辞書たびたび奉り給へば……」同じく「この裳瘡は、『大弐の御供に筑紫より来る』とこそいふめれ」などとみえる。」（「大宰帥小考」〔『摂関時代史論集』吉川弘文館、一九八〇年。初出一九七〇年〕二一一頁注（11））と指摘されている。
（18）伊井春樹『成尋の入宋とその生涯』（注（11）前掲）一二九頁。

(19)　伊井春樹（注（4）前掲書）八六〜八七頁。この他、同書の通釈で、「その奥の地にも大弐の〔とヵ―石井〕いう役人がいて、そこまでお送りしたのだが、同じように敬い」（三五〇〜三五一頁）、語釈で「〇その奥にもまた大弐といふ人　五月末に杭州から台州に移るが、そこでの役人を指すのか。」（三五二〜三五三頁）と記されている。

(20)　宮崎荘平氏は、「なお、成尋の供人からもたらされた手紙は、成尋の動静をかいつまんで記したもので、『参天台五台山記』に照らしてみると、事実関係にくいちがいをみせている。すなわち、手紙には、二人の「大弐」に次々に会って、輿で五台山に送られたように記されているが、実は、成尋一行は杭州知府の便宜によって天台山行きが許され、剡県まで船で行き、そこから国清寺に赴き、知遇を得たうえ天台山の諸霊蹟を巡拝し、そののち、五台山巡拝の許可を得るべく台州に赴き、都督に会見し丁重に遇されている。輿で送られたというのも、杭州知府の厚遇によって、轎子（かご）で興教寺に赴いたことが重ね合わされているようだ。したがってこの手紙は、事実経過そのものをつたえるのではなく、成尋がかの地でいかに尊崇され、手厚くもてなされたかを強調することに主眼がおかれ、もって母（作者）を安心させるためのものであったか、と思われる。」（注（10）前掲書一九二頁）と述べられている。

(21)　永井氏は、「杭州の知府が成尋の天台山行きに対して便宜を計ったことは記五月一日の条に……よって判るが、まだ会見はしていない。」（注（6）前掲論文一八二〜一八三頁）とされている。

(22)　『参記』延久四年六月五日条所引台州牒状における署名。

(23)　石井正敏「『参天台五臺山記』にみえる「問官」について」（村井章介代表『8―17世紀の東アジア海域における人・物・情報の交流――海域と港市の形成、民族・地域間の相互認識を中心に――』上、科学研究費成果報告書、二〇〇四年↓本書22）参照。

(24)　石井正敏「肥前国神崎荘と日宋貿易――『長秋記』長承二年八月十三日条をめぐって――」（皆川完一編『古代中世史料学研究』下巻、吉川弘文館、一九九八年↓本著作集第三巻2）参照。

(25)　梅原郁「南宋の臨安」・斯波義信「宋都杭州の商業核」（いずれも梅原郁編『中国近世の都市と文化』京都大学人文科学研究所、一九八四年）両論文ならびに附図参照。なお、州治は南宋になると宮城とされ、その位置を西湖近くに移す。

（26）ちなみに、永保二年（元豊五・一〇八二）に入宋した戒覚は明州で入国の手続きを取っているが、その日記『渡宋記』同年九月二十八日条に、「廿八日、早朝知府使来告云、《知府者太守之名也、》可レ奉二人名一云々。仍注二一紙一了。先見手跡、相感之由云々。」とある。知府すなわち知明州について、〈知府は太守之名也〉と注している。太守は当時の日本では、上総・上野・常陸三国のいわゆる親王任国の守（長官）を指して用いられていたが、戒覚は一般の国守の雅名として用いているのであろう。時代は降るが『運歩色葉集』久に、「国守《唐名太守、刺史》」とみえる。なお『渡宋記』については、小野勝年「戒覚の『渡宋記』」（『龍谷大学論集』四〇〇・四〇一合併号、一九七三年）参照。

（27）島津草子（注（1）前掲書）一九四頁・語釈、参照。なお、「うらのかうちしん」を「「かうしうしん」（杭州府）の誤りか」とされた上で、「この廿一日」に、「三月ではなく、四月の一三日であったことが参天台五台山記の記事によって知られる」（平林文雄注（2）前掲書八七頁頭注）とする説もあるが、疑問。

（28）伊井春樹『成尋の入宋とその生涯』（注（11）前掲）一三一頁。

（29）「筑紫なる人」について、『母集』に「ひせん殿」「ひ前の守」などと登場する、成尋の父方の従兄弟と推測されている肥前守藤原定成とする永井義憲説（注（6）前掲論文一八四頁）が通説となっている。確かに新訂増補国史大系本『尊卑分脈』第二篇二〇頁掲載の定成項には「肥前守」と記されている。ただし延久四・五年前後に定成が肥前守であったとする史料は無いようで、宮崎康充編『国司補任』第四冊「肥前国」欄ならびに索引（続群書類従完成会、一九九〇・一九九九年）にその名を見出すことはできない。なお、伊井春樹氏は、「筑紫に待機している僧に送ってきたのであろう。岩倉大雲寺、筑紫に滞在する僧、渡宋した成尋の三者はたえず緊密に連絡しあっていたことが知られる。」（注（4）前掲書三六三頁）とされている。

（30）「殿ばら」については、『母集』に成尋との別れを悲しむ「甥の禅師」などとみえる、源隆国の息隆覚らとする永井義憲説（注（6）前掲論文一八五頁）が通説となっている。

（31）永井義憲（注（6）前掲論文）一八五頁。

（32）永井義憲（注（6）前掲論文）一九〇〜一九一頁。

（33）岡崎和夫氏は『成尋阿闍梨母日記の研究　再建本文・索引篇』（明治書院、一九九五年）の翻刻本文において「こぞの六月一日」（一一六頁）、「過所を給はりて」（一一七頁）とされている。

(34) 伊井春樹（注（4）前掲書）三六五頁。
(35) 永井義憲（注（6）前掲論文）一九一頁。
(36) 岡崎和夫（注（4）前掲書）一七五～一七六頁。
(37) 宮田和一郎『成尋阿闍梨母集新釈』（武蔵野書院、一九四二年）三頁。
(38) 島津草子（注（1）前掲書）一〇二頁。ただし語釈の順序に混乱があるようである。
(39) 宮崎荘平（注（14）前掲書）一八頁。
(40) 宮崎荘平（注（14）前掲書）一九四頁。
(41) 『源氏物語』第三十四帳・若菜上に、明石の入道が娘の明石の君に宛てた消息文がみえ、「思ひ離るる世のとぢめに、文書きて御方に奉れたまへり。『……』とて、月日かきたり。」とある。月日（日付）が書かれているのは、「これを命日と考えよ、という入道の気持」（柳井滋ほか新日本古典文学大系『源氏物語』三、岩波書店、一九九五年、二七八頁）から、あえて日付を書いたことが知られる。
(42) この「唐人」を対日貿易に活躍した宋海商孫忠とする説もあるが（伊井春樹注（4）前掲書三五四～三五五頁語釈）、以下に述べるように施十郎と考えられる。
(43) 森公章「劉琨と陳詠――来日宋商人の様態」（『白山史学』三八、二〇〇二年）参照。
(44) 森公章（注（43）前掲論文）参照。
(45) 『朝野群載』巻五・朝儀下所収応徳二年十月二十九日陣定定文「太宰府言上、大宋国商客王端・柳忩・丁載等参来事」に、「如㆓風聞㆒者、如㆑此商客、上古待㆓八月之順風㆒、所㆓往反㆒也。至㆓于近代㆒、不㆑拘㆓時節㆒、往反不㆑利。且喩㆓此旨㆒、早可㆑被㆓廻却㆒歟。」（新訂増補国史大系本一三一頁）とみえる。唐・宋海商が早くから季節風を利用していたことがうかがわれると共に、航海術や造船技術の進展により、必ずしも季節に拘わらず往復することが可能になっていた様子を知ることができる。なお「往反不利」は意味が通じがたく、内閣文庫所蔵甘露寺本（架号：一四七―一四七）・宮内庁書陵部所蔵葉室本（架号：葉一一七二）等では「往反不判云々」とする。〈近代に至りては、時節に拘はらず、往反判らずと云々。〉となり、季節に拘わらず往来するようになった現状に対し、これまでのように二・八月の往復時期を守るように諭すべきである、といった意味であろうか。
(46) 『朝野群載』巻二十・書状に承保四年（承暦元・宋熙寧十・一〇七七）三月日付けの成尋宛源隆国書状が収め

られている。これは成尋が入宋の翌年すなわち熙寧六年五月十七日に作成し、六月に帰途についた弟子に託して日本に届けられた源隆国宛書状に対する返書である。熙寧六年付け源隆国宛成尋書状は『阿娑縛抄』第百九十六・明匠等略伝・日本下に引かれており、内容等については別に詳しく考察を加えたので（石井正敏「源隆国宛成尋書状について」『中央史学』三〇、二〇〇七年三月刊行予定→本書19）詳細は省略するが、本稿に関連して注意しておきたいのは、源隆国返書が成尋書状を受け取ってからおよそ四年を経過していることである。このことはつまりこの間、成尋からは新しい書状が届いていないことを意味している。源隆国は成尋の母の弟で、叔父に当たると推測されており、『宇治大納言物語』の編者として知られ、今日では否定説も強いが『今昔物語集』の編者に擬せられていることも周知のとおりである。隆国はまた浄土教に深く帰依し、浄土教典の要文を集録した『安養集』を「延暦寺阿闍梨数（十）人」とともに編纂しており、その中には成尋その人もいたと考えられている。すなわち成尋と源隆国とは血縁からも、また思想的にも近しい間柄であった。それを示すのが「熙寧六年書状」で、『参天台五臺山記』を抄出し書き送った、相当に長文のものである。ところがその源隆国にさえ、これ以後書状等を送った形跡がない。このことは、五台山に故後冷泉天皇書写経等を奉納し、奝然将来一切経以後の新訳経典等を持たせて弟子を帰国させたところで、全て「朝恩」に報いることができたと一区切り付け、あとはひたすら自らの「本意」（宿願）を果たすべく天台山等で修行に努めたのではなかろうか。入寂までの行動が一切知られていないことも、それを裏付けているように思われる。書状（消息）を送らなかったのは、決して母だけではなかったのである。ちなみに寂照の場合は、入宋後も弟子を一時帰国させて藤原道長らの寄付を集めたり、書状を交わすなどしている。その事情はかならずも成尋自身が五台山で寓目し、『参記』延久四年十二月二十九日条に書き取った『楊文公談苑』に詳しく見えているのである（藤善真澄「成尋と楊文公談苑」注（16）前掲書第五章第三節、参照）。

附記　本論文は中央大学特別研究による成果の一部で、二〇〇六年二月四日開催の中央大学人文科学研究所「情報の歴史学」チーム主催公開研究会において口頭報告した内容を増訂したものである。

19　源隆国宛成尋書状について

はじめに

延久四年（一〇七三）に入宋した岩倉大雲寺の僧成尋が宋から日本の知人に宛てて書状を送っていることは、その日記『参天台五臺山記』（以下、『参記』と略す）に知ることができるが、実際にその内容についてまで知られる書状となるとほとんどなく、(1)『成尋阿闍梨母集』に引用されたものがもっぱら研究の対象とされている。(2)しかしながら、これまであまり注目はされていないものの、台密の図像集として著名な『阿娑縛抄』にも成尋書状が収められている。それは『朝野群載』所収成尋宛源隆国書状で触れられている成尋書状そのものとみなされ、入宋後の成尋の行動だけでなく、源隆国との交流を考える上で貴重な史料ということができる。以下、『阿娑縛抄』所収成尋書状についての考察を、『朝野群載』所収源隆国書状の検討から始めることにしたい。

一　『朝野群載』所収成尋宛源隆国書状

『朝野群載』巻二十・書状所収源隆国の成尋宛書状とは、「宇治大納言遣唐石蔵闍梨許《江佐国作》」と題され、承保四年（十一月改元承暦元・宋熙寧十・一〇七七）三月日の日付が記されている。その全文を示すと、次のごとくである（適宜改行し、イ〜トの符号を付した）(3)。

禅札一緘、投二於万里一。折〔析カ〕レ封伸レ紙、宛如二面展一。珍重々々。
（イ）就レ中被レ示下先巡二礼天台山一、賚参二詣五台山一之旨上。宿願既満、誰不レ悦乎。
（ロ）加レ之禅下応二天子之喚一、露二雨沢之験一。叡感已至、賜二大師号一。我朝聞者、莫レ不二嘆美一。況於二下官一哉。但恨溟海渺焉、無レ期二再帰一。
（ハ）抑宇県禅定前大相国、去延久六年甲寅二月二日薨去。
（ニ）同年九月廿六日愚息左親衛相公、溘然長逝。
（ホ）承保二年乙卯三月十三日、又家督礼部納言尋而薨逝。余以愸生、不レ能レ欲レ死、天之不レ与レ我。而非二我詞頑筆禿一、猶難二一二一而已。
（ヘ）彼安養集、称揚之由、随喜無レ極。
（ト）石蔵禅師至二闍梨位一、是只禅下多年授法之令レ然歟。書不レ尽レ言、古賢之誡也。不宣。謹状。

承保四年三月　　日　　太皇太后宮源

謹上　石蔵阿闍梨善恵大師禅室

冒頭に「禅札一緘」云々とあるように、成尋から源隆国宛に送られた書状に対する返信である。成尋の父母について確証はないが、母は源俊賢の女で、永延二年（九八八）生まれと推測されており、(4)したがって俊賢の二男隆国（一〇〇四〜一〇七七）は成尋の母の兄で成尋の叔父にあたることになる。(5)隆国は、治暦三年（一〇六七）権大納言に任ぜられ、承保元年（一〇七四）に致仕するまでその職にあり、その後、太皇太后宮（藤原寛子）大夫を務めた。承暦元年（一〇七七）六月に出家し、七月に薨去している。成尋宛書状執筆四ヵ月後のことである。晩年には宇治平等院の南泉房にこもり、『宇治大納言物語』を編集した（『宇治拾遺物語』序）といい、この書はのちの『今昔物語集』『古本説話集』『宇治拾遺物語』等の説話集の成立に大きな影響を与えたことはよく知られており、現在では否定説が強いようであるが、『今昔物語集』の編者に擬せられていることも周知のとおりである。そして浄土教にも関心があり、浄土教典の要文を集録した『安養集』を著している。その編集は「延暦寺阿闍梨数〔十〕人」とともに進めたとあり、源隆国書状にも記されているように、成尋が宋で『安養集』を熱心に紹介していることから、成尋も編集メンバーの一人と推測されている。(6)血縁においても、また宗教思想においても親密な成尋と源隆国との間に往復書状があることに、何ら不思議はないであろう。

さて、承保四年の源隆国書状から知られる成尋書状の内容は、（イ）宿願の天台山・五台山巡礼を果たしたこと、（ロ）祈雨の功績により、善恵大師号を賜ったこと、（ヘ）『安養集』が宋で高い評価を得ていることなどで、これに対して源隆国は、（ハ）宇県禅定前大相国すなわち藤原頼通が延久六年二月二日に逝去したこと、（ニ）左親衛相公すなわち隆国の二男隆綱が同年九月二十六日に逝去したこと、（ホ）家督礼部納言すなわち隆国の一男隆俊が承保二年三月十三日に逝去したこと、（ヘ）『安養集』の評判を喜ぶこと、（ト）石蔵禅師すなわち源隆国の息男隆覚が阿闍梨位を得たこと、(7)などを報じている。

源隆国が書状で触れている情報は延久六年以降のできごとである。一方成尋書状の内容は、帰国の途につく弟子を見送る熙寧六年（延久五）六月十二日までに体験したできごとで、その弟子に託して日本に送った『参記』の記述を出るものではなく、書状も同じく弟子に託されたとみて間違いない。弟子一行は同年十月に帰国しているので、(8) まもなく隆国のもとに届けられたのであろう。したがって源隆国書状は、成尋の書状を手にしてから四年ほどを経ての返事ということになる。朝廷では成尋弟子が持ち帰った宋皇帝の親書や贈り物の対応をめぐって数年にも及ぶ会議を重ね、ようやく結論が出て使者を派遣するのがこの承保四年で、その年の十二月に宋明州に日本の使者が到着している。(9) すなわち、同年三月付けの源隆国返書は、宋への返礼の使者派遣の決定を受けて、その便船に託すために作成されたものとみて間違いないであろう。

このように、承保四年源隆国返書は、成尋と源隆国との関係を語る上で重要な史料であり、これまでも注目されているのであるが、冒頭にみえる「禅札一緘」つまり源隆国宛成尋書状については、それに相当するとみられる成尋書状が『阿娑縛抄』に収められ、その存在が知られているにもかかわらず、成尋研究論著においてほとんど論及されていない。『参記』以外に入宋後の成尋について知ることの出来る史料が限られている状況にあって、この書状は貴重な意味を持っていると考える。

二　『阿娑縛抄』所引「熙寧六年成尋書状」

『阿娑縛抄』第百九十六・明匠等略伝下・日本下に収められた熙寧六年五月十七日付け成尋書状（以下、「熙寧六年成尋書状」と称す）とは、次のようなものである。(10) 今、活字本の大正新脩大蔵経本を底本として、大日本仏教全書本（仏本）及び写本の国立公文書館内閣文庫所蔵本（閣本）・宮内庁書陵部所蔵本（宮本）、そして群書類従本「明匠略伝」（類本）による校訂注を付した本文を掲げる。ただし煩を避けて異同については必要な範囲にとどめ、詳しくは以下の行論の中で示すことにしたい。なお《 》は割り注を示し、底本の返り点は省略し、句読点を適宜改めた。

成尋阿闍梨《延久／後三》

一、日本国大雲寺阿闍梨成尋大宋国善恵大師書札云、(一)
去年三月十九日、離日本。七日七夜泛(二)海任風。二十五日著明州。

五月二十八日参五台山。(三)
(四)太平興国寺伝法院。依為訳館(五)天竺訳経三蔵等多以集住。西天訳経三蔵朝散大夫試鴻臚卿宣梵大師賜紫日称(六)《中天竺人也。来唐二十六年》、詔同訳経朝散大夫試鴻臚小卿宣祕大師賜紫恵賢、詔同訳経梵才(七)大師賜紫恵詢《已上二人唐朝人也》、證梵義西天廣梵大師賜紫天吉祥《中天竺人也》、筆受・綴文・證義等大師有其数。七年新来中天竺三人。丈夫国(八)二人《五天竺西北方大国也》依参五台本意、或陸地或従南海来人々也。皆以親見宛如旧識。
二日参内。於後苑涼津亭(九)《池中心八角閣也》始祈雨粉壇法。皇帝駕来着壇焼香。

四日已(一〇)及行雨(一一)。日本先々大師等入唐之時、無如此事。成尋至愚身始修此法。為本国為報朝恩、必欲顕霊験。午時俄雷電雨降。終夜大雨。明日早旦(一二)、依雨感悦皇帝駕来、従今日延修七日可答謝龍王由宣旨下了(一三)。三日三夜雨下。十一日皇帝駕来焼香。夜半結願。十二日早旦退出之間。賜仙果・茶、布施禄物以多々。二十七日賜師号善恵大師。

依聖旨、交訳経座席、見翻経作法。訳寮人数、詔勅訳経三蔵三人、證梵義一人、筆受二人、綴文二人、證義八人。都合十六人也。

大宋国熙寧六年《癸丑》五月十七日大日本国巡礼沙門善恵大師賜紫大師成尋上

進上　大納言殿侍

　禾云、已上要所少々抄出之。

【校訂注】

(一)云　類本「文」。(二)泛　諸本「従」、類本により改める。(三)山　この下の空白類本は八字分。(四)太　諸本ナシ、類本・宮本により補う(下文参照)。(五)館　諸本「舒」、類本により改める。(六)日　諸本「白」、類本により改める。(七)才　諸本「等」、類本により改める。(八)丈夫国　諸本「大夫国」に作るが「丈夫国」の誤り[11]。以下の記述では『参記』も含めて丈夫国に改めて引用する。(九)涼　仏本・類本・両写本「凉」。(一〇)已　諸本「巳」、類本により改める。(一一)雨　類本「両」。(一二)明日早旦　底本「朔旦早旦」、仏本「《雨下南有朔字》旦早旦」、閣本「□旦早旦」、宮本「□旦早旦」。類本に従う。(一三)了　底本ナシ、両写本一字分空格、類本により補う。

『阿娑縛抄』は、延暦寺の僧承澄らの撰になり、建治元年(一二七五)頃に一応の完成をみて、その後も増補がなされているという[12]。成尋伝を収める日本下の巻の書写本奥書には、

文永十一年六月十二日書了

先徳之行尤可レ存事歟。諸伝一覧之次抄二要所一者也

求法比丘承―(澄)

と承澄の識語がある。成尋伝末尾の「禾（私）云、已上要所少々抄出之」という識語と本奥書の文言とを比べると要所・抄出などの語が共通するので、「禾（私）」とは承澄で、成尋書札も承澄によって文永十一年（一二七四）六月頃に抄出されたとみてよいであろう。

さて、本書状には、「大宋国熙寧六年《癸丑》五月十七日大日本国巡礼沙門善恵大師賜紫大師成尋上」と明記されている。弟子の帰国を明州で見送るのが同年六月十二日であるので、成尋が帰国する弟子に託すためにしたためたものとみて、時間的に不自然なところはない[13]。また宛先の「大納言殿」とは、当時権大納言であった源隆国とみなしてよいであろう[14]。このようにみてくれば、この「熙寧六年成尋書状」が源隆国返書における「禅札一緘」にあたるものと考えてよいと思われるのであるが、やや不思議なことに、これまでほとんど考察の対象とはなっていない[15]。その理由はいくつか考えられるが、一見して『参記』の抄録を思わせ、内容に新味がないことがもっとも大きな理由であろう。日本を離れてから、五台山に巡礼し、祈雨の奇跡を顕して、善恵大師号を得るまでとなっており、ほぼ『参記』の記述と重なっている（天台山巡礼記事が見られないことについては下文参照）。その一方では、『参記』に照らすと明らかな誤りもある。そのこと故に信憑性に欠け、真の成尋書状とみなすことに疑問が抱かれているのかも知れない。しかしながら、筆者のみるところ、成尋書状とみて間違いなく、その内容も確かに『参記』と大きな違いはないが、『参記』には見られない記述もあり、『参記』記事を補う貴重な史料と考えられるのである。

三　「熙寧六年書状」と『参記』の比較検討

「熙寧六年書状」本文を便宜的に①から⑫までの段落に区切り、その日付ないし内容に対応するとみられる

『参記』記事との比較検討をおこなうことにしたい。なお、本文は前掲の校注を参考に、私見により適宜取捨したものを示す。

①去年三月十九日、離二日本一。

「去年」は延久四年にあたる。その三月十五日、成尋は弟子七名とともに、肥前国松浦郡壁島（現在の佐賀県唐津市呼子町加部島）で宋商船に乗り込んだが、順風を待ってしばらく壁島に滞在し、十九日に出航した。『参記』同日条に、

十九日、……寅時東北順風大吹。先乗レ坏出見レ埼、波体宜キ由来告。即以レ艫〔艣〕進レ船。卯時上レ帆乱声、撃レ鼓出レ船。爰東風切扇、波涛高猛。心神迷惑、不レ修二行法一。心中念仏。……予倚二懸大袋一、終日竟夜辛苦。五箇年間以二不臥一為レ勤、今望二此時一、殆可二退転一。

とある。

②七日七夜、泛レ海任レ風、二十五日、着二明州一。

三月十九日に出航して大海に出た船は、耽羅島を遙かに望みながら、西へと進み、二十五日にはじめて中国領内の島に停泊する。ただし『参記』同日条によれば、そこは明州ではなく、蘇州管内の島であった。

廿五日、……午時天晴。順風如レ故。未時始見二蘇州石帆山一。大巖石也。無二人家一。船人大悦。丑時至二蘇州

大七山一宿。従二日本国一至二大唐蘇州一三千里。

とある。明州管内に入るのは翌日のことで、

廿六日、……申時著二明州別島徐翁山一。無二人家一。海水頗黄。西南見二楊山一。有二人家一。三姑山姑相連有二人家一。将レ著二徐翁山一間、北風大吹。騒動無レ極。殆可レ寄二巖石一。適依二仏力一、得レ著二別島一宿。

とある。二十五・二十六両日条に記された島々は、いずれも今日の舟山群島の北東に点在する岩礁ないし島々で、日宋間航路の目印となっていた地域である。[16] なお、出航翌日の二十日条には、「申時少雨下。入レ夜不レ晴。不レ見二星宿一。只任レ風馳レ船。」といった、「熙寧六年書状」と同じ表現を見出すことができる。この後、船は群島づたいに南西の明州を目指して進み、明州から西に方向を転じて越州を経て、杭州に到り、成尋一行ははじめて大陸にその足跡を印すことになる。同地で入国手続きをとり、まず天台山巡礼を申請し、杭州の旅行証明書（公移）を得て、五月三日、天台山に向けて出発するのである。

③五月二十八日、参二五台山一。

②で述べたように、杭州に入国後まず成尋一行が向かったのは天台山で、五月三日に出発し、同十三日に天台山麓の国清寺に到着した。その後、山内を巡礼したり、諸僧と交流するなどして日を送る。この間、五台山巡礼を申請したところ、上京の命を受け、八月六日に国清寺を離れて上京の途につき、十月十二日に都の汴京（開封）に到着している。そして神宗皇帝との謁見を経て、五台山巡礼を果たすのは十二月のことである。すなわち五月

二十八日は、まだ天台山滞在中で、『参記』同日条によれば、台州衙に赴き、知州に謁して天台山滞在の許可を受けている。したがって、この日に「参五台山」とするのは、明らかに誤りである。しかし成尋自身が間違えるとは考えられないであろう。底本では行を改めて続く④の冒頭「平興国寺伝法院」は正しくは「太平興国寺伝法院」であるので、「太」字が欠けている。類本では「太平興国寺伝法院」とあり、宮本では「太」字は次行末の「以」の傍注のような形で記されている。太平興国寺伝法院は著名な寺院であるので、両本は意を以て補った可能性も考えられるが、いずれにしても原文の「参五台山」から「平興国寺」までに、誤脱があることは間違いない。ここで参考にしたいのは、『元亨釈書』巻十六・力遊所載成尋伝の記述で、関連する箇所には、

登二天台一、遊二五台一。西台見二五色雲一、東台見二円光一。光照二尋身一、光中現二群菩薩一、其数一萬許。南台見二金色世界一。返入二汴京一。神宗召二見延和殿一。賜二紫衣、絹・帛一。勅館二太平興国寺伝法院一。

とある（全文は下文参照）。成尋がたどった実際の経過からいえば、天台山巡礼↓上京して太平興国寺伝法院に滞在↓五台山巡礼↓帰京となるが、天台山・五台山巡礼をまとめて記述している。後述するように、『元亨釈書』成尋伝の構成と「熙寧六年書状」の構成は類似している。そこで「熙寧六年書状」原文の③から④にかけては、あるいは『元亨釈書』のような記述があったものかと推測される。この点について詳しくは下文であらためて言及することにしたい。

④太平興国寺伝法院。依レ為二訳館一、天竺訳経三蔵等多以集住。西天訳経三蔵朝散大夫試鴻臚卿宣梵大師賜紫日称《中天竺人也。来唐二十六年》、詔同訳経朝散大夫試鴻臚小卿宣秘大師賜紫恵賢、詔同訳

経梵才大師賜紫恵詢《已上二人唐朝人也》、證梵義西天廣梵大師賜紫天吉祥《中天竺人也》、筆受・綴文・證義等大師有二其数一。

十月十二日に汴京（開封）に到着した成尋一行は、翌十三日に安下所に指定された太平興国寺伝法院に到り、多くの僧侶に迎えられた。『参記』十月十三日条に、

十三日、……早旦従二大平興国寺伝法院一告送、八月四日安下処　宣旨下了、早可二来入一者。巳時向二伝法院一。……院少卿来迎、諸僧有二其数一。……院大卿乗レ馬還レ房。即崇斑相共参向。中天竺人也。年五十六云々。出二西天一三箇年。来二著当朝一、已経二二十五年一。名二日称三蔵一。色黒如レ墨。依レ有二徳行一、公家為二国師弁院司一云々。

とあり、翌十四日条には、

大卿者西天訳経三蔵朝散大夫試鴻臚卿宣梵大師賜紫日称、中天竺人也。小卿者朝散大夫試鴻臚少卿同訳経宣秘大師賜紫慧賢、三蔵者詔同訳経梵才大師賜紫恵詢、訳経證義文章文恵大師賜紫智普、訳経證義講経論慈済大師賜紫智放、訳経證義西天広梵大師賜紫天吉祥、中天竺人也。……

といったように、院主日称三蔵から、④では省略されている筆受・綴文・證義等にいたるまで伝法院で訳経に従事する僧名が列記されている。(17) したがって④は十月十三日・十四日に関わる記事であることが知られる。ただし日称三蔵の宋滞在年数について、④には「二十六年」、『参記』では「二十五年」とする違いがあるが、これにつ

いては下文で触れる。

⑤七年新来中天竺三人・丈夫国二人《五天竺西北方大国也》、依下参二五台一本意上、或陸地或従二南海一来人々也。皆以親見、宛如二旧識一。

「七年」は不審であるが、『参記』十二月二十七日条に似た内容の記事を見出す。

廿七日、……辰時、参二天吉祥三蔵房一拝観。従二中印度摩竭提国一到来経二廿二年一云々。見二其容貌一、最可レ云二奇特一。同見二中天竺僧二人・五天竺西北丈夫国僧二人一。中天両人従二陸地西藩一来、今年二月到二著当院一。月内　朝見賜二紫衣一。五月参二五臺山一。五月還二著院一。天吉祥三蔵同参臺人也。丈夫国二人従二南海一来二著広州一。今日著二当院一皆喫二茶薬一還レ房。次入二新来中天二人房一喫二茶薬一。午時従二丈夫国僧房一有レ請。即行向喫二茶幷湯薬一。皆知二唐語一。今日院内上下皆来集労問。未時新来中天来坐。令レ喫レ茶了。丈夫天国一人来坐。令レ喫レ茶了。

表現は異なるが、陸地・南海といった言葉から、⑤がこの日の記事に対応していることは明らかであろう。「今年二月到二著当院一」といった記事が冒頭の「七年新来中天竺三人」に対応するものとみられ、したがって「七」は「今」の誤写の可能性が高い。

⑥二日、参内、於二後苑涼津亭一《池中心八角閣也》、始二祈雨粉壇法一。皇帝駕来、着レ壇焼香。

「二日」とは、年が変わった熙寧六年（延久五）三月二日のことで、これ以下、人口に膾炙する祈雨の奇跡に関

わる記述が続く。熙寧六年に入り折からの旱に悩まされていた神宗皇帝により、成尋は祈雨を命じられたのである。三月二日条に、

二日、……辰時、有二祈雨粉壇請書一。後苑司皆判。日本国僧成尋従二今日一於二後苑一可二粉壇祈レ雨者。可レ修二法華法一由奏了。……借レ馬参二仕後苑一。　皇帝御殿北大池々中有二大宝殿一。《名瑶津亭也》御念誦堂也。造二大橋一人通二宝殿一。以二件殿一為二壇所一。荘厳甚妙。宛如二衆香城一。八角二階殿也。池方二町。池様方也。……皇帝駕二来道場一焼香。拝二法華場一焼香。成尋立二護摩壇一。皇帝来御被二仰下一、丁寧可二祈申一者。可レ尽二忠節一由　奏了。

とある。皇帝から直々に〈丁寧に祈り申す可し〉との言葉をかけられ、緊張した成尋の面もちが伝わってくる記述である。

⑦四日、巳及行雨。日本先々大師等入唐之時、無レ如二此事一。成尋至愚身始修二此法一。為二本国一為レ報二朝恩一、必欲レ顕二霊験一。午時俄雷電雨降。終夜大雨。

成尋は祈雨の修法を二日に始めたが、三日にはいまだ雨の兆候はなかった。〈本国の為、験無くば大いに恥辱也〉と成尋は〈誠を致し行を修〉したところ、その願いが通じたか、三日目にあたる四日未時、待望の降雨を得たのである。『参記』には次のようにみえる。

三日、……皇后達為レ礼二法華壇一参レ堂云々。……皇帝同以駕来云々。聞二如レ是事一、必欲レ顕二法霊験一。一ニ

ハ後五百歳一乗流布時。顕二法華勝利一、弥令レ信二一乗一。二ニハ為レ報二　皇帝広恩一、必欲レ顕二法験一。三ニハ前々大師等従二日本一来給、未レ有二如レ此事一。小僧始有二此事一。為二本国一無レ験大恥辱也。依二此事一致誠修行、三日之内、欲レ感二大雨一。　皇帝頻労問。而天弥晴、更無二雨気一。……

四日、……後夜時後中心思レ之。今日已及二三日一。而天晴无二雨気一。本尊・諸尊可二助成給一。辰時散二念誦一間眠入之処、如二陵王一装束人一人、又如二納蘇利装束一人共馳二上天一了。覚畢思レ之、赤龍・青龍上レ天也。深憑念レ之、日中時切々祈申了。未時俄以天翳大雨下。雷電頻鳴、雨足弥大。一時之間大降二甚雨一。申時天晴雨気散了。為二随喜一　皇帝可二参堂給一由。騒動数剋。々々奉レ待間、太保為二御使一来、懐中出二取一紙一与二小僧一。文云、雖レ似レ多二感応一得レ雨不レ多。弥可二精禱一者。答奏云、　龍王登レ天。更有二何疑一。随二　聖旨一弥可二精禱一。即入二懐中一持参了。雖二似之言一、頗以有レ思。依レ之弥祈乞レ雨。其後有二雨気一。雖二小雨下一風頻吹不快也。申三点有二勅使一。太保　仰云、雖レ有二雨気一、風迅吹雨不レ下。可レ祈二止風一。若有二可レ入物一。可レ　奏者。即答奏云、十二天壇中風天坐可レ祈二止風一由、別不レ可レ有二入物一。即誦二念風天真言一万遍一祈申。酉一剋風止雨大下。終夜甚雨。七時行法畢。経七。

⑦は本記三日条・四日条を要約した記述になっていることが知られる。本文の「已及行雨」には何か誤りがあると思われるが、『参記』の「今日已及二三日一。而天晴無二雨気一。」に関わる記述であろう。なおはじめて降雨をみた時刻について、「熙寧六年書状」では「午時」とし、『参記』では「未時」となっているところが異なっている。

⑧明日早旦、依レ雨感悦皇帝駕来。従二今日一延修七日、可レ答二謝龍王一由宣旨下了。三日三夜雨下。

「明日」とは五日のことで、『参記』五日条には、

五日、……雨下。従レ夜至二辰時一大下。巳一点雨頗宜間、皇帝駕御。諸僧共立間、申二万歳一如レ常。為レ悦焼香。於二法花壇一、焼香礼拝。…太保来　宣旨云、従二今日一延二七日一可レ法二楽下雨龍王等一。十二日可二結願一也者。従二未時一雨大下。終夜甚雨。四時法了。依二自行即化他一暫止レ法。

とある。皇帝の駕来、七日間の延修を命じられたことなど、『参記』記事と一致する。
この後、六日まで雨が降り続いたため、止雨を命ぜられると、申時には雨が止み、翌七日以降も晴れが続く。皇帝をはじめ宋の人々が成尋の霊験に感じ、日本に成尋のような人物はいるかと問われて〈多々なり〉と答えるのは七日のことである。

⑨十一日、皇帝駕来焼香。夜半結願。

『参記』同日条に、

十一日、……辰三点、皇帝賀〔駕〕二来瑤津亭一焼香。立二法華壇辺一。以二五杵一加二持　皇帝一。……還御之後、太保幷官勾楊供奉三人曳二銭等一出二南亭一賜レ之。……半夜結願了。……

とある。

⑩十二日、早旦退出之間、賜二仙果・茶、布施禄物一以多々。

『参記』同日条に、

十二日、……卯一点退二出初門一。……従二御前一廿榛〔桃カ〕子・茶二斤、入二銀八角筥一、盛二鍮石榛子一将来。出二東華門一。

とある。なお、仙果とは桃の異名である。

⑪廿七日、賜二師号善恵太師一。

『参記』同日条に、

廿七日、……後三蔵来告、賜二善慧大師号一云々。……

とあり、伝法院僧から善慧大師号賜与のことが伝えられている。ただし実際に成尋が中書門下の賜号牒状を手にするのは、四月四日のことである。

⑫依二聖旨一、交二訳経座席一、見二翻経作法一。訳寮人数、詔勅訳経三蔵三人、証梵義一人、筆受二人、綴文二人、証義八人、都合十六人也。

これは⑪の翌二十八日に関わる記事で、『参記』三月二十八日条によれば、勅使（御薬）の来訪を受け、今後の予定などについての問答の後、訳場（訳経の現場）に参列することが許され、親しく訳経の様子を見学したことが記されている。

廿八日、……御薬云、列二訳経證義座一、看二訳経一幷可二喫食一由者。随レ使来出二訳庭一。先大卿取二梵文一紙一談了。次筆受智宝取二梵文一句一読レ之。梵才三蔵唱二漢語一筆受書了。次読二梵文一句一如レ前。如レ此一紙訳了。詔同訳少卿読二漢語一了。前後焼香・薫香有二手水散一。下座證義一人発願廻向。唱二宝号一奉レ祈二皇帝一。……

ただし⑫の「訳寮人数……都合十六人」に相当する記述は『参記』のこの日の記事には見られない。このことについては、下文であらためて触れることにする。

四　「熙寧六年書状」独自の記述

以上、「熙寧六年書状」の内容を『参記』記事と比較しながら、眺めてきた。全体として書状は『参記』の抄録ということができるであろう。しかしながら単なる抄録ではなく、本記にはない記述や異なった表現がある。そしてそれらの箇所は、『参記』全体を熟知している者、すなわち成尋でなければ増訂ができない内容で、この「熙寧六年書状」が成尋書状に間違いないことを証明する重要な意味をもっていると考えられる。(18) 筆者が特に注目するのは次の例である。

④のa恵賢・恵詢に付された「已上二人唐朝人也」という注と、b日称に付された「来唐廿六年」という注

⑤のa「丈夫国二人《五天竺西北方大国也》」、b「依参五台本意」、c「皆以親見、宛如旧識」という記述

⑫の「訳寮人数、……都合十六人也」という記述

まず④のaについては、『参記』翌年五月十一日条に、次のような記事を見出す。

　十一日、……未時出レ船間、梵才三蔵弟子温大師来拝。常州大平興国寺住僧也。三蔵申与二紫衣一也。示〔云カ〕三蔵常州人。次少卿宣秘大師東京雍丘県人也者。……

常州に停泊していた成尋のもとを梵才三蔵の弟子が訪れ、梵才大師（恵詢）は常州の人、宣秘大師（恵賢）は東京（開封）の人であることを語ったのである。おそらくこの知識に基づいて、「已上二人唐朝人也」という注記がなされたのであろう。次にbについてであるが、『参記』延久四年十月十三日条には「来二著当朝一、已経二二十五年一」とある。一見すると齟齬を生じており、「熙寧六年書状」の誤写が考えられる。しかしこれは本記記述の熙寧五年当時は二五年目であるが、翌熙寧六年の書状執筆時でいえば二六年目となり、「熙寧六年書状」執筆時現在で増訂がなされたと考えれば誤写等の疑問も解消する。この記事は「熙寧六年書状」の信憑性を示すものとして、筆者が特に重視するところである。

次に⑤の記述全体が『参記』十二月二十七日条に基づくものであることは明らかであるが、ここにあげた三点の記述は『参記』には見えない。まずaでは丈夫国について、本記では「五天竺西北丈夫国僧二人」とするのに対し、「五天竺西北方大国也」と「大国」としている。『参記』熙寧六年正月十九日条に、成尋が丈夫国僧吉祥子に本国までの行程を尋ねたところ、「丈夫国、五天竺中西北方。経レ海従二西海一向レ南行二三箇月到一著西印度信渡国一。下レ陸歩行三箇月致（到）二来中印度一云々。丈夫国王城四面皆一百里云々。」と答えたとある。方百里の王城といったところから「大国」という表現を用いたのであろう。

次に⑤b「依参五台本意」という文言であるが、この部分に対応する本記には「本意」という言葉は使われていない。しかしながら、実は「本意」という言葉は成尋が好んで用いていた言葉で、『参記』延久四年六月二日・閏七月二十七日・八月十四日・十月十九日、翌年正月二十日・三月七日の各条にみられる。例えば延久四年六月二日条の五台山等巡礼を乞う上表文の中で、次のように用いられている。

右ム従二少年時一有二巡礼志一。伝聞、江南天台、定光垂二跡於金地一、河東五臺、文珠現二身於巌洞一。将レ欲下尋二其本処一巡中礼聖跡上。而為二大雲寺主一三十一年、護二持左丞相一二十年。(19)如レ此之間、不レ遂二本意一。令〔今〕齢満二六旬一、余喘不レ幾。若不レ遂二鄙懐一、後悔何益。因レ之得レ謝〔附〕二商客船一所二参来一也。

また熙寧六年正月二十日条には、五台山巡礼から帰京した成尋が宋の役人から今後の予定を問われて、

答云、待二花水一赴二台州天台山一、十二処道場一々数十日修二行秘法一、欲レ求二聖応一。其後明後年奏二事由一入京。又参二五臺山一、毎二臺頂一九旬修二行仏道一帰京。是本意也。

と答えている。この他『母集』にも例があり、(20)成尋が「本意」という言葉を頻りに用いて、自分の宿願が天台山・五台山巡礼にあることを強調している。⑤における表現と文脈において相通じていると言えよう。

そして⑤c「皆以親見、宛如二旧識一」という表現には、中天竺僧だけでなく、④に列記された人々も含めていることは言うまでもなく、「今日院内上下皆来集労問。」とある記事に対応するものであろう。これらの⑤における本記にない記述は、成尋以外の人物が勝手にする表現ではなく、成尋ならではの文章であるということができよう。

⑫については、④で触れたように、『参記』延久四年十月十四日条に伝法院のメンバーが列記されているが、熙寧六年二月二十二日条に、「講堂集会訳経。当寺・他寺人々有ㇾ斎。斎後父子合集経第四巻。了分散了。大卿・少卿・三蔵、梵義《天吉祥》、綴文二人・筆受二人・證義八人等也。読人證義文正也。」という記事がある。おそらくこの記事に基づくものであろうが、注目したいのは、『参記』同日条が綴文・筆受・證義の順に記しているのに対し、⑫では筆受・綴文・證義の順になっていることである。二月二十五日に成尋自身が写し取った新訳『父子合集経』をはじめ、熙寧当時の訳場列位の順は筆受・綴文・證義となっている。(21) つまり、列位の順を理解した成尋が正しい順に並び替えて記述したと考えられるのである。この変改も成尋ならではのものと言えよう。

この他、⑩の「賜二仙果・茶、布施禄物一以多々。」において、『参記』本文の「榛子」（桃カ）を「仙菓」（桃の異名）と言い換えているのも、成尋ならではと言えるかも知れない。熙寧六年四月七日条に「有二仙菓・茶飲一」、五月二十六日条に「儲二仙菓・茶一」といった記事がみえ、成尋の好んだ表現と思われるからである。

このように、「熙寧六年書状」にみられる、『参記』にはない記述や異なる表現に注目すれば、同書状が本記の単なる抄録でないことは明らかである。『参記』記事全体を良く知る者、つまり成尋でなければできない記述であり、表現というべきであろう。成尋自身が本記に基づいて抄出し、適宜注を加えるなど増訂する形でまとめたものとみなすのが妥当と考える。

なお、体裁の面で、果たしてこれを書状（書札）と呼べるのかという疑問もあるが、『母集』にみえる成尋書状の一通は、次のようなものである（括弧内は石井の注記）。(22)

三月十九日、筑紫の肥前の国松浦の郡に、壁島といふ所を離れて、同じ二十三日、みむしう（明州か）のふくゐ山を見る。そこに三日の風なくてあるに、はじめて羊の多かるを見る。同じ二十九日、ゑしう（越州か）

のしらのそくに着く。たよりの風なくして、数の日をつめらる。四月十三日、杭州のふかく天に着く。二十九日、たいとのかみ、なんつい山のきようかけ寺（南屛山興教寺）に、うけ来たる八人の僧に、さいすはしおもく迎へらる。日本の朝の面目とす。五月一日、ふてそうたまはりて人々。

意味の取りにくいところもあるが、「熙寧六年書状」と同じように『参記』を要約した日次記風に記されている。体裁の面からも「熙寧六年書状」を源隆国書状に言う「禅札一緘」とみることに何ら問題はないであろう。

五　「熙寧六年書状」と『元亨釈書』

さて、この「熙寧六年書状」について注目したいのは、元亨二年（一三二二）成立の『元亨釈書』巻十六・力遊所載成尋伝の中の入宋関係の記述が、ほぼ「熙寧六年書状」と類似した構成になっていることである。今、『元亨釈書』入宋関係記事本文の対応している箇所に「熙寧六年書状」の段落番号を付して引用すると、次のごとくである（返り点は省略する）[23]。

釈成尋、姓藤氏、簪紱之冑也。事石蔵文慶、稟密教。

①延久四年三月、乗宋商孫忠船。

②著蘇州界。神宗熙寧五年也。

③登天台、遊五台。西台見五色雲、東台見圓光。光照尋身。光中現群菩薩。其数一万許。南台見金色世界。返入汴京。神宗召見延和殿。賜紫衣絹帛。

④勅館太平興国寺伝法院。時西天訳経三蔵朝散大夫試鴻臚卿宣梵大師賜紫日称、奉勅従事翻訳。称者中天竺人、東来已二十六年。同預者朝散大夫試鴻臚小卿宣秘大師賜紫慧賢、梵才大師賜紫慧詢。二人宋人。證梵義西天廣梵大師賜紫天吉祥、中天竺人也。又筆受・綴文・證義等皆悉備足。

⑤尋与梵宋碩師、親炙遊処。

⑥六年、天下大旱。神宗聞尋有密学、勅於瑤津亭修祈雨密法。

⑦尋謂、本邦宿徳遊此方、名尤顕者十数人、未有承詔旨也。今我攘宋地之灾沴、又為本国之光華。便修法華法。至第三日夜、雷電閃鳴、大雨徹旦。

⑧神宗遣中使賀慰、宣曰、乞延修七日、霑洽率土。尋依勅、霖雨三日。

⑨神宗幸壇所焼香。

⑩翌日帰伝法院。勅送茶果達嚫若干。

⑪後十余日、賜号善慧大師。

⑫又勅加訳場。

○監事張太保問曰、日本国又有霊如闍梨者乎。対曰、我国密乗甚盛、感応如響。我之儔豈得歯乎。太保嘆曰、西天日照三蔵祈雨五日而得。中天慧遠・慧寂七日而応。未有如闍梨三日之速矣。

○此歳有本朝船便。尋奏取新訳経三百余巻寄来。……

「熙寧六年書状」とほぼ対応していることに気付くであろう。⑫の次にある「監事張太保問曰……」という記述は、『阿娑縛抄』[24]所引のものには見えないが、抄出に際して略されたのかも知れず、異なるのは②の「明州」を「蘇州」としている程度といってよい。そして注意しておくべきことは、『元亨釈書』の撰者虎関師錬が『参記』そのものを見ていないことである。[25] それは『元亨釈書』では「延久四年三月、乗㆓宋商孫忠船㆒。」と宋商の名を孫忠としているが、『参記』延久四年三月十五日条には、一ノ船頭曾聚・二ノ船頭呉鋳・三ノ船頭鄭慶と明記されている。師錬には『参記』参照の機会はなかったとすべきであろう。それでは『元亨釈書』成尋伝の資料は何かということになるが、構成の類似からみて「煕寧六年書状」が参考にされている可能性があるのではなかろうか。特に注目したいのは、④の日称の滞宋年限について「東来已二十六年」としていることである。前述のように、『参記』では「二十五年」、「煕寧六年書状」では「二十六年」となっている。また「二人宋人」という注記も「煕寧六年書状」に共通する。このような本記とは異なる記述や注記における一致は見逃すことができず、『元亨釈書』が「煕寧六年書状」に依拠していることを物語るものではあるまいか。

『元亨釈書』以外の成尋に関する伝記についても、「煕寧六年書状」が一つの藍本として利用されたのではないかと推測されるのであるが、これについては、「石蔵経蔵」に送られた『入唐日記』すなわち『参天台五臺山記』の流布の問題と関連して、別稿を期することにしたい。

むすび

以上、『阿娑縛抄』所引「煕寧六年書状」は源隆国返書に記された「禅札一緘」に相当するものであり、その内容はほぼ『参記』と重なるが、本記にない記述も見られ、『参記』以外に入宋以後の史料がほとんどない成尋について考える上で貴重な史料であることを述べてきた。現在知られる書状は、承澄が〈要所を少々抄出〉したというのであるから、もとは相当長文であったと推測される。こうした長文の書状を隆国に送っているのは、すでに指摘されているように、隆国の説話蒐集に資するという意味合いもあったと考えられる。特に天竺僧らの動向に詳しい注をつけていることに注目したい。源隆国が天竺に関心を寄せていたことは、『宇治拾遺物語』序の「天竺の事もあり、大唐の事もあり、日本の事もあり」といった記述などによく知られているところである。『参記』熙寧六年正月二十三日条等に、成尋が宋で入手した書籍類を左大臣藤原師実や民部卿藤原俊家（隆国の娘婿）・治部卿源隆俊（隆国の嫡男）らに送る記事はあるが、不思議なことに源隆国宛のものはない。成尋は自らの貴重な異国体験を綴った「熙寧六年書状」こそ、説話に興味を持つ源隆国への何よりの贈り物と考え、弟子の帰国を目の前にして『参記』からの抄出に努めていたのではなかろうか。

注

（1）『参記』熙寧六年五月三十日条によれば、坐禅供奉らへの消息を宋商人劉琨に託しているが、その内容は明らかでない。また弟子に託して日本のゆかりの人々に品物が贈られており、これらにも当然何らかの書状が添えられたであろうが、内容まで伝えられているものはない。『参記』以外で熙寧七年の日付をもつ成尋の隆覚宛書状なるものが『天台霞標』に掲載されているが、疑問である（後注（7）参照）。『参記』については、『大日本仏教全書』遊方伝叢書三（初版一九一七年）所収、島津草子『成尋阿闍梨母集・参天台五臺山記の研究』（大蔵出版、一九五九年）、平林文雄『参天台五臺山記校本並に研究』（風間書房、一九七八年）及び東福寺所蔵本影印本（東洋文庫、一九三七年）等参照。なお、河内春人氏作成『参天台五臺山記』全文DBを利用させていただいた。河内氏に御礼申し上げる。

（2）石井正敏「『成尋阿闍梨母集』にみえる成尋ならびに従僧の書状について」（『中央大学文学部紀要』史学篇、二〇〇七年三月刊行予定→本書18）参照。

（3）『朝野群載』は新訂増補国史大系本による。但し、内閣文庫・宮内庁書陵部等所蔵写本数本を参照し、文末の「古賢之誡」を「古賢之誡」に改めた。

（4）成尋の家系については、永井義憲「成尋阿闍梨母集の研究」（『日本仏教文学研究』二、豊島書房、一九六七

年）、平林文雄（注（1）前掲書）等参照。

（5）源隆国については数多くの研究があるが、本稿に関しては、長野甞一「宇治大納言をめぐる」（日本文学研究資料刊行会編『今昔物語集』有精堂出版、一九七〇年。初出一九四二年）、永井義憲「成尊・成尋と宇治大納言隆国」（『日本仏教文学研究』三、新典社、一九八五年。初出一九七七年）、目崎徳衛「宇治大納言源隆国について」（『古文研究シリーズ9「今昔物語」』尚学図書、一九七九年）、原美和子「成尋の入宋と源隆国の説話集編纂」（『アジア遊学』三七、二〇〇二年）等、参照。

（6）梯信暁（西村冏紹監修）『宇治大納言源隆国編安養集本文と研究』（百華苑、一九九三年）参照。『安養集』のことは『参記』では、延久四年六月二十日・七月十日・八月六日・十月二十五日条等に記されている。

（7）「石蔵禅師」とは、隆覚とみなしてよいと考える。成尋と隆覚に関連しては、『天台霞標』初編巻之四（大日本仏教全書第一二五冊、一〇八頁）に、本文が「震旦国住東京開宝寺僧成尋、謹言日域山城国帝都北岩倉山大雲寺円生樹院阿闍梨隆覚大法師門下」に始まる、熙寧七年甲寅卯月付け「贈隆覚法師書」が収められている。これについて筆者はかつて成尋生存を示す史料として言及したことがある（石井正敏「成尋生没年考」『中央大学文学部紀要』史学科四四、一九九九年、二一～二二頁→本書16）。しかしながら、源隆国書状の（ト）で隆覚が阿闍梨位を得たことをはじめて成尋に伝えているとすれば、成尋が熙寧七年付け書状に阿闍梨隆覚と書けるはずはない。したがって「贈隆覚法師書」を成尋の真の書状とみなすには疑問がある。なお同書状については群書類従本『大雲寺縁起』にも引用されているが、その日付は「熙寧弐稔己酉卯月日」となっている。熙寧二年は延久元年にあたり、そもそも誤りである。

（8）『百練抄』延久五年十月条参照。

（9）『続資治通鑑長編』巻二百八十六・熙寧十年（日本承暦元）十二月乙酉条に、「明州言、日本国遣二僧仲回等六人一貢二方物一。」とみえる。同書翌元豊元年二月辛亥条等によれば、僧仲回らは宋海商孫忠の船を利用したことが知られる。なお、原美和子「成尋の大宋と宋商人——入宋船孫忠説について」（『古代文化』四四—一、一九九二年）参照。

（10）『阿娑縛抄』「明匠等略伝」は上（第百九十四・天竺）中（第百九十五・日本上）下（第百九十六・日本下）から成り、成尋伝は下に収められている。活字本には『大日本仏教全書』第六十冊（鈴木学術財団、一九七一年。

初版一九一二年)、『大正新脩大蔵経』図像・第九巻(一九七七年、大正新脩大蔵経刊行会、一九七七年。初版一九三四年)等があり、写本では内閣文庫本(架号一九三―三七二)・宮内庁書陵部本(架号一一一―一六五)を参照した。また『群書類従』巻六十八『明匠略伝』上下(刊本第五輯)は、その奥書が『阿娑縛抄』の奥書と一致し、同書から抜き出したものであることが知られるが、『阿娑縛抄』現伝本とは異同があるので参考とした。『阿娑縛抄』の著者をはじめ成立時期等の書誌については、松本公一「『阿娑縛抄』の書写奥書について――滋賀成菩提院蔵本にみる教学の伝授と集積」(河音能平・福田榮次郎『延暦寺と中世社会』法蔵館、二〇〇四年)、切畑健「阿娑縛抄――その成立と撰者承澄――」(『仏教芸術』七〇、一九六九年)、宮島新一「阿娑縛抄をめぐる二、三の問題」(『仏教芸術』一一二、一九七七年)、松本公一「『阿娑縛抄』書写奥書についての覚書」(『国書・逸文の研究』二〇〇一年)等参照。なお、「熙寧六年書状」は『天台霞標』初編巻之四(大日本仏教全書第百二十五冊)「善慧成尋和尚」にも引用されている。

(11)「丈夫国」について、『参記』東福寺本をはじめとする写本でも「大天国」ないし「大夫国」となっているが、仏教全書本『参記』延久四年十二月二十七日条に、「大天恐丈夫誤。世親伝所謂富留沙富羅此翻丈夫国。今**Peshwar**(**Puruṣapura**)是也。」と考訂注が指摘するように、丈夫国が正しく、現在のパキスタンのペシャーワル地方をいう。『今昔物語集』巻四「無着世親二菩薩、伝法語第廿六」に、世親の住地とみえる。

(12)前注(10)諸論文参照。

(13)ただし『参記』熙寧六年五月十七日条に源隆国宛書状に関する記述はない。

(14)宛所「進上　大納言殿」、脇付「侍」について、書札礼からみても問題はないであろう。

(15)平林文雄氏は注(1)前掲書に『明匠略伝』(群書類従本であろう)から引用されているが(三六六頁注2)、特に検討はされていない。

(16)藤善真澄「日宋交通路の再検討――壁島より岱山へ」「日宋交通路の再検討――岱山より杭州へ」(『参天台五臺山記の研究』所収、関西大学東西学術研究所、二〇〇六年。初出一九八七・一九八八年)

(17)これらの訳経僧については、藤善真澄「宋朝訳経始末攷」(注(16)前掲書所収、初出一九八六年)参照。

(18)なお本記と異なる記述に、②の「二十五日、着明州」、③の「参五台山」、⑦の「午時」などがある。②③はすでに上文で述べたように明らかに誤りであるが、成尋自身が間違えることは考えられないので、転写の誤りか、あるいは抄出に際しての誤解ないし誤写の可能性が高いであろう。これに対し⑦は必ずしも誤りとは断定できない。午・未はその末と初とでは重なり、どちらとも表現できる時間帯であるので、以下の本文で述べるように成尋自身が書状執筆に際して改められた例に含めるべきかも知れない。

（19）この「左丞相」を通説では藤原頼通とするのに対し、かねて筆者は頼通の息師実とみるべきことを述べ（「入宋巡礼僧」荒野泰典・石井正敏・村井章介編『アジアのなかの日本史　Ⅴ自意識と相互理解』東京大学出版会、一九九三年↓本書13）、師実の元服を機に成尋が護持僧とされたことを論じた（「成尋――一見するための百聞に努めた入宋僧」（元木泰雄編『古代の人物⑥王朝の変容と武者』清文堂、二〇〇五年↓本書15）。ところが最近、『大日本仏教全書』遊方伝叢書四（初版一九二二年）所収『刪補天台五臺山記』を読み直した際に、この「左丞相」に「左大臣藤原師実」（六九頁）と注記がしてあることに気付いた。考訂者高楠順次郎氏による左丞相＝藤原師実説がすでに示されていることを明記するとともに、氏の見識にあらためて敬意を表する次第である。

（20）『母集』にも成尋の言葉として、「なほ内裏に宣旨申して、賜ばば、本意（ほい）のやうに唐に渡りて、申して来ん。」（伊井春樹『校注成尋阿闍梨母集』和泉書院、一九九三年、七九頁）と見える。

（21）藤善真澄（注（16）前掲論文）参照。

（22）伊井春樹（注（20）前掲）校注本による（一一九～一二〇頁）。ただし書状の末尾を「ふてそうたまはりて人々」までとすることについては、石井正敏（注（2）前掲論文）参照。

（23）『元亨釈書』は新訂増補国史大系本による。

（24）『参記』では、この問答は熙寧六年三月七日条にみえる。

（25）原美和子（注（9）前掲論文）参照。なお、本文ならびに注（9）で触れたように、本書の返事とみられる源隆国書状は孫忠らに託されたと考えられる。これが『元亨釈書』①の記述につながっているのかもしれない。

20　入宋僧成尋のことなど

昨年（一九九五年）の夏、中国の杭州・寧波（明州）・天台山さらに臨海（台州）を訪ねた。一九九一年の夏には北宋の都であった開封および五台山を訪れているので、これで念願としていた、『参天台五臺山記』で知られる入宋僧成尋の足跡を、点ではあるがいちおうたどることができたことになる。上海から列車・自動車・バスを利用した旅で、往時の巡礼にはくらぶべくもないが、かえってそのような現代的な旅であらためて先人の偉業を感じることができたように思う。一見なだらかにみえる美しい稜線の五臺山も、近づけば険しい山道で、途中デコボコ道のため車を降り、徒歩で登ってようやく中臺頂に着いた時の感激。天台山では華頂山の名にふさわしく、幾重にも重なる花びらの中心にいるような、眼前に広がる素晴らしいパノラマ、などなど。往時の高僧を偲ぶには十分の旅であった。

さて、成尋とその日記については、故森克己先生から『参天台五臺山記』をはじめて学んで以来いろいろな思い出があるが、これから書こうとするのは、いまから十余年前のできごとである。非常勤講師を務めていた東洋大学で、日宋関係をテーマに講義を進めていたとき、話が成尋に及び、成尋の宋における行動を一通り述べた。特に祈雨の修法を行って三日目に雨を降らせ、皇帝をはじめとする宋の人々に感嘆されたことなど、古くから日本人の面目をほどこしたと喧伝される話を紹介した。そしていつものように授業の終わりに「何かご質問は」と尋ねたところ、聴講生の一人が手を挙げ、そのことは確かに成尋自身の日記には詳しく記されているが、宋側の史料に祈雨に関連しては成尋の名がでてこないようである。とすると、これは本当にあったことなのでしょうか。成尋の日記を信用してよいのでしょうか、といった趣旨の質問があった。確かに『参天台五臺山記』に伝えられているような劇的なことであれば、宋側の史料のどこかに祈雨に関連して成尋の名が出ていてもよさそうにと思いながら、いまだ見いだすことができないでいる。しかしだからといって、この記事を疑う理由も特にないので、「確かに他に傍証する史料がなく、もっともな疑問ではあるが、まず事実と見てよいでしょう」と答えながら、一方では兼ねて気にかかっていた文書の一節を思い起こしていた。

すなわち、天喜初年の頃のものと推測されている「大宰府政所牒案」（『平安遺文』四六二三）で、天暦年間に中国天台山を領する呉越国からの要請で、日本にある天台宗の経典を届けた延暦寺の僧日延の事跡を伝える貴重な文書である。この文書は竹内理三氏が昭和二十九年に太宰府神社文書の中から発見され、故桃裕行氏らの見解をまじえて「『入呉越僧日延伝』釈」と題して『日本歴史』八二号（一九五五年三月）誌上に発表された。その後、桃氏は天台経典送付のこと、日延がもたらした符天暦のことについて論文を発表されている（『桃裕行著作集』八、吉川弘文館、一九九〇年）。

私の注意を引いていたのは、その文書の、

以去天暦十一年、十月廿七日改元、以来云天徳元年、（原注カ）随身帰朝。即与勅使蔵人源是輔、相共駅伝入京、依数献納公家。御覧之後、暦経者被下預保憲朝臣、法門者被上送台嶺学堂、外書春秋要覧・周易会釈記各廿巻等者、被留置江家已了。又在唐之間日記、召式部大輔橘朝臣直幹・文章得業生藤原雅材等、被令試問真偽、

所陳申皆須状矣。仍天暦聖主、殊垂哀憐、賜僧綱宣旨又了。然而日延者身固辞、遁世隠居。（一部句点を改め、傍注を加えた）

とある部分、特に〈又在唐ノ間ノ日記、……真偽ヲ試問セシメラル〉とある箇所である。

『直幹申文絵詞』で知られる橘直幹の名がみえることも興味深いが、何と言っても在唐中の日記の真偽を試問するとはどういうことだろうと不審に思っていた。「日記」には日次記の他にもいろいろな意味があることはすでに説かれているとおりであるが、この日延の「在唐之間日記」は、円仁の『入唐求法巡礼行記』、円珍の『行歴記（行歴抄）』、奝然の「在唐日記」、そして成尋の『参天台五臺山記』や戒覚の『渡宋記』などと同じように、呉越滞在中の日次記と理解してよいであろう。分量や内容が一切分からないことは残念であるが、いずれにしてもその日記の真偽を試問させたというのである。なぜこのようなことが行われるのか、それは続く文章に〈仍リテ天暦ノ聖主、殊ニ哀憐ヲ垂レ、僧綱ノ宣旨ヲ賜フコト又了ンヌ。〉とあることからすると、日延の評価の基礎になるからであろう。そしてこのことは当然日延だけでなく異国に奉使した他の使者や留学生など同様の立場にあるものに適用されたと考えられる。それにしても遠く滄波を越えて帰国した使者に褒賞を行う前に〈真偽ヲ試問〉するとは穏やかでない。裏をかえせばこれ以前の帰国後の日記や報告で「偽」を述べるもの、たとえば功績を飾るものがいたということになるのではなかろうか。どのようにして真偽を確認したのか、またいつからこのようなことが行われるようになったのか、など分からないことばかりであるが、海外情報の入手が絶対的に困難な当時にあって、帰国した人物の報告を鵜呑みにできないという風潮があったことはまず間違いないであろう。

そこでこの一節を読む時、私がまず想起するのは、仁寿三年（八五三）入唐、天安二年（八五八）帰国した円珍の在唐中の日記『行歴抄』における同門の留学僧円載についての記述である。円珍の記録によれば円載はとんでもない破戒僧である。噂・伝聞ではあるが、犯尼のこと、新羅僧を雇って同僚の殺害を企てたことなどを記し、さらには円載を指して「賊」とまで呼び捨てている。憎しみに満ちた言葉があからさまに記されている。これまでの「破戒僧円載」像がこのような円珍の記述に大きな影響を受けていることは否めない。しかしその他に知られる円載が修行に励む姿を伝える史料などからすると、どうも円珍の記述は一方的で、その背景には比叡山内の複雑な勢力争いという事情がからんでいるようであり、今日では円載の評価について見直しが始まっている（佐伯有清『円珍』吉川弘文館、一九九〇年、藤善真澄「入唐僧異聞」〔『図説日本の仏教』二　密教〕新潮社、一九八八年）。

さて、その円載は元慶元年（八七七）、つまり円珍帰国後約二〇年を経て、四〇数年ぶりに日本への帰国の途に着くが、不幸にも海上で遭難死してしまう。しかし日本の人々は、やがて円載が帰国に際して唐朝から紫衣を聴許され、多くの儒書や経典を携えていたことを知ることになる。このような人々が、円珍の伝える破戒僧のイメージとは別の円載像を描いたにしても不思議ではない。そこでたとえばこのような事例から日記・報告を鵜呑みにできないという考えが芽生えてきたことも十分に考えられるのではあるまいか。もちろん円珍自身は自分の信念にしたがって記述しているのであり、その記述が「偽」の例に該当するというわけではないが、そこに悪意が含まれていることは疑うべくもない事実であろう。中国における評判が日本における評価に直接結びつきやすく、海外の情報が得にくい当時にあって、人々がその判断に慎重になるのも頷けるところである。

いずれにしても前掲の「大宰府政所牒案」の伝える状況には、他に知り得ない興味深いものがある。成尋の足跡をたどる旅において、毎晩、私の「参天台五臺山記」にその日のできごと、感想などを記しながら常にこの記事を思い出していた。

21　『参天台五臺山記』研究所感

――虚心に史料を読む、ということ――

歴史を学ぶ者の心構えの一つとして、「虚心に史料を読め」と言われることがある。しかし実際には、史料の読解という日常的な作業は、それまでの蓄積を先入観としている。そして私の体験からすると、誤った先入観や思い込みによって史料や文献を誤解し、その誤解に気付かないまま検討を進め、あとで気付いて「なーんだ」と思ったり、人から指摘されて顔に汗する思いをすることがよくある。「歴史の虚像と実像」という特集（→『日本歴史』六〇〇、一九九八年）に相応しいかどうか分からないが、先入観や思い込みによって、始めからいわば虚像の中で解釈を進めてしまう、誰もが陥りがちなこと、逆に言えば、「虚心に史料を読む」ということが実際には難しいことについて、題材を入宋僧成尋の日記『参天台五臺山記』にとって書いてみたい。なお以下に述べることは、翻刻・付点・訳注等の仕事は、自らの乏しい体験も踏まえて、大変な努力を必要とすることを承知の上での話であり、またいたずらに先人の業績を貶めるためのものでもないことを、あらかじめお断りしておきたい。

さて、成尋については、主に国文学の分野で盛んに研究が行われ、数多くの論文や著書が発表されているが、成尋の母の歌日記『成尋阿闍梨母集』との関連で取り上げられることが多い。しかし成尋と言えば、何と言っても中心となる史料は『参天台五臺山記』全八巻である。本書については、幸いなことに唯一の古写本で現存写本の祖本である東福寺蔵本の影印本が一九三七年（東洋文庫）に刊行されている。活字本に「改定　史籍集覧」第廿六冊所収本（一九〇三年）、「大日本仏教全書」遊方伝叢書第三所収本（一九一七年）があり、対訳校注本に島津草子氏『成尋阿闍梨母集・参天台五臺山記の研究』（大蔵出版、一九五九年）、校本に平林文雄氏『参天台五臺山記校本並に研究』（風間書房、一九七八年）などがある。そして平林氏校本以来およそ二〇年を経て昨年の六月に斎藤圓眞氏による現代語訳注『参天台五臺山記　I』（山喜房仏書林）が刊行された。全三巻を予定されているという。故森克己先生の授業ではじめて『参天台五臺山記』に接して以来、しばしば研究の参考にし、また教員となってからは、大学院の演習でテキストとして用いることもあった私にとって、難解な史料であることを知るだけに、斎藤氏の訳注に期待するところが大きい。私の経験を言うと、自分の理解できる範囲での、いわゆるつまみ食い程度の利用なら何とかなるが、逐語的な解釈となると、保留・宿題の連続であった。天台僧籍にあられるという斎藤氏には、さすがに仏教関係記事に参考にさせていただくところが多いが、その一方では結局意味がわからないところや、いかがかと思われる解釈もまま見受けられ、あらためて『参天台五臺山記』理解の難しさを思い知らされる。全体にわたっては、いずれしかるべき方による書評などがものされると思うので、それに譲りたいと思うが、ここでは小稿のテーマとした、先入観や思い込みが思わぬ解釈を導いてしまうことについて、二、三の記事を取り上げてみることにしたい。

さて、斎藤氏は仏教全書本を底本とされたという。同本は、東福寺本を底本に、校訂も優れ、句読点だけでなく、返り点まで付されている。校訂者高楠順次郎氏（一八六五〜一九四五）の努力・見識に敬服するばかりである。しかし翻刻・校訂という作業には、どんなに注意しても誤りは避けられず、仏教全書本にもわずかではあるが誤字・誤点があり、例外ではない。一般的に活字本を利用する場合、句読点や返り点が付されていれば、それを参考に読み進めることになる。文字だけでなく、はじめて接した読み方は、当然のことながら解釈にも影響を与える。定評のあるテキストであればあるほど、読解に際しての先入観形成に大きな役割を果たす。『参天台五臺山記』の場合、まさに仏教全書本がそれにあたっているように思われる。翻字・解釈に疑問が生じた場合、いつでも原本影印を参照できる恵まれた状況にあっても、なかなか仏教全書本の呪縛から逃れがたいというのが実状のようである。具体例をあげてみよう。

まず、延久四年三月十五日に肥前壁島で宋船に乗り込んだ成尋一行が、宋に向かう途中のできごとで、宋人の航海術を知る上で興味深い記事が同月二十二日条にある。仏教全書本には（傍点は引用者）、

林皐告云。字林廿郎〔考 廿字諸本作少。今拠原本〕昨日未時入㆓唐海㆒了。以㆑縄結㆑鉛入㆓海底㆒時。日本海深五十尋。底有㆓石砂㆒。唐海三十尋。底無㆑石有㆑沼。右考 右雲松閣三本作古。原学両本作右昨日量了者。

とある。鉛の着いた縄を海中に下ろして深さや海底の様子を探り、船の位置を確認しながら航海を続ける様子が記されている。不思議なのは、「底に石なく沼あり」と海底に沼があるということである。平林氏校本は仏教全書本と同じで、島津氏は「底に石無く沼有り、右昨日量り了れる者なれど」と読まれている。そして斎藤氏は、さすがにやや変と思われたのか、「唐の海は…海底に石が無く沼状になっている」と、「沼状」と訳されているが、もとより「有㆑沼」とある底本に忠実な訳とは言えない。一体、海底に沼があるとはどういうことだろう。しかしこんな疑問も東福寺本影印をみれば氷解する。そこには、「底無石有泥土昨日量了」と、字体はよく似ているが沼は泥、右は土と書かれているのである。「底に石なく、泥土あり」ならば、海底の様子が、石がなくなり泥に変わってきた、ということで納得できる。いよいよ唐海に入り、陸地が近づいたと活気づく船上の雰囲気、航海に不安を抱いていた成尋の安堵の表情も伝わってくるのではなかろうか。実はこのこと、日宋貿易研究に大き

な業績を上げられた森克己先生が「唐の海は三十尋、底に石がなく、泥であるといっている」（「日唐・日宋交通の航路の発達」『続日宋貿易の研究』国書刊行会、一九七五年、四七頁。初出一九七一年）とすでに正しい解釈を示されており、また藤善真澄氏も「有沼（泥）」（「日宋交通路の再検討」『文化史論叢』上巻、創元社、一九八七年、一〇七八頁）とされているように、あらためて言うほどのことでもないのである。

次に、四月十九日条（仏教全書本）に、

宿坊壁上懸㆓阿閦仏真言㆒。以㆓聖秀㆒令㆑取㆓書取㆒了。

とある。この返り点は一読しておかしいと思うが、島津氏はこの返り点と同じように「聖秀を以て書取を取らしめ了んぬ」と読まれている。「書取を取らしめ」とは、不自然な読み方ではなかろうか。斎藤氏が「聖秀に書き取らせた」と解釈されているのは、このような読みに従われてのことであろう。しかしこれなども返り点・句読点を「以㆓聖秀㆒令㆑取、書取了」と、ほんの少し改め、「聖秀を以って取らしめ、書き取り了んぬ」と読めば、「壁に掛かっていた阿閦仏真言を聖秀に（壁から）取らせ、（それを成尋自身が）書き写した」という意味で素直に理解することができる。そして、そうでなければ続く文章を正しく理解することはできないのである。すなわち、続けて「現転女身因縁為㆑渡㆓日本㆒也」とある。斎藤氏自身も注で「日本にいる老母の転女成男を願ってのこと」云々と記されているように、真言書写の目的が日本に残してきた老母に贈るにあったと推測される。成尋自筆であればこそ、老母への何よりの贈り物になるが、これを弟子の聖秀の筆に任せたのでは、有り難さにおいてずいぶん違ってくるのではあるまいか。成尋が老母を思い、心を込めて自ら写し取っている様子が髣髴としてくるのである。

また、日記について一般に言えることであるが、本人ないし当事者がわかっていること、当時の人間には珍しくもないことなどは、詳しい説明などいちいち記すことはない。ところが現代人の我々からすれば、肝心のことが省略されていて、理解に苦しむ記事も多い。『参天台五臺山記』もその例外ではなく、特に旅行記というあわただしい移動の中で記すという性格のゆえか、言葉を節約しているところが多い。したがって直訳的な現代語訳では意味が取れず、行間を読みとることが必要となる記事が少なくないのである。斎藤氏の訳文から一例をあげれば、四月十五日条に、

一の船頭曾聚が糖餅十枚を送り届ける。曾聚は、今日は都督の酒宴に招かれているため船に上らない。

という訳が記されている。「曾聚は、……船に上らない」とはどのような意味であろうか。「上らない」とは「乗らない」の意味であろうか。いずれにしても、この訳では私には理解できない。仏教全書本には、

一船頭曾聚送㆓糖餅十枚㆒。今日依㆓都督酒宴㆒不㆑上㆑船。雑物徒然在㆓小船㆒。

とある。島津氏は「今日都督酒宴に依つて、船を上らず」と読まれており、斎藤氏もこの読みに従って、上記のような解釈をなされているのであろう。しかしここは、「今日、都督酒宴に依り、船より上らず」で、「今日は、都督の酒宴が開かれているので、(事務手続きが取れないため、自分は)船内にいて、上陸しなかった」と成尋自らの行動を述べていると理解すべきであろう。翌日の記事を見れば、

予上二官舎一住二一屋内一。（中略）予行向二問官許一付二中文一。

と、上陸して問官（杭州市舶司）(注)に中文を提出していることが知られる。曾聚が都督の酒宴に招かれたなどと解釈することはできないのではなかろうか。おそらく斎藤氏には、何か思い込みがあり、このような訳、理解につながったものと思う。

以上の三例は、いずれも難しい記事ではない。言われてみれば「なるほど」「なーんだ」と言ったところで、クイズによくある、マッチ一本を動かして形を変えるようなものであろう。しかし現実にはその動かすべきマッチ一本に気づかず、虚像の中でもがいていることが多いのである。ここでは先人の誤りを指摘することに本意があるのではない。先入観で史料を読むのは恐いとつくづく感じていることを述べたかったのである。どこかに無理があるにも拘わらず、それに気づかず、漢文のある種の融通無碍さに助けられて、読み進めてしまう。特に最初に参考にしたものの影響を受けやすい。ちょっとした読み方の違いで、史料の解釈に大きな違いがでてくるのである。厳密な実証史家として知られた故飯田瑞穂先生は、中央大学の大学院における授業で、活字本のテキストの場合でも、院生に白文で書写させ、自分で句読点・返り点をうって読解を進めさせるという形を取られていたことがある。直接お聞きして確かめることはしなかったが、史料を読むという基本的な作業は、先人の仕事を尊重しながらもそれに頼らず、自ら史料に向き合う姿勢が大切であることを教えられたものと理解している。一字一句を忽せにしないという先生の研究姿勢を少しでも学びたいと思っているが、難しい。

なお、『参天台五臺山記』の研究は、日本では東洋史家の藤善真澄氏が続けておられるが、本書に注目しているのは日本人だけでない。現在パリ高等研究院教授のシャルロッテ・フォン・ヴェアシュア女史も本書の研究を進めておられ、本書の一部フランス語訳注を発表されている。筆者もしばしば質問にあずかったが、全文の逐語訳は非常に難しく、わからないことばかりで、かえって私の方がいろいろと教えてもらうことが多かった。斎藤氏の近業を手にして、あらためて『参天台五臺山記』の重要さ・面白さを認識するとともに、難解な史料であることを実感しているところである。

（注）「問官」の語は、『参天台五臺山記』には、あわせて六ヵ所にみえる。斎藤氏は『祢謂録』所引唐大中四年詔を参考に、本文を「間官」とし、注で「県丞のこと」とされているが、東福寺本はすべて「問官」に作っており、また典拠とした大中四年詔の「間官」は「閑官」すなわち閑職の意味であり、氏の説には従い難い。なお『長秋記』長承二年八月十三日条には「問官」が大宰府を指して用いられている（拙稿「肥前国神崎荘と日宋貿易」〔皆川完一編『古代中世史料学研究』下、吉川弘文館、一九九八年↓本著作集第三巻2〕注（44）参照）。

22 『参天台五臺山記』にみえる「問官」について

はじめに

筆者はかつて、『長秋記』長承二年（一一三三）八月十三日乙未条にみえる、「来日した宋商人周新に対して大宰府官が例のごとく存問を加え、貿易を行ったところ、鳥羽院司平忠盛が下文を作り、院宣と号して、鳥羽院領神崎荘に到着したことを理由として大宰府の干渉を排除しようとした」という周知のできごとを伝える史料について検討を加えたことがある。(1) 問題とした記事は次のごとくである。

晴陰不定也。早朝帥中納言送レ書云、大切可二示合一事出来、可二来向一、輦レ車可レ下也者。仍午時許行向。云、鎮西唐人船来着。府官等任レ例存問、随出二和市物一畢。其後備前守忠盛朝臣自成二下文一、号二院宣一、宋人周新船、為二神崎御庄領一不レ可レ経二問官一之由、所二下知一也。此事極無二面目一、欲レ訟二申院一也。其上書案可二書給一、不レ可レ振レ筆、唯和名書ニ天可レ候也。者、仍書二々案一。……抑宋人来着時、府官存問、早経二上奏一、安堵・廻却、所レ従二宣旨一也。而可レ為二庄領一之由、被二仰下一条、言語道断也。日本弊亡不レ足レ論、外朝恥辱更無レ顧、是非レ他、近臣如二猨犬一所為也。

拙論では、宋船の到着地の問題、忠盛の主張の根拠などを考えたのであるが、忠盛の主張に、「宋人周新船、為二神崎御庄領一不レ可レ経二問官一之由。」とみえる「問官」についても触れるところがあった。すなわちこの部分を〈官を経問すべからず〉と読む説(2)があることを紹介した上で、「問官」の語が入宋僧成尋の『参天台五臺山記』（以下「参記」と略す）にも見え、それが税関業務を担当する市舶司の官人を指して用いられていると理解されることから、『長秋記』の「問官」も日本における出入国管理にあたる大宰府を指しているとみなし、〈問官を経べからず〉と読む解釈を妥当とする考えを示した。しかしながら主に紙幅の都合により、先行研究の紹介も十分でなく、また詳しい検討もできなかったので、ここにあらためて「問官」についての若干の私見を述べることにしたい。なお下文に触れるように、「参記」の「問官」については、これまでの研究で市舶司の属官であることが指摘されている。とくに同記ならびに成尋の研究を進める藤善真澄氏(3)及び近藤一成氏(4)の宋代史を専攻されるお二人の所論にほぼ尽くされており、やや屋上屋を架す嫌いがあるが、両氏が触れられていない関係記事や最近の説もあるので、ここに少しく蛇足を加えてみたいと思う。なお、前記のような理由により、前掲拙稿の注（44）（↓本著作集第三巻五六～五七頁）と重複する部分が多いことをお断りしておきたい。

一　『参天台五臺山記』にみえる「問官」史料

岩倉大雲寺の僧成尋及びその弟子一行は、延久四年（宋熙寧五・一〇七二）三月十五日肥前国壁島で宋商人曾聚らの船に乗り込み、入宋の途につく。舟山群島を過ぎ、明州・越州を通過して銭塘江を渡り、ようやく杭州に到着するのが四月十三日のことである。「参記」同日条に、

小雨下。巳時雨止。潮満。々来音如二雷声一。人々集出見レ之。造レ岸潮向来。奇恠事也。即出レ船了。未時著二杭州湊口一。津屋皆瓦葺。楼門相交。海面方畳レ石。高一丈許、長十余町許、及二江口一。河左右同前。大橋亘レ河。如二日本宇治橋一。売買大小船、不レ知二其数一。廻レ船入レ河十町許、橋下留レ船。河左右家皆瓦葺、無レ隙並造荘厳。大船不レ可二数尽一。七時行法了。

とあり、杭州湾のいわゆる大海潚の現象を始め、宋代有数の都市杭州の第一印象を記している。そしてその翌日、さらに杭州城内に通じる河を進んで「問官」の門前に到着する。この四月十四日条を初見として、以後「問官」に関する記述が続く。それらを列記すると、次の如くである。

A：延久四年四月十四日条

午時潮満。人々多来。開二河中門戸一入レ船。上レ河数里、又開二水門一入レ船。大橋両処皆以レ石為レ柱、并具足物、以二貴〔青カ〕丹一画荘厳。申時、著二問官門前一。見二都督門一、如二日本朱〔雀脱カ〕門一。左右楼二間、前有レ廊。并大屋向レ河懸レ簾。都督乗船時屋也。官人乗レ輿、具二五六十眷属一出入。大門多々也。七時行法了。

B：同十六日条

雨下。巳時、問官著二客商官舎一。乗二轎子一、具二数多眷属一来著。予上二官舎一住二一屋内一。運二納船物一、以二官夫一運納。予行二向問官許一、付二申文一。一見了後返与、明日自参レ府、可二献上一者。即還レ倉〔屋カ〕休息。未時、与二

船頭一共向二宿処一。店家廿町許、所レ置物以二金銀一造二食物・菓子一、不可思議也。七時行法了。

C：同十八日条

雨下。家主食如二昨日一。銭三貫借送二問官一。開封後可レ返者。頼縁供奉・快宗供奉・聖秀各買二糸鞋一足一。直各卌文。七時行法了。

D：同二十日条

辰時、惟観取二金銀一、如レ員持来。巳時以二快宗供奉一為レ首六人、遣二問官市一。申時、沙汰了、如レ員以二小船一運来。問官之恩、不可思議也。小船賃三百文銭与了。七時法了。

E：八月二十三日条

辰時、回レ船至レ府駐レ船。依二船工等来一修二造船一。依二造船間経一レ日、従二杭州大卿衙一送二大船三隻一。依二転運指揮一也。一隻僧・一隻崇班・一隻小使弁通事。申時、推官幷左蔵都監来レ船謁。了拝二見皇大〔太〕后御経一感歓无レ極。問官春開封之間、深恩之由示レ之。彼又為レ悦。戌時、通事借二沙金三両・銭十貫一。於レ京可レ辨二本数一者。荘二厳道場一、行二法七事一了。

F：熙寧五（延久四）年十月十二日条

天晴。雖二宣旨不一レ下、且辰時拽レ船。過二一里一至二開封県水門問官前一止レ船。巳時、内殿崇班具レ甥来向点茶。午時、官人來。梢工眉福売物取二上提〔堤〕上一如レ山。但豆蔻等貴物隠二船内一。依二日本僧船一、不二入見一過了。

以上の六ヵ所に記事がある。このうち、AからEの「問官」は、成尋がはじめて宋に上陸した杭州における「問官」をさし、Fは皇帝から上京の命令を受けて都の開封に到着した時の記録にみえる「問官」である。

二　既往の研究

これまでの「参記」にみえる「問官」について言及した主な見解を示すと、次の如くである。

①島津草子氏(5)

Aの「問官」に「海関の役人」と注し、またFの記事について、「問官」そのものについての論及はないが、「通常なればこの処に於いて課税検問せられるのであるが勅旨による外国僧の乗船であるから黙過したのである」と注されている。

②森克己(6)

「津屋は邸屋と同じ意味で、交易品保管・管理のための倉庫を指して呼んだ名称であり、問官は津屋を経営する人と見るべきである。従って日本の問とか問丸とかいう言葉の語源も或はこの問官という言葉から出たものではないかとも考えられ、わが国の津屋・問丸の発達を研究する上にも貴重な史料というべきである。」（二九一頁）

③近藤一成氏(7)

「（成尋が）実際に役人と接触したのは一六日になってからである。そのときのことを、『午前十時に問官が多くの従者を従えて客商官舎に到着した。自分も官舎の一室に行き、船に乗せてきた物を運び込んだ。問官に申文を提出したが、問官は一瞥しただけですぐ返し、明日、自分で役所に出頭して提出するように言った。云々』と記している。問官は、現今の通関手続に当る検査をおこなったのであろう。成尋らは携行してきた荷物を役人に見せ、それらが商品でないことを示し、国内持込みの許可を得たものと思われる。同時に中文、すなわち今回の旅行の目的である巡礼の許可を得ようとしたが、それは直接、州衙に提出するよう言われたのである。この通関手続がおこなわれた『客商官舎』とは杭州市舶司の建物で、問官は市舶司の属官であった可能性もあろう。」（五二頁）

④藤善真澄氏[8]

「成尋らが本格的な交渉を持ったのは杭州の官人達である。銭塘江の大潮波に驚きながら湊口を運河へと入り朱橋のあたりに停泊した一行の船は、翌日上げ潮に乗じて渾水閘、ついで清水閘を通り、保安水門にあった市舶司衙とおぼしきあたりに船を着けた。四月十四日のことである。…（四月十六日条〔B〕を引用）…成尋が申文を提出した問官が誰であったかは不明である。申文を一覧して「明日、自ら府に参り献上すべし」といえば、少なくとも知州沈立ではなく、さりとて「轎子に乗り数多の眷属を具して来著す」る問官は軽輩でもない。この問官の業務は入港した成尋らの船と積荷を臨検し、関税の徴収いわゆる抽解が主たるものであるから、市舶司の判官すなわち杭州通判か推官クラスの人物ではなかったかと思われる。」（二一〜三頁）

⑤シャルロッテ・フォン・ヴェアシュア氏[9]

問官を「税関の官人」と説明されている。

⑥斎藤圓眞氏[10]

「問官」を本文ではすべて「閒官」とし、「県丞のこと。県令の属官で、秦代に置かれ、漢代には各県ごとに設けられるようになり、以後清代に廃されるまで令長を補佐して県の監察を分掌した。『称謂録』に『唐大中四年勅、州有上佐、県有丞簿、俗謂之閒官』とある。」とされている（六八頁注2）。

⑦石井正敏[11]

先行研究を紹介し、市舶司の属官とする近藤・藤善氏らの説を妥当として、「その職掌の詳細は不明であるが、入国審査にあたる官吏ないし機関を称しているとみられる。成尋は日記に、日本における用語を記したのか、あるいは宋人から聞いた語を用いたのか、明らかでないが、『参天台五臺山記』にみえる問官の用例を参考にすれば、『長秋記』の問官も、入国審査を担当する大宰府をさしていると考えてよいであろう。」（二〇四頁注44）と述べた。

⑧遠藤隆俊氏(12)

「すなわち成尋は四月十四日に杭州城内に入り、十六日には「申文」すなわち入国の申請を門官に提出している。しかし、門官からは府に直接提出せよとのお達しがあり、…」（六三頁）

「なお、本文に見える「門官」とはおそらく市舶司所管の官吏で、水門の番や出入国のチェックをしている者と思われる。ただし、この言葉は当時の中国における呼称や制度用語ではなく、成尋自身が自分の言葉として記したものと思われる。」（八一頁注7）

※遠藤氏は、本文では「門官」とされているが、六四頁表Ⅰ「成尋関連年表」では「門官」「問官」両様の表記が混用されている。

以上が、これまで管見に触れた主な研究である。上にも紹介したように、近年「参記」の研究を精力的に進めておられる藤善氏をはじめとする妥当な解釈がみられるにもかかわらず、斎藤氏のような異説がでてくる背景には、藤善氏らが自明のこととして、特に詳しい論証を為されていないことにも一因があるのではないかと思い、ここにあらためて取り上げることにした。そこでまず斎藤氏の新説から検討してみよう。

三　「閒官」説の検討

斎藤圓眞氏は、「問官」を「閒官」とする根拠として、清代の『称謂録』(13)県丞の項に、

閒官　唐大中四年勅、州有二上佐一、県有二丞簿一、俗謂二之閒官一。

とある記事をあげておられる。大中四年勅は、『册府元亀』巻百五十五・帝王部・督吏及び『欽定全唐文』巻八十にみえるが、宋版『册府元亀』には、

大中四年詔曰、……今州有二上佐一、県有二丞簿一。俗謂二閑官一。不レ領二公事一、殊乖二制作之本意一也。

と、「閑官」とみえる。閑は閒（間）にも通じ、明版『册府元亀』及び『欽定全唐文』は「間」字に作るが、「閑官」とは要するに閑職の意味である。当時の州の上佐（別駕・長史・司馬）や県の丞・主簿が「不領公事」という状況から、俗に「閑官」と呼ばれていたのであり、大した仕事もせずに俸禄を食む官吏を人々がやや皮肉を込めて呼んだ俗称と理解すべきである。つまり「閑官」とは州の上佐、県の丞や主簿らに対する俗称であって、これを斎藤氏が「県丞のこと」のみとされるのは誤解である。また斎藤氏は触れられていないが、『称謂録』閒官の項には、前掲記事に続けて「蘇軾詩知レ有閒官走二山邑一、放曠不レ與レ趨二朝衙一」とある。これは蘇軾「司竹監焼二葦園一。因召二都巡検柴貽勗左蔵一、以二其徒一会二猟園下一」の一節で、原文には「豈如閒官走二山邑一、放曠不レ與レ趨二朝衙一」とある。この「閒官」も『蘇東坡詩集』巻五では「閑官」に作り、「ひまな役人。蘇軾自身を

さ」して用いられている。[14] 謙遜を込めた用例と理解すべきであろう。

以上の用例を参考にすると、成尋が、「問官之恩、不可思議也」（四月二十日条）と記すほど世話になっている官人を、「閒官」などと呼びまた記すとは考えがたい。そして何と言っても「閒官」説の問題点は、「参記」の鎌倉時代の書写にかかる現存唯一の古写本である東福寺所蔵本[15]では、問官の「問」字はすべて「問」に作り、「閒」「間」とは明らかに字体が異なっていることである。斎藤氏はテキストが「問官」に作ることについて何の説明もなく、「問官」にあらためられているが、この点は無視し得ないであろう。テキストの「問官」を「閒官」と改め、「県丞」と理解する斎藤氏の見解に従うことはできない。

四　杭州の「問官」

そこであらためて「参記」にみえる「問官」について考えてみたい。まず注意したいのは、「参記」六月五日条に転載されている五月三日付杭州公移[16]に、

> 四月初九日有㆓広州客人曾聚等㆒、従㆓日本国㆒博買得㆓留黄・水銀等㆒買来、杭州市舶司抽解。従㆑是本客船上附㆓帯本国僧人成尋等八人㆒出来安下。

とみえることである。すなわち、成尋らが便乗してきた曾聚らに対する「杭州市舶司抽解」がすでに済んでいたことが知られる。市舶司による抽解とは、要するに税関手続である。藤田豊八氏らの研究[17]を参考に、成尋入宋当時の市舶司の組織・その手続・その設置場所などを略述すると次のごとくなる。

杭州市舶司の沿革は、『宋会要輯稿』八十六冊・職官四十四に、

市舶司、掌㆘市㆓易南蕃諸国物価㆒航舶而至者㆖。初於㆓広州㆒置㆑司、以㆓知州㆒為㆑使、通判為㆓判官㆒。及㆔転運使司掌㆓其事㆒、又遣㆓京朝官三班内侍三人㆒専㆓領之㆒。後又於㆓杭州㆒置㆑司。淳化中（三年・九九二）、徙㆓置於明州定海県㆒、命㆓監察御史張粛㆒主㆑之。明年粛上㆓言非㆑便、復於㆓杭州㆒置㆑司。咸平中（二年・九九九）、又命㆓杭・明州㆒各置㆑司、聴㆓蕃客従㆑便。若船至㆓明州定海県㆒、監官封㆓船荅堵㆒送㆑州。……其後、二州知州領㆑使、如㆓勧農之制㆒、通判兼㆑監而罷㆓判官之名㆒、毎歳止〔差カ〕㆓三班内侍㆒専掌、転運使亦総㆓領其事㆒。大抵海船至、十先征㆓其一㆒。其価直、酌㆓蕃貨軽重㆒而差㆓給之㆒。

云々とみえている。広州とならび杭州にも早くから市舶司が設けられていた。その組織にも変遷があるが、成尋入宋当時には、長官を市舶使といい知州が兼ね、副官を判官といい、州の通判が兼任するとともに、中央政府から専任官として三班使臣・内侍が派遣された。

杭州市舶司の置かれた場所は、南宋時代の地誌によれば、まず『乾道臨安志』巻二には、

市舶務、在㆓保安門外諸家橋（朱家橋）之南㆒。

とあり、『淳祐臨安志』には、

市舶務、旧在㆓保安門外㆒。淳祐八年、撥㆓帰戸部㆒、於㆓浙江清江閘河岸㆒新建、牌曰㆓行在市舶務㆒。

とあり、『咸淳臨安志』巻九に、

市舶務、在二保安門一。海商之自レ外船〔衍カ〕至レ杭者、受二其券一而考二験之一。又有二新務一。在二梅家橋之北一、以受二船綱一。

とみえ、いずれも市舶司が当初は保安門外に置かれていたことを伝えている。保安門は杭州城から銭塘江への出入口に当たる保安水門の近くにあり[18]、商船が必ず通過する場所であるので、ここで出入国手続が行われたのである。一方知州・通判らの官舎のある州府は城内の西北に位置していた（宋室南渡後は皇城とされた）。したがって、市舶使たる知州（都督）、副官の通判らは必要に応じて市舶司にやってきたのであり、市舶司の建物に常駐していたのは、中央から派遣された専任の三班使臣ないし内侍以下の官人となろう。

市舶司の職務は、要するに海外貿易の管理ということになるが、具体的には藤田豊八氏が次の五点にまとめておられる。

①入港海舶の臨検抽解及び抽解貨物の保管送納
②禁榷貨物即ち専売品及びその他船貨の収買、出売保管及び送納
③海舶出港許可の公拠の下付及び違碍物出港等の取り締まり
④船貨販売許可の公憑即ち文引の下付
⑤蕃国及び蕃船の招来、その送迎及び蕃坊事務

とされている。

以上、成尋入宋当時の市舶司の概要を述べてきたが、これらを踏まえてまずAからEの「問官」記事について順次検討してみよう。「問官」初見記事であるAの前日すなわち十三日、成尋一行は杭州湊口に到着し、さらに河を進んで「問官」門前に到着するが、途中二箇所の水門を通過している。これは銭塘江と杭州城内へ通ずる運河との水位差を調節するために設けられた渾水閘・清水閘を指しているとみて間違いない[19]。両閘を通過して保安水門から城内に入る。二つの水門を経て「問官」に到るとは、まさに保安水門付近に置かれた市舶務とする記録に合致している。続けて、〈都督門〉や都督が利用する〈大屋〉のことが見える。杭州は大都督府で、その最高責任者である知州はまた都督とも呼ばれていた[20]。つまり普段は州衙にいる市舶司長官（市舶使＝知州兼任）が、水運を利用して市舶司に出仕する時に用いる建物や門についての記述であろう。数多くの眷属を率いて出入りしている官人とは、専任の市舶司官人である三班使臣や内侍らであろうか。

市舶司の主要な業務である積み荷検査は、商船が至ると、その貨物はすべて一旦陸揚げされ、市舶司による抽解収買の後、その所有者に給還された[21]。（B）に「運㆓納船物㆒、以㆓官夫㆒運納。」とあるのが、まさにそれに該当する。杭州到着後一日おいて客商官舎における税関手続が行われているが、これは前日（四月十五日）の条に、

今日依㆓都督酒宴㆒不㆑上㆑船。雑物徒然在㆓小船㆒。

とあるように、都督（知州）主催の酒宴が開かれ、「問官」業務が行われなかったためである。客商官舎とは、商人が出入国手続きをとるための官舎、税関事務所といったところであろう。成尋もその一室に入り、身元照会などが行われたのであろう。この時「問官」に天台山巡礼の許可を求める申文（四月二十六日条参照）を提出したが、

府に提出すべきとされたのは、この業務は「問官」の所管外であるためであろう。

税関手続では、便乗してきた成尋一行の荷物も検査の対象とされ、「問官」の手続が済むまでは、たとえ異国の僧といえども、積み荷には一切手を付けられなかった。そのことを伝えているのがCの「家主食如㆓昨日㆒。銭三貫借送㆓問官㆒。開封後可㆑返者。」の部分である。今、仮に流布している大日本仏教全書本の句読点を示したが、この記事の「借送」について二通りの解釈がある。というのは、成尋は「借」という文字を「かりる」と「かす」の両方の意味で用いているので、その都度前後の文脈から判断する必要があるのである。[22] そこで、本条の解釈についてみてみると、島津氏は、「家主食昨日の如し。銭三貫借りて問官に送る。封を開きて後、返す可しといえり。」と読み、「成尋が日本より将来の物品の封を開いて後、返却すべきものなりの意なるべし。」と注されている。近藤氏は「(張三郎は)通関手続が済むまで当座の費用を貸したり、…各種の便宜をはかっている。」(五二〜五三頁)とされている。藤善氏は、「後日この問官は成尋から三貫文の心づけを贈られ「問官の恩は不可思議なり」といわしめるほどの配慮をみせている。」(三頁)とし、注7に「銭三貫借、送問官、開封後可返者。」と句読点を付した原文を引いている。斎藤氏は、「家主〔張三郎〕の調えた食事は昨日と同様であった。銭三貫を借りて問官に送る。〔問官は成尋が日本から持参してきた進物の〕封を開けた後に、「返すべし」といった。」と現代語訳し、「借銭したのは未だ日本の金銀などを中国貨幣に両替していなかったからであり、その仲介の手数料として問官に献じたのであった。こうした手数料の授受は後の記述からして当時の常識であったようであり、二十日の条によれば問官の好意によりその両替はきわめて円滑に行われたのであった。」と注している。但し「後の記述」とは具体的にどの記事を指すかは明示されていない。参考文献としてはあげられていないが、藤善氏の解釈を参考にされているのだろうか。そして最近の遠藤氏も、表Ⅰ成尋関連年表(六四頁)で「宿所の家主から銭三貫を借りて、問官に送る」とされている。このように、問題とする一節については、「銭三貫を借りて問官に送る」とするのが一般的な解釈のようである。入国手数料といったところであろうか。

さて、「借送問官」の部分の解釈については、四月十七日条に「家主張三郎調二美食一送」、同十九日条に「家主張三買㆓送予料笠㆒。直五百文。頼縁供奉笠直三百文者。」とあるのが参考になる。これらはいずれも、家主の張賓が、美食を調えて送ってくれたのであり、成尋らの笠を買って送ってくれたのである。また六月十二日条に、

日宣闍梨借㆓送杭州孤山智圓闍梨作弥陀経一巻・鈔一巻㆒。

とみえ、翌日の条には、

辰時、良玉来。借㆓律行相㆒。弥陀疏返㆓送三賢院宣闍梨㆒。

とある。日宣が借し送ってくれた経典を翌日良玉に託して返送している。そして熙寧六年二月十七日条に、

萬歳院講律恵道・宗泰・徳珠三人、以㆓持律僧二人㆒為㆑使、借㆓送四分羯磨二帖㆒。

とあり、同二十八日条に、

即付㆑使返㆓送含注本疏六巻、……四分羯磨二帖㆒了。

とある。すなわち、萬歳院講律恵道らが使者に託して成尋に〈借し送〉ってくれた『四分羯磨二帖』を成尋は二十八日に〈使に付〉して〈返し送〉っている。

このように、「借送」「返送」などの用例を見てくると、「送」字は間に人が仲介して「かし」たり「かり」たりする場合に用いられているように思う。すなわち問題としている記事も、〈銭三貫借し送らる〉で、家主の張三郎（張賓）が成尋に銭を貸してくれたのであり、〈問官開封の後、返すべし〉とは、（イ）張賓が「「問官」が成尋の積み荷を開封して検査を終了した後に、返してくれれば良い」と述べている。もしくは（ロ）成尋が「「問官」開封ののちにお返しします」と述べているのか、両様の解釈が可能であるが、恐らく（イ）に取るべきであろう。いずれにしても「問官」が開封するのであり、（E）の「問官春開封之間、深恩之由示レ之」もまた同じとみてよい。「問官」のもとに全部の荷物を提出して換金することのできない手許不如意の成尋に対して、張賓が好意を示してくれたのである。「問官」の検査は宋商人の船に便乗してきた外国人僧侶の手荷物をも対象とする徹底したものであったことを知ることができよう。

次にDの記事は難しく、特に「惟観取二金銀一如レ員持来」の一句はよく分からない。この「金銀」を惟観はどこから持ち来ったのであろうか。今のところ筆者には不明とせざるを得ない。また「問官市」もよく分からない。(23) それに続く記事を理解するには、成尋一行の宿所の問題を考えておく必要がある。すなわち、十六日に荷物を「問官」の検査のために荷揚げした後、成尋は船頭とともに宿所に向かっている（B参照）。その宿舎は、六月五日条所引五月三日付杭州公移によって、「抱釼営張三客店」であったことが知られる。張三は張三郎のことで張賓の通称である。張賓の経営する客店のある「抱釼営」は、『咸淳臨安志』巻二十一に、

鍾公橋〈通二上下抱釼営街一〉

とみえる。[24] 鍾公橋は、保安水門から城内に入り西北に進んで、城内を南北に流れる大河本流に入り、さらに北上して通江橋・望仙橋を経て宗陽宮橋を過ぎて西に折れる小河の入口にある。抱剱営はその近くに位置しているということから、「問官」のある保安水門付近とはおよそ一キロ離れている。一方翌々日二十二日の記事をみると、「家主張三来。為レ買レ銭沙金三小両・水銀百両、渡二家主一了。紙志与人々。三帖一ノ船頭曾聚。……」と、世話になった人々や随行の僧に様々な品物を配っている。成尋の積み荷を解くことがようやく許されたことを意味している。このことから考えると、二十日には「問官」による積み荷の検査がすべて終了したので快宗らが荷物を受け取るために「問官」官衙まで出掛け、荷物を小船に乗せ運河を利用して宿所まで運んできたものと理解される。

そしてEは、天台山巡礼を果たして上京の途次、再び杭州に立ち寄った時の記事で、推官らが成尋のもとにやってきて、成尋が日本から五臺山に奉納するためにもたらした「皇太后願経」すなわち成尋が日本出発の時に皇太后藤原寛子から託された先帝後冷泉天皇書写妙法蓮華経一部八巻以下[25]を見て感嘆したことを述べ、春に「問官」が成尋の荷物を開封した際、同経をみて感激したことを付記しているものとみられる。つまりここの「問官」もA〜Dの「問官」と同じで、四月に成尋の荷物検査を行ったことを伝えている。

このように、「問官」の行動を市舶司の職務に照らし合わせてみてくると、AからEの「問官」を杭州市舶司ないしその官人とみることに、もはや何の疑いもないであろう。

五　開封県の問官

それでは次にFの記事にみえる「問官」は如何であろうか。Fは、成尋が杭州から天台山巡礼を経て、謁見のため上京、都の開封に到着した日の記事である。開封には四方から河が流れ込んでおり、門が設けられていた。

『東京夢華録』巻之一・東都外城に、

東都外城、方圓四十余里。……新城南壁、其門有レ三。……東城一辺、其門有レ四。東南曰二東水門一。乃汴河下流水門也。其門跨レ河有二鉄裹窓門一。遇レ夜如レ閘垂二下水面一。両岸各有レ門、通レ人行路、出二拐子城一。夾岸百余丈。

とみえる。[26] 汴河を利用してきた成尋一行の乗る梢工(船頭)屑福の船は、開封外城東側の水門に到着したのである。やがて官人すなわち「問官」の官人がやってきた。船頭の屑福は積み荷を陸揚げし、山のように積み上げたが、貴重品の豆蔻などは船内に隠したままであった。成尋ら日本人僧侶が乗っているため、船内まで立ち入って検査はしなかったため、無事に通過したとのことである。積み荷を積み上げた「堤」とは、『東京夢華録』にいう、「両岸各有レ門、通レ人行路、出二拐子城一。夾岸百余丈。」に該当するのであろうか。このように「問官」の官人は明らかに積み荷の検査を行っている。これは税を徴収するための検査とみて間違いないであろう。

宋代には、商人から徴収される税を商税といい、商税には過税と住税とがあった。過税は行商人が商品をもって商売を行うとき、通過するところで徴収される税で、住税は、店舗を構えて商売を行うときに課せられる営業税にあたる。東京開封府の商税は「都商税院」が管理した。『続資治通鑑長編』熙寧六年十二月癸巳条には、

詔京外城二十門監門、自レ今更不レ管二認課利一。但随二閑要一以二透漏・捕獲、出入商税銭数一、立為二賞罰一。凡五等。従二都商税院請一也。

とあり、また『宋史』巻百八十六・商税に、

（熙寧）七年、減二国門之税数十種一、銭不レ満二三十一者蠲レ之。其先、外城二十門皆責以二課息一、近令下随二関要一分上等、以二検捕獲失之数一為二賞罰一。既而以二歳旱一、復有二是命一。

とみえる。すなわち開封では城内に通ずる二〇ヵ所の門に監門官を置いて徴税の任に当たらせた。「小賈即門徴レ之、大賈則輸二于務一。」（『宋会要』職官二十七之二）ともみえる。成尋の乗った屑福の船は、当時のもっとも重要な経済動脈である河の城内への出入口に設けられた東水門に於いて商税検査を受けているのである。その任にあたった人物を「問官」の官人と記されている。つまりここの「問官」も関税の徴収にあたる機関ないし官人を指していることになる。

むすび

以上、「参記」にみえる「問官」の用例（A～F）について検討を加えてきた。その結果、AからEまでの「問官」は海外貿易を管理し、海商からの徴税（抽解）を担当する杭州市舶司の官人、Fの「問官」は国内商業の通行税徴収を担当する監門官の官人を指しているとみられる。すなわち、場所と対象こそ異なるものの、いずれも関税徴収にあたる機関ないし官人として共通している。つまり市舶司に限らず、徴税手続きを担当することにおいて変わりない機関ないし官人を、成尋は等しく「問官」の語で呼んでいるものと理解される。

そこで残された問題は、成尋が「問官」なる語を用いた理由は如何ということである。藤善氏は、「それにし

ても市舶司の臨検官を問官の語で表わすなど入宋直後の成尋にできる造語ではない。おそらく当時用いられていたものを宋船の人びとに示されるがまま書き記したものに違いない。[27]」とされている。今のところ管見では『参天台五臺山記』以外に唐宋の史料に「問官」の語を見出すことはできないが、それが日本の『長秋記』に引用された平忠盛の言葉に見られ、それも対外貿易に関連して用いられていることは注目される。『長秋記』の用例からすれば、当時の日本人にとって「問官」の語は、必ずしも特殊な用語ではないとみられる。すなわち、「問官」なる名称は、おそらく唐や宋の商人が用いていた、商人が日常的に接する市舶司や監門官など貿易管理・徴税担当機関の官人を指した俗称で、日本の人々が宋商人から得た知識を、わが国で入国審査にあたる大宰府を指しても用いるようにもなったのではなかろうか。

「問官」についての先学の研究に、若干の補足を試みた次第である。

注

（1）　石井正敏「肥前国神崎荘と日宋貿易」（皆川完一編『古代中世史料研究』下巻、吉川弘文館、一九九八年↓本著作集第三巻2）

（2）　五味文彦「日宋貿易の社会構造」（『今井林太郎先生喜寿記念　国史学論集』同論文集刊行会、一九八八年）一二〇頁。

（3）　藤善真澄「成尋をめぐる宋人――「参天台五臺山記箚記」二の一――成尋と蘇東坡――」（『関西大学）東西学術研究所紀要』二六、一九九三年）

（4）　近藤一成「入宋僧成尋の入国手続について――宋代公拠簡介――」（福井重雅編『東アジア史上の国際関係と文化交流』（昭和六十一・六十二年度文部省科学研究費補助金研究成果報告書、早稲田大学）

（5）　島津草子『成尋阿闍梨母集・参天台五臺山記の研究』（大蔵出版、一九五九年）

（6）森克己「参天台五台山記について」（『続日宋貿易の研究』国書刊行会、一九七五年。初出一九五六年）
（7）近藤一成氏（注（4）前掲論文）
（8）藤善真澄氏（注（3）前掲論文）
（9）シャルロッテ・フォン・ヴェアシュア「成尋の杭州における滞在――4月12日～22日」（J・ピジョーほか編『瑠璃の壷――日本と中国に関する研究』一九九七年、仏文訳注）
（10）斎藤圓眞『参天台五臺山記　I』（山喜房仏書林、一九九七年）
（11）石井正敏（注（1）前掲論文）
（12）遠藤隆俊「宋代中国のパスポート――日本僧成尋の巡礼」（『史学研究』二三七、二〇〇二年）
（13）『称謂録』（道光二十八年〔一八四二〕序）天津市古籍書店出版刊影印版（一九八七年）一〇七四頁。
（14）小川環樹・山本和義『蘇東坡詩集』第一冊（筑摩書房、一九八三年）五七〇頁。
（15）東福寺所蔵本は、東洋文庫より影印本が刊行（一九四四年）されている。
（16）日付については、東福寺所蔵本等写本では「熙寧五月初三日」とあるが、「熙寧五年五月初三日」の写誤であること、藤善氏が指摘されている（注（3）前掲論文）。
（17）藤田豊八「宋代の市舶司及び市舶条例」（『東西交渉史の研究　南海編』荻原星文館、一九四三年。初版一九三二年）、桑原隲蔵「藤田君の宋代の市舶司及び市舶条例に就いて」（『桑原隲蔵全集』三、岩波書店、一九六八年。初出一九一八年）、土肥（草野）祐子「北宋末の市舶制度――宰相蔡京をめぐって」（『史草』二、一九六一年）、同「宋代提挙市舶の職官について」（『史草』七、一九六六年）、（お茶の水女子大学）東洋史「北宋朝の市舶司貿易」（『お茶の水史学』五、一九六二年）、呉振華「杭州市舶司研究」（『海交史研究』一九八八年一期）、中村治兵衛「宋代明州市舶司（務）の運用について」（『中央大学』人文研紀要』一一、一九九〇年）、等参照。
（18）梅原郁「南宋の臨安」及び付図、斯波義信「宋都杭州の商業核」（いずれも梅原郁編『中国近世の都市と文化』京都大学人文科学研究所、一九八四年）、参照。
（19）『咸淳臨安志』巻三十九・水閘・城外に、「浙江渾水閘・清水閘、並在二便門外一」とみえ、同書付図「浙江図」に、およその場所が知られる。
（20）知州を都督と称したことについては、藤善氏（注（3）前掲論文）三頁参照。同氏は、「宋の官制を知らないはずの成尋が、「都督…」と記しているのは、…宋人の教示によるものであろう」と述べ、当時の知州（都督）が沈立（字は立之）であったことを論証されている。

（21）　藤田豊八（注（17）前掲書）三六八頁。

（22）　藤善真澄「成尋の齎した彼我の典籍――日宋文化交流の一齣――」（『仏教史学研究』二三―一、一九八一年）三六頁、参照。

（23）「問官市」に類似の語として「官市」がある。たとえば、『宋史』巻百八十六・食貨志下・互市舶法の条に、「太宗時、置㆓権署于京師㆒。……其後乃詔、「自㆑今惟珠貝・玳瑁・……瑪瑙・乳香禁権外、他薬官市之余、聴㆑市㆓於民㆒。」」とみえるが、これは官が市う（買う）ことを意味している（藤田注前掲書三五五～三五六頁、参照）。あるいは〈問官に遣わして市わしむ〉と読むことも可能であるが、採りがたく、後考に委ねざるを得ない。ちなみに藤善氏は「市」字にママと傍注されている（注（3）前掲論文注7）。

（24）　抱釼営については、『康熙銭塘志』に「鍾公橋街、通上下抱釼営。又名宝剣営。銭王屯兵之所。又通北集廠〔?〕」ともみえる。抱釼営と商人については、『夷堅志』丁志・巻六・泉州楊客に、紹興十年（一一四〇）に泉州の商人楊氏が杭州に到り、沈香・蘇木などの貨物を「抱剣〔営イ〕街主人唐翁家」に置き、自身は「柴垛橋西客館」に宿泊したことがみえる（斯波義信『宋代商業史研究』風間書房、一九六八年、四〇九頁、参照）。

（25）『参天台五臺山記』熙寧五年十二月一日条、参照。

（26）『東京夢華録』については、入谷義高・梅原郁訳注『東京夢華録――宋代の都市と生活――』（岩波書店、一九八三年、平凡社「東洋文庫」一九九六年）、参照。

（27）　藤善氏（注（3）前掲論文）三頁。

第二巻初出一覧

I　遣唐使

外交関係――遣唐使を中心に――（『古代を考える　唐と日本』吉川弘文館、一九九二年六月）

遣唐使の貿易活動（『道は正倉院へ』読売新聞社、一九八九年三月）

遣唐使と新羅・渤海（『東アジアの古代文化』一二三号、二〇〇五年五月）

＊

唐の「将軍呉懐實」について（『日本歴史』四〇二号、一九八一年十一月）

大伴古麻呂奏言について――虚構説の紹介とその問題点――（『法政史学』三五号、一九八三年三月）

＊

いわゆる遣唐使の停止について――『日本紀略』停止記事の検討――（『中央大学文学部紀要』史学三五号、一九九〇年二月）

寛平六年の遣唐使計画について（『情報の歴史学』中央大学出版部、二〇一一年四月）

寛平六年の遣唐使計画と新羅の海賊（『アジア遊学』二六号、勉誠出版、二〇〇一年四月）

＊

『古語拾遺』の識語について（『日本歴史』四六二号、一九八六年十二月）

宇佐八幡黄金説話と遣唐使（『日本歴史』五〇〇号、一九九〇年一月）

遣唐使と語学（『歴史と地理』五六五号、二〇〇三年六月）

II　巡礼僧と成尋

遣唐使以後の中国渡航者とその出国手続きについて（『島と港の歴史学』中央大学出版部、二〇一五年三月）

入宋巡礼僧（『アジアのなかの日本史Ｖ　自意識と相互理解』東京大学出版会、一九九三年一月）
入宋僧奝然のこと——歴史上の人物の評価をめぐって——（『古文書研究』四七号、一九九八年四月）

＊

成尋——一見するための百聞に努めた入宋僧——（『古代の人物⑥　王朝の変容と武者』清文堂、二〇〇五年六月）
成尋生没年考（『中央大学文学部紀要』史学四四号、一九九九年一月）
入宋僧成尋の夢と備中国新山寺（『れきし』六三号、一九九八年九月）
『成尋阿闍梨母集』にみえる成尋ならびに従僧の書状について（『中央大学文学部紀要』史学五二号、二〇〇七年三月）
源隆国宛成尋書状について（『中央史学』三〇号、二〇〇七年三月）

＊

入宋僧成尋のことなど（『古文書研究』四三号、一九九六年九月）
『参天台五台山記』研究所感——虚心に史料を読む、ということ——（『日本歴史』六〇〇号、一九九八年五月）
『参天台五臺山記』にみえる「問官」について（科研報告書『8—17世紀の東アジア地域における人・物・情報の交流　海域と港市の形成、民族・地域間の相互認識を中心に（上）』東京大学大学院人文社会系研究科、二〇〇四年三月）

訂正一覧

＊基本的に「校訂文」欄には本巻の、「原文」欄には初出誌の記載をそのまま掲げた。ただし冒頭に※を付した記述は、編者による注記である。

＊以下の5項目に該当する訂正については、本表に一々の箇所を掲げなかった。

（1）各論文において、引用史料の返り点が一部であっても付されている場合は、その論文限りですべての箇所に返り点を付した。その際、二字以上の熟語に返る場合の、その熟語を結合する行中央のハイフンは、原文にない場合も補って付した。

（2）各論文において、引用史料の読み下しに歴史的仮名遣いと現代仮名遣いが混用されている場合は、その論文限りで前者に統一した。

（3）きわめて難読と思われる語に限ってルビを追加した。

（4）「幷」・「并」は「幷」に、「來」・「来」は「来」に統一した。

（5）「」『』（）等で、一見して明らかに余計なものは削り、足りないものは補った。

（6）引用史料に付された校訂注は、4・8・19の一部を除いて傍注の形式に統一した。

頁	行	校訂文	原文
1—4	5	答慰す」（『冊府元亀』巻九百七十）といった	答慰す」といった
1—7		六五九（斉明五）発	※表1の第4次の行、任命・出発年次の列に追加
1—11	8—9	（『唐会要』巻九十九）	（『旧唐書』倭国伝）
1—11	12	基本的な資料	基本的な史料

訂正一覧

1—12	11	危険を冒して	危険を犯して
1—25	1	我が国の使に於てする	我が国の使にしてする
1—25	1	承る	承まわる
1—25	5	事行なせぞ」(『続日本紀』宝亀七年四月壬申条)と	事行なせぞ」と
2—30		舒明二	舒明一　※表1の(1)の行、出発の列
2—30		唐使高表仁	唐使高仁表　※表1の(1)の行、備考の列
2—33	19	請益僧円仁	留学僧円仁
2—34	4	唐の皇帝文宗	唐の皇帝武宗
2—39	17	請益僧の円仁	留学僧の円仁
4—54	9	勅ヨ命日本使可㆑於㆓新羅使之上㆒	勅㆔命日本使可㆑於㆓新羅使之上㆒
4—58	5	標注「増補六国史」	漂注「増補六国史」
4—60	3	挙㆓尚高《（ママ）》蹈不㆑仕	挙㆓尚高蹈不㆒仕
4—60	4	策試第四等	策試弟四等
4—65	15	勅ヨ命日本使可㆑於㆓新羅使之上㆒	勅㆔命日本使可㆑於㆓新羅使之上㆒
4—69	5	『アジア歴史事典』	『アジア歴史辞典』※本章中他に3か所あり

5—89	1	考えてもよい	考えもよい
5—90	2	認めるはずはない	認めるのはずはない
5—90	11	或いは事を荒立てない	或は事を荒立ない
5—93	7—8	見るべきものであらう……如何であらうか	見るべきものであろう……如何であろうか
5—93	15—16	「可居於新羅使之上」	「可居於新使之上」
6—97	6	請レ令三諸公卿、議二定遣唐使進止一状 ※112頁14行に合わせる	請レ令下諸公卿、議中定遣唐使進止上状
6—106	9	正月　日、内宴。	正月□日、内宴。
6—106	12	正三位一。　日、左大臣	正三位一。□□日、左大臣
6—118	5	『大日本史料』	『大日本史科』
7—126	6	請レ令三諸公卿議二定遣唐使進止一状	請下令二諸公卿一議中定遣唐使進止上状
7—126	13	謹言。	謹言
7—126	15	官牒⑧に	官牒⑦に
7—128	4—5	『扶桑略記』裡書同年	『扶桑略記』同年
7—138	17	知るところとなった	知るところなった
7—153	13	滄波万里、人皆固辞、	滄波萬里。人皆固辞、

訂正一覧

7—157	3	全うす	全ふす
8—174	16	障㆓害数人㆒	障㆒害数人㆒
8—175	5	時遇㆓土人反㆒、合㆑船被㆑害 ※5章86頁4行に合わせる 同96頁補注参照	時遇㆓土人㆒、及合㆑船被㆑害
8—180	1	真聖王三年(八八九)	真聖王三年(八九〇)
8—182	20	一九六一年。初出	一九六一年、三五八頁。初出
8—182	22	濱田耕策氏は前掲論文において	濱田耕策氏は(前掲論文)において
9—187	4	左のごとく	次頁のごとく
9—187	5—7	※兼延…以下の系図	※10—12行より移す
9—190	14	己巳条	乙巳条
9—193	7	少丞正六位上大伴宿禰	少丞大伴宿禰
10—204	4	出自此土志培、使乎勿遣大唐礼者。	出自此土志陪、使乎勿遣大唐。
10—206	7—8	みなし難い	みなし難しい
10—207	8	収められている	収められている
10—207	15	重松明久訓訳	重松明久・訓訳
10—208	17	竹内理三編『九州史研究』	竹内理三『九州史研究』

11—213	5	並びに	幷せて
11—215	2	『性霊集』巻四〔岩波書店　日本古典文学大系〕	※216頁10行より移す
11—218	6	空海を留む。	空海。
12—226	12	対馬市美津島町	対馬市美津町
12—227	13	唐大中元・八四七	唐大中二・八四八
12—234	3	清涼寺釈迦如来像	清涼寺釈迦如来像
12—234	4	志願二礼瞻一	志願二礼贍一
12—239	9	左大臣藤原忠平は	左大臣藤原忠平に
12—242	5	波浪非レ不レ畏、	波浪非レ不レ畏。
12—245	3	伯阿古満年廿八	伯阿古満年廿八
13—271	17	延久四年十二月一日条	延久四年一二月一目条
13—275	5	我ガ朝ニ人無キヲ表ハス	我ガ朝ニ無キヲ表ハス
13—276	2	木宮泰彦	木宮邦彦
14—282	16	定知表二我朝無一レ人也	定知表二我朝無一レ人
15—305	17	天台聖教の還流――『参天台五臺山記』を中心に――	天台聖経の環流

18―365	5	大弐(問官)	大弐(門官)
18―375	6	うえからはやはり	うえからやはり
18―377	16	おぼつかなさは	おほつかなさは
18―387	15	日本に伝えられたもの	日本に伝えられもの
19―397	3	成尋の母の兄で	成尋の母の弟で　※著者手沢本による訂正
19―409	5	止雨を命ぜられると	止雨を命ぜられと
19―413	7	熙寧六年正月二十日条	熙寧六年正月二十条
19―416	2	梵才大師賜紫慧詢	梵才大師賜慧詢
19―420	6	福田榮次郎	福田栄次郎
22―433	9	唯和名書二天可レ候也	唯和名書ニ天可レ候也
22―434	1	日本弊亡不レ足レ論	本弊亡不レ足レ論
22―434	16	(宋熙寧五・一〇七二)	(宋熙寧5・1071)
22―436	1	以二金銀一造二食物・菓子一、不可思議也。	以二金銀一造、食物・菓子、不可思議也。
22―436	15	豆蔻等貴物	豆蒄等貴物
22―437	15	申文を提出したが、問官は一瞥しただけですぐ返し、明日、自分で役所に出頭して	申し文を提出したが、問官は一瞥しただけですぐ返し、明日、自分で役所の出頭して

22—438	9—10	軽輩でもない	軽輩ではない
22—438	17	俗謂之閒官	俗謂之閒官
22—439	7	しかし、門官からは	しかし門官からは
22—440	12	知㆑有閒官走㆓山邑㆒、放曠不㆑與㆑趨㆓朝衙㆒	知㆑有㆓閒官走㆓山邑㆒、放曠不與趨朝衙㆒
22—440	13—14	豈如閒官走㆓山邑㆒、放曠不㆑與㆑趨㆓朝衙㆒	豈如閒官走㆓山邑㆒、放曠不與趨朝衙㆒
22—449	2—3	乃汴河下流水門也。其門跨㆑河	乃・河下流水門也。跨河
22—449	5	汴河を利用してきた	・河を利用してきた
22—449	7	貴重品の豆蔻	貴重品の豆蔲
22—453	10	（注（3）前掲論文注7）	（注13前掲論文注7）

索　引

凡　例

＊本索引は本文中の人名・地名・史料名・事項を採録した。
＊事項は本文中の論旨に直接関わる語彙を対象とした。
＊ただし、史料中・引用文中の語彙、ならびに論題・副題と同じ語彙は除外した。
＊配列は五十音順別・筆画順とし、人名・地名は日本語読みにもとづいた。

人名索引

【あ行】

【か行】

【さ行】

【た行】

【な行】

【は行】

【ま行】

【や行】

【ら行】

研究者名索引

【あ行】

【か行】

【さ行】

【た行】

【な行】

【は行】

【ま行】

【や行】

【ら行】

【わ行】

地名索引

【あ行】

【か行】

【さ行】

【た行】

【な行】

【は行】

【ま行】

【や行】

【ら行】

史料名索引

【あ行】

【か行】

【さ行】

【た行】

【な行】

【は行】

【ま行】

【や行】

【ら行】

事項索引

【あ行】

【か行】

【さ行】

【た行】

【な行】

【は行】

【ま行】

【や行】

【ら行】

【わ行】

著者略歴

石井正敏（いしい・まさとし）

中央大学名誉教授。専門は古代・中世対外関係史。

著書に『日本渤海関係史の研究』（吉川弘文館、2001年）、『東アジア世界と古代の日本』（山川出版社、2003年）、『鎌倉「武家外交」の誕生』（NHK出版、2013年） などがある。

編者略歴

村井章介（むらい・しょうすけ）

立正大学文学部教授。

専門は東アジア文化交流史。

著書に『中世史料との対話』（吉川弘文館、2014年）などがある。

榎本　渉（えのもと・わたる）

国際日本文化研究センター准教授。

専門は9〜14世紀東シナ海交流史。

著書に『南宋・元代日中渡航僧伝記集成　附江戸時代における僧伝集積過程の研究』（勉誠出版、2013年）などがある。

河内春人（こうち・はるひと）

関東学院大学経済学部准教授。

専門は日本古代対外関係史・東アジア国際関係史。

著書に『日本古代君主号の研究—倭国王・天子・天皇』（八木書店、2015年）などがある。

石井正敏著作集　第二巻

遣《けん》唐《とう》使《し》から巡《じゅん》礼《れい》僧《そう》へ

著者　石井正敏

編者　村井章介　榎本　渉　河内春人

発行者　池嶋洋次

発行所　勉誠出版㈱

〒101-0051 東京都千代田区神田神保町三―一〇―二

電話　〇三―五二一五―九〇二一㈹

二〇一八年七月三十日　初版発行

印刷　製本　太平印刷社

ISBN978-4-585-22202-6　C3020

古文書料紙論叢

古代から近世における古文書料紙とその機能の変遷を明らかにし、日本史学・文化財学の基盤となる新たな史料学を提示する。

湯山賢一 編・本体一七〇〇〇円（＋税）

紙の日本史
古典と絵巻物が伝える文化遺産

長年の現場での知見を活かし、さまざまな古典作品や絵巻物をひもときながら、文化の源泉としての紙の実像、そして、それに向き合ってきた人びとの営みを探る。

池田寿 著・本体二四〇〇円（＋税）

琉球史料学の船出
いま、歴史情報の海へ

印章や花押、碑文や国王起請文、さまざまな史料が持っている歴史情報に着目し、琉球史料学が持つ魅力と可能性を提示。琉球の政治、社会、文化の様相を浮かび上がらせる。

黒嶋敏・屋良健一郎 編・本体四二〇〇円（＋税）

中世地下文書の世界
史料論のフロンティア

中世において、朝廷・幕府や荘園領主の側ではなく、「地下」の側＝地域社会において作成され、機能した文書群である地下文書の実態を明らかにする。

春田直紀 編・本体二八〇〇円（＋税）

日本「文」学史 第一冊

A New History of Japanese "Letterature" Vol.1

「文」の環境――「文学」以前

日本の知と文化の歴史の総体を、思考や社会形成と常に関わってきた「文」を柱として捉え返し、過去から現在、そして未来への展開を提示する。

河野貴美子／Wiebke DENECKE／新川登亀男／陣野英則 編・本体三八〇〇円（＋税）

日本「文」学史 第二冊

A New History of Japanese "Letterature" Vol.2

「文」と人びと――継承と断絶

「発信者」「メッセージ」「受信者」「メディア」の相関図を基とした四つの観点より「人びと」と「文」との関係を明らかにすることで、新たな日本文学史を描き出す。

河野貴美子・Wiebke DENECKE・新川登亀男・陣野英則・谷口眞子・宗像和重 編・本体三八〇〇円（＋税）

平安朝漢詩文の文体と語彙

平安朝漢詩文を代表する十種の文体について、実例の読解および当該作品の読まれた状況の再現により、その構成方法や機能などの文体的特徴を明らかにする。

後藤昭雄 著・本体八〇〇〇円（＋税）

菅家文草注釈 文章篇

第一冊 巻七上

最新の日本漢文学・和漢比較文学研究の粋を結集して、『菅家文草』文章の部の全てを注釈する。本書では、巻七に収載される賦・銘・賛・祭文・記・書序・議を注解する。

文草の会 著・本体五四〇〇円（＋税）

中華幻想
唐物と外交の室町時代史

唐物に当時の《中華》イメージを探り、外交の現場から幕府の対外観をあぶり出す。言説・伝説、文化史や美術史の成果なども取り入れた、新しい対外関係史。

橋本雄 著・本体二八〇〇円（+税）

東アジアのなかの建長寺
宗教・政治・文化が交叉する禅の聖地

北条得宗家による宗教政策の中枢として、幕府と禅僧の関係の基盤を築いた建長寺。日本と東アジアを結ぶ「禅」という紐帯の歴史的意義を明らかにする。

村井章介 編・本体三五〇〇円（+税）

日明関係史研究入門
アジアのなかの遣明船

外交、貿易、宗教、文化交流など、様々な視角・論点へと波及する「遣明船」をキーワードに、十四～十六世紀のアジアにおける国際関係の実態を炙り出す。

村井章介 編集代表／橋本雄・伊藤幸司・須田牧子・関周一 編・本体三八〇〇円（+税）

「倭寇図巻」「抗倭図巻」をよむ

赤外線撮影による文字の解読、隣接する各種絵画資料・文献資料の分析などの多角的視点から、倭寇図巻の成立、倭寇をめぐるイメージの歴史的展開に迫る画期的成果。

須田牧子 編・本体七〇〇〇円（+税）

入唐僧恵蕚と東アジア
附 恵蕚関連史料集

日中に分散していた恵蕚に関する史料三十六種を集成、また、恵蕚と恵蕚を取り巻く唐・新羅の人々を追うことで多元的な歴史世界を描き出す論考三本を収載。

田中史生 編・本体五〇〇〇円（＋税）

渡航僧成尋、雨を祈る
『僧伝』が語る異文化の交錯

平安後期中国へ渡った天台僧「成尋」。成尋の書き残した渡航日記『参天台五臺山記』と中国側史料を精査することで見えてきたものとはいったい何か…。

水口幹記 著・本体三五〇〇円（＋税）

南宋・鎌倉仏教文化史論

「清規」書や儀礼次第書、仏像や仏画などの文物に着目。東アジア世界とのかかわりの中で展開した鎌倉仏教を総合的な視点から解明する。

西谷功 著・本体一五〇〇〇円（＋税）

南宋・元代 日中渡航僧伝記集成
附江戸時代における僧伝集積過程の研究

南宋・元代に日中間を往来した僧（一〇七人）の伝記を一覧とし、重要記事を翻刻集成。中世海域交流史・史料論・書誌学研究における画期的成果。

榎本渉 著・本体一七〇〇〇円（＋税）

【石井正敏著作集◎各巻収録論文一覧】

◉第1巻……古代の日本列島と東アジア

I…倭国と東アジア外交
五世紀の日韓関係――倭の五王と高句麗・百済
『日本書紀』隋使裴世清の朝見記事について

II…古代の日本と新羅・渤海
日本・渤海間の名分関係――舅甥問題を中心に
八・九世紀の日羅関係
九世紀の日本・唐・新羅三国間貿易について

III…内憂と外患――貞観期の災害・海賊
円仁と張宝高――入唐日本人と新羅人
大宰府鴻臚館と張宝高時代を
　中心とする日本・新羅関係
貞観十一年の震災と外寇
貞観十一年の天災と外寇
東アジア史からみた鞠智城

IV…古代国家の変転と残像
『金液還丹百問訣』にみえる渤海商人李光玄について
　――日本渡航問題を中心に
『日本書紀』金春秋来日記事について
藤原定家書写『長秋記』紙背文書
　「高麗渤海関係某書状」について
東アジアの変動と日本外交

◉第2巻……遣唐使から巡礼僧へ

I…遣唐使
外交関係――遣唐使を中心に
遣唐使の貿易活動
遣唐使と新羅・渤海
唐の「将軍呉懐實」について
大伴古麻呂奏言について
　――虚構説の紹介とその問題点
いわゆる遣唐使の停止について
　――『日本紀略』停止記事の検討
寛平六年の遣唐使計画について
寛平六年の遣唐使計画と新羅の海賊
『古語拾遺』の識語について
宇佐八幡黄金説話と遣唐使
遣唐使と語学

II…巡礼僧と成尋
遣唐使以後の中国渡航者とその出国手続きについて
入宋巡礼僧
入宋僧奝然のこと
　――歴史上の人物の評価をめぐって
成尋――一見するための百聞に努めた入宋僧
成尋生没年考
入宋僧成尋の夢と備中国新山寺
『成尋阿闍梨母集』にみえる
　成尋ならびに従僧の書状について
源隆国宛成尋書状について
入宋僧成尋のことなど
『参天台五臺山記』研究所感
　――虚心に史料を読む、ということ
『参天台五臺山記』にみえる「問官」について

◉第3巻……高麗・宋元と日本

I…日宋貿易と日麗交流
十世紀の国際変動と日宋貿易
肥前国神崎荘と日宋貿易
　――『長秋記』長承二年八月十三日条をめぐって
年未詳五月十四日付源頼朝袖判御教書案について
　――島津荘と日宋貿易
高麗との交流
日本・高麗関係に関する一考察
　――長徳三年（九九七）の高麗来襲説をめぐって
『小右記』所載
　「内蔵石女等申文」にみえる高麗の兵船について

II…日元・日麗外交と文書
至元三年・同十二年の日本国王宛クビライ国書について
　――『経世大典』日本条の検討
文永八年来日の高麗使について
　――三別抄の日本通交史料の紹介
文永八年の三別抄牒状について
『異国牒状記』の基礎的研究
貞治六年の高麗使と高麗牒状について

◉第4巻……通史と史料の間で

I…古代日本と東アジア
研究の歩み
東アジア世界の成立
律令国家と東アジア
通交・通商圏の拡大

II…武家外交の成立
幕府滅亡 強硬路線の果てに
握りつぶした協調の道
幕府が信じた外交ルート
源頼朝〝敗訴〟からのスタート

III…虚心に史料を読む
崇親院に関する二・三の問題点
　――昌泰四年四月五日官符の検討
陽明文庫本『中右記』管見
徳川光圀と『高麗史』
朝鮮通信使との交流と『東国通鑑』
以酊庵輪番僧虎林中虔
『善隣国宝記』諸本解説
『唐大和上東征伝』
『日本紀略』
『旧唐書』『新唐書』に描かれた「倭」「日本」
印象に残る印章の話――岩村藩版『慶安御触書』の印
『肥後守祐昌様琉球御渡海日記』

石井正敏著作集

全4巻

The Collected Works of ISHII Masatoshi

A5判上製カバー装・各巻10000円(+税)

虚心に史料と対峙し、地域・時代を越える
数々の卓越した業績を残した碩学の軌跡

第1巻……古代の日本列島と東アジア……編集◎鈴木靖民・赤羽目匡由・浜田久美子

第2巻……遣唐使から巡礼僧へ……編集◎村井章介・榎本渉・河内春人

第3巻……高麗・宋元と日本……編集◎川越泰博・岡本真・近藤剛

第4巻……通史と史料の間で……編集◎荒野泰典・須田牧子・米谷均

[編集主幹]……荒野泰典・川越泰博・鈴木靖民・村井章介